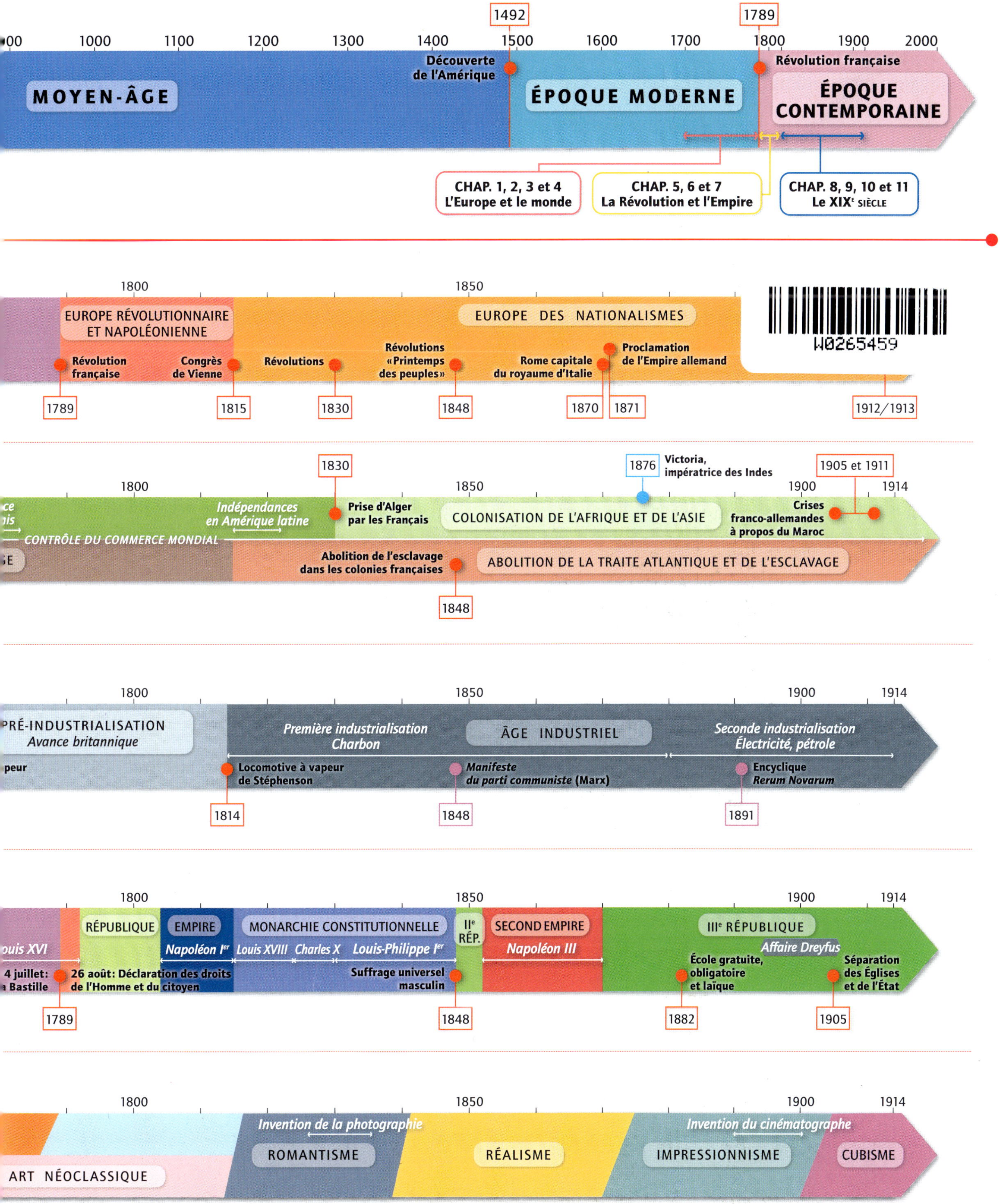

1492
1789
900 1000 1100 1200 1300 1400 1500 1600 1700 1800 1900 2000
MOYEN-ÂGE
Découverte de l'Amérique
ÉPOQUE MODERNE
Révolution française
ÉPOQUE CONTEMPORAINE
CHAP. 1, 2, 3 et 4 L'Europe et le monde
CHAP. 5, 6 et 7 La Révolution et l'Empire
CHAP. 8, 9, 10 et 11 Le XIXe SIÈCLE
1800 1850
EUROPE RÉVOLUTIONNAIRE ET NAPOLÉONIENNE
EUROPE DES NATIONALISMES
Révolution française
Congrès de Vienne
Révolutions
Révolutions «Printemps des peuples»
Rome capitale du royaume d'Italie
Proclamation de l'Empire allemand
1789
1815
1830
1848
1870
1871
1912/1913
1830
1876
Victoria, impératrice des Indes
1905 et 1911
1800 1850 1900 1914
Indépendances en Amérique latine
Prise d'Alger par les Français
COLONISATION DE L'AFRIQUE ET DE L'ASIE
Crises franco-allemandes à propos du Maroc
CONTRÔLE DU COMMERCE MONDIAL
Abolition de l'esclavage dans les colonies françaises
ABOLITION DE LA TRAITE ATLANTIQUE ET DE L'ESCLAVAGE
1848
1800 1850 1900 1914
PRÉ-INDUSTRIALISATION
Avance britannique
Première industrialisation Charbon
ÂGE INDUSTRIEL
Seconde industrialisation Électricité, pétrole
Locomotive à vapeur de Stéphenson
Manifeste du parti communiste (Marx)
Encyclique Rerum Novarum
1814
1848
1891
1800 1850 1900 1914
Louis XVI
RÉPUBLIQUE
EMPIRE
Napoléon Ier
MONARCHIE CONSTITUTIONNELLE
Louis XVIII
Charles X
Louis-Philippe Ier
IIe RÉP.
SECOND EMPIRE
Napoléon III
IIIe RÉPUBLIQUE
Affaire Dreyfus
14 juillet: la Bastille
26 août: Déclaration des droits de l'Homme et du citoyen
Suffrage universel masculin
École gratuite, obligatoire et laïque
Séparation des Églises et de l'État
1789
1848
1882
1905
1800 1850 1900 1914
ART NÉOCLASSIQUE
Invention de la photographie
ROMANTISME
RÉALISME
Invention du cinématographe
IMPRESSIONNISME
CUBISME

4e

Histoire Géographie

José Abrami
Professeur au collège-lycée Victor Hugo, Toulouse

Pascal Boyries
IA-IPR, académie de Grenoble

Fabien Chaumard
Professeur au collège Jacques Mauré, Castelginest

Isabelle Damongeot
Professeur au collège Raoul Dufy, Nice

Fabienne Diana
Professeur au collège Henri Matisse, Nice

Anne Doustaly
Professeur au collège Bernard Palissy, Paris

Michel Fratissier
Professeur à l'IUFM-Université de Montpellier

Gwenaëlle Hergott
Professeur au collège du Val Gelon, La Rochette

Matthieu Lecoutre
Professeur au collège Colette, Saint-Priest

Jean-Marc Noaille
IA-IPR, académie de Clermont-Ferrand

Nicolas Smaghue
Professeur à la cité scolaire Charles Baudelaire, Roubaix

Ludovic Vandoolaeghe
Professeur au collège Joliot Curie, Auchy-Les-Mines

Jean-Marc Wolff
Professeur au Lycée Henri IV, Paris

Sous la direction de

Stéphan Arias
Professeur au collège-lycée Victor Hugo, Toulouse

Éric Chaudron
Professeur à l'IUFM-Université de Nice

Conseil scientifique

Rémy Knafou
Professeur émérite de l'université Paris 1 Panthéon-Sorbonne

Coordination pédagogique

Jean-Christophe Delmas
Professeur au lycée Saint-James, Neuilly-sur-Seine

Carine Reynaud
Professeur au collège Émilie de Mirabeau, Marignane

8, RUE FÉROU 75278 PARIS CEDEX 06
WWW.EDITIONS-BELIN.COM

Belin
ÉDITEUR INDÉPENDANT DEPUIS 1777

LES CLÉS DU MANUEL

Ouverture

Titre et numéro du chapitre

Problématique générale du chapitre

Documents iconographiques questionnés pour découvrir le thème du chapitre

Frise chronologique des dates clés du chapitre

Frise contextuelle pour situer le chapitre dans le temps long

Carte pour se repérer dans l'espace

Dossier ou Étude de cas

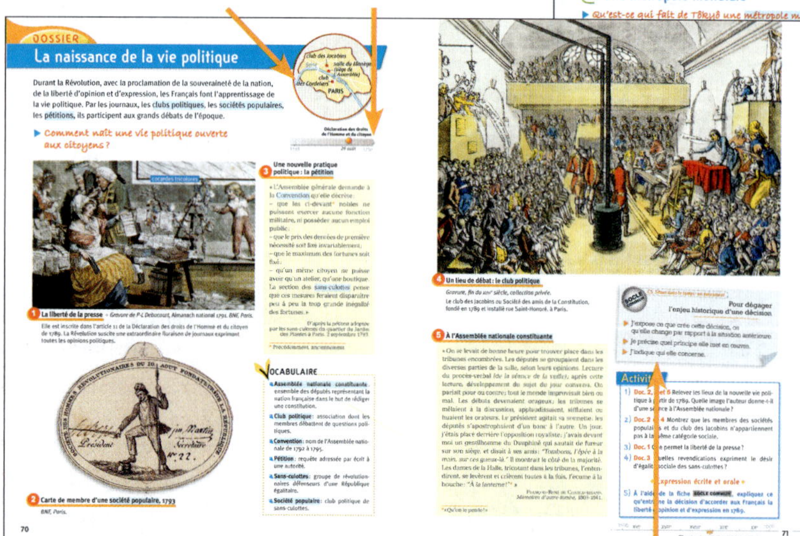

Carton de localisation

Petite frise de repérage

Vocabulaire

Activités et question de synthèse

Fiche **SOCLE COMMUN**, pour acquérir les compétences du Socle

Câpresse des colonies, par Charles-Henri-Joseph Cordier (1827-1905), 1861. Détail d'une sculpture en bronze et en marbre de couleur. 54 cm x 97 cm x 28 cm. Musée d'Orsay, Paris.

Supporters asiatiques lors de la Coupe du monde de Football organisée par la Corée et le Japon en 2002.

ISBN 978-2-7011-5882-2

Du local au mondial

En géographie,
une grande carte-repère
pour changer d'échelle

Bilan
des études de cas

Mise en perspective
des études de cas

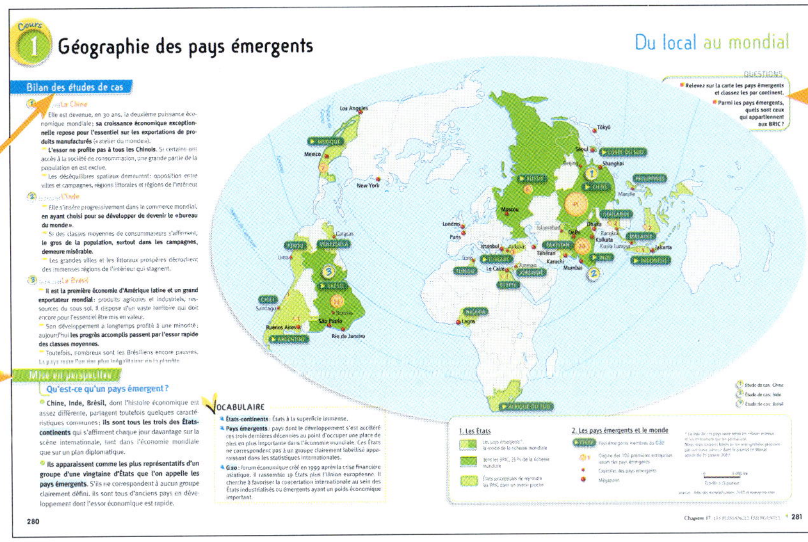

Questionnement
à l'échelle
mondiale

Cours

Titre
et numéro

Phrases
importantes
en gras

Mots définis
en vocabulaire

Renvois
aux documents

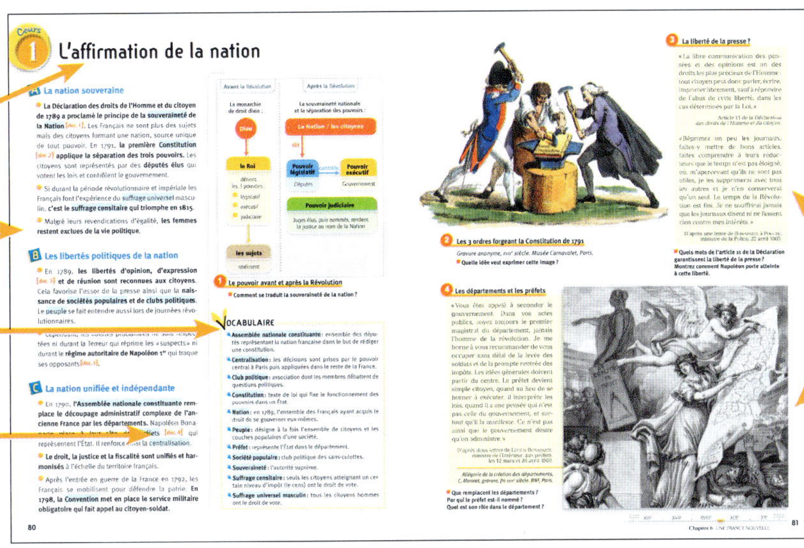

Documents
variés et
questionnés

Exercices

Dans tous les chapitres,
une page de méthodologie dédiée
à une capacité du Socle commun

Dans tous les chapitres,
des exercices de révision

Une page dédiée
à l'histoire
des arts

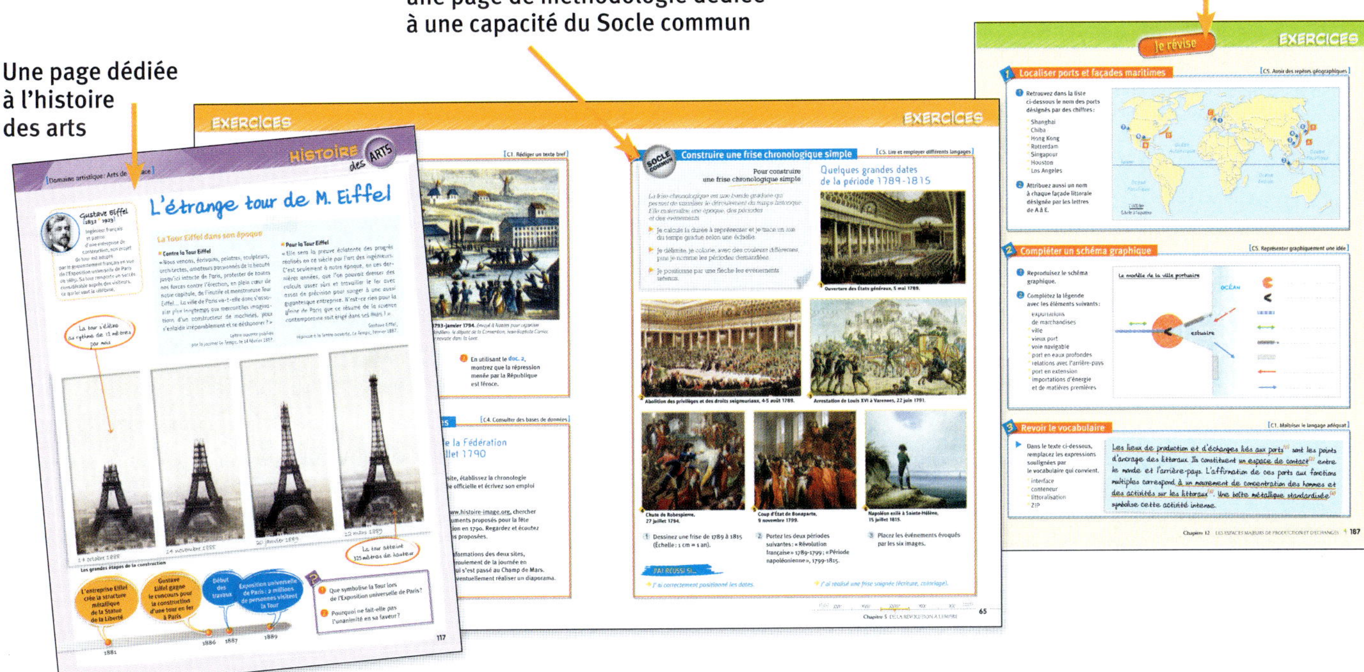

SOMMAIRE

Socle commun (voir sommaire p 8-9)

- Tous les dossiers comportent des fiches Socle commun.
- Chaque chapitre comporte un exercice méthodologique sur une compétence du Socle commun.

B2i

Retrouvez systématiquement en fin de chapitre un exercice B2i simple et pédagogique.

Histoire des arts

L'histoire des arts est largement présente dans votre manuel : certains dossiers y sont entièrement consacrés, d'autres y font référence. Chaque chapitre se termine par une page dédiée à l'histoire des arts.

Retrouvez les œuvres travaillées dans ces pages selon deux types de classement : par grand domaine artistique ou à travers des Itinéraires thématiques.

SOMMAIRE

IMAGES DE LA MONDIALISATION

CARTES MAJEURES ET CROQUIS

B2i

B2i **Retrouvez systématiquement, dans les pages Exercices de fin de chapitre, un exercice B2i simple et pédagogique. Le B2i est également intégré au Socle commun des compétences (voir p. 8-9).**

SOCLE COMMUN

Socle commun (voir sommaire p. 8-9)

- **Tous les dossiers comportent des fiches Socle commun.**
- **Chaque chapitre comporte un exercice méthodologique sur une compétence du Socle commun.**

SOMMAIRE

« La scolarité obligatoire doit au moins garantir à chaque élève les moyens nécessaires à l'acquisition d'un socle commun constitué d'un ensemble de connaissances et de compétences qu'il est indispensable de maîtriser pour accomplir avec succès sa scolarité, poursuivre sa formation, construire son avenir personnel et professionnel et réussir sa vie en société. »
Loi du 23 avril 2005

Le Socle commun est composé de 7 compétences principales. Dans ce manuel, ce sont les compétences 1, 4 et 5 qui sont plus particulièrement travaillées :

- c.1 La maîtrise de la langue française ;
- c.4 La maîtrise des techniques usuelles de l'information et de la communication ;
- c.5 La culture humaniste.

HISTOIRE

11 Les colonies

▸▸▸ GÉOGRAPHIE

12 Les espaces majeurs de production et d'échanges

13 Les échanges de marchandises

14 Les mobilités humaines

15 Lieux de commandement et entreprises transnationales

16 Les États-Unis

17 Les puissances émergentes

18 Les pays pauvres

19 La mondialisation et la diversité culturelle

20 La mondialisation et ses contestations

Chapitre 1

L'Europe dans le monde au début du XVIIIe siècle

Sur quoi la puissance de l'Europe repose-t-elle ?

Bombay : un comptoir britannique en Inde au début du XVIIIe siècle • *George Lambert et Samuel Scott, vers 1730, huile sur toile (détail). Musée maritime national, Greenwich.*
Bombay est un comptoir anglais depuis 1638. Il appartient à la puissante Compagnie anglaise des Indes orientales qui stocke dans ses vastes entrepôts épices, cotonnades et soieries avant de les transporter en Europe pour les vendre.
(A) Entrepôts de la Compagnie des Indes orientales ; (B) forteresse anglaise ; (C) drapeau de la Compagnie.

■ **Comment la présence européenne est-elle visible à Bombay ? Quelle est l'utilité économique d'un comptoir ?**

1700 — 1710 — 1720

ESSOR DU COMMERCE ENTRE L'EUROPE ET LE MONDE

PRÉPONDÉRANCE MARITIME ET COLONIALE ANGLAISE ET FRANÇAISE

- 1713 : **Terre-Neuve (Canada), colonie française, passe au Royaume-Uni**
- 1718 : **Fondation de la Nouvelle-Orléans en Amérique**

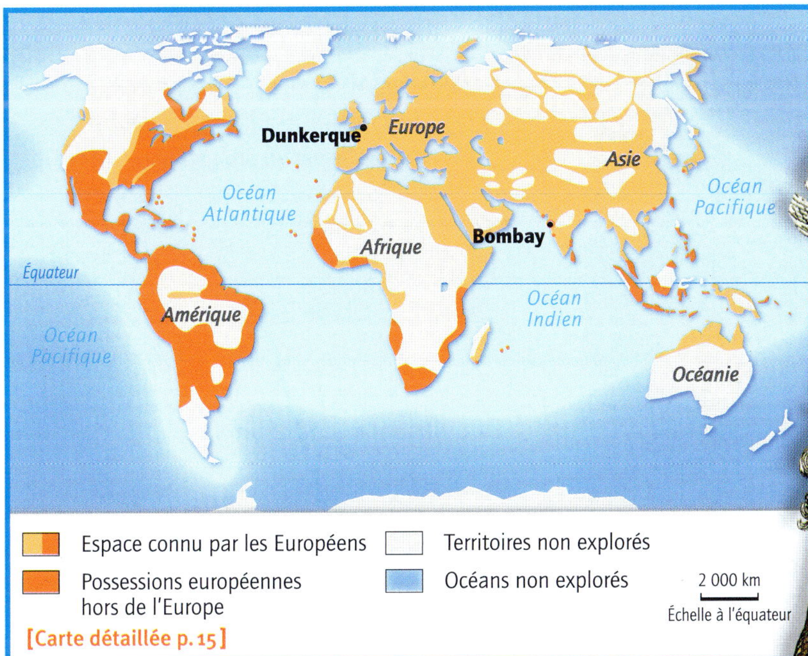

[Carte détaillée p. 15]

L'Europe et le monde au début du XVIIIe siècle

Le corsaire français Jean Bart (1650-1702)

Nicolas Arnoult, XVIIe siècle, gravure (détail). Bibliothèque des Arts décoratifs, Paris.

Commandant d'un bateau armé, un corsaire est chargé par son souverain d'attaquer en temps de guerre tout navire marchand ennemi. Jusqu'à la fin du XVIIe siècle, Jean Bart, de Dunkerque, mène de nombreuses expéditions contre les Anglais et les Hollandais pour le compte de Louis XIV. Il est le symbole de la guerre de course et de la rivalité entre grandes puissances maritimes. Il tient entre les dents la mèche qui sert à mettre le feu à une arme ou à un explosif.

■ **Comment la fonction militaire du corsaire est-elle suggérée ?**

Londres au début du XVIIIe siècle

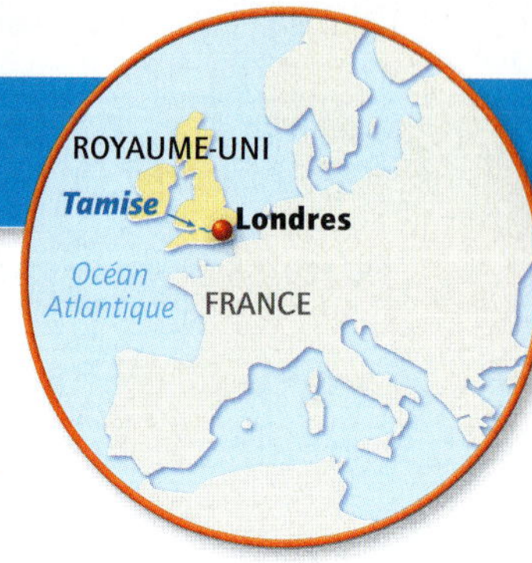

Avec 600 000 habitants en 1700, trois fois plus qu'en 1600, Londres est la ville la plus peuplée d'Europe. Capitale politique du Royaume-Uni et de son empire colonial, premier port mondial, elle affiche une puissance commerciale sans rivale.

▶ **Sur quelles bases repose la puissance de Londres ?**

1 Un quai sur les bords de la Tamise — ARTS ITINÉRAIRE Arts et Ville

Samuel Scott, milieu du XVIIIe siècle. Huile sur toile (160 x 137 cm). Victoria and Albert Museum, Londres.
En provenance des colonies, des marchandises de la Compagnie commerciale des Indes orientales sont entreposées près du pont de Londres.

Vocabulaire

- **Colonie** : territoire d'outre-mer conquis, administré et exploité par un pays étranger (la métropole).
- **Compagnie commerciale** : entreprise constituée par des marchands pour développer des activités commerciales (exemple : la Compagnie commerciale des Indes orientales).

2 La puissance londonienne

« Londres peut passer sans contredit pour une des premières villes, je ne dirai pas seulement de l'Europe, mais même du monde entier. Elle est la capitale de l'Angleterre et de la monarchie britannique, la résidence des rois, le centre de tout le royaume. Si l'on fait attention à sa taille prodigieuse, à la longueur et à la beauté des rues, au grand nombre des bâtiments magnifiques, tant publics que particuliers, tant religieux que civils, au nombre de ses habitants, au commerce qui s'y fait, aux commodités que la Tamise y apporte, l'on avouera alors, je pense, qu'il y a peu de villes en Europe qui puissent être comparées à Londres. »

JAMES BEEVERELL, *Les Délices de la Grande-Bretagne et de l'Irlande*, Leyde, Pierre Vander, 1707.

3 L'importance de la Tamise

« La Tamise est d'une commodité infinie, car la marée qui y monte sert à porter les plus gros vaisseaux dans le cœur de la ville, et à y faire entrer les richesses qu'on tire des diverses parties du monde. La Tamise est perpétuellement couverte d'une infinité de vaisseaux de tout rang, et de toute sorte, qui bordent la ville de toutes parts, et qui paraissent de loin comme une forêt flottante. La ville de Londres doit à la Tamise tout ce qu'elle est, et tant que cette rivière sera navigable, Londres sera toujours riche et florissante. »

JAMES BEEVERELL, *op. cit.*

SOCLE COMMUN — C5. Lire et employer différents langages : décrire

Pour décrire une ville en histoire

- ▶ Je la localise et je précise son évolution démographique.
- ▶ Je décris son plan et je cite ses principaux lieux et monuments.
- ▶ J'indique quelles sont ses activités et quel est son rayonnement.

4 *Northumberland House* et son quartier aristocratique

ARTS ITINÉRAIRE Arts et Ville

Giovanni Canal, dit « Canaletto », 1752. Huile sur toile (84 x 137 cm). The Wallace Collection, Londres.
Canaletto, peintre vénitien, peint de nombreux paysages urbains, principalement sa ville d'origine, Venise. Il séjourne à Londres à la fin des années 1740. (A) La Northumberland House était la propriété des ducs de Northumberland ; (B) la statue du roi Charles Ier (1625-1649).

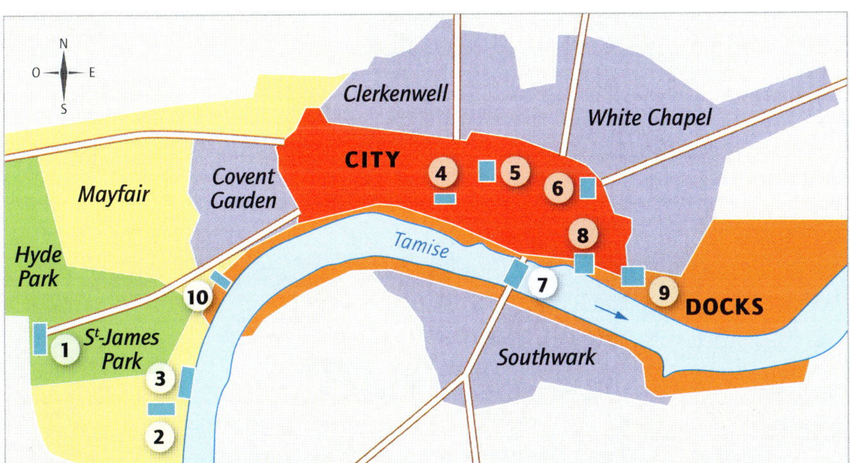

- Quartier des affaires
- Zone portuaire et commerciale
- Quartiers populaires et artisanaux
- Quartiers résidentiels
- Parcs
- Grands axes de communication

0 — 1 000 m

1. Palais de Buckingham
2. Abbaye de Westminster
3. Parlement
4. Cathédrale St-Paul
5. Banque d'Angleterre
6. Bourse
7. Pont de Londres
8. Douane
9. Tour de Londres
10. Northumberland House

5 Londres au début du XVIIIe siècle

Activités

1) **Doc. 2** Quelle est la place de Londres :
– au Royaume-Uni ?
– en Europe ?
– dans le monde ?

2) **Doc. 1, 2, 3 et 5** Quelle est l'activité économique principale de Londres ? Pourquoi la Tamise est-elle fondamentale pour expliquer la prospérité de la ville ?

3) **Doc. 2, 4 et 5** Quels aménagements témoignent de la richesse londonienne ?

◆ Expression écrite et orale ◆

4) **À l'aide de la fiche SOCLE COMMUN, décrivez la ville de Londres au début du XVIIIe siècle.**

HISTOIRE des ARTS [Doc. 1 et 4]

1) Quel type de quartier de la ville montre chacun des deux peintres ?

2) Montrez que les deux artistes ont le souci de présenter la réalité urbaine par des détails architecturaux et humains.

L'Europe au début du XVIIIe siècle

A L'affirmation de nouvelles puissances

Au début du XVIIIe siècle, l'Europe est divisée en de nombreux États dirigés par des rois et des princes. Parmi les grandes puissances, **la France, le Royaume-Uni et l'Autriche sont dominantes**, la Prusse et la Russie cherchent à s'affirmer, tandis que l'Espagne et le Portugal perdent de leur influence politique [doc. 1 et 3].

Après les grands voyages de découvertes de la fin du Moyen Âge et du début des Temps modernes, les Européens ont créé des empires coloniaux outre-mer. Si les possessions espagnoles et portugaises restent les plus vastes, Français, Britanniques et Hollandais créent de nouvelles colonies et ouvrent de nouveaux comptoirs qui enrichissent les métropoles [doc. 4].

La principale rivalité coloniale oppose la France et le Royaume-Uni. Les guerres européennes de la fin du XVIIe siècle, auxquelles ces deux pays ont participé, ont eu des prolongements aux Antilles, en Amérique du Nord et en Inde. En 1713, la France a dû céder au Royaume-Uni ses territoires au Canada.

B L'essor des échanges commerciaux

Au début du XVIIIe siècle, l'économie européenne entre dans une période d'essor sans précédent. Celui-ci est favorisé par le développement d'un grand commerce maritime entre l'Europe, l'Afrique, l'Amérique et l'Asie [doc. 4].

Les échanges sont dominés par des compagnies commerciales, comme celles des Indes, occidentales et orientales. Elles possèdent des flottes importantes et ont parfois le monopole du commerce pour une destination ou un produit. Par leur intermédiaire, **l'Europe importe des territoires lointains des produits tropicaux comme le sucre, le thé, le cacao, les épices, le coton, des métaux précieux et des soieries** [doc. 2].

Le grand commerce enrichit particulièrement le Royaume-Uni, qui devient la puissance économique majeure d'une Europe en expansion. Sa capitale, **Londres, est le premier port mondial.** D'autres ports de la façade atlantique se développent aussi, comme Nantes ou Bordeaux en France.

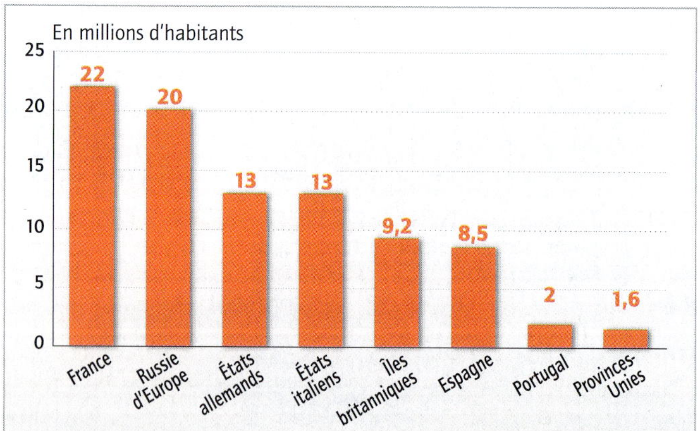

Source : Jean-Pierre Bardet et Jacques Dupâquier, *Histoire des populations de l'Europe*, Fayard, 1998.

1 La population des États européens au début du XVIIIe siècle

La population européenne passe de 100 millions d'habitants en 1600 à 140 millions en 1750 (17 % de la population mondiale).

■ **Quel est le pays le plus peuplé d'Europe au début du XVIIIe siècle ?**

2 Les principaux produits des colonies et des comptoirs arrivant en Europe

VOCABULAIRE

- **Colonie** : territoire d'outre-mer conquis, administré et exploité par un pays étranger (la métropole).
- **Compagnie commerciale** : entreprise constituée par des marchands pour développer des activités commerciales.
- **Comptoir** : établissement commercial situé outre-mer.
- **Métropole** : pays qui possède une colonie.
- **Monopole** : droit exclusif de produire un bien ou d'en faire le commerce.

3 **Les grandes puissances en Europe au début du XVIIIe siècle (1715)**

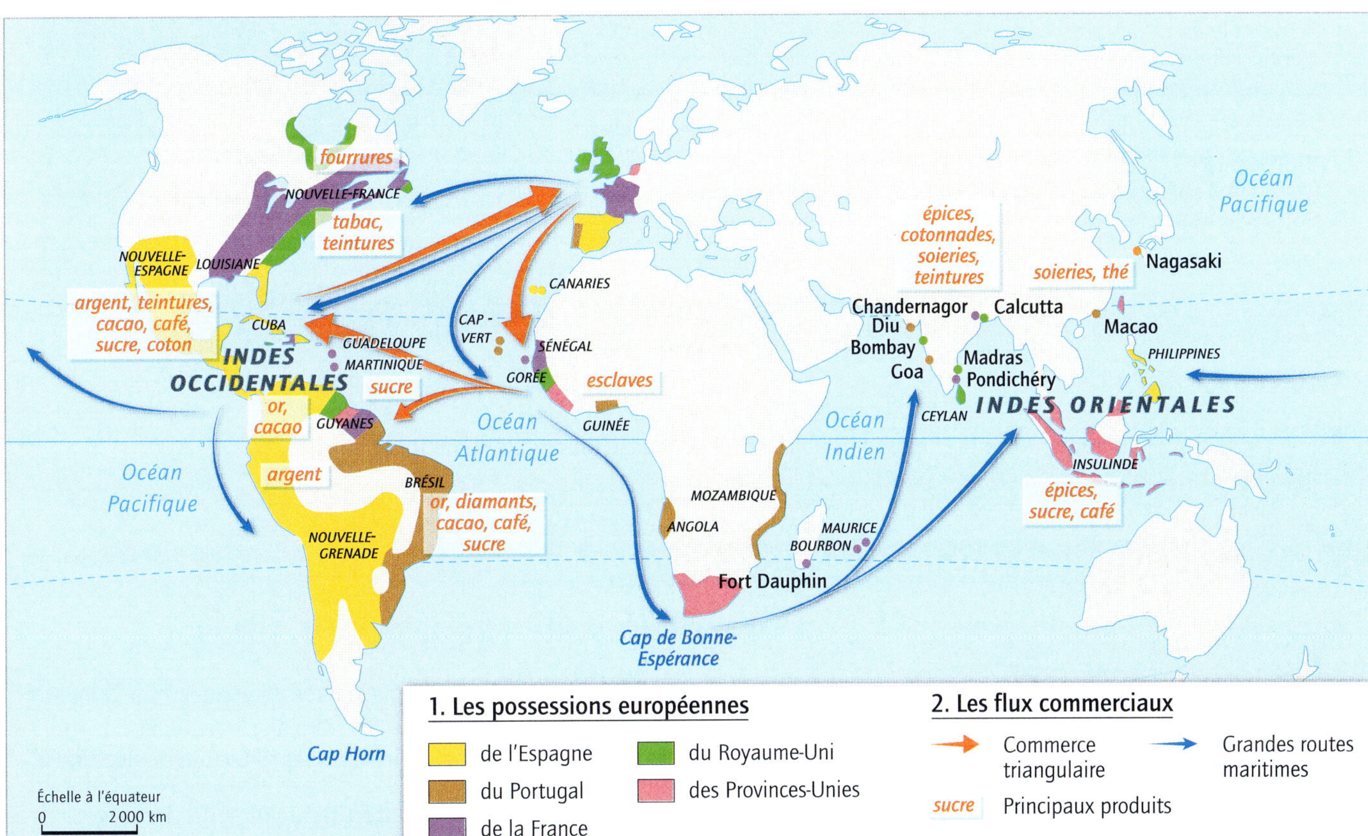

4 **L'Europe dans le monde au début du XVIIIe siècle**

■ **Quelles puissances européennes possèdent des colonies ? Comment les marchandises circulent-elles entre l'Europe, les Indes occidentales, l'Afrique et les Indes orientales ?**

1500 XVIe XVIIe XVIIIe XIXe XXe 2000

1 Récit Construire un récit historique

[C1. Rédiger un texte bref]

Le voyage du Hollandais Jacob Roggeveen

Au début du XVIIIe siècle, la seule grande expédition maritime a été celle de Jacob Roggeveen. Au service de la Compagnie néerlandaise des Indes occidentales, il quitte les Provinces-Unies le 21 août 1721 en direction des terres australes.

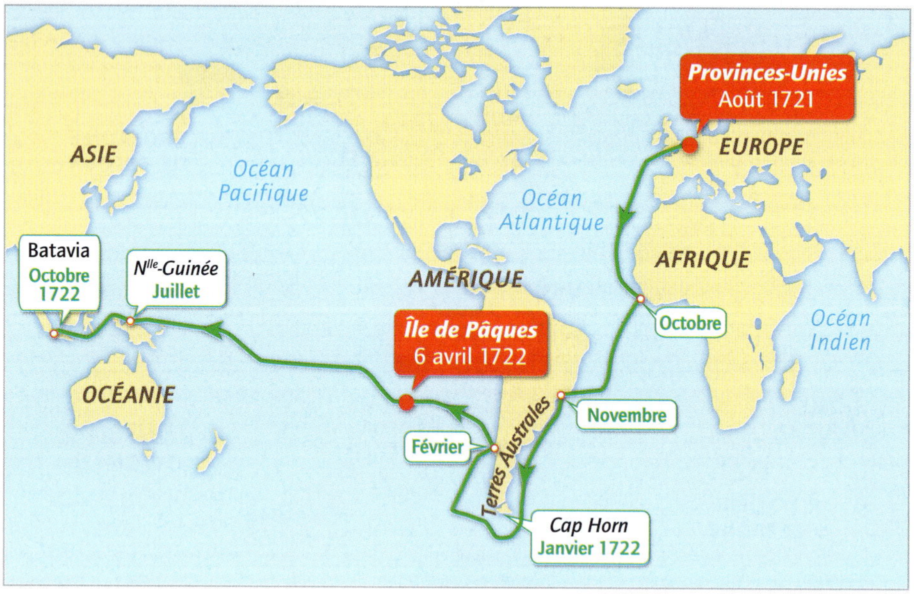

Le trajet

La découverte de l'Île de Pâques le 6 avril 1722

« Nous avançâmes toujours beaucoup par les vents de Sud-Est, qui nous menèrent presque par toute la mer du Sud*. Nous vîmes continuellement plusieurs oiseaux de mer, qui nous accompagnèrent jusqu'à ce que nous atteignions la hauteur d'une île. Comme c'était le sixième jour d'avril, jour de l'anniversaire de la Résurrection de Notre Seigneur, nous l'appelâmes l'Île de Pâques. Nous vîmes quantité d'idoles dressées sur les côtes. Ces statues étaient toutes de pierre, de la figure d'homme avec de grandes oreilles : la tête était ornée d'une couronne, le tout fait et proportionné selon les règles de l'art. Il nous fut impossible d'exécuter le projet que nous avions formé de parcourir cette île. »

M. de Behrens, *Histoire de l'expédition de trois vaisseaux envoyés par la Compagnie des Indes Occidentales des Provinces-Unies aux terres australes en 1721*, La Haye, 1739.

* Océan Pacifique.

Les statues de l'Île de Pâques

▶ À l'aide des documents, racontez l'expédition maritime du marin hollandais Jacob Roggeveen.

2 B2i Sélectionner des résultats lors d'une recherche

[C4. Consulter des bases de données]

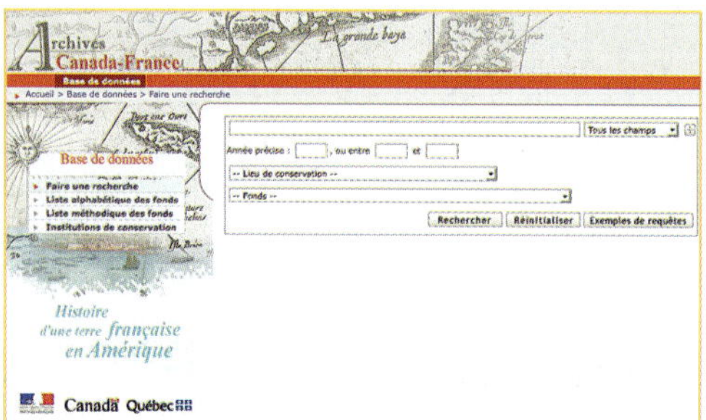

▲ www.archivescanadafrance.org

La Grande Paix de Montréal de 1701

1. Depuis le site, faites une recherche dans la base de données concernant la « ratification de la paix conclue entre les Français, leurs alliés et les Iroquois » en septembre 1701. Ouvrez la reproduction du document.
2. Détaillez la liste des signataires (les intertitres). Regardez les pages 5, 6 et 7 : que révèlent les signatures du Traité quant à la culture et à l'organisation sociale des Indiens ? Sur la deuxième page, relevez l'objet remis aux Français par les Miamis ; à quoi sert-il ?

3 SOCLE COMMUN Identifier la nature de documents

[C5. Lire et employer différents langages]

Pour identifier la nature des documents d'histoire

En histoire, on utilise des documents de natures très différentes. La plupart sont des traces laissées par le passé : textes, images, vestiges matériels, objets…
Mais les historiens peuvent aussi construire des documents : tableaux statistiques, graphiques, cartes, frises chronologiques.

- Je relève dans le document son titre et sa légende, qui sont des indices d'identification.
- Je précise de quel genre de document il s'agit.
- Je distingue le document d'époque d'un document postérieur ou construit par un historien.

Le cacao au XVIIIe siècle

1 **Une cosse de cacao.** *Planche botanique de l'herbier de J.-W. Wienmann, 1737. Les fèves de cacao sont extraites des cosses produites par le cacaoyer, un arbre tropical à feuilles persistantes.*

2 Le succès du chocolat en Amérique et en Europe

« D. Quélus, l'auteur de l'*Histoire naturelle du cacao* (1719) prouve la bonté du chocolat par la consommation prodigieuse qui s'en fait dans toute l'Amérique, soit par les Espagnols, par les Portugais et par les Indiens, soit par les Français, par les Anglais et par les autres Européens établis dans ce continent. Il pourrait ajouter, sans craindre de se tromper, que cette consommation n'est pas moindre dans l'Espagne, le Portugal, et l'Italie, qu'on en use encore beaucoup en Angleterre et dans tout le Nord. Sans le prix excessif où il a été jusqu'à présent en France, l'usage en serait établi aussi fortement que celui du tabac. »

D'après le père dominicain Jean-Baptiste Labat (1663-1738), *Nouveau voyage aux isles de l'Amérique*, 1724.

3 Nombre de cacaoyers sur l'île française de la Martinique au début du XVIIIe siècle

Années	Nombre d'arbres
1715	19 500
1726	13 500 000

D'après Léo Élisabeth, *La Société martiniquaise aux XVIIe et XVIIIe siècles*, Paris, Karthala, 2003.

1. Indiquez la nature de chacun des trois documents.
2. Lequel est un document construit par un historien ? Lesquels sont des documents datant de l'époque des faits relatés ?
3. Relevez les informations que chaque document nous apporte sur le cacao et le chocolat au début du XVIIIe siècle.

J'AI RÉUSSI SI…

→ *J'ai utilisé correctement les indications de dates des documents.*

→ *J'ai utilisé le terme exact pour préciser le genre de document dont il s'agit.*

Je révise

1 Se repérer dans l'espace européen

[C5. Avoir des repères historiques et géographiques]

L'Europe au début du XVIIIe siècle

▶ Nommez :
– les grandes puissances indiquées par les lettres A, B, C, D, E, F ;
– les villes pointées par des numéros.

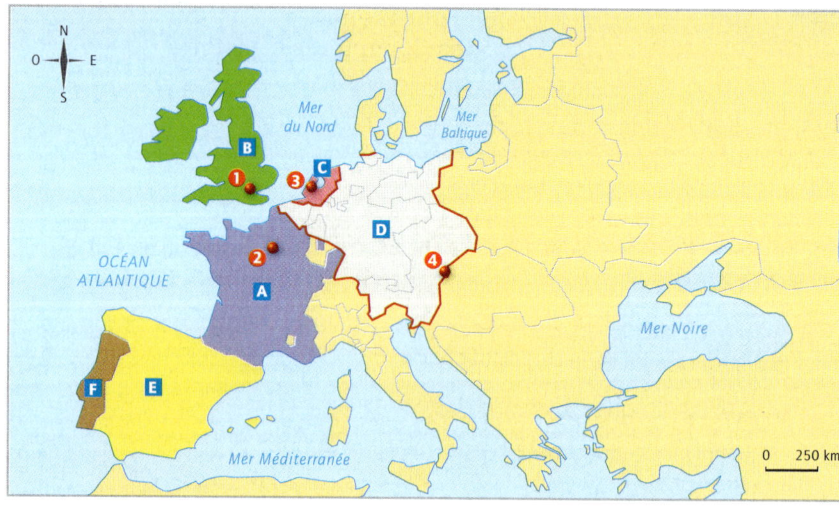

2 Se repérer dans l'espace mondial

[C5. Avoir des repères historiques et géographiques]

Le monde au début du XVIIIe siècle

1. Identifiez les lieux indiqués par les numéros de 1 à 5 à l'aide des propositions suivantes :
   - Nouvelle Espagne
   - Brésil
   - Nouvelle France
   - Guinée
   - Indes orientales

2. Nommez les pays européens dans la légende de la carte.

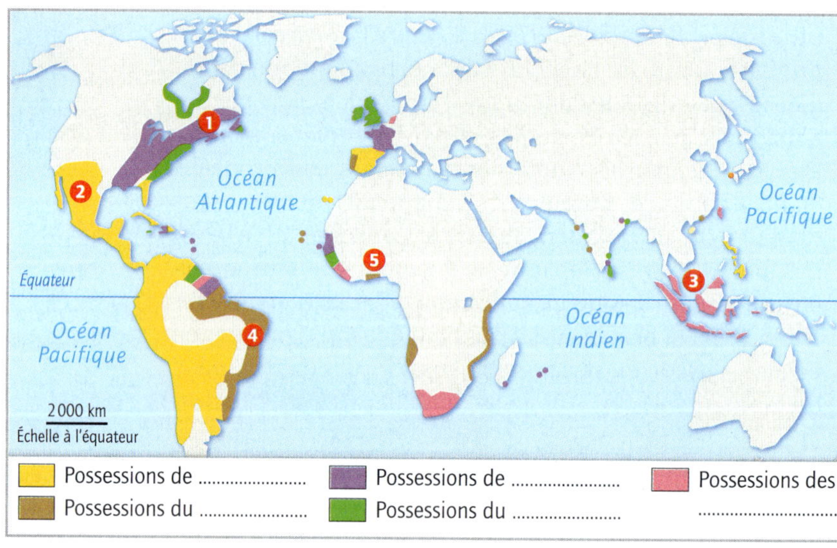

Possessions de ....
Possessions du ....
Possessions de ....
Possessions du ....
Possessions des ....

3 Connaître le vocabulaire du chapitre

[C1. Maîtriser le langage adéquat]

▶ Complétez la grille à l'aide des définitions suivantes :

DÉFINITIONS

A. Établissement commercial situé outre-mer.

B. Droit exclusif de produire un bien ou d'en faire le commerce.

C. Entreprise constituée par des marchands pour développer des activités commerciales.

D. Territoire d'outre-mer conquis, administré et exploité par un pays étranger.

E. Pays qui possède une colonie.

Henry-Nicolas Cousinet
[vers 1700 • 1768]

Maître orfèvre très renommé de Paris, il travaille au service du roi et de la haute noblesse. Le poinçon authentifie l'origine de l'œuvre d'orfèvrerie (travail des métaux précieux, essentiellement l'or et l'argent).

Le chocolat, boisson à la mode au XVIIIe siècle !

L'œuvre de Henry-Nicolas Cousinet dans son époque

- Elle témoigne du **goût de plus en plus répandu au XVIIIe siècle de l'aristocratie pour le thé, le café et le chocolat**. Ces boissons venues des colonies ou des comptoirs d'Asie et d'Amérique sont alors considérées comme exotiques.
- Ce nécessaire, d'une grande finesse, atteste aussi de la **qualité de l'orfèvrerie* française qui influence alors toute l'Europe.**
- **L'œuvre est de style rococo***, caractérisé par des formes douces, des lignes courbes, des ornements naturalistes comme les coquillages, les feuillages et les fleurs.

* [voir lexique, p. 338]

Quatre pièces du nécessaire à thé, chocolat et café de la reine de France
Matériaux : argent doré, porcelaine de Chine, bois d'ébène. La chocolatière est haute de 17,5 cm. Les 26 pièces prenaient place dans un coffret transportable lors de voyages. Paris, musée du Louvre.

- 1723 : Fin de la régence ; Louis XV règne seul
- 1724 : Henry-Nicolas Cousinet, maître orfèvre à Paris
- 1725 : Louis XV épouse Marie Leszczynska, fille du roi de Pologne
- 1729 : Louis XV offre à la reine ce nécessaire à thé, chocolat et café à l'occasion de la naissance du Dauphin

?

1. À quelle occasion ce nécessaire à thé, café et chocolat a-t-il été créé ?
2. Quels matériaux ont été utilisés pour cette œuvre d'orfèvrerie ?
3. Montrez, à l'aide de vos connaissances, comment cette œuvre est liée aux grands courants d'échanges commerciaux du début du XVIIIe siècle.

Chapitre 2

L'Europe des Lumières

Quelles idées nouvelles les philosophes et les savants des Lumières diffusent-ils au XVIIIe siècle ?

Une ascension en montgolfière le 21 novembre 1783. *Louis Dessais, 1783, gravure. BNF, Paris.*
À bord d'un ballon à air chaud conçu par les frères Montgolfier, le marquis d'Arlandes (A) et Jean-François Pilâtre de Rozier (B), parcourent 9 km en 25 minutes et atteignent une altitude de 1000 mètres. La foule se presse pour assister à ce vol historique.

■ **Quelle prouesse technique les frères Montgolfier réalisent-ils ? Expliquez l'enthousiasme de la foule.**

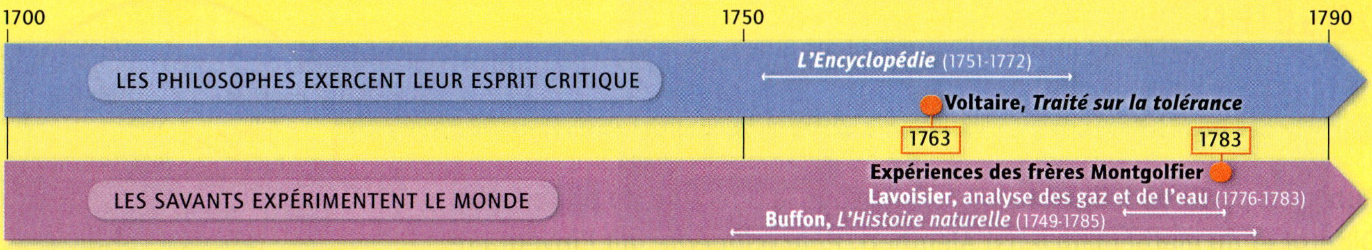

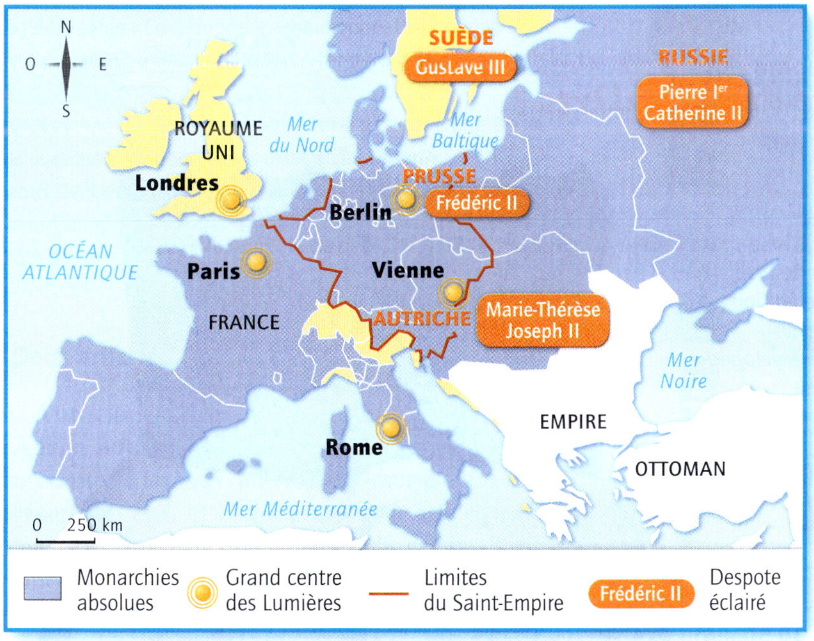

L'Europe des Lumières

Le repas des philosophes

Jean Huber, 1772-1773. Huile sur toile (détail). Fondation Voltaire, Oxford.
Scène imaginaire de Voltaire recevant des philosophes chez lui, à Ferney. Les échanges entre philosophes permettent les débats et contribuent à la diffusion des idées nouvelles en Europe au XVIIIe siècle.

■ Comment l'artiste attire-t-il l'attention sur Voltaire ?

(A) Voltaire ; (B) Condorcet ;
(C) D'Alembert ; (D) Diderot.

Cours 1

L'Europe des Lumières

A L'esprit nouveau des Lumières

Au XVIIIe siècle, naît et s'affirme en Europe le grand courant de pensée des Lumières. Il est soutenu par des philosophes qui entendent remettre en cause toutes les idées établies, réexaminer le monde, le comprendre et l'expliquer grâce à la raison et à la science.

Pour les philosophes et les savants, l'expérience est essentielle afin d'établir de manière définitive les connaissances. Cette préoccupation guide Diderot et d'Alembert, qui dirigent la publication de l'*Encyclopédie* au milieu du XVIIIe siècle, mais aussi le chimiste Lavoisier, les frères Montgolfier ou encore des savants menant des recherches sur l'électricité [doc. 1].

B La critique des philosophes

Elle est politique quand ils dénoncent la monarchie absolue et se montrent favorables à une monarchie limitée, dans laquelle les trois pouvoirs (législatif, exécutif, judiciaire) seraient séparés et dans laquelle les libertés de penser et d'expression seraient respectées [doc. 3B].

Elle est sociale quand ils proclament l'égalité naturelle des hommes, souhaitent la fin des privilèges et l'égalité devant la loi [doc. 3D].

Elle est religieuse quand ils s'en prennent au fanatisme dans le domaine des croyances et prônent la tolérance [doc. 3C]. **Elle est enfin économique** quand ils revendiquent une liberté de produire et de commercer sans entraves [doc. 3A].

C La diffusion des idées nouvelles

Les philosophes font connaître leurs idées en écrivant des livres et en participant à l'*Encyclopédie*, qui connaît un grand succès malgré la censure.

Ces idées nouvelles se diffusent à travers toute l'Europe dans les salons [doc. 2], **les sociétés savantes**, les bibliothèques publiques ou encore dans les cafés.

Les philosophes français sillonnent l'Europe et tentent de convertir à leurs idées des monarques absolus, comme Frédéric II en Prusse ou Catherine II en Russie, pour en faire des despotes éclairés.

1 Une expérience sur la foudre à Marly en 1752

Bibliothèque centrale du Muséum national d'Histoire naturelle.
Des expériences de B. Franklin débouchent sur l'invention du paratonnerre. Pour prouver que la foudre est une décharge électrique entre le ciel et la terre, Buffon et Dalibard tentent de capter l'électricité à l'aide d'une tige de fer.

■ **Quelle expérience est menée à Marly en 1752 ?**

A/ Libéraliser l'économie

« Tout commerce doit être libre. Il suffit au gouvernement de supprimer les interdictions préjudiciables au commerce intérieur et au commerce extérieur ; d'abolir ou de modérer les droits excessifs de rivière et de péage ; d'éteindre les privilèges pris par des provinces, par des villes, pour leurs avantages particuliers. Il lui suffit aussi de ranimer dans certaines provinces l'agriculture par le commerce. »

D'après QUESNAY, article « Grains » dans l'*Encyclopédie*, 1751-1772.

Vocabulaire

- **Censure** : voir p. 22.
- **Despote éclairé** : monarque absolu qui, conseillé par les philosophes, fait des réformes favorables au progrès et à la liberté.
- **Lumières** : voir p. 22.
- **Philosophe** : voir p. 22.
- **Privilège** : avantage accordé à une catégorie de la société.
- **Tolérance** : fait d'accepter une opinion ou une croyance différente de la sienne.

2 Le salon littéraire et philosophique de Mme Geoffrin, à Paris, en 1755

Gabriel Lemonnier, 1812. Huile sur toile (62 x 96 cm). Musée des Beaux-Arts de Rouen.
Lecture de *L'Orphelin de Chine*, une tragédie de Voltaire, alors en exil. Bourgeoise ouverte aux idées nouvelles, Mme Geoffrin accueille de 1749 à 1777 dans son hôtel particulier des savants, des hommes de lettres et des personnalités influentes de la noblesse ou de la bourgeoisie.
(A) Mme Geoffrin, (B) Buste de Voltaire, (C) Rousseau, (D) d'Alembert, (E) Quesnay, (F) Diderot, (G) Montesquieu, (H) Buffon.

■ **À quelles catégories sociales appartiennent les participants à ce salon ?**

3 Les idées des Lumières

B/ Séparation des pouvoirs

« Il y a, dans chaque État, trois sortes de pouvoirs : la puissance législative, la puissance exécutrice et la puissance de juger. Tout serait perdu si le même homme, ou des nobles, ou le peuple, exerçait ces trois pouvoirs : celui de faire des lois, celui d'exécuter les résolutions publiques, et celui de juger les crimes ou les différends des particuliers. Chez les Turcs, où les trois pouvoirs sont réunis sur la tête du sultan, il règne un affreux despotisme. »

D'après Montesquieu, *De l'Esprit des Lois*, 1748.

■ **Expliquez ce que remet en cause chacun des philosophes.**

C/ Un modèle : les libertés anglaises

« La législation anglaise est enfin parvenue à remettre chaque homme dans tous les droits de la nature, dont il est dépouillé dans presque toutes les monarchies. Ces droits sont : liberté entière de sa personne, de ses biens ; de parler à la nation par l'organe de sa plume ; de ne pouvoir être jugé en matière criminelle que par un jury formé d'hommes indépendants ; de ne pouvoir être jugé en aucun cas que suivant les termes précis de la loi ; de professer en paix quelque religion qu'on veuille. »

D'après Voltaire, *Dictionnaire philosophique*, 1764.

D/ Critique de la société d'ordres

En France, la société est divisée en trois ordres inégalitaires : le clergé, la noblesse et le tiers état. Les deux premiers (3 % de la population) concentrent richesse, pouvoir et privilèges, dont celui de ne pas payer la plupart des impôts.

« Jusqu'ici je n'ai point distingué les états, les rangs, les fortunes parce que l'Homme est le même dans tous les états. Le riche n'a pas l'estomac plus grand que le pauvre et ne digère pas mieux que lui. Le maître n'a pas les bras plus longs ni plus forts que ceux de son esclave. Un grand* n'est pas plus grand qu'un homme du peuple. Vous vous fiez à l'ordre actuel de la société sans songer que cet ordre est sujet à des révolutions inévitables. »

Jean-Jacques Rousseau, *Émile ou De l'Éducation*, 1762.

* Un noble.

1 Récit Construire un récit historique

[C1. Rédiger un texte bref]

Buffon, un savant des Lumières

Georges-Louis Leclerc de Buffon [1707 • 1788]

Tout en enrichissant sans cesse les collections du Jardin du roi, dont il est l'intendant, Buffon est l'auteur d'une monumentale *Histoire naturelle* (36 volumes) qui remporte un succès considérable lors de sa publication de 1749 à 1785.
Buffon y rassemble tout le savoir de l'époque dans le domaine des sciences naturelles. Membre des académies les plus prestigieuses en France comme en Europe, Buffon fréquente aussi les salons littéraires.

1 La méthode de Buffon

« L'Histoire naturelle prise dans son étendue est une Histoire immense, elle embrasse tous les objets que nous présente l'Univers. Cette multitude prodigieuse de Quadrupèdes, d'Oiseaux, de Poissons, d'Insectes, de Plantes, de Minéraux offre à la curiosité de l'esprit humain un vaste spectacle dont l'ensemble est si grand, qu'il paraît et qu'il est en effet inépuisable.
Lorsque l'on est parvenu à rassembler des échantillons de tout ce qui peuple l'Univers et qu'on jette pour la première fois les yeux sur ce magasin rempli de choses diverses, nouvelles et étrangères, la première sensation qui en résulte est un étonnement mêlé d'admiration.
On doit commencer par voir beaucoup et revoir souvent. En se familiarisant avec ces objets, ils forment peu à peu des impressions durables, qui bientôt se lient dans notre esprit ; et de là nous nous élevons à des vues plus générales, par lesquelles nous pouvons embrasser à la fois plusieurs objets différents ; et c'est alors qu'on est en état d'étudier avec ordre, de réfléchir avec fruit, et de se frayer des routes pour arriver à des découvertes utiles. »

BUFFON, *De la manière d'étudier et de traiter l'Histoire naturelle*, 1749.

2 Planche extraite de l'*Histoire naturelle*, *Tome III, Pl. LXIV, p. 330.*

1. **Doc. 1 et 2** Quelle est l'ambition de Buffon dans son *Histoire naturelle* ?
2. **Doc. 1** Décrivez sa démarche scientifique.
3. Rédigez en quelques phrases un récit sur Buffon en expliquant ce qui fait de lui un savant du siècle des Lumières.

2 B2i Effectuer des recherches documentaires

[C4. Identifier, trier et classer des ressources]

Les tournées européennes de Mozart

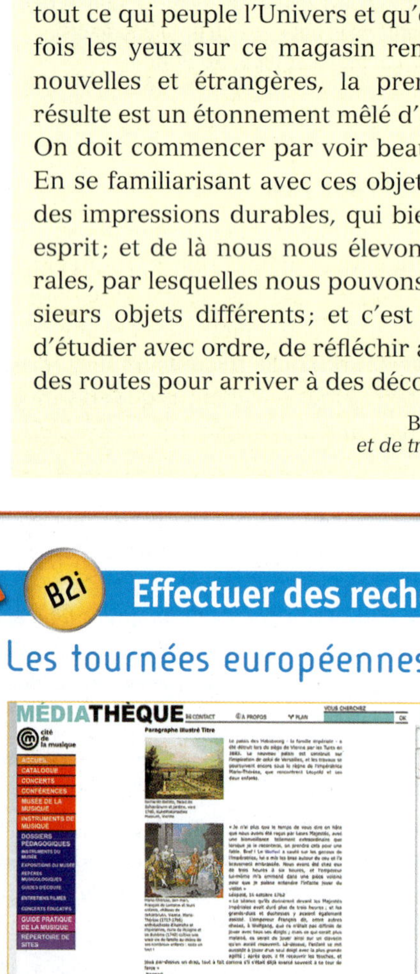

▲ http://mediatheque.cite-musique.fr/

1. Cherchez, dans les Dossiers pédagogiques, la partie concerts éducatifs. Sélectionnez le dossier sur Mozart. Cliquez sur l'onglet W.A. Mozart, puis sur « Les voyages ». Pourquoi le jeune Mozart voyage-t-il ?
2. Recherchez sur votre moteur de recherche une carte lisible des voyages de Mozart. Où se trouvent les lieux les plus importants de la musique classique ?
3. Repérez dans le texte les dates des différents séjours de Mozart à Paris ou Versailles, et recherchez quelques œuvres composées lors de ces séjours (http://fr.wikipedia.org/wiki/Catalogue_Köchel).

3 SOCLE COMMUN Lire et comprendre un texte

[C5. Lire et employer différents langages : le texte]

Pour lire et comprendre un texte

En histoire, différents types de textes sont utilisés : juridiques ou officiels (comme une loi ou un traité), politiques (comme un discours ou un tract), textes de presse ou encore textes littéraires.

- J'identifie le texte : sa nature (type de texte), son auteur, sa date et le contexte dans lequel il a été écrit.
- Je prélève les informations principales.
- Je dégage l'intérêt du texte, ce qu'il apporte à la connaissance d'un fait historique en le confrontant à mes connaissances ou à d'autres documents.

Voltaire, l'affaire Calas et le *Traité sur la tolérance*

Œuvre majeure des Lumières, le *Traité sur la tolérance* a été inspiré à Voltaire par l'affaire Calas. En 1761, Marc Antoine, un jeune protestant prêt à se convertir au catholicisme, est retrouvé pendu chez son père, Jean Calas. Celui-ci est aussitôt accusé, sans preuve, d'avoir assassiné son fils pour des raisons religieuses. Jugé, Jean Calas est condamné à mort et exécuté. Convaincu de l'innocence du père, le philosophe Voltaire s'engage en faveur d'une révision du procès au nom de la justice et de la tolérance. En 1765, il obtient que Calas soit reconnu innocent.

1 Pour la tolérance

« Il ne faut pas un grand art, une éloquence bien recherchée, pour prouver que des chrétiens doivent se tolérer les uns les autres. Je vais plus loin : je vous dis qu'il faut regarder tous les hommes comme nos frères. Quoi ! mon frère le Turc ? mon frère le Chinois ? le Juif ? Oui, sans doute ; ne sommes-nous pas tous enfants du même père, et créatures du même Dieu ? [...] Ce n'est plus aux hommes que je m'adresse ; c'est à toi, Dieu de tous les êtres, de tous les mondes, de tous les temps. Tu ne nous as pas donné un cœur pour nous haïr et des mains pour nous égorger. Fais que nous nous aidions mutuellement à supporter le fardeau d'une vie pénible et passagère. Que toutes ces petites nuances qui distinguent les hommes ne soient pas des signaux de haine et de persécution. »

VOLTAIRE, *Traité sur la tolérance*, 1763.

2 La famille Calas supplie Voltaire de lui venir en aide. *Tableau du XVIIIe siècle, musée Antoine Lecuyer, Saint-Quentin.*

1. Identifiez le texte, présentez son auteur et le contexte dans lequel il a été écrit.
2. Dégagez le point de vue exprimé par l'auteur et les arguments qu'il utilise pour le soutenir.
3. Montrez que ce texte ainsi que l'affaire Calas attestent de l'engagement d'un philosophe au service des Lumières.

J'AI RÉUSSI SI...

→ *J'ai relevé les valeurs qui sont en jeu dans l'affaire Calas.*
→ *J'ai défini correctement le mot « tolérance ».*

EXERCICES

Je révise

1 Connaître les personnages importants du chapitre

[C5. Avoir des repères historiques]

▶ **Nommez les personnages.**

A

Je suis le directeur de *L'Encyclopédie*.

....

B

Je suis favorable à une monarchie limitée par la séparation des pouvoirs dans un État.

....

C

Je dénonce les préjugés et l'intolérance religieuse.

....

D

Je suis un savant des Lumières, le père de la chimie moderne.

....

E

Je critique les inégalités sociales et je me prononce pour une société de citoyens égaux entre eux.

....

F

J'ai écrit une monumentale *Histoire naturelle*.

....

2 Comprendre les critiques des philosophes

[C5. Mobiliser le vocabulaire utile]

▶ **Reliez chaque proposition au domaine qui lui convient.**

Critique des philosophes

1. contre les privilèges

2. contre les croyances imposées

3. contre les entraves à la production et au commerce

4. contre la monarchie absolue de droit divin

Remise en cause de nature

A. politique

B. économique

C. sociale

D. religieuse

3 Connaître le vocabulaire important du chapitre

[C1. Maîtriser le langage adéquat]

▶ **Retrouvez la bonne définition pour chaque mot de vocabulaire.**

Définitions

1. Fait d'accepter une opinion ou une croyance différente de la sienne.

2. Examen des livres et des journaux par une autorité publique qui autorise ou non leur publication.

3. Courant de pensée européen du XVIIIe siècle qui considère que la raison, la liberté et l'instruction sont les conditions du progrès et du bonheur de l'humanité.

4. Penseur qui observe et critique la société et les croyances de son temps au nom du progrès de l'Humanité.

Terme-clé

A. Lumières

B. Philosophe

C. Tolérance

D. Censure

Beaumarchais
[1732 • 1799]
Personnage remuant et impertinent, écrivain des Lumières, il met ses œuvres théâtrales au service des idées nouvelles.

Vous vous êtes donné la peine de naître, et rien de plus !

Monsieur Samson (XIXe siècle) dans le rôle de Figaro, *lors des représentations du* Barbier de Séville *et du* Mariage de Figaro. *Gravure (détail), Bibliothèque des Arts Décoratifs, Paris.*

Le Mariage de Figaro dans son époque

- **Au XVIIIe siècle, le théâtre occupe une place importante dans la littérature et les spectacles**. Le roi et sa cour, les nobles, les bourgeois, le peuple assistent à des représentations qui ont lieu dans des théâtres, mais aussi en plein air, sur des scènes improvisées. Imprimées, certaines œuvres connaissent aussi des succès de librairie.
- C'est pourquoi **les philosophes des Lumières n'hésitent pas à s'emparer de ce genre littéraire et de ce divertissement populaire pour faire connaître leurs idées critiques**. Avec Voltaire, Diderot, Beaumarchais, le théâtre devient une tribune ouverte sur les débats de société.

« la peine de naître » : Figaro souligne le peu de mérite du comte

Figaro critique la société d'ordres

L'action se déroule à Séville, en Espagne, au milieu du XVIIIe siècle. Fidèle serviteur du comte Almaviva, Figaro souhaite épouser Suzanne, la femme de chambre de la comtesse. Mais le comte, toujours à l'affût de nouvelles aventures, est très attiré par la jolie Suzanne…

«Non, monsieur le Comte, vous ne l'aurez pas… vous ne l'aurez pas… Parce que vous êtes un grand seigneur, vous vous croyez un grand génie !… Noblesse, fortune, un rang, des places, tout cela rend si fier ! Qu'avez-vous fait pour tant de biens ? Vous vous êtes donné la peine de naître, et rien de plus; du reste, homme assez ordinaire ! Tandis que moi, morbleu ! perdu dans la foule obscure, il m'a fallu déployer plus de science et de calculs pour subsister seulement, qu'on n'en a mis depuis cent ans à gouverner toutes les Espagnes. […] Est-il rien de plus bizarre que ma destinée ? Fils de je ne sais pas qui, volé par des bandits, élevé dans leurs mœurs, je m'en dégoûte et veux courir une carrière honnête; et partout je suis repoussé !»

BEAUMARCHAIS, *Le Mariage de Figaro*, Acte V, scène 3, 1778.

« dans leurs mœurs » : Figaro fait référence à une vie sans moralité et sans éducation

« une carrière honnête » : Figaro aspire à une vie honorable

- 1778 : Beaumarchais écrit *Le Mariage de Figaro*
- 1781 : La pièce est interdite
- 1784 : Première représentation publique de la pièce
- 1785 : Beaumarchais arrêté sur ordre du roi Louis XVI, puis libéré

?

1. Identifiez l'œuvre : sa nature, son auteur, son sujet et sa date.
2. Quelles critiques Figaro adresse-t-il au comte ? Que ressent-il ?
3. Montrez comment, dans *Le Mariage de Figaro*, l'auteur fait une critique de la société de son temps.

Chapitre 3

Les traites négrières et l'esclavage au XVIIIe siècle

Comment la traite négrière et l'esclavage sont-ils organisés au XVIIIe siècle ?

Un navire négrier nantais, la *Marie Séraphique*, en provenance d'Afrique, arrive à Saint-Domingue, île française des Antilles, 1773. *Aquarelle (52 x 43 cm). Musée d'histoire de Nantes.*
(A) Entrepont des esclaves féminines ; (B) entrepont des esclaves masculins.

■ **Quelle est la « marchandise » vendue sur le pont de la *Marie Séraphique* ?**

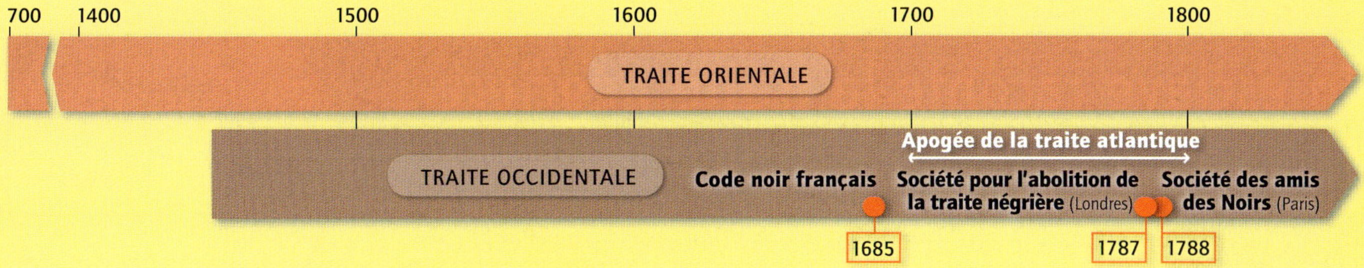

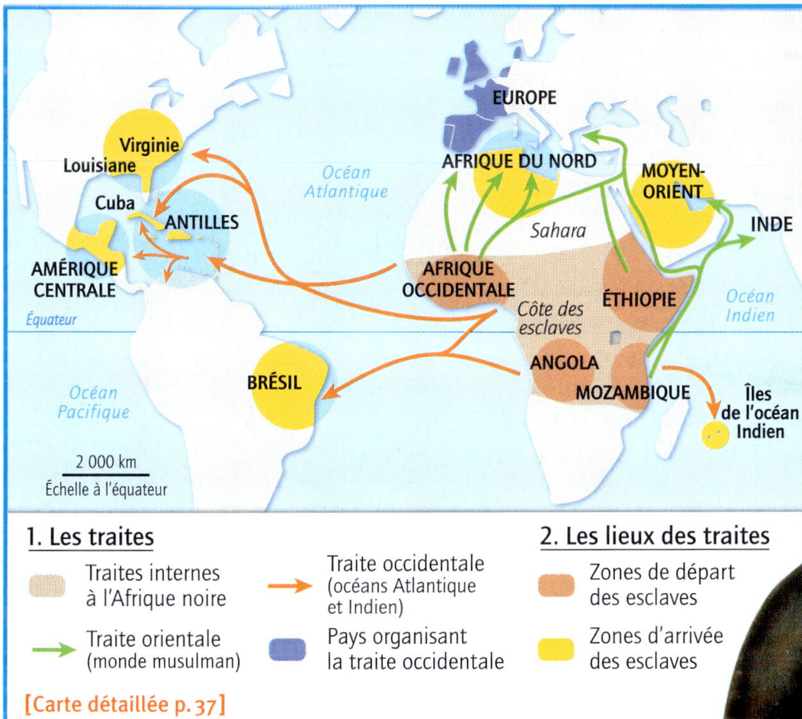

[Carte détaillée p. 37]

Les traites négrières au XVIIIe siècle

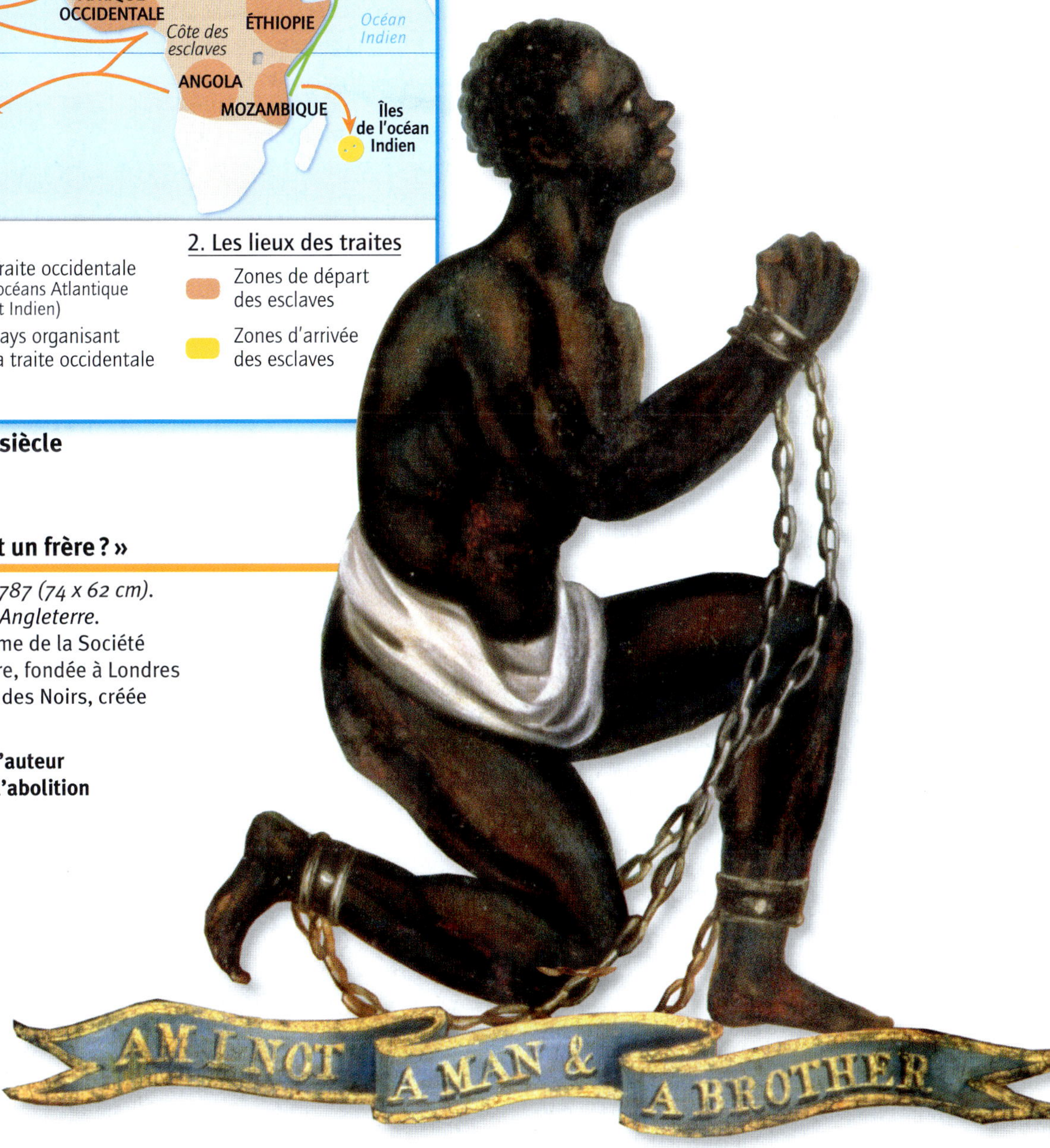

« Ne suis-je pas un homme et un frère ? »

Huile sur toile anonyme (détail), 1787 (74 x 62 cm). Wilberforce House Museum, Hull, Angleterre.
Cette représentation était l'emblème de la Société pour l'abolition de la traite négrière, fondée à Londres en 1787, et de la Société des amis des Noirs, créée à Paris en 1788.

■ Quels éléments indiquent que l'auteur de cette peinture est favorable à l'abolition de l'esclavage ?

DOSSIER

Un esclave raconte la traite négrière

Portrait supposé d'Olaudah Equiano [vers 1745-1797], années 1780. *Attribué à Allan Ramsay. Huile sur toile (62 x 52 cm). Royal Albert Memorial Museum, Exeter.*

Enfant d'un village du Nigeria actuel, Olaudah Equiano est capturé à l'âge de 11 ans par des chasseurs d'esclaves puis embarqué sur un navire négrier espagnol en direction des Antilles. Redevenu libre, il écrit en anglais le récit de sa vie dans *Ma véridique histoire*, publié à Londres en 1789.

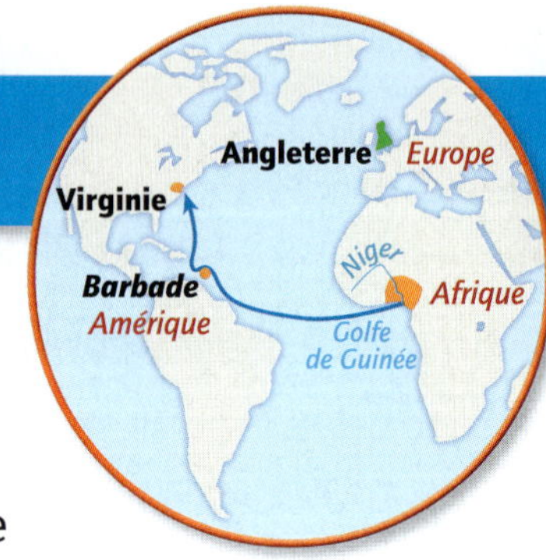

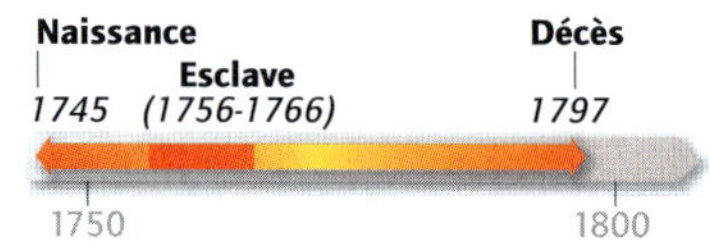

▶ **Comment se déroule la traite atlantique au XVIIIe siècle ?**

VOCABULAIRE

- **Esclave** : personne non-libre, appartenant à un maître et considérée comme un objet.
- **Négrier** : personne qui effectue la traite des Noirs. Le mot désigne aussi le bateau utilisé pour ce commerce.
- **Plantation** : grande exploitation tropicale spécialisée dans une production agricole.
- **Traite atlantique** : commerce et transport des esclaves noirs d'Afrique vers l'Amérique.

1 La capture en Afrique

« Un jour où tous nos parents étaient allés à leurs travaux comme d'habitude, et que j'étais resté seul avec ma sœur pour garder la maison, deux hommes et une femme* franchirent nos murs et, en un instant, nous saisirent tous les deux. Sans nous laisser le temps de hurler ou de nous défendre, ils nous bâillonnèrent, nous lièrent les mains et nous emportèrent vers la forêt. »

Après avoir été vendu à plusieurs reprises à des maîtres africains, Equiano est acheminé vers la côte.

« J'arrivai au bord d'une grande rivière**. On me plaça dans une pirogue et on commença à pagayer. La première chose que je vis en arrivant à la côte fut la mer et un navire négrier qui attendait son chargement. »

OLAUDAH EQUIANO, *Ma véridique histoire*, 1789.

* Africains d'une tribu rivale ; ** le Niger.

Un marchand européen et un vendeur d'esclaves africain. *Gravure, fin du XVIIIe siècle. Bibliothèque des Arts décoratifs, Paris.*

2 La traversée de l'Atlantique

« Lorsque j'observai tout autour du bateau, je vis une multitude de Noirs de tous âges enchaînés les uns aux autres, chacun exprimant par sa mine le découragement et la souffrance. Peu après je retrouvai des compatriotes et les interrogeai à propos de ce que nous allions devenir. Ils me laissèrent entendre que nous devions être transportés au pays des hommes blancs pour travailler pour eux. Dans la cale, régnait une insupportable et écœurante puanteur. L'étroitesse de l'endroit, la chaleur et l'entassement – chacun avait à peine la place pour se retourner – nous étouffaient presque. Nous transpirions abondamment et l'air était irrespirable, ce qui provoqua des maladies dont beaucoup d'esclaves moururent. Cette situation était aggravée par les chaînes, qui devenaient insupportables. »

OLAUDAH EQUIANO, *op. cit.*

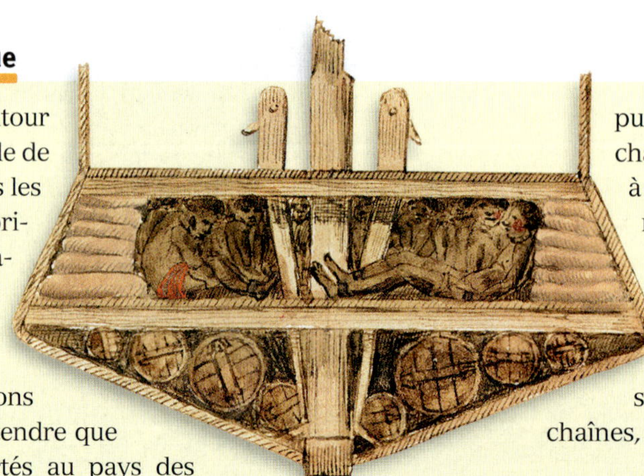

Dans la cale d'un navire négrier. *Aquarelle d'un bateau négrier en coupe, 1769. Bibliothèque de l'Arsenal, Paris.*

3 La vente en Amérique

« Enfin, nous vîmes apparaître l'île de la Barbade. Après notre débarquement, on nous dirigea vers la cour d'un marchand où nous fûmes parqués comme des moutons, sans souci du sexe ni de l'âge. Nous étions là depuis quelques jours quand on procéda à notre vente. Au signal du roulement de tambour, les acheteurs, marchands ou planteurs, se précipitaient tous ensemble dans l'enclos où étaient massés les esclaves et choisissaient le lot qu'ils préféraient. Sans scrupule, on sépara des familles et des amis qui, pour la plupart, ne se reverraient plus jamais. C'était vraiment déchirant d'entendre les cris de parents perdant leurs enfants, des frères leurs sœurs, des époux leurs femmes. »

Olaudah Equiano, *op. cit.*

Annonce d'une vente d'esclaves à Charleston (Virginie) en 1769

Affiche, coll. privée.

« Charleston, 24 juillet 1769. À vendre, jeudi 3 août prochain, une cargaison récemment arrivée de 94 nègres de premier choix et en bonne santé, composée de 39 hommes, 15 garçons, 24 femmes et 16 filles, à bord de la brigantine *Dembia*, en provenance du Sierra Leone*, commandé par le capitaine Francis Bare. »

* Sur la côte ouest de l'Afrique.

4 Le travail forcé et les châtiments

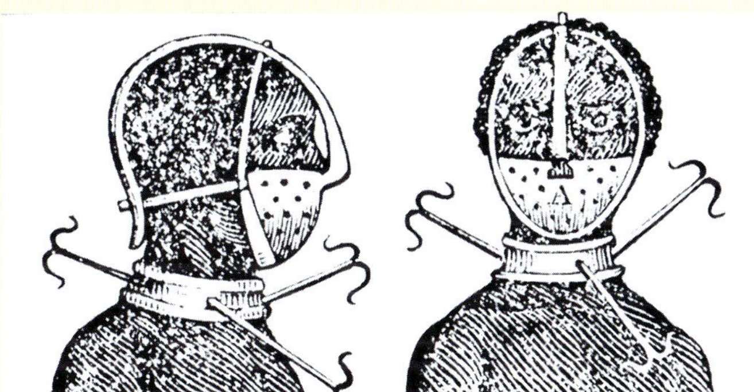

Une muselière de fer. *Thomas Branagan,* The penitential Tyrant, *New York, 1807. © Library of Congress, États-Unis.*
Le collier à longues tiges recourbées doit empêcher l'esclave de fuir en se cachant dans les fourrés.

« Pendant quelques semaines, je fus employé à désherber et à ramasser des pierres dans une plantation. Comme l'homme à qui appartenait ce domaine tomba malade, on m'envoya dans sa demeure pour l'éventer pendant son sommeil.
En entrant dans la maison, je vis une esclave noire qui préparait le dîner : la pauvre était cruellement chargée de divers instruments en fer, dont un qu'elle portait sur la tête et qui lui fermait si étroitement la bouche qu'elle pouvait à peine parler, manger ou boire. Je fus choqué par ce dispositif, dont j'appris plus tard qu'on l'appelait une muselière de fer. »

Olaudah Equiano, *op. cit.*

Activités

1) **Doc. 1** Qui capture le jeune Equiano ? Qui l'achète sur les côtes africaines ?

2) **Doc. 2** Relevez tous les éléments qui indiquent la dureté du traitement des captifs pendant le voyage maritime.

3) **Doc. 3** À quel animal Olaudah Equiano se sent-il comparé ? Pourquoi ? Quel sort est réservé aux familles ?

4) **Doc. 4** À quelles activités Olaudah Equiano et cette femme sont-ils employés ? Quels mauvais traitements cette esclave subit-elle ?

◆ Expression écrite et orale ◆

5) **À l'aide de la fiche SOCLE COMMUN, décrivez dans un paragraphe les principaux aspects de la traite négrière.**

SOCLE COMMUN — C5. Lire et employer différents langages : mettre en récit

Pour raconter la traite négrière

- J'explique comment et par qui sont capturés les futurs esclaves.
- J'indique vers quelle destination ils sont transportés et de quelle manière.
- Je précise dans quelles conditions ils travaillent et comment ils sont traités.

1500 XVIe XVIIe XVIIIe XIXe XXe 2000

Cours 1

La traite atlantique

A Les traites négrières

- **La traite des Noirs est un phénomène ancien en Afrique et dans le monde musulman.** Elle est liée à la pratique de l'esclavage par les Africains et au commerce des négriers arabes puis turcs qui contrôlent la traite orientale.

- **Au milieu du XVe siècle, la traite occidentale est mise en place par les Européens.** Elle prend son essor au XVIIe siècle pour satisfaire les besoins de main-d'œuvre des plantations dans les empires coloniaux [doc. 3].

- **Cette traite est principalement atlantique. Elle atteint son maximum au XVIIIe siècle** avec plus de 6 millions d'esclaves noirs déportés vers l'Amérique [doc. 1].

B L'organisation de la traite atlantique

- **Partis de ports européens, des navires voguent vers les côtes de l'Afrique de l'Ouest**, chargés de marchandises (textile, armes, bijoux…) qui vont servir à acheter à des négriers africains des esclaves noirs, qui sont souvent des captifs de guerres entre royaumes d'Afrique.

- **Les navires européens transportent ensuite ces esclaves au-delà de l'océan Atlantique**. Marqués au fer, enchaînés et entassés dans l'entrepont, les esclaves affrontent une traversée éprouvante.

- **Arrivés en Amérique, les négriers européens vendent les esclaves à des planteurs**. Puis le navire rejoint l'Europe chargé de produits tropicaux (sucre, café, cacao, indigo, coton…). La traite atlantique est largement liée au commerce triangulaire, mais le commerce des esclaves se fait aussi directement entre l'Afrique et le Brésil [doc. 4].

C La condition d'esclave en Amérique

- **Les esclaves sont considérés comme des biens soumis à un maître** [doc. 2]. La majorité d'entre eux se retrouve affectée au travail forcé agricole (culture des plantes tropicales) ou domestique.

- **Les esclaves sont soumis à une surveillance étroite et à des punitions fréquentes.** Beaucoup meurent d'épuisement au travail, ou de mauvais traitements.

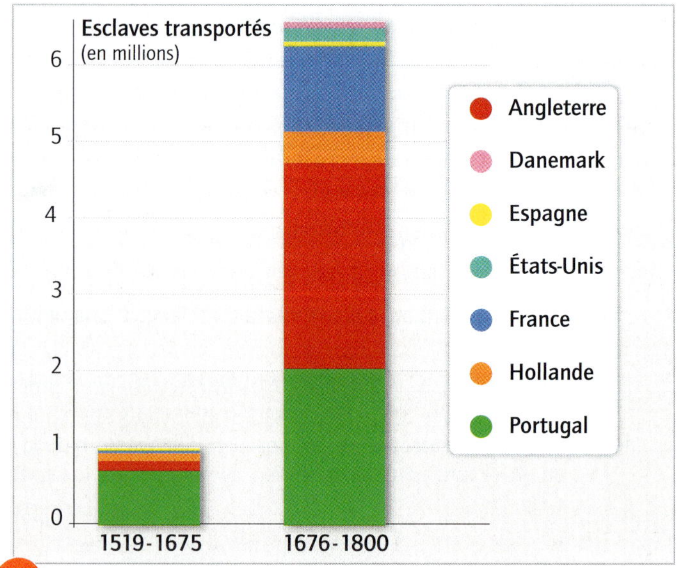

1 L'apogée de la traite négrière au XVIIIe siècle

Combien d'esclaves ont été transportés d'Afrique en Amérique de 1676 à 1800 ? Quelles sont les trois principales nations négrières ?

2 Le Code noir français

« **Art. 12.** Les enfants, qui naîtront des mariages entre les esclaves, seront esclaves.
Art. 22. Les maîtres seront tenus de fournir chaque semaine à leurs esclaves âgés de dix ans et plus pour leur nourriture, deux pots et demi de farine de manioc, ou trois galettes de manioc ; et aux enfants depuis qu'ils sont sevrés, jusqu'à l'âge de dix ans, la moitié des vivres ci-dessus.
Art. 44. Déclarons les esclaves être meubles.

Extraits du *Code noir*, rédigé sous le règne de Louis XIV, 1685.

Que sont les esclaves selon le *Code noir* ?

VOCABULAIRE

- **Commerce triangulaire** : commerce entre l'Europe, l'Afrique et l'Amérique.
- **Esclave** : personne non-libre, appartenant à un maître et considérée comme un objet.
- **Indigo** : plante utilisée pour la teinture (en bleu) des tissus.
- **Négrier** : voir p. 34.
- **Plantation** : voir p. 34.
- **Traite atlantique** : voir p. 34.
- **Traite occidentale** : commerce des esclaves auquel participent les marchands européens.
- **Traite orientale** : commerce des esclaves auquel participent les marchands musulmans.

3 **Une plantation modèle aux Antilles** • *Gravure extraite de l'*Encyclopédie *dirigée par Diderot et d'Alembert, 1751-1772.*

(A) Champs de canne à sucre ; (B) maison du maître ; (C) logements des esclaves (« cases à nègres ») ; (D) bâtiments d'exploitation (moulin, sucrerie...) ; (E) église.

■ **Quels bâtiments composent une plantation de canne à sucre ?**

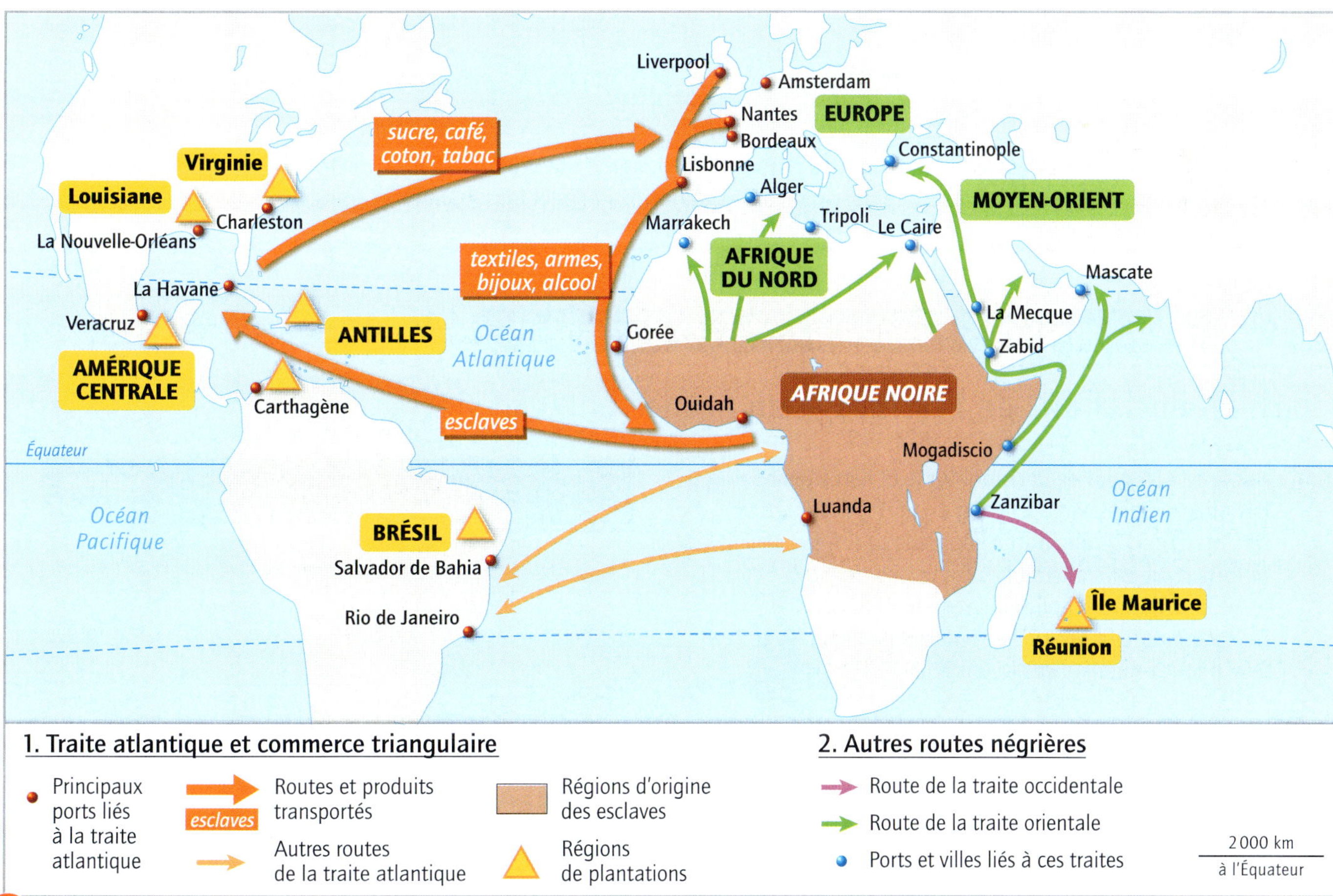

4 **Les traites négrières au XVIIIe siècle**

■ **À quel commerce est liée la traite atlantique ? Est-ce le cas du Brésil ? Expliquez.**

1 Récit Construire un récit historique

[C1. Rédiger un texte bref]

Esclavage et commerce triangulaire

1 Le prix des esclaves en Afrique vers 1725

TRAITE AVEC LE ROI DE JUDA (Guinée)	
POUR UN HOMME	*Soit :* ■ 180 livres de coquillages ■ 25 à 30 fusils ■ 300 livres de poudre de guerre ■ 40 à 45 longues barres de fer ■ 20 longues pipes à fumer ■ 40 à 50 pièces de toiles de Cholet ■ 16 pièces de toiles du Bengale ■ 12 toiles de Pondichéry
POUR UNE FEMME	*Soit :* ■ 10 pièces de toiles du Bengale ■ 10 toiles de Pondichéry

2 Le trajet d'un navire nantais

« Le 21 juin 1769 a comparu J. E. Tanquerel, capitaine du navire *Le Maréchal de Luxembourg*, du port de Nantes, de 25 tonneaux, armé de 12 canons et équipé de 60 hommes par Deseigne, Drouin et Dulac, négociants à Nantes, bourgeois et armateurs. Il a déclaré être parti le 1er février 1768 pour aller à la Côte de l'Or* chargé de marchandises propres à la traite des Noirs. Il y serait arrivé le 28 mars. Il y aurait traité 691 Noirs de tous sexes et âges. Il serait reparti le 30 octobre pour Saint-Domingue. Le 17 novembre, il aurait relâché à l'île du Prince pour rafraîchir les Noirs et son équipage et y faire des vivres. Il en serait parti le 19 décembre pour suivre sa destination. Il serait arrivé à Saint-Domingue le 20 février 1769 et aurait fait la vente de ses Noirs, à l'exception de 50 qui sont morts pendant la traversée. La vente finie, il aurait chargé 270 tonneaux de sucre brut, 67 tonneaux et 125 sacs de café, 132 ballots de coton, 12 tonneaux d'indigo. Son chargement fini, il serait parti le 15 mai dernier pour venir à Nantes et serait arrivé le 19 de ce mois (juin). »

D'après le *Registre d'entrée de long cours de l'Amirauté de Nantes*, 1769.

* Côte d'Afrique de l'Ouest donnant sur le golfe de Guinée.

▶ **À l'aide des documents, racontez comment se déroule le commerce triangulaire au XVIIIe siècle en évoquant les acteurs, les personnes, les lieux et les marchandises concernés. Montrez l'aspect inhumain de la traite.**

2 B2i Regrouper des éléments dans un document

[C4. Organiser la composition d'un document]

Les dénonciations de l'esclavage en France au XVIIIe siècle

1. Sur le site, consultez la chronologie et listez les ouvrages dénonçant l'esclavage avant 1789 (date, auteur, titre de l'ouvrage). Quelle durée sépare la première autorisation officielle de la « Traite des Nègres » et la parution du premier ouvrage la dénonçant ? De quand date la première abolition de l'esclavage ? Que pensez-vous de ces délais ?

2. Réalisez avec un traitement de texte un petit montage sur Voltaire et Bernardin de Saint-Pierre. Placez à gauche les illustrations et à droite les textes correspondants.

3. Quel auteur a pour objectif l'abolition de l'esclavage, et quel est le but de l'autre ? Justifiez votre réponse par les contenus des textes et des images.

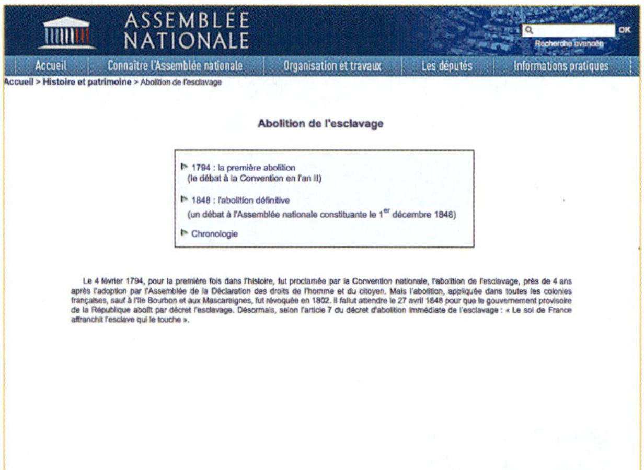

▲ www.assemblee-nationale.fr/histoire/esclavage/abolition.asp

3 SOCLE COMMUN Croiser des documents

Les documents de natures différentes

Pour étudier un fait historique, on utilise souvent plusieurs documents de natures différentes. Il faut alors les mettre en relation, c'est-à-dire rapprocher les informations qu'ils apportent.

- J'identifie la nature de chaque document.
- Je relève les informations principales de chacun.
- Je me demande en quoi elles se complètent ou divergent.

[C5. Lire et employer différents langages]

Esclavage et économie de plantation

1 Le travail des esclaves

« Il n'y a pas de travail plus rude que celui d'une plantation de canne à sucre. Les esclaves qui y travaillent le font dix-huit heures par jour. On fait lever les nègres environ une demi-heure avant le jour, c'est-à-dire sur les cinq heures du matin. Certains travaillent dans les champs de canne à sucre, d'autres au moulin de la sucrerie. »

D'après Jean-Baptiste Labat*, *Nouveau voyage aux Îles de l'Amérique*, 1722.

* Missionnaire, l'auteur a séjourné douze ans en Martinique et en Guadeloupe à la fin du XVIIe siècle et au début du XVIIIe siècle.

2 Esclavage et plantations sucrières dans les Antilles françaises en 1785

	GUADELOUPE	MARTINIQUE
Nombre d'habitants	106 045	85 706
Part de population esclave (en %)	83 %	81 %
Surface totale cultivée (en hectares)	52 643	30 281
Part de la surface cultivée en canne à sucre (en %)	53 %	54 %
Exportations vers l'Europe (en tonnes)	18 000	15 820

Sources diverses.

3 **Esclaves dans une plantation de canne à sucre, à Antigua, colonie anglaise des Antilles.**
Dessin de William Clark, début XIXe siècle. British Museum, Londres.

1 Quels sont les types de documents de l'exercice ?

2 En quoi consiste le travail des esclaves [doc. 1 et 3] ? Quelle est la durée de la journée de travail des esclaves [doc. 1] ? Quelle est la population majoritaire en Guadeloupe et en Martinique [doc. 2] ? Quelle est l'activité agricole principale de ces deux îles [doc. 2 et 3]?

3 Doc. 1 à 3 Montrez la dureté du travail dans une plantation de canne à sucre. Dégagez les caractéristiques d'une économie de plantation.

J'AI RÉUSSI SI...

→ *J'ai distingué les trois types de documents.*

→ *J'ai fait le lien entre esclavage et économie de plantation.*

Je révise

1 Se repérer dans le temps

[C5. Avoir des repères historiques]

▶ Recopiez la frise (1 siècle = 1 carreau et demi) et portez au bon endroit :

• Traites orientales (monde musulman) • Traites occidentales (océans Atlantique et Indien)

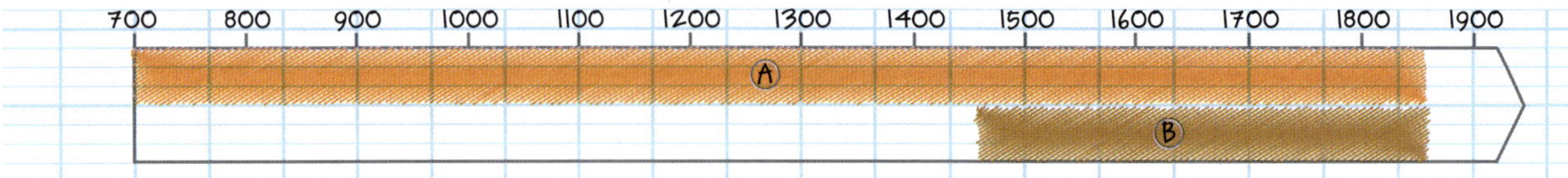

2 Se repérer dans l'espace

[C5. Avoir des repères historiques et géographiques]

Le commerce triangulaire au XVIIIe siècle

1. Nommez les continents et les océans désignés par les 5 lettres majuscules.
2. Par quels signes sont pointés les ports négriers suivants : Nantes, Bordeaux, Liverpool ?
3. Reliez à une flèche numérotée :
   - Esclaves
   - Produits tropicaux
   - Produits manufacturés divers

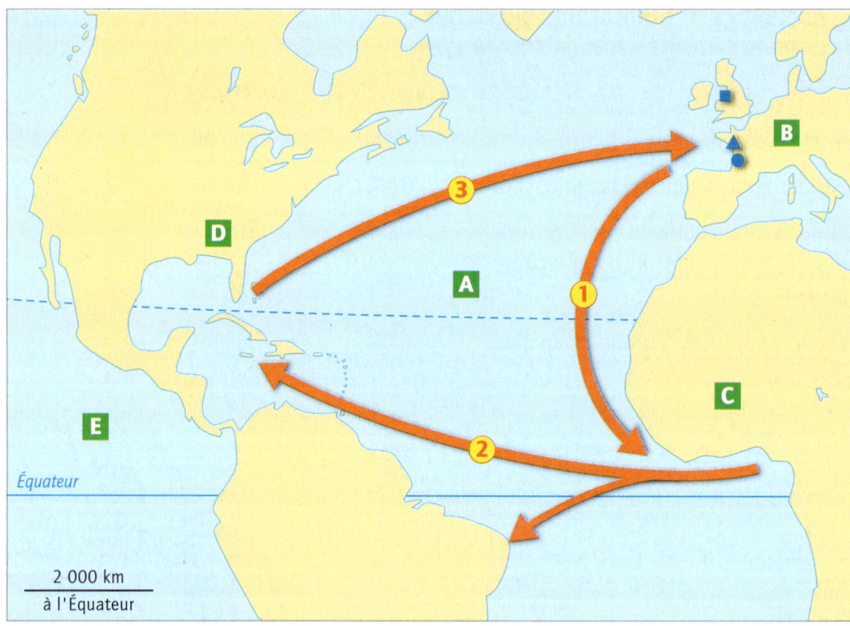

3 Connaître le vocabulaire du chapitre

[C1. Maîtriser le langage adéquat]

▶ Dans le texte ci-contre, remplacez les expressions soulignées par les mots de vocabulaire qui conviennent :

- traite atlantique
- traite orientale
- traite négrière
- plantations
- commerce triangulaire
- esclaves

Au XVIIIe siècle, quelques pays européens pratiquent le commerce et le transport des esclaves africains(1). Pour répondre aux besoins de main-d'œuvre des grandes exploitations tropicales spécialisées dans une production agricole(2), des navires partis d'Europe vont chercher en Afrique des personnes non-libres(3) et les transportent en Amérique : c'est le commerce et transport des esclaves noirs d'Afrique vers l'Amérique(4). Elle peut s'effectuer dans le cadre du commerce entre l'Europe, l'Afrique et l'Amérique(5). Cette traite a lieu en même temps que le commerce des esclaves auquel participent les marchands musulmans(6), qui a commencé au VIIIe siècle.

Jean-Baptiste Ceineray [1722 • 1811]

Formé à l'Académie Royale d'architecture, il devient en 1759 architecte de la ville de Nantes. Il réalise plusieurs chantiers publics et des immeubles privés.

À Nantes, la traite orne les façades !

Mascaron avec le visage d'une Noire

un mascaron : en architecture, c'est un ornement représentant généralement une figure humaine

Situé au bord de la Loire, quai de la Fosse, à Nantes, l'hôtel Durbé est un immeuble appartenant à des armateurs négriers, Durbé et Collin.

Les façades nantaises dans leur époque

- **Une partie des énormes bénéfices de la traite est investie par les négriers nantais dans la construction d'immeubles et d'hôtels particuliers.** Les architectes conçoivent des bâtiments sur plusieurs niveaux, combinant magasins et boutiques ou bureaux au rez-de-chaussée et appartements dans les deux ou trois étages.
- Ils décorent les façades de visages sculptés, les « mascarons* », dont certains évoquent la traite des Noirs et le commerce avec l'Amérique.
- **Ces bâtiments expriment au grand jour la réussite sociale et l'enrichissement des négriers.** Comme l'a écrit au début du XXe siècle Marc Elder, un écrivain nantais, « *l'argent sanglant des mers se lavait dans la beauté* ».

* [voir lexique, p. 338]

- 1688 : 1er bateau négrier quittant Nantes
- 1750 : Nantes réalise 75 % de la traite française
- 1756 : Construction de l'hôtel Durbé
- 1759 : Jean-Baptiste Ceineray, architecte de la ville de Nantes

?

▶ Montrez le lien entre la traite négrière et certaines réalisations architecturales à Nantes au XVIIIe siècle.

Chapitre 4

Les difficultés de la monarchie sous Louis XVI

Pourquoi la monarchie est-elle en difficulté sous le règne de Louis XVI ?

Une représentation de la société des trois ordres. *Gravure coloriée, 1789, BNF, Paris.*
(A) Le clergé, considéré comme le premier ordre du royaume, représente moins de 0,5 % de la population ; **(B)** le deuxième ordre, la noblesse, représente 1,5 % de la population ; **(C)** le troisième ordre, ou tiers état, rassemble 98 % des Français.

■ **Comment l'auteur de cette gravure exprime-t-il l'inégalité de la société d'ordres ?**

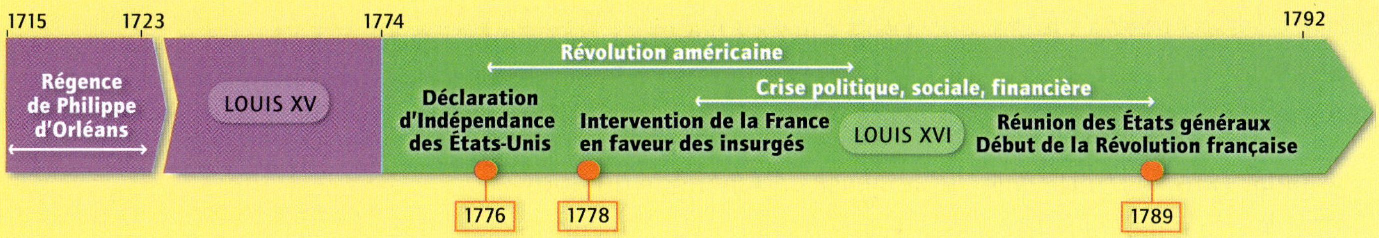

La complexité des divisions administratives au XVIIIe siècle

Louis XVI en costume de sacre

Antoine François Callet, 1779.
Huile sur toile (277 x 189 cm), détail.
Musée du château de Versailles.

■ **De quel autre tableau célèbre s'inspire celui-ci ?**

DOSSIER

Le vent d'Amérique

ARTS

ITINÉRAIRE Arts et Pouvoir

Le 4 juillet 1776, les treize colonies anglaises d'Amérique du Nord proclament leur indépendance vis-à-vis du Royaume-Uni. À l'issue d'une longue guerre, les jeunes États-Unis se donnent une Constitution en 1787. La Révolution américaine a un grand écho en France.

Révolution américaine (1776-1783)

1750 — 1778 Intervention de la France — 1787 Constitution — 1790

▶ Pourquoi la Révolution américaine a-t-elle un impact en France ?

1 Les textes fondateurs des États-Unis d'Amérique

A/ La Déclaration d'indépendance de 1776

« Les hommes sont doués par leur Créateur de droits inaliénables ; parmi ces droits se trouve la liberté. Nous, les représentants des États-Unis d'Amérique, déclarons solennellement au nom du bon peuple de ces colonies, que ces colonies unies ont droit d'être et sont des États libres et indépendants ; que tout lien politique entre elles et l'État de la Grande-Bretagne est et doit être entièrement dissous. »

D'après la *Déclaration* adoptée par les délégués au Congrès des 13 colonies, à Philadelphie, le 4 juillet 1776.

B/ La Constitution de 1787 (extraits)

« *Article I. Section 1*
Tous les pouvoirs législatifs accordés par cette Constitution seront attribués à un Congrès des États-Unis, qui sera composé d'un Sénat et d'une Chambre des représentants.

Article II. Section 1
Le pouvoir exécutif sera confié à un président des États-Unis d'Amérique. Il restera en fonction pendant une période de quatre ans.

Article III. Section 1
Le pouvoir judiciaire des États-Unis sera conféré à une Cour suprême et à des cours inférieures. Les juges de la Cour suprême et des cours inférieures conserveront leurs charges aussi longtemps qu'ils en seront dignes et percevront, à échéances fixes, une indemnité. »

Le drapeau américain. (A) Avant l'indépendance, les treize bandes horizontales des colonies s'accordent avec la croix de Saint Georges et de Saint André du drapeau britannique. (B) Après l'indépendance, treize étoiles sur fond bleu signifient l'union des treize États devenus indépendants.

2 Les colonies anglaises d'Amérique 1776-1783

3 La Révolution américaine populaire en France

« L'Angleterre avait envoyé quarante mille hommes en Amérique pour étouffer la liberté dans son berceau. Une nation tout entière qui veut être libre est difficilement vaincue. Son courage lui attirait partout en Europe l'estime des amis de la justice. À la fin de l'année 1776, on vit arriver à Paris des ambassadeurs américains dont le célèbre Benjamin Franklin*. Il serait difficile d'exprimer avec quel empressement, avec quelle faveur furent accueillis, au sein d'une vieille monarchie, ces envoyés d'un peuple en insurrection contre son monarque**. »

D'après L.-P. SÉGUR, *Mémoires ou souvenirs et anecdotes*, 1822-1826.

* Ils viennent demander l'aide militaire de la France.
**Roi d'Angleterre George III.

4 L'adoption de la Constitution des États-Unis le 17 septembre 1787

J.-B. Stearns, 1857. Huile sur toile (137 x 95 cm). Virginia Museum of Fine arts, États-Unis.

Quatre ans après la reconnaissance de leur indépendance, les treize anciennes colonies adoptent la Constitution des États-Unis lors de la Convention de Philadelphie. Cette réunion des délégués des États est présidée par George Washington, héros de la guerre d'Indépendance. En 1789, il est élu premier président des États-Unis d'Amérique. (A) Benjamin Franklin, (B) George Washington.

HISTOIRE des ARTS

◆ Identifier et contextualiser l'œuvre ◆

1) **Doc. 4** Présentez l'œuvre : nature, artiste, sujet, lieu de conservation.
2) **Doc. 1 et 4** Distinguez la date de réalisation de l'œuvre et la date de l'événement représenté. Combien d'années se sont écoulées entre les deux ?

◆ Décrire l'œuvre et en expliquer le sens ◆

3) À l'aide la fiche **SOCLE COMMUN**, décrivez l'œuvre.
4) **Doc. 1 et 2** Pourquoi J.-B. Stearns a-t-il voulu peindre cet épisode de l'histoire des États-Unis ?

◆ Distinguer l'intérêt historique et artistique ◆

5) Comment l'artiste fait-il du 17 septembre 1787 un moment historique ?
6) **Doc. 3** Quel écho la Révolution américaine a-t-elle en France ?

SOCLE COMMUN C.5 Lire et employer différents langages : le document artistique

Pour décrire une œuvre d'art

- Je décris la scène (lieu, personnages, attitudes…) ou le motif représenté.
- Je distingue les différents plans.
- Je dégage la ou les couleurs dominantes.

VOCABULAIRE

- **Colonie** : territoire d'outre-mer conquis, administré et exploité par un pays étranger (la métropole).
- **Indépendance** : un territoire obtient sa souveraineté et devient ainsi un État.
- **Constitution** : texte de loi qui organise les institutions d'un pays.

1500 XVIe XVIIe XVIIIe XIXe XXe 2000

DOSSIER

Un cahier de doléances du tiers état

Dans les années 1780, en France, l'État est au bord de la faillite. Louis XVI décide alors de convoquer les États généraux pour le mois de mai 1789. Il demande à cette occasion aux 27 millions de Français de faire part de leurs souhaits dans des cahiers de doléances.

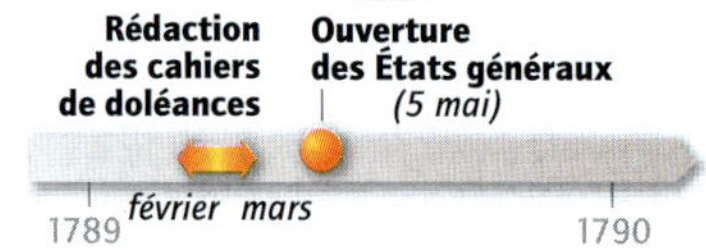

▶ **Quelles sont les aspirations du tiers état en 1789 ?**

ARTS ITINÉRAIRE Arts et Peuple

1 Une représentation de la société française

Gravure de 1789. Musée Carnavalet, Paris.
(A) Clergé ; (B) noblesse ; (C) tiers état.

2 Louis XVI convoque les États généraux

« De par le Roi, Nous avons besoin du concours de nos fidèles sujets pour Nous aider à surmonter toutes les difficultés où Nous Nous trouvons relativement à l'état de Nos finances. Ces grands motifs Nous ont déterminé à convoquer l'Assemblée des États généraux, tant pour Nous conseiller que pour Nous faire connaître les souhaits et doléances de nos peuples, de manière qu'il soit apporté le plus promptement possible un remède efficace aux maux de l'État, que les abus de tous genres soient réformés. »

Lettre de Louis XVI, Versailles, le 14 janvier 1789.

VOCABULAIRE

- **Cahiers de doléances** : cahiers de plaintes et de vœux rédigés en 1789 en vue des États généraux.
- **États généraux** : assemblée des représentants des trois ordres du royaume réunis par le roi dans des circonstances exceptionnelles.
- **Ordre** : catégorie de la société avant la Révolution française. On y appartient soit par naissance (noblesse, tiers état) soit par vocation (clergé).
- **Privilège** : avantage accordé à une catégorie de la société.

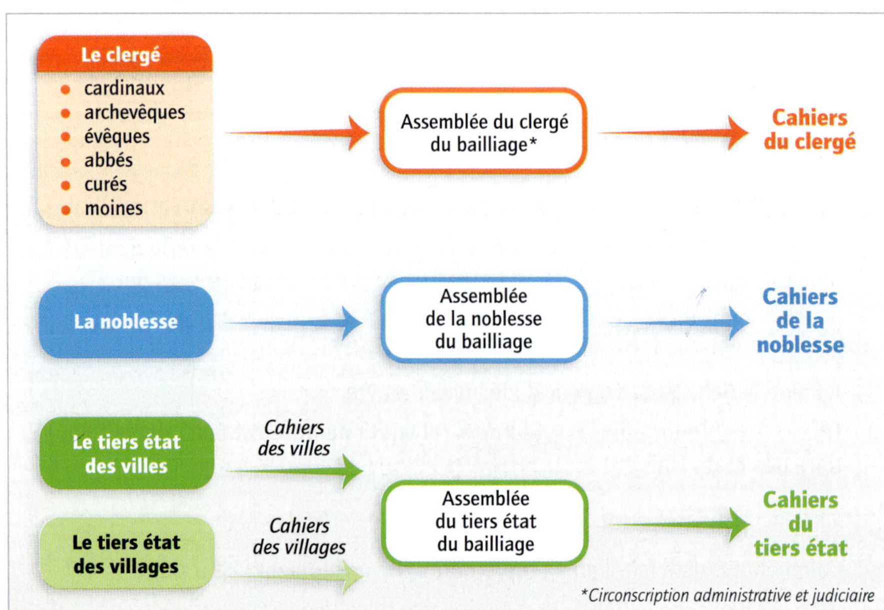

3 Comment ont été rédigés les cahiers de doléances

4 Le cahier de doléances de La Chapelle-Craonnaise

En 1789, La Chapelle-Craonnaise est un petit village d'Anjou peuplé de 500 à 600 habitants. Le 6 mars 1789, les 63 hommes âgés de plus de 25 ans et appartenant au tiers état (des paysans, quelques artisans et marchands) se réunissent dans le vestibule de l'église. Sous la présidence du notaire de la ville la plus proche, ils élaborent le cahier de doléances du village. Ils élisent aussi deux députés qui, le 9 mars 1789, se rendent à Angers munis du cahier, afin de représenter leur village à l'assemblée du tiers état de la sénéchaussée (ou bailliage). Tous les cahiers des villages et des villes sont alors réduits à un seul. Puis l'assemblée élit les députés de la sénéchaussée aux États généraux.

« **1°** – Les paroissiens et la communauté de La Chapelle-Craonnaise demandent que les députés aux États généraux sollicitent que nul impôt ne puisse être établi sans le consentement des États généraux.
2° – Qu'il soit établi que les États généraux auront lieu de cinq ans en cinq ans.
4° – Les députés solliciteront l'abolition entière de tous les privilèges des nobles et des ecclésiastiques ;
5° – L'abolition de la gabelle*, ce désastreux impôt, ainsi que des tailles, capitations, vingtièmes**, des traites intérieures*** et des aides****.
6° – Pour remplacer ces impôts, qu'il soit établi par les États généraux une capitation personnelle, une taxe foncière et une taxe d'exploitation, qui frapperont indistinctement et sans aucun privilège tous les citoyens des trois ordres.
8° – Que la corvée en nature soit totalement abolie.
9° – Les députés solliciteront aussi l'abolition totale des justices et polices seigneuriales, des droits de chasse et de pêche exclusifs, des banalités.
14° – Qu'on puisse abolir la dîme.

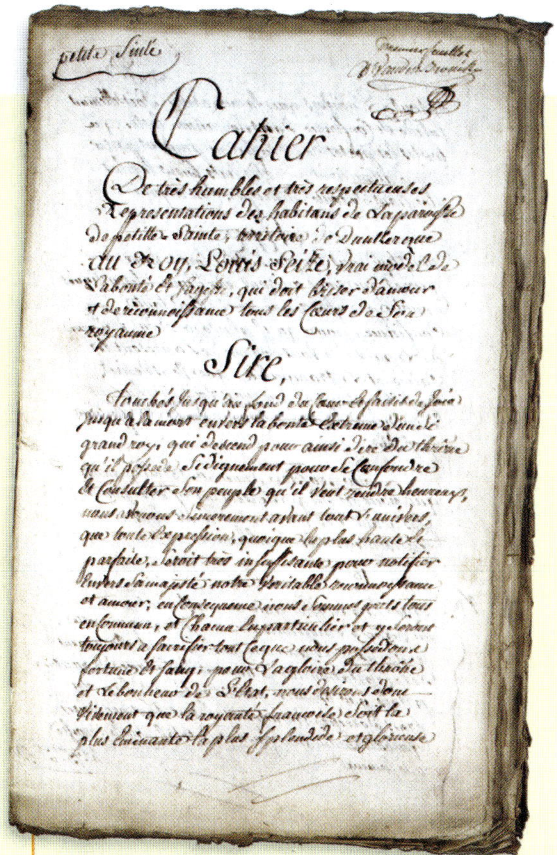

Un cahier de doléances
Plus de 60 000 cahiers ont été rédigés.

15° – Que les emplois civils, militaires, ecclésiastiques soient accessibles indistinctement de manière que la noblesse n'ait pas de préférence et que le tiers état n'ait plus d'exclusion.

Extraits du *cahier de doléances* de la Chapelle-Craonnaise (Mayenne), 1789.

* Gabelle : impôt indirect sur le sel.
** Tailles, capitations, vingtièmes : impôts directs versés au roi.
*** Traites intérieures : droits de douane d'une province à l'autre.
**** Aides : impôt indirect sur certaines marchandises.

HISTOIRE des ARTS [Doc. 1]

1) Quelle est la nature de cette image ?
2) Quelle est l'intention de son auteur ?

SOCLE COMMUN – C5. Lire et employer différents langages

Pour expliquer un cahier de doléances

- Je relève l'origine du cahier (quel ordre de la société, quel village ou quelle ville).
- Je distingue les doléances fiscales, sociales, judiciaires, politiques.
- Je mets en relation ces plaintes avec l'organisation de la société d'ordres.

Activités

1) **Doc. 2** Relevez la raison avancée par Louis XVI pour convoquer les États généraux.
2) **Doc. 3 et 4** Expliquez comment est organisée la rédaction des cahiers de doléances. Comment se présente un cahier ?
3) **Doc. 4** Classez en quatre colonnes les doléances des habitants de ce village : fiscales, sociales, judiciaires, politiques.
4) **Doc. 1 et 4** Identifiez les trois personnages sur la gravure. Montrez que la situation dénoncée rejoint certaines demandes exprimées par les habitants de La Chapelle-Craonnaise.

◆ Expression écrite et orale ◆

5) **À l'aide de la fiche SOCLE COMMUN, expliquez trois doléances exprimées dans le cahier du tiers état de La Chapelle-Craonnaise.**

Cours 1

La France en crise

A Des aspirations nouvelles

En 1774, Louis XVI devient roi de France. Comme ses prédécesseurs, il est roi absolu de droit divin. Mais très vite, son pouvoir apparaît contesté car une partie de la noblesse et de la bourgeoisie, sensible aux idées des philosophes des Lumières, souhaite une monarchie limitée.

Les succès de la Révolution américaine stimulent cette contestation [doc. 5]. En effet, en 1776, les colonies de la côte Est de l'Amérique du Nord ont rompu les liens avec le Royaume-Uni qu'elles accusent de tyrannie à leur égard. En 1783, les États-Unis font reconnaître leur indépendance et, en 1787, ils adoptent la première Constitution écrite de l'Histoire. Inspiré des Lumières, ce texte fonde une république dans laquelle les pouvoirs sont séparés et partagés entre un président des États-Unis, deux assemblées élues et des cours de justice.

L'organisation de la société française en trois ordres est elle aussi critiquée. La bourgeoisie, qui joue un rôle économique de plus en plus important, accepte mal que la noblesse et le clergé conservent des privilèges. Elle réclame l'égalité des droits [doc. 4]. La paysannerie ne supporte plus ni l'ancien système seigneurial, ni que les impôts reposent essentiellement sur elle.

B Une crise financière insoluble

Dans les années 1780, le budget de l'État accuse un lourd déficit [doc. 1], **qui s'est creusé à cause de la guerre d'Amérique** dans laquelle la France est intervenue. Comme le royaume ne peut emprunter indéfiniment pour faire face aux dépenses, les ministres de Louis XVI voudraient augmenter les recettes en faisant payer des impôts directs à la noblesse et au clergé.

Mais ces derniers refusent et l'État est au bord de la faillite. Louis XVI doit se résoudre à convoquer les États généraux pour 1789. À cette occasion, il demande à ses sujets de faire connaître leurs réclamations et leurs vœux dans des cahiers de doléances.

La rédaction des cahiers et la désignation des députés [doc. 3] **se déroulent alors que le royaume traverse une crise économique** provoquée par de mauvaises récoltes [doc. 2]. La colère grandit en France.

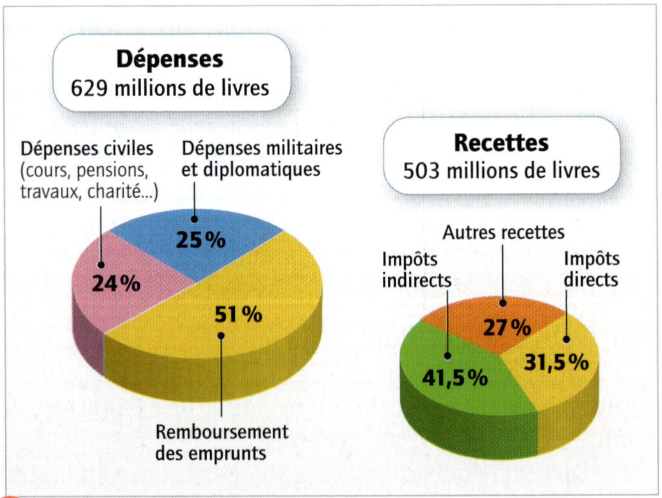

1 Le budget du royaume en 1788

Malgré l'ampleur du déficit, toutes les tentatives pour augmenter les recettes en réformant la fiscalité échouent.

■ **Quelle est la situation financière du royaume en 1788 ?**

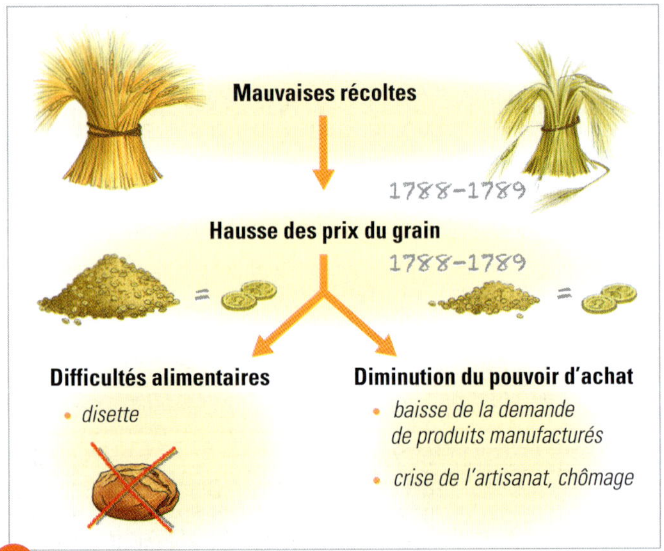

2 La crise économique de 1788-1789

■ **Quelles sont les conséquences des mauvaises récoltes ?**

Vocabulaire

- **Cahiers de doléances** : voir p. 46.
- **Colonie** : voir p. 45.
- **Constitution** : voir p. 45.
- **États généraux** : voir p. 46.
- **Indépendance** : voir p. 45.
- **Ordre** : voir p. 46.
- **Privilèges** : voir p. 46.

3 La préparation des États généraux en 1789 : les costumes distinctifs des trois ordres

Estampes, fin du XVIIIe siècle, coll. privée.
Le tiers état, qui représente 98 % des Français, a obtenu d'avoir un peu plus de députés (578) que la noblesse (270) et le clergé (291) réunis. Mais à la veille de l'ouverture des États généraux, le choix du vote par ordre ou par tête n'a pas été décidé.

■ **Pourquoi vouloir en 1789 distinguer les membres des ordres par des costumes différents ?**

4 La bourgeoisie insatisfaite

« La France avait établi un commerce maritime et créé des manufactures. Les richesses s'étaient répandues sur les bourgeois. Ainsi, à Paris et dans les grandes villes, la bourgeoisie était supérieure en richesses, en talents et en mérite personnel. Elle avait dans les villes de province la même supériorité sur la noblesse des campagnes. Elle ressentait cette supériorité ; cependant, elle était partout humiliée. Elle se voyait exclue des emplois d'officiers supérieurs dans l'armée ; elle l'était du haut clergé par le choix des évêques parmi la haute noblesse ; la haute magistrature la rejetait également. »

D'après le MARQUIS DE BOUILLÉ, *Mémoires sur la Révolution française*, 1801.

Une riche famille bourgeoise de Rouen, les Gohin
Louis-Léopold Boilly, 1787. Huile sur toile (94 x 135 cm). Musée des Arts Décoratifs, Paris.

■ **Pourquoi la bourgeoisie pouvait-elle se sentir insatisfaite, selon l'auteur ?**

5 Les États-Unis, un exemple pour la France ?

« Le genre humain avait perdu ses droits et Montesquieu les a retrouvés. Mais il ne suffit pas que les droits du genre humain soient écrits dans les livres des philosophes. Il faut que l'homme ignorant ou faible puisse les lire dans l'exemple d'un grand peuple. L'Amérique nous a donné cet exemple. L'acte qui a déclaré son indépendance est une exposition simple et sublime de ces droits si sacrés et si longtemps oubliés. Le spectacle d'un grand peuple, où les droits de l'Homme sont respectés, est utile à tous les autres. Il apprend que ces droits sont partout les mêmes ».

D'après NICOLAS DE CONDORCET, *De l'influence de la Révolution d'Amérique sur l'Europe*, 1786.

■ **Quelle conclusion Condorcet tire-t-il de la Révolution américaine ?**

1 Récit — Construire un récit historique

[C1. Rédiger un texte bref]

La France à la veille de la Révolution

1 La situation de la France en 1787 vue par un voyageur anglais

« Une opinion prévalait, c'est qu'on était à la veille d'une grande révolution dans le gouvernement; que tout l'indique: la grande confusion dans les finances, avec un déficit impossible à combler sans les États généraux du royaume; sur le trône, un prince animé d'excellentes intentions, mais dépourvu des ressources d'esprit nécessaires pour gouverner par lui-même en un tel moment; une Cour ensevelie dans le plaisir et la dissipation; une grande fermentation dans tous les rangs de la société, désireuse de changements; un grand levain de liberté, qui s'accroît d'heure en heure après la révolution américaine. »

D'après Arthur Young, *Voyages en France en 1787, 1788 et 1789*, 1792.

2 Le pillage de la manufacture Réveillon à Paris le 28 avril 1789.
Gravure, 1789. Musée Carnavalet, Paris.
Au printemps 1789, la misère touche les quartiers populaires de Paris. Alors que le prix du pain ne cesse d'augmenter, le fabricant de papier peint Réveillon annonce une diminution des salaires de ses ouvriers. Plus de 2 000 personnes se rassemblent au faubourg Saint-Antoine et pillent la manufacture Réveillon. La répression fait de nombreuses victimes.

1. Expliquez le problème financier évoqué par Young. Selon lui, que souhaite la société française ?
2. **Doc. 2** Pourquoi les ouvriers pillent-ils la manufacture Réveillon ?
3. Racontez en quelques phrases la situation du royaume de France à la veille de l'ouverture des États généraux.

2 B2i — Extraire des documents d'une base de données

[C4. Consulter des bases de données]

La crise financière de l'État en 1787

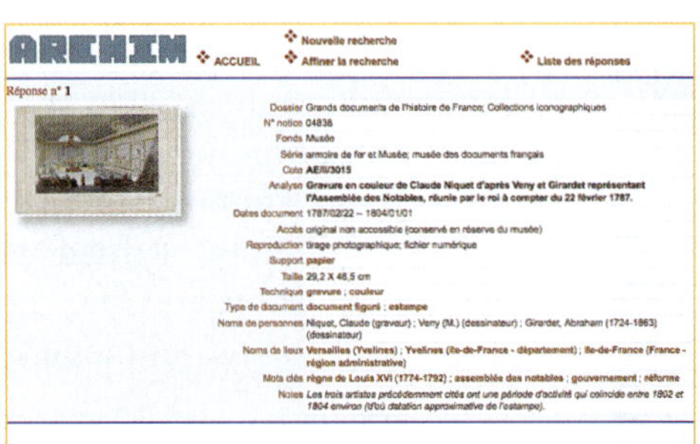

▲ www.culture.gouv.fr/documentation/archim/accueil.html

1. Dans la base « archim », cherchez une gravure en couleurs réalisée d'après Girardet représentant l'Assemblée des notables (22 février 1787). Transcrivez le texte situé sous la gravure.
2. Depuis http://gallica.bnf.fr, téléchargez le livre de Jean-Pierre Papon, paru à Londres en 1788, *Histoire du gouvernement François depuis l'Assemblée des notables*. À partir des p. 7 et 8, réalisez un tableau montrant l'évolution du déficit, et le montant de la dette publique (p. 13).
3. En 1788, le problème est toujours aussi grave. Pourquoi, selon vous, l'Assemblée ne réussit-elle pas à le résoudre ? Quelle conséquence a l'Assemblée des notables ?

3 SOCLE COMMUN Lire et comprendre une image

[C5. Lire et employer différents langages : la caricature]

Pour analyser une caricature

Une caricature est un dessin qui donne une représentation volontairement déformée et souvent humoristique d'un événement ou d'un personnage.

- Je relève l'origine du dessin : l'auteur et la date.
- Je repère les informations dessinées (les personnages, leurs actions, les symboles) et les informations textuelles (paroles d'un personnage, commentaire de l'auteur…).
- Je dégage l'intention de l'auteur et le public qu'il vise.

Une caricature révolutionnaire

« À bas les impôts et les privilèges ! » *Gravure anonyme, 1789. BNF, Paris.*

1. Relevez la date de ce dessin. Son auteur est-il connu ?
2. Décrivez les deux personnages et identifiez l'ordre auquel ils appartiennent. Que symbolise le monstre à plusieurs têtes ?
3. Expliquez ce que veut dénoncer l'auteur de cette caricature. À qui adresse-t-il ce message selon vous ?

J'AI RÉUSSI SI...

→ *J'ai fait le lien entre l'allure des personnages et leur appartenance sociale.*

→ *J'ai su expliquer le document en indiquant quels ordres avaient des privilèges en 1789.*

Je révise

1 Se repérer dans le temps

[C5. Avoir des repères historiques]

▶ Mettez en relation les faits historiques avec les dates.

Faits historiques

1. Réunion des États généraux
2. Révolution américaine
3. Déclaration d'indépendance des États-Unis
4. Règne de Louis XVI

Dates

A. 1774-1792
B. 1789
C. 1776
D. 1776-1783

2 Compléter un schéma

[C5. Représenter graphiquement une situation]

▶ Reproduisez le schéma et complétez-le à l'aide des éléments suivants :

- Réformes fiscales impossibles
- Baisse de la consommation
- Contestation de la société d'ordres
- Contestation de la monarchie absolue
- Contestation des privilèges
- Important déficit du budget de l'État
- Mauvaises récoltes, hausse du prix du pain
- Impact de la Révolution américaine.

3 Connaître le vocabulaire du chapitre

[C1. Maîtriser le langage adéquat]

▶ Retrouvez la bonne définition de chaque mot de vocabulaire.

Expressions

1. Catégorie de la société avant la Révolution française. On y appartient soit par naissance (noblesse, tiers état) soit par vocation (clergé).
2. Rédigés en 1789, ils expriment les plaintes et les vœux des sujets de Louis XVI.
3. Assemblée des représentants des trois ordres du royaume réunis par le roi dans des circonstances exceptionnelles.
4. Avantage accordé à une catégorie de la société.
5. Texte de loi qui fixe le fonctionnement des pouvoirs dans un État.

Mots

A. Privilège
B. Constitution
C. Cahiers de doléances
D. États généraux
E. Ordre

Marie-Antoinette soigne son image !

Louise-Élisabeth Vigée-Le Brun
[1755 • 1842]

Attirée par le dessin et la peinture dès l'enfance, elle connaît très jeune le succès. Son talent de portraitiste ainsi que la protection de la reine Marie-Antoinette lui valent une carrière artistique fulgurante.

La reine Marie-Antoinette dans son époque

■ **Au milieu des années 1780, la reine Marie-Antoinette est impopulaire. L'affaire du collier**, une escroquerie dont elle est pourtant la victime, **la déconsidère aux yeux des Français.** Des écrits injurieux l'accusent d'avoir de nombreux amants et de vider les caisses du royaume pour ses fêtes, ses toilettes et ses bijoux.

■ **Marie-Antoinette décide de répondre aux calomnies qui courent sur elle en se faisant représenter entourée de ses enfants.** Elle donne ainsi l'image d'une mère aimante et attentionnée, éloignée des futilités dont on l'accable. La reine ne porte qu'une modeste paire de pendants d'oreilles et laisse son cou vierge de tout collier…

Marie-Antoinette, reine de France, et ses enfants, 1787
L.-E. Vigée-Lebrun, huile sur toile (195 x 271 cm). Musée national du Château de Versailles.

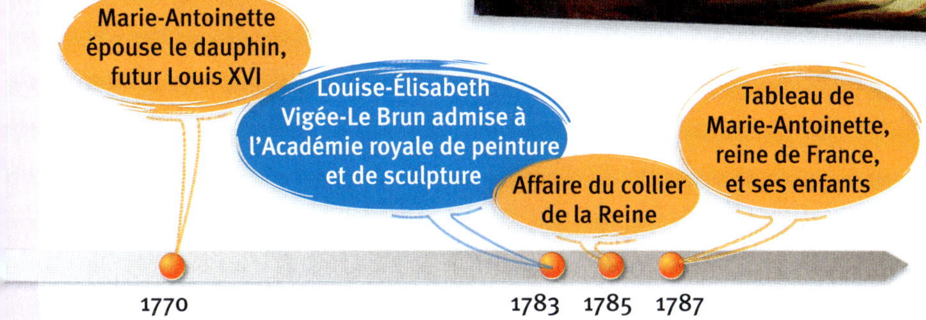

?
▶ **Montrez comment l'artiste donne de Marie-Antoinette une image simple, celle d'une femme assumant son rôle de reine et de mère.**

Chapitre 5

De la Révolution à l'Empire

Quels événements marquent les ruptures majeures de la période 1789-1804 ?

***Le Serment du Jeu de paume*, le 20 juin 1789.** *Jacques-Louis David, vers 1791. Huile sur toile (65 x 88 cm), détail. Musée Carnavalet, Paris.* Les députés du tiers état sont très vite déçus par les États généraux, ouverts à Versailles le 5 mai 1789, car Louis XVI n'y annonce aucune réforme profonde. Le 17 juin, ils défient le roi en se proclamant « Assemblée nationale ». Comme Louis XVI a fait fermer leur salle de réunion, les députés du tiers état se rassemblent dans la salle du Jeu de paume et, rejoints par quelques députés de la noblesse et du clergé, jurent de ne pas se séparer avant d'avoir obtenu une Constitution mettant fin à la monarchie absolue. (A) Bailly, (B) un moine et un abbé catholiques, un pasteur protestant, (C) Robespierre, (D) le peuple.

■ **Comment le peintre David a-t-il représenté l'entente et l'enthousiasme des députés ?**

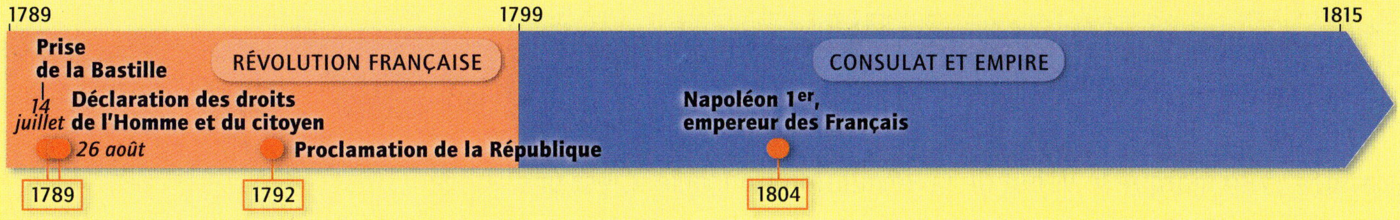

Le territoire de la France de 1789 à 1804

Le général et Premier consul, Napoléon Bonaparte, franchissant les Alpes au col du Grand-Saint-Bernard en 1800

Jacques-Louis David, 1800-1801. Huile sur toile (272 x 232 cm), détail. Stiftung Preussische Schlösser und Gärten, Berlin.

La France est alors en guerre contre l'Autriche qui a pris pied en Italie du Nord. Né en Corse en 1769 dans une famille de petite noblesse, Napoléon Bonaparte fait des études militaires. Général à l'âge de 25 ans, il se fait connaître lors des guerres menées par la République française contre différentes monarchies d'Europe. Il renverse le régime du Directoire par un coup d'État le 18 brumaire (9 novembre 1799) et met en place un pouvoir personnel en fondant le Consulat puis l'Empire (1804-1815). Il meurt en exil en 1821.

■ **Quelle impression l'artiste a-t-il voulu créer sur son personnage ?**

DOSSIER

1789, la fin de l'Ancien Régime

L'année 1789 marque le début de la Révolution française. C'est une année exceptionnelle durant laquelle se succèdent des événements majeurs qui ont pour acteurs les députés des États généraux puis de l'Assemblée nationale constituante, mais aussi le peuple de Paris et des campagnes françaises.

▶ Comment l'Ancien Régime s'effondre-t-il ?

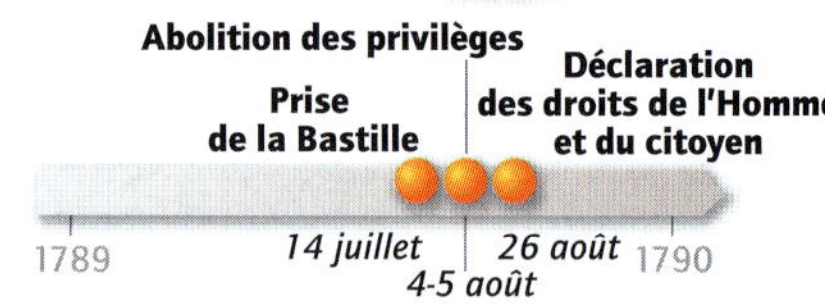

1 14 juillet 1789 : la révolution parisienne

« À Paris, le bruit se répand qu'une armée arrive. À Versailles, M. Necker* reçoit du Roi l'ordre de se retirer. Le contrecoup retentit à Paris. On criait "Vive Necker !" Sur la place Louis XV, des soldats refoulent brutalement le peuple. Le tocsin sonne. Trente mille fusils sont enlevés aux Invalides**. On se pourvoit de piques, de bâtons, de fourches, de sabres, de pistolets. Le 14 juillet, prise de la Bastille. J'assistai, comme spectateur, à cet assaut. Aux yeux de la nation, la Bastille était le trophée de sa servitude, le gibet de ses libertés. Le Roi annonce l'ordre donné aux troupes de s'éloigner de Paris. Quatre-vingts députés partent de Versailles, pour annoncer la paix à la capitale. M. Bailly est nommé maire de Paris, M. de La Fayette commandant de la garde nationale. Louis XVI vint à l'Hôtel de Ville le 17 juillet. Il mit à son chapeau une énorme cocarde tricolore***. »

D'après F.-R. de Chateaubriand, *Mémoires d'outre-tombe*, 1821.

* Principal ministre de Louis XVI, il a la réputation d'être favorable aux réformes.
** À la fois hospice pour les soldats blessés et entrepôt d'armes.
*** Combinaison du bleu et du rouge, les couleurs de Paris, avec le blanc de la monarchie.

Prise de la Bastille par le peuple parisien
Huile sur toile, fin du XVIIe siècle. Musée Carnavalet, Paris.
(A) Ponts-levis, (B) maison du marquis de Launay, gouverneur de la Bastille, incendiée par les insurgés, (C) arrestation du marquis de Launay ; il est ensuite massacré par la foule.

2 La Grande Peur : la révolution des campagnes

Gravure. Musée Carnavalet, Paris.
Les paysans attaquent les châteaux et détruisent les registres des redevances seigneuriales.

3 La nuit du 4 au 5 août 1789

« Évoquant les troubles qui ravagent la France*, le vicomte de Noailles finit par proposer, à minuit, l'abolition des droits seigneuriaux qui pèsent sur les personnes et le rachat de ceux qui pèsent sur les terres. Non seulement cette motion fut applaudie par tout le monde, mais l'Assemblée nationale fut amenée à décréter cette même nuit, entre autres choses, l'abolition des justices seigneuriales, du droit de chasse, des dîmes, une équitable répartition de tous les impôts, la gratuité de la justice, l'abolition de tous les privilèges de toutes les provinces. »

Dépêche de l'ambassadeur de Venise, Antonio Capello, à son gouvernement, le 10 août 1789.

* Le soulèvement des paysans contre le système seigneurial.

4 Le 26 août 1789, l'Assemblée nationale constituante adopte la Déclaration des droits de l'Homme et du citoyen

Le texte de la Déclaration sera, par la suite, placé en tête de la Constitution de 1791.

« [...] **Article premier** - Les hommes naissent et demeurent libres et égaux en droits. [...]
Article 2 - Le but de toute association politique est la conservation des droits naturels et imprescriptibles[1] de l'Homme. Ces droits sont la liberté, la propriété, la sûreté[2] et la résistance à l'oppression.
Article 3 - Le principe de toute souveraineté réside essentiellement dans la Nation. Nul corps, nul individu ne peut exercer d'autorité qui n'en émane[3] expressément. [...]
Article 6 - La loi est l'expression de la volonté générale. Tous les citoyens ont droit de concourir[4] personnellement ou par leurs représentants à sa formation. Elle doit être la même pour tous. [...]
Article 7 - Nul homme ne peut être accusé, arrêté ou détenu que dans les cas déterminés par la loi et selon les formes qu'elle a prescrites. [...]
Article 9 - Tout homme est présumé innocent jusqu'à ce qu'il ait été déclaré coupable. [...]
Article 10 - Nul ne doit être inquiété pour ses opinions, mêmes religieuses, pourvu que leur manifestation ne trouble pas l'ordre public établi par la loi.
Article 11 - La libre communication des pensées et des opinions est un des droits les plus précieux de l'Homme ; tout citoyen peut donc parler, écrire, imprimer librement. [...]
Article 13 - Pour l'entretien de la force publique, et pour les dépenses d'administration, une contribution commune est indispensable ; elle doit être également répartie entre les citoyens, en raison de leurs facultés[5]. [...]
Article 17 - La propriété étant un droit inviolable et sacré, nul ne peut en être privé, si ce n'est lorsque la nécessité publique, légalement constatée, l'exige évidemment, et sous la condition d'une juste et préalable indemnité. »

1. qu'on ne peut supprimer ; 2. la sécurité ; 3. provienne ; 4. participer à ; 5 en fonction de leur richesse.

Peinture sur bois, 1791. Musée Carnavalet, Paris.
(A) La France, **(B)** la Loi, la Justice tenant le sceptre du pouvoir, **(C)** l'œil de la Raison dans le triangle de l'Égalité, **(D)** le bonnet phrygien : la liberté retrouvée, **(E)** la pique : le peuple en armes pour conquérir ses droits, **(F)** le faisceau : l'unité de la Nation.

SOCLE COMMUN C5. Lire et employer différents langages : mettre en récit

Pour raconter un événement et expliquer son importance

- Je précise quand et où cet événement a eu lieu.
- J'en indique les causes, les acteurs, le déroulement.
- J'explique ses conséquences.

VOCABULAIRE

- **Ancien Régime** : expression créée en 1789 pour désigner la société française d'avant la Révolution.
- **Assemblée nationale constituante** : assemblée des députés qui représentent la nation et rédigent une Constitution.
- **Constitution** : texte de loi qui organise les institutions d'un pays.

Activités

1) **Doc. 1** Présentez l'image puis décrivez-la. Pourquoi le peuple parisien s'empare-t-il de la Bastille ? Expliquez l'importance de cet événement.

2) **Doc. 2 et 3** Quelle est la situation dans les campagnes au début du mois d'août ? Que décident les députés de l'Assemblée nationale dans la nuit du 4 au 5 août ? Expliquez pourquoi cette décision est fondamentale.

3) **Doc. 4** Qui a voté la *Déclaration des droits de l'Homme et du citoyen* ? Recopiez le tableau ci-dessous et classez correctement les différents articles :

Souveraineté de la nation	Égalité des droits	Libertés	Propriété	Justice

Montrez que la *Déclaration* donne naissance à une France totalement nouvelle.

Expression écrite et orale

4) **À l'aide de la fiche SOCLE COMMUN, racontez et expliquez en quelques lignes, au choix, le 14 juillet 1789 ou la nuit du 4 au 5 août 1789.**

DOSSIER

1792-1794 : République et Terreur

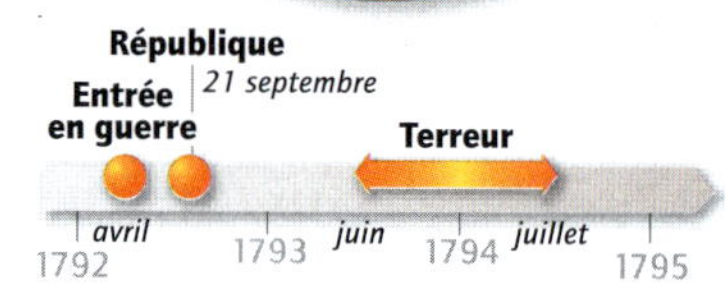

Depuis avril 1792, la France est en guerre contre l'empereur d'Autriche et le roi de Prusse, qui veulent défendre la monarchie française. Comme le pays est menacé d'une invasion, l'Assemblée législative proclame « la patrie en danger ». Le 10 août 1792, le peuple parisien, convaincu que Louis XVI trahit son pays, obtient la déchéance du roi. Quelques semaines plus tard, la République est proclamée.

▶ Dans quel contexte est née la République ?

1 Les menaces du duc de Brunswick

Le duc commande les armées autrichienne et prussienne.

« Le but de Leurs Majestés impériale et royale* est de faire cesser l'anarchie qui règne en France, de rétablir le pouvoir légal, de rendre au Roi** la sécurité et la liberté dont il est privé. Les deux souverains demandent aux habitants de Paris de se soumettre sans délai au Roi. Si le château des Tuileries est forcé, s'il est fait la moindre violence, le moindre outrage au Roi, à la Reine*** et à la famille royale, Leurs Majestés en tireront une vengeance exemplaire et à jamais mémorable, en livrant la ville de Paris à une exécution militaire totale. »

Donné au quartier général de Coblence, le 25 juillet 1792.

* L'empereur d'Autriche et le roi de Prusse.
** Louis XVI, beau-frère de l'empereur d'Autriche.
*** Marie-Antoinette.

2 La journée révolutionnaire du 10 août 1792

Dessin de François Gérard, XVIIIe siècle. Musée du Louvre, Paris.
Louis XVI et sa famille, qui ont fui les Tuileries avant que les insurgés parisiens ne prennent d'assaut le palais du roi, ont trouvé refuge dans la salle du Manège, lieu de réunion de l'Assemblée législative. (A) Le roi et sa famille.

3 BIOGRAPHIE

Danton [1759 • 1794]

Avocat de métier, brillant orateur, Georges Danton fréquente les clubs révolutionnaires et acquiert une grande popularité. Il joue un rôle important le 10 août 1792, en poussant les Parisiens à l'insurrection contre le roi. Au début de la République, il siège à la Convention aux côtés des Montagnards. Ministre, il organise avec énergie la défense de la France envahie. Il contribue à la mise en place de la Terreur, avant d'en dénoncer les excès. Il est arrêté et guillotiné en 1794.

VOCABULAIRE

- **Assemblée législative** : instituée par la Constitution de 1791, elle est élue et chargée de voter les lois.
- **Sans-culottes** : révolutionnaires issus du petit peuple des villes et défenseurs d'une République égalitaire.
- **République** : régime politique sans roi.
- **Convention** : assemblée élue qui fonde la République le 21 septembre 1792.
- **Montagnards** : groupe de députés qui siège en haut des gradins à la Convention, porte-parole des sans-culottes.
- **Terreur** : utilisation de la violence contre les « ennemis de la République ».

4 La Terreur

«Il n'y a de citoyens dans la République que des républicains. Les royalistes vendéens, les conspirateurs ne sont, pour notre pays, que des ennemis. Dans cette guerre terrible que nous entreprenons pour la liberté contre la tyrannie, les ennemis du dedans ne sont-ils pas les alliés de nos ennemis du dehors? Les assassins qui déchirent notre patrie de l'intérieur sont-ils moins coupables et moins dangereux que les rois étrangers qu'ils servent?»

D'après un *discours* de Robespierre, 7 février 1794.

«Le tribunal révolutionnaire est institué pour punir les ennemis du peuple. Sont réputés ennemis du peuple: ceux qui auront cherché à rétablir la royauté; ceux qui auront cherché à dissoudre la Convention nationale; ceux qui auront cherché à affamer les citoyens en empêchant les approvisionnements en nourriture. La peine portée contre tous ces délits est la mort.»

Extraits de la loi du 10 juin 1794.

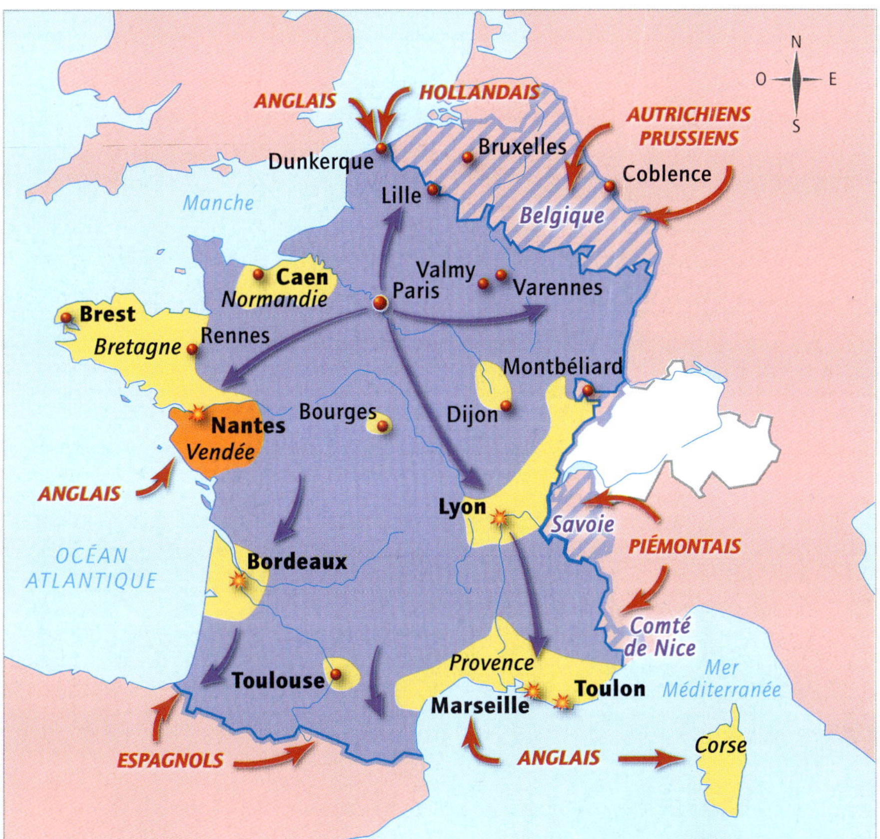

1. La guerre
- Frontières de la France en 1791
- Puissances alliées contre la République
- Territoires occupés par la France en 1793
- Offensives

0 200 km

2. Les menaces intérieures
- Révolte vendéenne
- Autre région en révolte contre la République
- Villes insurgées

3. La contre-offensive
- Armées de la République

6 La France entre 1792 et 1794

(ennemis intérieurs et extérieurs)

5 BIOGRAPHIE

Robespierre
[1758 • 1794]

Avocat de métier, Maximilien de Robespierre est élu député du tiers état aux États Généraux. En 1792, il fait partie des opposants à la guerre. Au début de la République, il siège à la Convention parmi les Montagnards, comme Danton. Il soutient les revendications démocratiques et sociales des sans-culottes. En 1793, il est le principal instigateur de la politique de la Terreur. Son honnêteté, sa rigueur ainsi que la fermeté de ses convictions lui valent le surnom d'«incorruptible». Accusé par les députés de la Convention de vouloir instaurer sa dictature, il est arrêté le 9 Thermidor an II (27 juillet 1794) et guillotiné.

Activités

1) **Doc. 1** Relevez par qui et à qui sont adressées ces menaces. Que peuvent en déduire les Parisiens quant aux relations entre les adversaires de la France et Louis XVI?

2) **Doc. 2** Indiquez où et quand se déroule la scène représentée. Décrivez les révolutionnaires: armes, gestes, attitudes.

3) **Doc. 4 et 6** Citez les ennemis intérieurs et les ennemis extérieurs de la République évoqués par Robespierre.

4) **Doc. 4** Quel est le rôle du Tribunal révolutionnaire? Quelle peine est appliquée?

5) **Doc. 3 et 5** Dégagez les points communs entre les deux hommes. À quel moment ne sont-ils plus d'accord?

◆ Expression écrite et orale ◆

6) **À l'aide de la fiche SOCLE COMMUN page 57, racontez et expliquez en quelques lignes la journée révolutionnaire du 10 août 1792.**

DOSSIER

1804, le sacre de Napoléon

ARTS

ITINÉRAIRE Arts et Pouvoir

Premier consul depuis 1799, Bonaparte renforce son pouvoir en étant couronné « Empereur des Français » le 2 décembre 1804 à Notre-Dame de Paris. Il commande au peintre David un immense tableau immortalisant cette cérémonie.

▶ Comment David met-il en scène le pouvoir impérial ?

1

BIOGRAPHIE

Jacques-Louis David [1748 • 1825]

Engagé aux côtés des révolutionnaires dès 1789, il reçoit plusieurs commandes de la part de l'Assemblée nationale, dont le célèbre *Serment du Jeu de paume* (p. 54). Membre de la Convention, il est arrêté en 1794 comme ami de Robespierre. À partir de 1799, il se rallie à Bonaparte. Devenu le peintre officiel du Premier consul puis de l'Empereur, il témoigne des grands événements de la période napoléonienne.

2 *Le Sacre de Napoléon*

Jacques-Louis David, 1808. Huile sur toile (6,21 x 9,79 m). Musée du Louvre, Paris.

- Napoléon et Joséphine
- La famille impériale
- L'armée (maréchaux)
- La haute administration
- L'Église catholique
- Le public
- 1 Letizia, mère de Napoléon
- 2 Le pape Pie VII
- A Sceptre
- B Main de justice
- C Globe surmonté de la Croix

HISTOIRE des ARTS

◆ Identifier et contextualiser l'œuvre ◆

1) Présentez l'œuvre : nature, auteur, sujet, dimensions, lieu de conservation.

2) À l'aide de la fiche **SOCLE COMMUN**, situez l'œuvre dans son contexte historique.

◆ Décrire l'œuvre et en expliquer le sens ◆

3) Indiquez :
– le moment précis de la cérémonie représenté par David ;
– ce qui dans la tenue de Napoléon fait penser aux empereurs romains ;
– les symboles du pouvoir impérial ;
– l'attitude du pape ;
– les groupes de personnes sur lesquels repose le pouvoir impérial.

4) Relevez ce qui, dans cette cérémonie, rappelle le sacre des rois de l'Ancien Régime mais ce qui l'en distingue aussi.

◆ Distinguer l'intérêt historique et artistique ◆

5) En analysant l'organisation de la scène, les couleurs, la lumière, la position des personnages, montrez que David glorifie l'Empereur et son pouvoir.

SOCLE COMMUN C5. Lire et employer différents langages : le document artistique

Pour situer une œuvre d'art dans son contexte historique

- ▶ Je distingue la date de réalisation et la date de l'événement représenté.
- ▶ Je replace ces dates dans une période historique.
- ▶ Selon le sujet, je précise la situation, soit politique, soit religieuse, soit sociale… au moment de la réalisation.

Cours 1

De la Révolution à l'Empire

A 1789-1791 : la fin de l'Ancien Régime

● En 1789, **les députés du tiers état aux États généraux s'opposent au roi Louis XVI en se proclamant Assemblée nationale (17 juin)**, chargée de rédiger une Constitution (9 juillet). C'est la fin de la monarchie absolue.

● Le 14 juillet 1789, en prenant la prison royale de la Bastille, le peuple de Paris apporte son soutien à l'Assemblée nationale constituante. La révolte qui se propage dans les campagnes contre les seigneurs amène **l'Assemblée à décider l'abolition des privilèges et des droits seigneuriaux dans la nuit du 4 au 5 août 1789**.

● Le 26 août 1789, **l'Assemblée adopte la Déclaration des droits de l'Homme et du citoyen**, qui proclame les principes de souveraineté nationale, de liberté et d'égalité devant la loi [doc. 1]. **En 1791 est adoptée la première Constitution française** [doc. 3A].

B 1792-1794 : guerre, République, Terreur

● **En 1792, la France entre en guerre contre l'Autriche et la Prusse.** Elle subit de graves défaites. Le roi Louis XVI, qui a tenté de fuir la France [doc. 3B], est considéré comme complice de l'ennemi.

● Le 10 août 1792, sans-culottes parisiens et volontaires marseillais renversent la monarchie. **Le 21 septembre 1792, la Convention proclame la République** [doc. 2].

● **L'exécution de Louis XVI, en janvier 1793** [doc. 3C], **réunit contre la France toutes les monarchies d'Europe.** Des révoltes contre la République éclatent, comme en Vendée. Sous l'influence des Montagnards, la Convention organise une violente répression : c'est la Terreur.

C 1799-1804 : du Consulat à l'Empire

● À partir de 1794, après la chute des Montagnards, la République a du mal à trouver sa stabilité. **Le général Bonaparte en profite pour s'emparer du pouvoir par un coup d'État le 18 brumaire an VIII (9 novembre 1799).**

● Dans le Consulat, Bonaparte concentre l'essentiel du pouvoir [doc. 5]. **Le 2 décembre 1804, il est couronné « Empereur des Français », sous le nom de Napoléon Ier.** Il gouverne dès lors en monarque absolu [doc. 4].

1 L'œuvre de l'Assemblée nationale en 1790

« Les droits de l'Homme étaient méconnus, insultés depuis des siècles : ils ont été rétablis pour l'humanité entière dans la Déclaration. La Nation avait perdu le droit de décréter les lois et les impôts : ce droit lui a été restitué. Il y avait des privilèges sans nombre : ils sont détruits. Les droits seigneuriaux ont disparu sans retour. Vous avez été élevés, Français, au rang de citoyens ; vous êtes admissibles à tous les emplois ; vous êtes égaux devant la loi, libres d'agir, de parler et d'écrire. Nous poursuivons notre tâche, le grand travail de la Constitution. »

D'après une « proclamation » de l'Assemblée nationale constituante, 11 février 1790.

■ **Montrez que l'Assemblée nationale a transformé fondamentalement la France.**

2 La République

Gravure anonyme, 1794. Collection privée.

■ **Relevez les symboles de la République.**

VOCABULAIRE

- **Ancien Régime** : voir p. 57.
- **Assemblée nationale constituante** : voir p. 57.
- **Constitution** : voir p. 57.
- **Consulat** : gouvernement de la France républicaine de 1799 à 1804, dirigé par Bonaparte, Premier consul.
- **Convention** : voir p. 58.
- **Coup d'État** : prise du pouvoir par la force.
- **États généraux** : assemblée des représentants des trois ordres du royaume réunis par le roi dans des circonstances exceptionnelles.
- **Montagnards** : voir p. 58.
- **République** : voir p. 58.
- **Sans-culottes** : voir p. 58.
- **Terreur** : voir p. 58.

Septembre 1791 : adoption de la Constitution. Cité de la Céramique, Sèvres.

La fuite de Louis XVI, le 20 juin 1791

« Le roi prit le parti de s'enfuir des Tuileries. Il laissa en s'en allant un manifeste qui contenait les motifs de son départ. Il déclarait que son autorité était tellement réduite qu'il n'avait plus les moyens de gouverner. Ce qu'on devait craindre le plus arriva : l'arrestation du roi et de sa famille à Varennes. Le roi et sa famille firent, à leur retour, une entrée funèbre dans Paris. Les deux enfants de la race royale regardaient avec étonnement ce peuple entier qui se montrait en maître devant ses maîtres abattus. »

D'après Mme de Staël, *Considérations sur les principaux événements de la Révolution française*, 1818.

1793. Musée de Picardie, Amiens.

3 Les Français et le roi : de l'union à l'exécution

■ Comment est exécuté le roi Louis XVI ?

5 Bonaparte, Premier consul. Prestation de serment lors de l'installation du Conseil d'État en décembre 1799

Auguste Couder, 1856. Huile sur toile (421 x 421 cm). Musée du Château de Versailles.

4 Le catéchisme impérial

« ***Question*** : *Quels sont nos devoirs envers Napoléon premier, notre Empereur ?*

Réponse : Les chrétiens doivent à notre Empereur, Napoléon, l'amour, le respect, l'obéissance, la fidélité, le service militaire, les impôts ordonnés pour la conservation et la défense de l'Empire et de son trône. [...]

Question : *Pourquoi sommes-nous tenus de tous ces devoirs envers notre Empereur ?*

Réponse : C'est parce que Dieu a établi notre souverain. Honorer et servir notre Empereur est donc honorer et servir Dieu même. [...]

Question : *N'y a-t-il pas des motifs particuliers qui doivent plus fortement nous attacher à Napoléon premier, notre Empereur ?*

Réponse : Oui, car il a ramené et conservé l'ordre public ; il défend l'État par son bras puissant. »

Extraits du *Catéchisme à l'usage de toutes les églises de l'Empire français*, 1806.

■ **Quels sont les devoirs d'un chrétien envers Napoléon Ier ?**

1 Récit Construire un récit historique

[C1. Rédiger un texte bref]

1793-1794 : la France déchirée

1 Les débuts du soulèvement en Vendée

« Le 13 mars 1793 se présenta dans le bourg une quantité de gens armés de fusils, de bâtons, de fourches et de faux. Ils portaient tous des cocardes blanches et décorées d'une petite étoffe sur laquelle est brodée une croix. Tous ces gens criaient: *"Nous voulons notre roi, nos prêtres de l'Ancien Régime"*. Cette troupe se jeta sur tous les patriotes qui s'étaient réunis pour s'opposer à leurs entreprises, en tua plusieurs, en fit plusieurs prisonniers et dispersa les autres. Ils s'emparèrent de la ville de Chemillé. »

D'après un récit de l'insurrection fait par deux témoins, *Archives départementales du Maine-et-Loire.*

2 Les noyades de Nantes, novembre 1793-janvier 1794. *Gravure, 1793.*
Envoyé à Nantes pour organiser la répression contre le soulèvement des Vendéens, le député de la Convention, Jean-Baptiste Carrier, fait exécuter environ 4 000 personnes par noyade dans la Loire.

1. À l'aide du **doc. 1**, présentez d'abord en quelques phrases les origines de la révolte en Vendée.

2. En utilisant le **doc. 2**, montrez que la répression menée par la République est féroce.

2 B2i Mettre en récit à partir de sources différentes

[C4. Consulter des bases de données]

▲ www.14juillet.senat.fr

La Fête de la Fédération du 14 juillet 1790

1. À partir du site, établissez la chronologie de la journée officielle et écrivez son emploi du temps.

2. Sur le site www.histoire-image.org, chercher les deux documents proposés pour la fête de la Fédération en 1790. Regardez et écoutez les animations proposées.

3. À partir des informations des deux sites, racontez le déroulement de la journée en détaillant ce qui s'est passé au Champ de Mars. Vous pouvez éventuellement réaliser un diaporama.

3 SOCLE COMMUN Construire une frise chronologique simple

[C5. Lire et employer différents langages]

Pour construire une frise chronologique simple

La frise chronologique est une bande graduée qui permet de visualiser le déroulement du temps historique. Elle matérialise une époque, des périodes et des événements.

- Je calcule la durée à représenter et je trace un axe du temps gradué selon une échelle.
- Je délimite, je colorie avec des couleurs différentes, puis je nomme les périodes demandées.
- Je positionne par un point ou une flèche les événements retenus.

Quelques grandes dates de la période 1789-1815

1 Ouverture des États généraux, 5 mai 1789.

2 Abolition des privilèges et des droits seigneuriaux, 4-5 août 1789.

3 Arrestation de Louis XVI à Varennes, 22 juin 1791.

4 Chute de Robespierre, 27 juillet 1794.

5 Coup d'État de Bonaparte, 9 novembre 1799.

6 Napoléon exilé à Sainte-Hélène, 15 juillet 1815.

1. Dessinez une frise de 1789 à 1815 (Échelle : 1 cm = 1 an).
2. Portez les deux périodes suivantes : « Révolution française » 1789-1799 ; « Période napoléonienne », 1799-1815.
3. Placez les événements évoqués par les six images.

J'AI RÉUSSI SI...

→ *J'ai correctement positionné les dates.*

→ *J'ai réalisé une frise soignée (écriture, coloriage).*

Je révise

1 Associer acteurs historiques et repères chronologiques

[C5. Avoir des repères historiques]

ACTEURS

1. Assemblée nationale constituante

2. Danton

3. Robespierre

4. Peuple de Paris

5. Napoléon Ier

ÉVÉNEMENTS

A. Napoléon, empereur des Français
B. Proclamation de la République
C. Déclaration des droits de l'Homme et du citoyen
D. Terreur
E. Prise de la Bastille

DATES

a. Août 1789
b. 14 juillet 1789
c. Septembre 1792
d. 1793-1794
e. 1804

▶ Recopiez le tableau et complétez-le en reliant un acteur à un événement et à un repère chronologique.

Acteur	Événement	Date
Peuple de Paris		
Assemblée nationale constituante		
Danton		
Robespierre		
Napoléon Ier		

2 Connaître le vocabulaire du chapitre

[C1. Maîtriser le langage adéquat]

▶ Dans le texte ci-contre, remplacez les expressions soulignées par les mots de vocabulaire qui conviennent :

- Consulat
- Ancien Régime
- Terreur
- Constitution
- Coup d'État
- République

La Révolution française met fin à l'expression créée en 1789 pour désigner la société française d'avant la Révolution(1). Louis XVI n'est plus un monarque absolu, son pouvoir est défini par un texte de loi qui organise les institutions d'un pays(2). Mais en 1792, la monarchie est renversée et un régime politique sans roi(3) se met en place. Pour sauver le nouveau régime attaqué de toutes parts, les députés de la Convention adoptent des mesures d'utilisation de la violence contre les « ennemis de la République »(4). En 1799, Napoléon Bonaparte opère une prise du pouvoir par la force(5). Il fonde le gouvernement de la France républicaine de 1799 à 1804(6) puis, en 1804, devient empereur des Français.

Ange-Jacques Gabriel
[1698 • 1782]

Premier architecte du roi Louis XV et directeur de l'Académie royale d'architecture, il réalise la résidence royale du château de Compiègne, le Petit Trianon à Versailles, et l'École militaire. Il aménage deux grandes places, celle de la Bourse à Bordeaux et la place Louis XV à Paris.

La Révolution change le nom d'une place de Paris !

La place Louis XV. *Gravure. Fin XVIIIe siècle. Roger-Viollet.*

Une exécution capitale sur la place de la Révolution durant la Terreur. *Détail d'un tableau de Pierre-Antoine Demachy, 1793-1794. Huile sur papier entoilé (37 x 53,5 cm). Musée Carnavalet, Paris.*

La place Louis XV dans son époque

- C'est l'une des plus importantes réalisations d'aménagement urbain du XVIIIe siècle. **Construite à la gloire du roi, elle occupe un vaste espace entre le palais des Tuileries et les Champs-Élysées.**
- De forme octogonale, ouverte sur trois côtés, elle est uniquement bordée au Nord par deux bâtiments aux façades monumentales de style néo-classique*.
- **Devenue « place de la Révolution », elle est le théâtre de nombreuses exécutions par guillotine,** parmi lesquelles celles de Louis XVI et de son épouse Marie-Antoinette, mais aussi de révolutionnaires comme Danton et Robespierre. **Après la Terreur, elle est rebaptisée « place de la Concorde ».**

* *Style néoclassique : il est caractérisé par un retour aux formes de l'Antiquité gréco-romaine.* [voir lexique, p. 338]

- 1772 : Achèvement de la place Louis XV
- 1792 : Elle devient la « place de la Révolution »
- 1793 : Le 21 janvier, Louis XVI y est exécuté
- 1795 : Elle devient la « place de la Concorde »

?

1. Montrez que la place est d'abord dédiée à la gloire royale.
2. Pourquoi et comment la Révolution transforme-t-elle cet espace public ?

Chapitre 6

Une France nouvelle

Quelles fondations d'une France nouvelle sont construites durant la Révolution, le Consulat et l'Empire ?

De nouveaux principes : liberté et égalité.
Cartes à jouer du comte de Saint-Simon éditées par Jaume, 1793.

■ **Quelles libertés sont représentées sur ce jeu de carte ? En quels domaines les Français sont-ils égaux ?**

1789 — Déclaration des droits de l'Homme et du citoyen (26 août 1789) — Nationalisation des biens de l'Église (Octobre 1789)

RÉVOLUTION FRANÇAISE (1789-1799)

1792 — État civil, mariage civil, divorce

CONSULAT ET EMPIRE (1799-1815)

1801 — Concordat

1804 — Code civil

1790 : la France divisée en 83 départements

Le préfet en costume d'apparat

Chataigner, début XIXe siècle, estampe. Musée Carnavalet, Paris.

Il est le représentant de l'État à la tête d'un département. La fonction de préfet est créée en 1800 par Napoléon Bonaparte, alors Premier consul.

■ **Quel type d'uniforme rappelle celui du préfet ?**

DOSSIER

La naissance de la vie politique

Durant la Révolution, avec la proclamation de la souveraineté de la nation, de la liberté d'opinion et d'expression, les Français font l'apprentissage de la vie politique. Par les journaux, les clubs politiques, les sociétés populaires, les pétitions, ils participent aux grands débats de l'époque.

Déclaration des droits de l'Homme et du citoyen
1789 — 26 août — 1790

▶ Comment naît une vie politique ouverte aux citoyens ?

1 La liberté de la presse • P.-L. Debucourt, *Almanach national 1791*, gravure. BNF, Paris.

Elle est inscrite dans l'article 11 de la *Déclaration des droits de l'Homme et du citoyen* de 1789. La Révolution suscite une extraordinaire floraison de journaux exprimant toutes les opinions politiques.

2 Carte de membre d'une société populaire, 1793

BNF, Paris.

3 Une nouvelle pratique politique : la pétition

« L'Assemblée générale demande à la Convention qu'elle décrète :
– que les ci-devant* nobles ne puissent exercer aucune fonction militaire, ni posséder aucun emploi public ;
– que le prix des denrées de première nécessité soit fixé invariablement ;
– que le maximum des fortunes soit fixé ;
– qu'un même citoyen ne puisse avoir qu'un atelier, qu'une boutique.
La section des sans-culottes pense que ces mesures feraient disparaître peu à peu la trop grande inégalité des fortunes. »

D'après la *pétition* adoptée par les sans-culottes du quartier du Jardin des Plantes à Paris, 2 septembre 1793.

* Précédemment, anciennement.

VOCABULAIRE

- **Assemblée nationale constituante** : assemblée des députés qui représentent la nation et rédigent une Constitution.
- **Club politique** : association dont les membres débattent de questions politiques.
- **Convention** : assemblée élue qui fonde la République le 21 septembre 1792.
- **Pétition** : requête adressée par écrit à une autorité.
- **Sans-culottes** : groupe de révolutionnaires défenseurs d'une République égalitaire.
- **Société populaire** : club politique de sans-culottes.

4 Un lieu de débat : le club politique

Gravure, fin du XVIIIe siècle, collection privée.

Le club des Jacobins ou Société des amis de la Constitution, fondé en 1789 et installé rue Saint-Honoré, à Paris.

5 À l'Assemblée nationale constituante

« On se levait de bonne heure pour trouver place dans les tribunes encombrées. Les députés se groupaient dans les diverses parties de la salle, selon leurs opinions. Lecture du procès-verbal *(de la séance de la veille)*; après cette lecture, développement du sujet du jour convenu. On parlait pour ou contre; tout le monde improvisait bien ou mal. Les débats devenaient orageux; les tribunes se mêlaient à la discussion, applaudissaient, sifflaient ou huaient les orateurs. Le président agitait sa sonnette; les députés s'apostrophaient d'un banc à l'autre. Un jour, j'étais placé derrière l'opposition royaliste; j'avais devant moi un gentilhomme du Dauphiné qui sautait de fureur sur son siège, et disait à ses amis: *"Tombons, l'épée à la main, sur ces gueux-là."* Il montrait le côté de la majorité. Les dames de la Halle, tricotant dans les tribunes, l'entendirent, se levèrent et crièrent toutes à la fois, l'écume à la bouche: *"À la lanterne!"** »

François-René de Chateaubriand, *Mémoires d'outre-tombe*, 1809-1841.

*« Qu'on le pende ! »

SOCLE COMMUN C5. Présenter un fait historique

Pour dégager l'enjeu historique d'une décision

- J'expose ce que crée cette décision, ce qu'elle change par rapport à la situation antérieure.
- Je précise quel principe elle met en œuvre.
- J'indique qui elle concerne.

Activités

1) **Doc. 2, 4 et 5** Relevez les lieux de la nouvelle vie politique à partir de 1789. Quelle image l'auteur donne-t-il d'une séance à l'Assemblée nationale ?

2) **Doc. 2 et 4** Montrez que les membres des sociétés populaires et du club des Jacobins n'appartiennent pas à la même catégorie sociale.

3) **Doc. 1** Que permet la liberté de la presse ?

4) **Doc. 3** Quelles revendications expriment le désir d'égalité sociale des sans-culottes ?

Expression écrite et orale

5) **À l'aide de la fiche SOCLE COMMUN, expliquez ce qu'entraîne la décision d'accorder aux Français la liberté d'opinion et d'expression en 1789.**

1500 XVIe XVIIe XVIIIe XIXe XXe 2000

DOSSIER

Le peuple dans la Révolution française

ARTS

ITINÉRAIRE Arts et Peuple

Prise de la Bastille	Prise des Tuileries	Révolte en Vendée
14 juillet 1789	1792	1793

De 1789 à 1807, Jean-Baptiste Lesueur, artisan imagier et sans-culotte, peint sur du carton une centaine de gouaches qui évoquent des épisodes et des scènes de la vie quotidienne parisienne durant la période de la Révolution. Ces œuvres témoignent des différentes façons dont le peuple participe à la Révolution française.

▶ **Comment le peuple intervient-il dans la Révolution ?**

1 Après la prise de la Bastille, sa démolition

J.-B. Lesueur, gouache, 1789. Musée Carnavalet, Paris. Elle est entreprise dès le 16 juillet 1789.

2 La plantation d'un arbre de la liberté en 1791 • *J.-B. Lesueur, gouache, 1791. Musée Carnavalet, Paris.*

À partir de 1790, des arbres de la liberté, symbolisant la naissance de la France nouvelle ainsi que la concorde, sont plantés dans de nombreuses communes au cours de cérémonies à la fois officielles et populaires.

3 **L'arrestation d'un bourgeois par des sans-culottes sous la Terreur**

J.-B. Lesueur, gouache, 1793. Musée Carnavalet, Paris.

Il lui est reproché de ne pas porter la cocarde tricolore, signe patriotique et d'adhésion à la République.

VOCABULAIRE

- **Peuple** : désigne à la fois l'ensemble des citoyens et les couches populaires d'une société.
- **Sans-culottes** : révolutionnaires issus du petit peuple des villes et défenseurs d'une République égalitaire.
- **Terreur** : utilisation de la violence contre les « ennemis de la République ».

Le peuple contre la République : des Vendéens s'en prennent à un arbre de la liberté **4**

J.-B. Lesueur, gouache, 1793. Musée Carnavalet, Paris.

En mars 1793, les paysans de Vendée se soulèvent contre la République au nom du roi, guillotiné le 21 janvier, et de la religion catholique.

Activités

◆ Identifier et contextualiser l'œuvre ◆

1) Présentez les œuvres : nature, artiste, sujets, dates, lieu de conservation.

2) À l'aide des légendes, reliez chacune de ces gouaches à un temps fort de la Révolution française.

SOCLE COMMUN C5. Lire et employer différents langages : le document artistique

Pour dégager l'intérêt historique d'une œuvre d'art

- ▶ J'indique ce qu'elle apporte à la connaissance d'une période ou d'un événement.
- ▶ Je précise l'intention de son auteur quand il la réalise.

◆ Décrire l'œuvre et en expliquer le sens ◆

3) Recopiez et complétez le tableau ci-dessous.

Doc.	Personnages	Scène	Le peuple dans la Révolution*
1			
2			
3			
4			

* *Opposition des Vendéens à la Révolution – Participation aux grandes fêtes révolutionnaires – Participation à la Terreur – Participation aux journées révolutionnaires.*

◆ Distinguer l'intérêt historique et artistique ◆

4) Dégagez l'intérêt historique avec la fiche **SOCLE COMMUN**.

5) **Doc. 1, 2 et 3** Par quels procédés artistiques le peintre exprime-t-il sa sympathie vis-à-vis du peuple ?

DOSSIER

La Révolution française et les femmes

Actrices importantes de la Révolution, les femmes participent aux journées révolutionnaires et expriment leurs aspirations. Pourtant, la Révolution leur accorde au bout du compte bien peu de droits.

Déclaration des droits de l'Homme et du citoyen — 1789
Droit au divorce — 1792
Code civil — 1804

▶ Quelle est la place accordée aux femmes par la Révolution ?

1 Cortège de Parisiennes en révolte en octobre 1789

Gravure anonyme. Musée Carnavalet, Paris. Le 5 octobre 1789, des femmes issues du petit peuple de Paris se rendent au château de Versailles pour réclamer du pain au roi. Le lendemain, elles obligent Louis XVI et sa famille à revenir avec elles à Paris.

2 Un club patriotique de femmes en 1792

ARTS ITINÉRAIRE Arts et Peuple

Gouache de Lesueur, 1792. Musée Carnavalet, Paris.

(A) L'une d'elle fait la lecture du journal *Le Moniteur universel*. Ce journal, fondé par le libraire lillois Charles Panckoucke, publie les débats et les lois de l'Assemblée nationale constituante, de l'Assemblée législative puis de la Convention. (B) Une autre femme verse un peu d'argent afin de venir en aide aux nécessiteux.

3 Deux points de vue de révolutionnaires sur les femmes

A/ Selon Condorcet, « L'admission des femmes au droit de cité »

« Les législateurs n'ont-ils pas tous violé le principe de l'égalité des droits, en privant tranquillement la moitié du genre humain de celui de concourir à la formation des lois, en excluant les femmes du droit de cité ? Les droits des hommes résultent uniquement de ce qu'ils sont des êtres sensibles, susceptibles d'acquérir des idées morales, et de raisonner sur ces idées ; ainsi les femmes, ayant ces mêmes qualités, ont nécessairement des droits égaux. »

Journal de la société de 1789, 3 juillet 1790.

B/ Selon Amar, « une femme ne doit pas sortir de la famille »

« Les droits politiques du citoyen sont de discuter et de faire prendre des résolutions relatives à l'intérêt de l'État, de résister à l'oppression. Les femmes ont-elles la force morale et physique qu'exige l'exercice de l'un et l'autre de ces droits ? L'opinion universelle repousse cette idée. En général, les femmes sont peu capables de conceptions hautes et de méditations sérieuses. Nous croyons donc qu'une femme ne doit pas sortir de la famille pour s'immiscer dans les affaires du gouvernement. »

Député à la Convention, discours du 30 octobre 1793.

4

BIOGRAPHIE

Olympe de Gouges

[1743 • 1793]

Elle est l'une des premières féministes à revendiquer l'égalité des droits avec les hommes. En 1791, en réponse à l'Assemblée nationale qui a rédigé une Constitution excluant les femmes des droits politiques, elle publie une *Déclaration des Droits de la femme et de la citoyenne*. Elle y proclame que « la femme naît libre et demeure égale à l'homme en droit » (art.1), que la loi étant l'expression de la volonté générale « toutes les citoyennes et tous les citoyens doivent concourir personnellement, ou par leurs représentants, à sa formation » (art.6), ou encore que la femme ayant « le droit de monter à l'échafaud », elle doit avoir aussi celui de « monter à la tribune » (art.10). Pour s'être opposée aux Montagnards, elle est guillotinée le 2 novembre 1793.

5 L'instauration du mariage civil en 1792

Estampe de Le Grand. Musée Carnavalet, Paris.

Par le décret du 20 septembre 1792, la République instaure le mariage civil, défini d'abord comme un contrat passé entre deux individus libres et égaux aux yeux de la loi. Elle reconnaît aussi le divorce, dont la femme peut prendre l'initiative, au même titre que l'homme. Une avancée éphémère [voir doc. 6].

6 Les reculs du Code civil (1804)

Principales dispositions concernant les femmes mariées.

La femme mariée ne peut :
- travailler hors du foyer sans l'autorisation du mari ;
- toucher elle-même son salaire ;
- gérer ni ses biens propres ni les biens communs ;
- accomplir un acte juridique sans l'autorisation du mari.

La femme doit obéissance au mari et l'autorité sur les enfants appartient au père.
L'adultère féminin est plus gravement puni que celui de l'homme.
Le divorce est limité (il sera supprimé en 1816).

VOCABULAIRE

- **Club** : association dont les membres débattent de questions politiques.
- **Code civil** : recueil de lois précisant les droits des individus dans la société.
- **Constitution** : texte de loi qui fixe le fonctionnement des pouvoirs dans un État.

HISTOIRE des ARTS

[Doc. 2]

1) Présentez l'œuvre (nature, artiste, sujet, date, lieu de conservation) à l'aide de sa légende et de l'introduction au dossier p. 72-73.
2) Par quels procédés artistiques l'artiste exprime-t-il sa sympathie vis-à-vis de ces femmes ?
3) Dégagez l'intérêt historique de cette œuvre.

Activités

1) **Doc. 1, 2 et 4** De quelle manière les femmes participent-elles à la Révolution française ?
2) **Doc. 3** Montrez que les opinions des deux auteurs sur les femmes divergent radicalement.
3) **Doc. 5 et 6** Expliquez pourquoi le Code civil marque un net recul par rapport à la situation des femmes en 1792.

◆ Expression écrite et orale ◆

4) **À l'aide de la fiche SOCLE COMMUN, racontez et expliquez la place des femmes dans la Révolution française.**

SOCLE COMMUN

C5. Lire et employer différents langages : mettre en récit

Pour raconter et expliquer la place des femmes dans la Révolution

- J'indique de quelle manière elles participent à la Révolution.
- J'expose leurs aspirations.
- Je précise si la Révolution a changé quelque chose pour elles.

1500 XVIe XVIIe XVIIIe XIXe XXe 2000

DOSSIER

La Révolution, l'Empire et les religions

En 1789, les révolutionnaires proclament la liberté religieuse.
Mais ils veulent aussi réorganiser l'Église catholique. Il en résulte un long conflit religieux qui ne s'apaise que sous le Consulat avec Bonaparte.

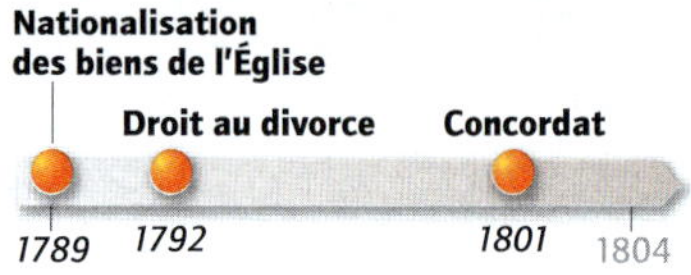

▶ Quelles sont les décisions prises en matière religieuse durant la Révolution et l'Empire ?

1 La nationalisation des biens de l'Église catholique

« L'Assemblée a décrété à la majorité de 588 voix contre 346 que tous les biens ecclésiastiques sont à la disposition de la Nation, à la charge de pourvoir, d'une manière convenable, aux frais du culte, à l'entretien des prêtres et au soulagement des pauvres. Parmi les députés présents, il y en a 40 qui ont répondu qu'ils n'avaient point d'avis. Plusieurs curés ont voté en faveur de la motion. »

Bulletins de Poncet-Delpech, député du Quercy aux États généraux, 2 novembre 1789.

Vers un conflit religieux 2

« Moyen de faire prêter serment aux évêques et aux curés réfractaires. » Gravure anonyme, vers 1790. Musée Carnavalet, Paris.

En 1790, la Constitution civile du clergé, qui réorganise l'Église de France, demande aux prêtres et aux évêques de jurer d'être fidèles *« à la nation, à la loi, au roi »* et de maintenir *« la Constitution décrétée par l'Assemblée nationale et acceptée par le Roi »*. La quasi-totalité des évêques et près de la moitié des curés refusent. Ils forment le clergé réfractaire, persécuté à partir de 1793.

3 La déchristianisation durant la Terreur

« Au nom du peuple français, tous les cultes des diverses religions ne pourront être exercés que dans leurs temples respectifs. Toutes les enseignes religieuses qui se trouvent sur les routes, sur les places et généralement sur tous les lieux publics, seront anéanties. Il est défendu, sous peine de réclusion, à tous les ministres *(pasteurs et rabbins)*, à tous les prêtres de paraître ailleurs que dans leurs temples *(lieux de culte)* avec leurs costumes religieux. »

Arrêté de Joseph Fouché, représentant de la Convention en mission dans le département de la Nièvre en 1793.

Un encrier révolutionnaire, 1793. Musée Carnavalet, Paris.

4 Le contrôle de l'État

A/ Catholiques

«Le Gouvernement de la République française reconnaît que la religion catholique est la religion de la grande majorité des citoyens français.

Art. 1. La religion catholique sera librement exercée en France. Son culte sera public.

Art. 5. Les nominations aux évêchés seront faites par le Premier consul.

Art. 6. Les évêques prêteront directement, entre les mains du Premier consul, le serment de fidélité au gouvernement.

Art. 14. Le gouvernement assurera un traitement convenable aux évêques et aux curés.»

D'après le *Concordat* signé avec le Pape, Pie VII, 15 juillet 1801.

B/ Protestants

«*Art. 4.* Aucune décision ne pourra être publiée sans l'autorisation du Gouvernement.

Art. 6. Il sera pourvu par l'État au traitement des pasteurs.»

D'après la *loi sur l'organisation des cultes protestants*, 8 avril 1802.

C/ Juifs

«*Art. 1.* Il sera établi une synagogue dans chaque département comptant deux mille individus professant la religion de Moïse.

Art. 21. Les fonctions de rabbins sont d'enseigner la religion, de rappeler en toutes circonstances l'obéissance aux lois, de faire considérer aux Israélites le service militaire comme un devoir sacré, de réciter des prières pour l'Empereur.»

D'après le *décret impérial du 17 mars 1808*.

VOCABULAIRE

- **Clergé réfractaire** : prêtres et évêques refusant de prêter serment à la Constitution civile du clergé qui réorganise l'Église catholique.
- **Concordat** : traité signé entre un État et le pape.
- **Déchristianisation** : ensemble des mesures prises pour éliminer l'influence du christianisme dans la société.
- **Nationalisation** : appropriation d'un bien par la nation.

5 Bonaparte et la pacification religieuse • *Gravure, 1801. Musée Carnavalet, Paris.*

Sous l'éclat de l'Être suprême, Bonaparte, Premier consul, rétablit la liberté de culte à toutes les religions.

Activités

1) **Doc. 1 et 2** Expliquez pourquoi la décision prise par les députés en 1789 vis-à-vis de l'Église catholique est très importante. Quelles en sont les conséquences en 1790 puis en 1793 ?

2) **Doc. 3** Relevez quelle décision du représentant de la Convention va dans le sens d'une déchristianisation.

3) **Doc. 5** Comment est suggérée sur l'image la diversité des cultes reconnus par le gouvernement de Napoléon Bonaparte ?

4) **Doc. 4** Comment se traduit le contrôle de l'État sur les Églises ?

◆ Expression écrite et orale ◆

5) **À l'aide de la fiche SOCLE COMMUN p. 71, expliquez ce que change la décision d'accorder aux Français la liberté de culte en 1789 puis ce qu'entraînent les accords passés par Napoléon Bonaparte avec les différentes religions.**

DOSSIER

La Révolution, l'Empire et la guerre

En entrant en guerre contre la Prusse et l'Autriche en 1792 puis contre toute l'Europe dans les années suivantes, la France de la Révolution et de l'Empire se donne une mission libératrice des peuples. Elle sollicite aussi les citoyens au service de la patrie.

▶ Quelle place la guerre occupe-t-elle durant cette période ?

1 Le départ des volontaires en juillet 1792 après la proclamation de « la patrie en danger »

Gravure, début XIXe siècle. Musée Carnavalet, Paris.
200 000 Français se portent volontaires pour défendre le pays sur ses frontières du Nord et de l'Est.

2 La levée en masse : tous les Français « mobilisés »

À partir de février 1793, la France révolutionnaire est menacée par une coalition de toutes les puissances européennes.

« Dès ce moment, jusqu'à celui où les ennemis auront été chassés du territoire de la République, tous les Français sont en réquisition permanente pour le service des armées. Les jeunes gens iront au combat, les hommes mariés forgeront les armes et transporteront les subsistances ; les femmes feront des tentes, des habits et serviront dans les hôpitaux ; les vieillards se feront porter sur les places publiques pour exciter le courage des guerriers, prêcher la haine des rois et l'unité de la République.
Les maisons nationales seront converties en casernes, les places publiques en ateliers d'armes. Les chevaux de selle seront requis pour compléter les corps de cavalerie. »

D'après le *décret* de la Convention du 23 août 1793.

3 L'affirmation du citoyen-soldat

Adoptée en 1798, la loi Jourdan établit le service militaire obligatoire pour tous les Français de 20 à 25 ans et pour une durée de 5 ans en temps de paix. Les recrues sont désignées par tirage au sort.

« Les défenseurs de la Patrie seront citoyens. Les soldats de la Patrie sont tous les Français en état de porter les armes. Mais hors le cas de la Patrie en danger, une partie seulement du peuple sera destinée à la défense de l'État. Il faut déterminer comment appeler sous les drapeaux ceux dont la présence sera nécessaire. La commission a créé un mode de recrutement au moyen duquel le gouvernement aura, en tout temps, un million d'hommes à opposer à ceux qui auraient la folle prétention d'attaquer le peuple français. Ce mode de recrutement ne privera l'agriculture, les arts, le commerce que du nombre absolument nécessaire à la défense de la Patrie. Il appellera successivement à l'armée tous les citoyens français. »

D'après le *rapport* du GÉNÉRAL JOURDAN, juillet 1798.

4 La guerre libératrice

Augustin Dupré, projet de médaille célébrant les victoires françaises, fin 1792. Musée Carnavalet, Paris.

5 La bataille d'Austerlitz le 2 décembre 1805

François Gérard, 1808. Huile sur toile (510 x 958 cm). Musée national du château de Versailles.

Avec 75 000 soldats de la Grande Armée, Napoléon remporte la victoire face aux troupes des empereurs d'Autriche et de Russie.

ARTS ITINÉRAIRE Arts et Pouvoir

6 La France, ses annexions et les Républiques-sœurs en 1799

VOCABULAIRE

- **Coalition** : alliance militaire de plusieurs pays contre un ennemi commun.
- **Grande Armée** : nom donné à l'armée de Napoléon Ier.
- **Levée en masse** : en 1793, service militaire obligatoire pour tous les hommes célibataires de 18 à 25 ans.
- **Républiques-sœurs** : républiques créées par la France sur ses frontières et sur le modèle français.

Activités

1) **Doc. 4 et 6** Quel est, d'après la médaille, le but de la France en 1792 ? Comment évolue-t-il ?

2) **Doc. 1 et 2** Pourquoi, à deux reprises, le pays a-t-il un besoin urgent de soldats ? Montrez que le décret de la levée en masse cherche à mobiliser tous les Français.

3) **Doc. 3 et 5** Qui est concerné par le service militaire ? Expliquez l'expression « citoyen-soldat ». Quel atout fournit la loi Jourdan à l'armée ?

◆ Expression écrite et orale ◆

4) **À l'aide de la fiche SOCLE COMMUN p. 71, expliquez l'importance historique de faire participer tous les Français à la défense de leur pays.**

HISTOIRE des ARTS

[Doc. 5]

1) Présentez l'œuvre (nature, artiste, sujet, date, dimensions, lieu de conservation).

2) Comment la férocité de la bataille est-elle suggérée ? Qui domine la scène ? Pourquoi ?

DOSSIER

Goya et la nation espagnole

ARTS

ITINÉRAIRE Arts et Nation

En 1808, les armées de Napoléon Ier entrent en Espagne. Le roi Ferdinand VII doit abdiquer au profit de Joseph Bonaparte, le frère de l'Empereur.
Le 3 mai 1808, les Français répriment durement la révolte de la population de Madrid dirigée contre eux. En 1814, alors que les Français quittent le pays et que le roi espagnol est de retour, Goya peint le *Tres de Mayo*.

Soulèvement espagnol contre Napoléon Ier

1800 — 1808 — 1814 — 1820

▶ **Comment Goya témoigne-t-il de l'affirmation du sentiment national espagnol ?**

1 ***Tres de Mayo* (3 mai 1808, à Madrid)** • *Francisco de Goya, 1814. Huile sur toile (266 x 345 cm). Musée du Prado, Madrid.*

2

BIOGRAPHIE

Francisco de Goya
[1746 • 1828]

Goya est acquis aux idées libérales de la Révolution française. Mais lorsque les Français envahissent son pays, il est choqué par les cruautés qu'ils commettent et bouleversé par la **guérilla** menée contre eux par les Espagnols. En 1814, il rend hommage au sentiment national espagnol en représentant l'exécution des Madrilènes tombés aux mains de l'armée française.

3 Un soulèvement national contre la France

« Telle était l'horrible guerre qui se faisait en Espagne : toutes les populations étaient soulevées contre nous ; des moines, des prêtres marchaient le crucifix à la main, à la tête de bandes. Nuire d'une manière quelconque à nos armées était un acte méritoire, un droit aux indulgences ; assassiner un Français, une œuvre patriotique, un cas de pardon des péchés. Ces principes étaient écrits dans les catéchismes mis entre les mains des femmes et des enfants ; l'Empereur y était dénoncé comme un monstre, un envoyé de Satan. »

D'après Larréguy de Civrieux, *Souvenirs d'un cadet (1812-1823).*

VOCABULAIRE

- **Guérilla** : guerre de harcèlement et d'embuscade.
- **Sentiment national** : sentiment d'appartenir à un même peuple, à une nation.

HISTOIRE des ARTS

◆ Identifier et contextualiser l'œuvre ◆

1) **Doc. 1 et 2** Présentez l'œuvre : nature, artiste, sujet, date, dimensions, lieu de conservation.

2) Qui dirige l'Espagne au moment de la réalisation du tableau ? Au moment de l'insurrection de Madrid ?

◆ Décrire l'œuvre et en expliquer le sens ◆

3) **Doc. 1** Que représente la scène ? Décrivez les groupes et l'attitude des personnages.

4) **Doc. 2 et 3** Pourquoi les Espagnols se sont-ils révoltés contre les Français ?

5) À l'aide de la fiche **SOCLE COMMUN**, expliquez le sens de cette œuvre de Goya.

◆ Distinguer l'intérêt historique et artistique ◆

6) Relevez les procédés artistiques par lesquels le peintre montre à la fois le courage des insurgés espagnols et la cruauté des soldats français.

7) Pourquoi cette œuvre peut-elle être considérée comme un hommage au sentiment national des Espagnols ?

SOCLE COMMUN — C5. Lire et employer différents langages : le document artistique

Pour expliquer le sens d'une œuvre

- Je m'interroge sur les attitudes du ou des personnages représentés.
- Je repère ce que l'artiste a mis en valeur.
- Je dégage les intentions de l'artiste, son message.

DOSSIER

L'Europe en 1811 et en 1815

Lors du Congrès de Vienne en 1815, le Royaume-Uni, la Russie, l'Autriche et la Prusse, c'est-à-dire les grandes puissances qui ont vaincu Napoléon Ier, redessinent les frontières de l'Europe. Les princes ne tiennent aucun compte des aspirations nationales des peuples.

▶ **Quelles transformations territoriales sont décidées au Congrès de Vienne ?**

Vocabulaire

Code civil : recueil de lois précisant les droits des individus dans la société.

1811

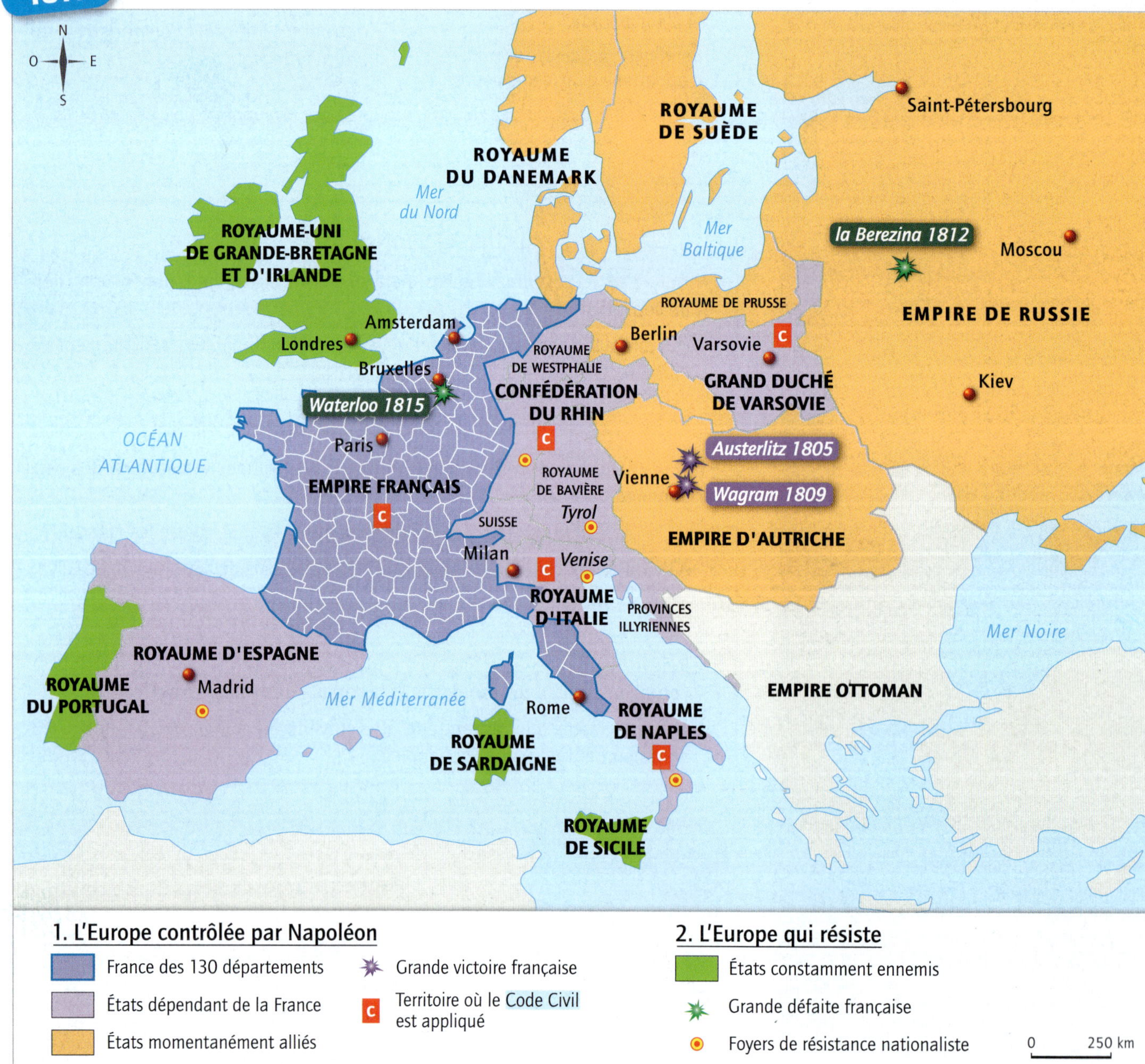

1 L'Europe napoléonienne en 1811

Activités

1) **Doc. 1** Quels pays européens ont été le plus influencés par les idées de la Révolution et de l'Empire ? Comment ?

2) **Doc. 1** Quels sont les foyers de résistances nationales sous l'Empire en 1811 ?

3) **Doc. 1 et 2** Relevez les territoires perdus par la France en 1815. Citez les trois États ayant étendu le plus leurs possessions en 1815.

4) **Doc. 1 et 2** Qu'est devenu le Grand-Duché de Varsovie ?

5) **Doc. 2** Montrez que les frontières fixées en 1815 ne tiennent pas compte des aspirations des peuples.

◆ Expression écrite et orale ◆

6) **À l'aide de la fiche SOCLE COMMUN, montrez comment le territoire français et celui des vainqueurs de Napoléon ont évolué de 1811 à 1815.**

SOCLE COMMUN — C5. Lire et employer différents langages : la carte

Pour décrire des transformations territoriales

- Je compare les frontières entre deux dates (ou plus).
- Je cite les États qui ont étendu leurs territoires, ceux qui en ont perdu et ceux qui ont éventuellement disparu.
- J'évoque les problèmes posés par ces transformations.

1815

2 L'Europe du Congrès de Vienne en 1815

1500 XVIe XVIIe XVIIIe XIXe XXe 2000

Cours

1 Un retour à l'ordre ancien ?

A Les idées nouvelles dans l'Europe de 1815

De 1792 à 1815, les guerres de la Révolution et de l'Empire ont diffusé en Europe les idées de liberté, d'égalité des droits et de souveraineté nationale développées au XVIIIe siècle par les philosophes des Lumières [doc. 1]. Dans les pays conquis ou passés sous l'influence de la France, l'application de Constitutions a renforcé l'idée que le pouvoir des princes devait être limité [doc. 2].

Mais sous Napoléon Ier, la domination de la France devient rapidement insupportable aux peuples car elle signifie pillages, levée de lourds impôts et de soldats pour la Grande Armée. En 1808, l'Espagne se soulève contre l'occupation militaire française et un roi imposé par la France. Dans la plupart des pays occupés, un sentiment national s'affirme contre les Français [doc. 3].

Le sentiment national concerne aussi des régions d'Europe dont les habitants partagent la même langue et la même culture, mais qui demeurent divisées entre plusieurs États. En Italie ou en Allemagne se manifeste une volonté de former une nation unie [doc. 6].

B Le retour à l'Europe des princes

En 1815, les puissances victorieuses de Napoléon Ier se réunissent au Congrès de Vienne et réorganisent l'Europe. Les frontières des États sont modifiées au bénéfice de l'Autriche, de la Russie, de la Prusse et du Royaume-Uni. Il n'est pas tenu compte des souhaits des populations, du sentiment national : les peuples redeviennent des sujets. Le royaume de France est ramené à ses frontières de 1789 [doc. 4].

Le Congrès rétablit les dynasties royales ou princières renversées par la Révolution. La plupart des rois retrouvent leur pouvoir absolu. Bien des réformes révolutionnaires introduites par la France sont supprimées.

Les souverains constituent une Sainte Alliance, qui prévoit de réprimer tout mouvement révolutionnaire pouvant éclater en Europe [doc. 6]. Pourtant, ce retour à l'ordre monarchique ne fait pas disparaître les idées nouvelles qui se sont largement diffusées dans la bourgeoisie et les élites intellectuelles.

1 Diffuser la Révolution

« Dans les pays qui sont, ou seront occupés, par les armées de la République, les généraux proclameront sur-le-champ, au nom de la Nation française, l'abolition de la dîme, des droits seigneuriaux, des banalités, du servage, des privilèges, des corvées et généralement de tous les privilèges. Ils annonceront au peuple qu'ils lui apportent paix, secours, fraternité, liberté et égalité. »

D'après un *décret* de la Convention nationale, 15 décembre 1792.

■ **Quels sont les principes diffusés par la France révolutionnaire ?**

2 Napoléon remet une Constitution du Grand-duché de Varsovie, en 1807

Marcello Bacciarelli, 1811. Huile sur toile (86 x 73 cm). Musée national de Varsovie.

La Russie, l'Autriche et la Prusse se sont partagé la Pologne qui disparaît en 1795. En 1807, Napoléon la restaure partiellement en créant le Grand-Duché de Varsovie, doté d'une Constitution et de lois inspirées du Code civil français.

■ **Quels changements Napoléon apporte-t-il en Pologne ?**

Vocabulaire

- **Constitution** : texte de loi qui organise les institutions d'un pays.
- **Grande Armée** : nom donné à l'armée de Napoléon Ier.
- **Sainte Alliance** : traité d'alliance antirévolutionnaire signé par l'Autriche, la Prusse et la Russie en 1815
- **Sentiment national** : voir p. 91.
- **Souveraineté nationale** : autorité suprême de la nation.

3 Un point de vue sur l'Europe napoléonienne

« Pourquoi l'Allemagne se serait-elle soumise à l'influence française ? Celle-ci ne lui apportait que des contributions* et des conscriptions**, encore plus fortes que celles qu'imposaient les anciens maîtres. Il y avait sans doute beaucoup de changements raisonnables à faire en Allemagne. Tous les hommes éclairés le savaient et, pendant longtemps, ils s'étaient montrés favorables à la cause de la France, parce qu'ils en espéraient l'amélioration de leur sort. Mais, sans parler de la juste indignation que tout peuple doit ressentir à la présence de soldats étrangers sur son territoire, Bonaparte ne faisait rien en Allemagne que dans le but d'y établir son pouvoir et celui de sa famille. »

MME DE STAËL, *Considérations sur la Révolution française*, 1818.

* Impôts.
** Service obligatoire des hommes dans la Grande Armée de Napoléon.

■ Que reproche Mme de Staël à Napoléon Ier ?

4 La France vaincue • *Gravure coloriée, 1815. BNF, Paris.*

■ Comment est signifiée la fin de la domination française en Europe ?

5 Le Congrès de Vienne en 1815

Gravure d'après un tableau de Jean-Baptiste Isabey. Musée du Louvre, Paris.

En 1814-1815, les représentants des grandes puissances qui ont vaincu Napoléon Ier se réunissent à Vienne pour rétablir l'ordre monarchique bouleversé par la Révolution française et l'Empire. Ils modifient aussi les frontières de l'Europe.

Les principaux participants au Congrès de Vienne :
(A) Hardenberg (délégué de la Prusse)
(B) Metternich (chancelier autrichien)
(C) Castlereagh (délégué anglais)
(D) Nesselrode (ministre des Affaires étrangères russe)
(E) Talleyrand (ministre des Affaires étrangères français)

■ Quels pays représentés au Congrès de Vienne ont participé à la victoire contre Napoléon ?

6 La nouvelle Europe

« Les monarques ont formé une Sainte Alliance *(1815)*. Ils ne pensaient qu'à trouver les moyens pour retrouver leur puissance illimitée, soutenir leurs trônes, éteindre la dernière étincelle de liberté. Les nations européennes se sont trouvées opprimées. »

D'après PIERRE KAKHOVSKI, officier russe, *Lettres*, vers 1820.

« Dans le fatal remaniement de 1815, on a donné des peuples aux princes et des princes aux peuples, parfois sans regarder les voisinages, presque toujours sans consulter le passé, les nationalités, les amours-propres. Les rois ne se sont dit qu'une chose : *"Partageons !"* Chose remarquable, on distribuait les peuples et on ne songeait pas aux peuples. »

D'après VICTOR HUGO, *Le Rhin*, 1842.

■ Quelles critiques sont formulées à l'encontre des monarques européens ?

1 Récit Construire un récit historique

[C1. Rédiger un texte bref]

Les conquêtes révolutionnaires

1 **Les Français entrent en Savoie en 1792.** *Gravure anonyme, musée de la Révolution française, Vizille.*
Le roi de Piémont-Sardaigne, Victor-Amédée III, était le souverain de la Savoie et du comté de Nice [voir carte p. 93].

2 Les Français à Nice

« L'administration provisoire de la ville et de l'ancien comté de Nice décrète :
Article 1 – Le régime seigneurial est entièrement aboli sans indemnité.
Article 6 – Toutes les justices seigneuriales sont supprimées.
Article 7 – Toute noblesse héréditaire est supprimée. Tous les citoyens pourront à l'avenir être admis à tous les emplois sans autre distinction que celle de leur mérite.
Article 8 – La dîme ecclésiastique est abolie sans indemnité. »

Fait et délibéré à Nice dans la maison commune le 22 octobre 1792, l'An Ier de la République française.

1. **Doc. 1** Quelle est la conséquence politique de l'entrée des troupes françaises en Savoie ?
2. **Doc. 2** Que suppriment les Français dans le comté de Nice en 1792 ?
3. Exposez en quelques lignes les transformations politiques et sociales entraînées par l'entrée des Français en Savoie et dans le comté de Nice pendant la période révolutionnaire.

2 B2i Composer un document

[C4. Organiser la composition d'un document]

Napoléon en caricatures

1. Sur le site, cliquez sur « Histoire des deux empires », puis sur « Images ». Indiquez comme mot-clé « caricature ». Parmi les 36 résultats, sélectionnez les caricatures représentant Napoléon Ier et datées des années 1813-1816.
2. Copiez et collez dans un traitement de texte les caricatures correspondantes en les classant par date et en notant la nationalité des caricaturistes. Expliquez pour chaque illustration retenue comment Napoléon est représenté. Aidez-vous des notices des images.
3. Classez les différentes manières de représenter l'Empereur battu puis déchu. Avec vos camarades, expliquez quels sentiments envers l'Empereur traduisent ces caricatures.

▲ http://www.napoleon.org

3 SOCLE COMMUN — Confronter des points de vue

[C5. Lire et employer différents langages : le témoignage]

Pour confronter deux témoignages

Des témoins peuvent exprimer par écrit des points de vue différents sur une situation historique ou un événement qu'ils ont vécus, soit parce qu'ils n'en font pas la même analyse, soit parce qu'ils ne partagent pas les mêmes opinions.

- Je présente les auteurs et la date à laquelle ils rédigent leur texte.
- Je précise de quelle situation historique ou de quel événement il est question.
- Je distingue ce sur quoi les auteurs sont en accord ou en désaccord.

L'Europe après le Congrès de Vienne

1 L'Europe après 1815

« Tous les pays européens sont travaillés par une fièvre ardente. C'est la guerre à mort entre les anciens et les nouveaux principes*, entre l'ancien et un nouvel ordre social. La réaction de 1813** a suspendu le mouvement révolutionnaire en France mais l'a réveillé dans les autres États. Tous les pouvoirs sont menacés de perdre leur équilibre. Si les principaux souverains de l'Europe étaient désunis et s'ils n'avaient pas les yeux ouverts sur les révolutions qui se préparent, nous serions tous emportés dans un très petit nombre d'années. »

D'après un *mémoire* du PRINCE DE METTERNICH, 1818.

* Ceux de la Révolution française.
** Grave défaite de Napoléon à la bataille de Leipzig face à la Prusse, la Russie, l'Autriche et plusieurs soulèvements nationaux anti-français en Europe.

Metternich
[1773 • 1859]
Chancelier (Premier ministre) d'Autriche, le prince de Metternich joue un rôle essentiel dans la restauration d'un ordre conservateur lors du Congrès de Vienne en 1815.

2 L'Allemagne après 1815

« La chute de Napoléon a réveillé en Allemagne les idées d'innovation que la Révolution y avait d'abord fait naître. Elles y ont fermenté quelque temps avec une grande violence : on avait appelé la jeunesse à la défense de la patrie* par une promesse de liberté. La suppression de la liberté de la presse a arrêté ce mouvement. Mais il ne faut pas croire qu'on en ait brisé le ressort. »

FRANÇOIS RENÉ DE CHATEAUBRIAND, *Mémoires d'outre-tombe*, 1821.

* Soulèvements nationaux anti-français en 1813.

Chateaubriand
[1768 • 1848]
Noble émigré en Angleterre pendant la Révolution française, il se rallie un temps à Bonaparte avant de s'opposer à lui puis de servir la monarchie restaurée en 1815. Grand écrivain et diplomate, il défend des idées libérales.

1. Qui sont les deux auteurs et quand écrivent-ils ?
2. Quelle période historique évoquent-ils dans leurs textes ?
3. Montrez que Metternich et Chateaubriand font le même constat sur les conséquences de la Révolution et de l'Empire. Ont-ils pour autant le même sentiment vis-à-vis des nouveaux principes introduits en Europe ?

J'AI RÉUSSI SI...

→ *J'ai précisé de quels principes révolutionnaires il est question.*

→ *J'ai identifié l'auteur totalement opposé à la diffusion de ces principes.*

Chapitre 8

L'âge industriel

Quels bouleversements l'industrialisation entraîne-t-elle au XIXe siècle ?

Dans une usine métallurgique en Allemagne. *P.-S. Kroyer, 1885. Huile sur toile (444 x 405 cm). Musée artistique d'État, Copenhague.* L'artiste s'est inspiré des activités sur les quais du fleuve Tyne, à Newcastle, au Nord-Est de l'Angleterre. La ville prend son essor au XIXe siècle grâce à l'exploitation du charbon du Northumberland et à la construction navale.

Quelle impression l'artiste veut-il donner de l'usine ? Qui sont les personnages représentés ?

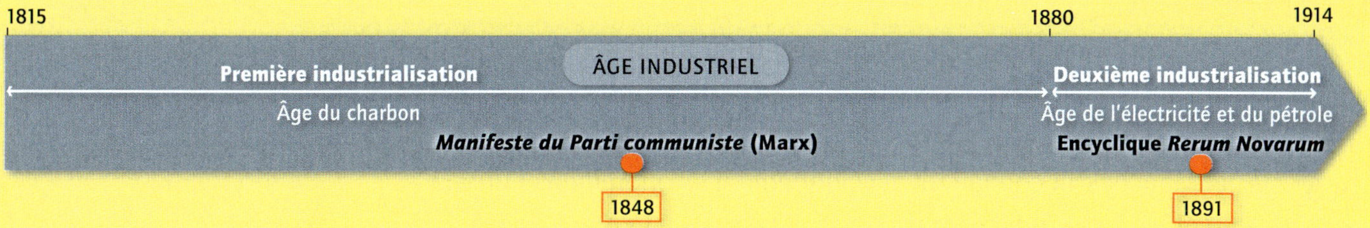

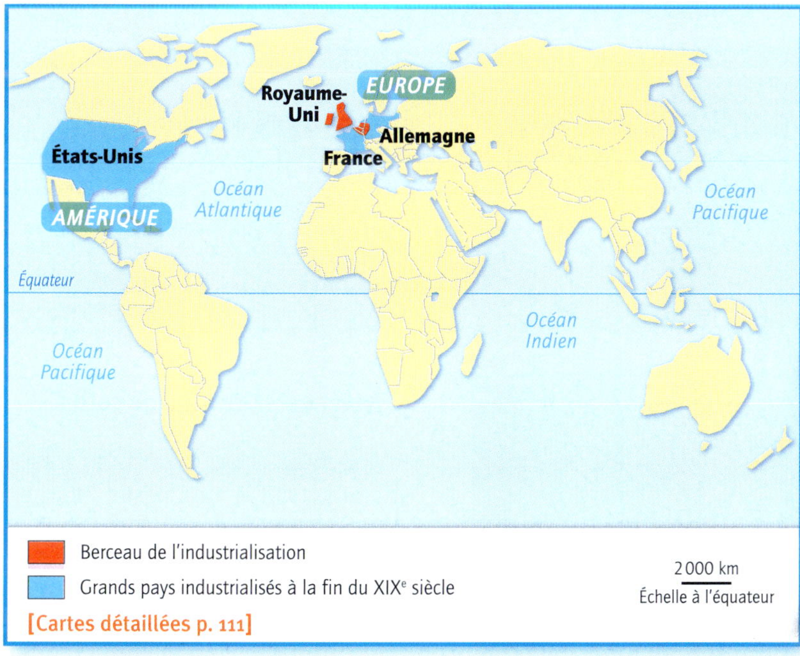

[Cartes détaillées p. 111]

L'industrialisation en 1914

Une bourgeoise au bord de la mer

Détail d'un tableau de Charles Hoffbauer, Sur la plage, *1907. Huile sur toile. Musée d'art et d'industrie, Roubaix.*

Les bains de mer deviennent au XIXe siècle de nouveaux loisirs réservés aux classes les plus aisées de la société.

■ **À quoi voit-on que cette femme et son enfant appartiennent à une catégorie sociale aisée ?**

DOSSIER

Manchester, une ville industrielle

Au XIXe siècle, Manchester connaît un développement économique et urbain considérable grâce à ses industries du coton. Elle devient la première ville industrielle du Royaume-Uni. Les patrons du textile y emploient plusieurs centaines de milliers d'ouvriers.

▶ Quelles sont les caractéristiques d'une grande ville industrielle au XIXe siècle ?

1 Dans une usine de coton à Manchester

Gravure anonyme, années 1830.
(A) Machine à carder le coton ; (B) machine à tisser. Tout un système de poulies et de courroies reliées à des machines à vapeur entraînent les machines textiles.

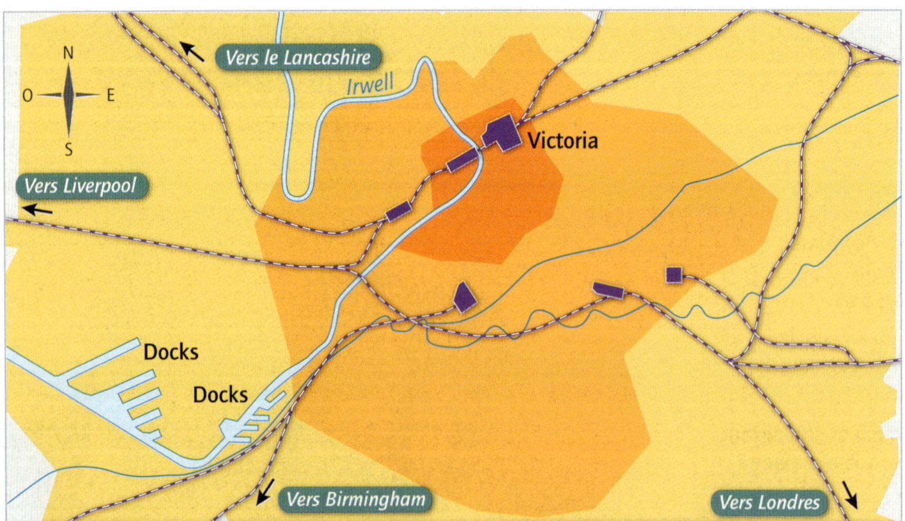

1. Réseaux et industrialisation en 1900
- Rivière, canaux et docks
- Voies de chemin de fer
- Gares principales

2. Expansion de la ville
- Manchester en 1750
- Manchester en 1850
- Manchester en 1900

0 500 m

2 L'expansion de Manchester au XIXe siècle

3 Manchester, la ville du coton

« Manchester est la grande ville manufacturière des tissus, fils et cotons. Circonstance favorable : à dix lieues du plus grand port de l'Angleterre (Liverpool), lequel est le port de l'Europe le mieux placé pour recevoir en peu de temps les matières premières d'Amérique*. À côté, les plus grandes mines de charbon (les mines du Lancashire) pour faire marcher à bas prix ses machines. À vingt-cinq lieues, l'endroit du monde où on fabrique le mieux ces machines (Birmingham). Des canaux et le chemin de fer pour transporter rapidement dans toute l'Angleterre et sur tous les points du globe ses produits.
À la tête des manufactures, des patrons qui aiment le gain, le capital anglais. Parmi les ouvriers, des hommes qui arrivent d'Irlande et qui peuvent travailler à très bas prix, ce qui force les ouvriers anglais à faire à peu près comme eux. Comment s'étonner que Manchester, qui a déjà 300000 âmes, s'accroisse sans cesse avec une rapidité prodigieuse ? »

D'après ALEXIS DE TOCQUEVILLE, *Voyages en Angleterre*, 1835.

* Dont le coton.

Photographies, Manchester Archives and Local Studies.

ARTS ITINÉRAIRE Arts et Ville

4 Des bâtiments d'usine et un quartier ouvrier dans les années 1890

« Manchester compte des centaines de fabriques qui ont cinq ou six étages. Sur le côté de chacune d'elles se dresse une grande cheminée qui vomit de la fumée, ce qui indique la présence de puissantes machines à vapeur. La fumée qui sort des cheminées forme un vaste nuage qu'on peut voir à des kilomètres à la ronde avant d'arriver à la ville. »

Extrait d'un *rapport* sur l'économie anglaise par un fonctionnaire prussien en mission, début du XIXe siècle.

VOCABULAIRE

- **Docks** : en anglais, « quais » de chargement et de déchargement de marchandises.
- **Machine à vapeur** : machine permettant d'entraîner d'autres machines grâce à l'utilisation de la vapeur.
- **Usine** : établissement industriel employant beaucoup d'ouvriers et de machines.

HISTOIRE des ARTS [Doc. 4]

1) Quelle est la nature des deux documents iconographiques ?
2) Quelle impression donnent-ils du paysage industriel ?

Activités

1) **Doc. 1, 3 et 4** Quelle est l'activité principale de la ville de Manchester ? Grâce à quelle énergie les machines des usines fonctionnent-elles ?
2) **Doc. 2 et 3** Expliquez pourquoi le développement des moyens de communication est essentiel pour la ville. Comment qualifier l'expansion urbaine et comment l'expliquer ?
3) **Doc. 2 et 4** Quelles informations apportent ces documents sur la société dans une ville industrielle ?

◆ Expression écrite et orale ◆

4) **À l'aide de la fiche SOCLE COMMUN p. 107, décrivez l'industrialisation de Manchester et expliquez les changements qu'elle entraîne.**

DOSSIER

Le chemin de fer au XIXe siècle

ARTS

ITINÉRAIRE Arts et Techniques

Né de la machine à vapeur, le chemin de fer est le symbole de l'âge industriel. Il bouleverse les échanges, transforme les villes et les modes de vie. Comme dans le reste de l'Europe et aux États-Unis, un réseau de chemin de fer se développe en France, passant de 500 km en 1840 à 59 000 km en 1914.

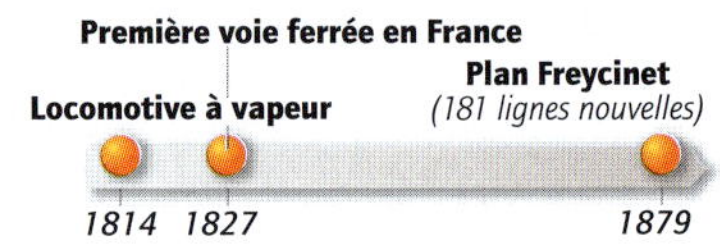

▶ Quelles sont les conséquences du développement du chemin de fer au XIXe siècle ?

1 Chemin de fer et commerce

Affiche publicitaire, fin du XIXe siècle.

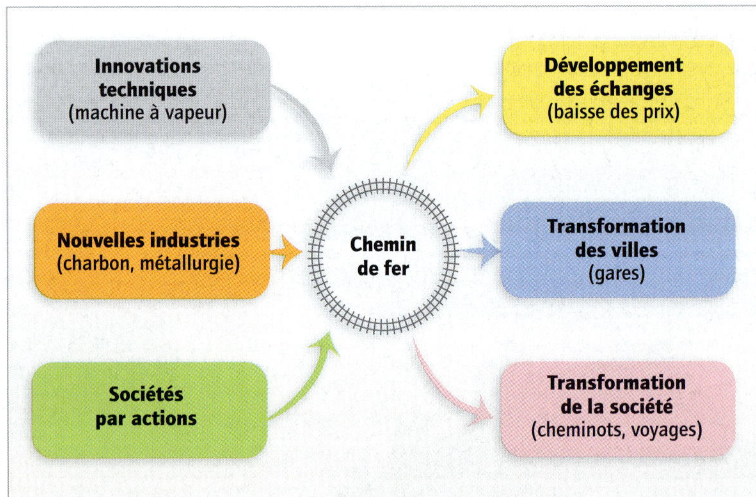

2 Le chemin de fer au cœur de l'âge industriel

3

BIOGRAPHIE

Claude Monet

[1840 • 1926]

Peintre français, chef de file des impressionnistes, Claude Monet est célèbre pour ses représentations de paysages. Comme de nombreux artistes de la fin du XIXe siècle et du début du XXe siècle, il est également fasciné par les progrès techniques de son époque. Il réalise sept toiles différentes représentant la gare Saint-Lazare, à Paris, pour l'exposition impressionniste de 1877.

4 Le chemin de fer, l'État et les entreprises

« La construction des grandes lignes de chemins de fer aura lieu par le concours de l'État, des départements traversés et des communes intéressées, de l'industrie privée. Néanmoins, ces lignes pourront être concédées à l'industrie privée. »

Extrait de la *loi* du 11 juin 1842.

« La vérité est que, sans les sociétés par actions, nous n'aurions pas les chemins de fer qui ont renouvelé le monde ; car pas une fortune n'aurait suffi à les mener à bien, de même que pas un individu, ni même un groupe d'individus n'aurait voulu en courir les risques. Les risques courus sont répartis sur un nombre infini de personnes et limités selon la fortune de chacun. »

D'après Émile Zola, *L'Argent*, 1891.

VOCABULAIRE

- **Impressionnisme** : des artistes cherchent à représenter par des touches de couleur l'impression de la lumière et du mouvement.
- **Machine à vapeur** : machine permettant d'entraîner d'autres machines grâce à l'utilisation de la vapeur.
- **Société par actions** : plusieurs personnes (les actionnaires) possèdent des parts de l'entreprise et se partagent les bénéfices (les dividendes).

5 La gare Saint-Lazare, à Paris • *Claude Monet, 1877. Huile sur toile (81,9 x 101 cm). Fogg Art Museum, Cambridge (Massachusetts).*

(A) La ville, (B) armature d'acier, (C) locomotive à vapeur, (D) cheminot.

HISTOIRE des ARTS

◆ Identifier et contextualiser l'œuvre ◆

1) **Doc. 3 et 5** Présenter l'œuvre : nature, auteur, sujet, dimensions, lieu de conservation.

2) **Doc. 1, 2 et 4** Indiquez les bouleversements entraînés par le développement du chemin de fer à cette époque.

◆ Décrire l'œuvre et en expliquer le sens ◆

3) Où se situe cette scène ? Quels sont les éléments mis en valeur ?

4) Quelle atmosphère l'artiste a-t-il voulu créer ?

◆ Distinguer l'intérêt historique et artistique ◆

5) **Doc. 3 et 5** Expliquez pourquoi le peintre a choisi de représenter ce sujet.

6) À l'aide de la fiche **SOCLE COMMUN**, dégagez l'intérêt artistique de cette œuvre.

SOCLE COMMUN C5. Être sensible aux enjeux esthétiques d'une œuvre d'art

Pour dégager l'intérêt artistique d'une œuvre

▶ Je relève si le sujet traité est courant ou au contraire original.

▶ Je précise les procédés artistiques utilisés (composition, dessin, couleurs, lumière….)

▶ J'indique si la façon de traiter le sujet est nouvelle par rapport à la production artistique de l'époque.

DOSSIER

Ouvriers et ouvrières à la Belle Époque

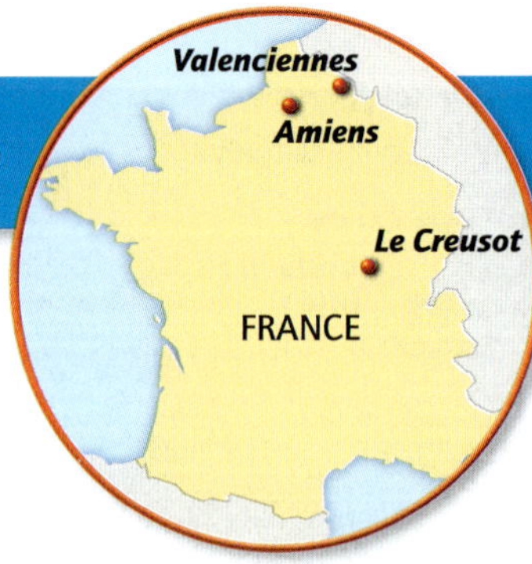

L'industrialisation entraîne une augmentation du nombre des ouvriers d'usines et des mineurs. En 1914, ils représentent en France près d'un tiers de la population active. Leurs conditions de travail et leur vie quotidienne sont difficiles. Mais, de mieux en mieux organisés, ils obtiennent quelques améliorations.

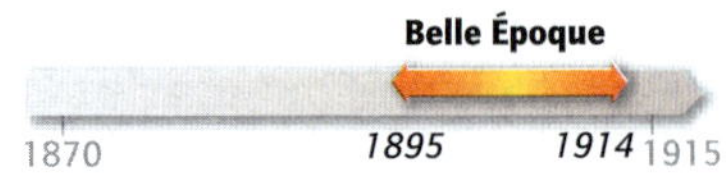

▶ Quelles sont les conditions de travail et de vie des ouvriers et des ouvrières à la Belle Époque ?

1 Adolescents travaillant dans les mines à Valenciennes (Nord)

Photographie, vers 1910.

2 Un règlement d'usine

« **Art. 5** – Le mode de fixation des salaires est établi par MM. Schneider et Cie.

Art. 14 – L'ouvrier doit respect et obéissance aux chefs.

Art. 17 – Il est défendu aux ouvriers, dans l'usine, de lire des imprimés, journaux et autres publications, de former des groupes, de chanter et de se livrer à des manifestations quelconques.

Art. 20 – Les infractions au présent règlement, énumérées ci-après, peuvent entraîner le renvoi : absences non motivées (répétées ou prolongées), insubordination, manque de respect. Mauvaise volonté ou négligence dans l'exécution du travail. Abandon de son poste. Insultes et menaces entre ouvriers. État d'ivresse à l'atelier. Vol au préjudice d'un ouvrier (ou) de l'usine. Dégradations volontaires. Toute manœuvre tendant à fausser le rendement du travail. Communication d'un secret de fabrication. »

Extraits du *Règlement des usines Schneider* du Creusot en 1900.

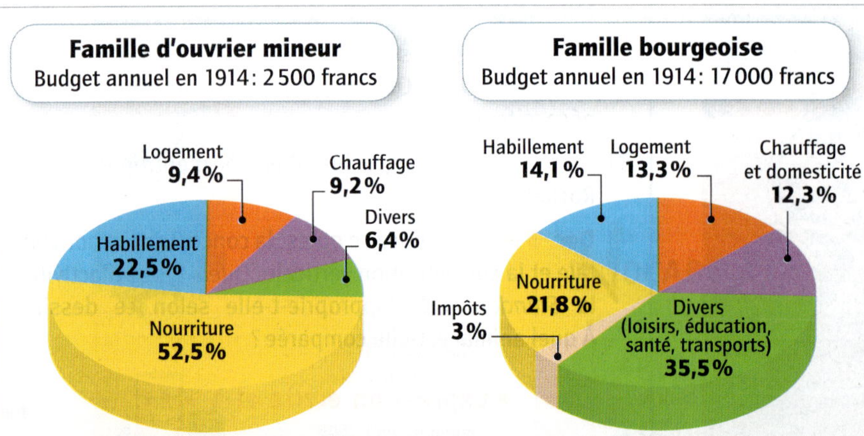

Source : d'après M. PERROT, *Le Mode de vie des familles bourgeoises*, 1873-1953, © Armand Colin, 1961.

3 Les dépenses d'une famille ouvrière et d'une famille bourgeoise

VOCABULAIRE

- **Belle Époque** : nom donné à la période qui précède la Première Guerre mondiale.
- **Grève** : arrêt volontaire du travail en signe de protestation.
- **Loi sociale** : elle vise à améliorer les conditions de vie et de travail.
- **Syndicat** : association qui défend les revendications des travailleurs.

4 Une grève au Creusot en 1899 • *Jules Adler, 1899. Huile sur toile (231 x 302 cm). Écomusée, Le Creusot.*

5 Quelques lois sociales

1884	Autorisation des syndicats
1892	Travail des adolescents (13-18 ans) limité à 10 heures par jour, celui des femmes à 11 heures par jour et interdit de nuit
1898	Responsabilité patronale dans les accidents du travail
1900	Journée de travail de 10 heures
1906	Repos hebdomadaire obligatoire

6 Le rôle d'un syndicat selon la CGT

Le syndicat de la Confédération générale du travail est fondé en 1895.

« La Confédération générale du travail groupe en dehors de toute école politique tous les travailleurs conscients de la lutte à mener pour la disparition du patronat.
Dans l'œuvre quotidienne, le syndicat poursuit l'accroissement du mieux-être des travailleurs par la réalisation d'améliorations immédiates telles que la diminution des heures de travail, l'augmentation des salaires, etc.
Mais cette besogne n'est qu'un côté de l'œuvre du syndicalisme ; le syndicat prépare l'expropriation capitaliste* : il propose comme moyen d'action la grève générale.
Le syndicat n'a pas à se préoccuper des partis politiques qui, en dehors et à côté, peuvent poursuivre en toute liberté la transformation sociale. »

Extrait de la *Charte d'Amiens*, 1906.

* L'expropriation des patrons.

Activités

1) **Doc. 1 et 4** Qui compose le monde ouvrier ?
2) **Doc. 1, 2 et 5** Dégagez quelques caractéristiques des conditions de travail des ouvriers d'usines et des mineurs.
3) **Doc. 3** Tirez deux conclusions majeures de la comparaison des deux budgets.
4) **Doc. 4 et 6** Quels sont les objectifs d'une grève ? d'un syndicat ?
5) **Doc. 5** Dans quel domaine trois des lois citées améliorent-elles les conditions de travail et de vie ?

◆ Expression écrite et orale ◆

6) **À l'aide de la fiche SOCLE COMMUN, présentez les conditions de vie et de travail ainsi que les revendications des ouvriers et des ouvrières à la Belle Époque.**

SOCLE COMMUN — C5. Présenter un fait historique

Pour décrire et expliquer une mutation de l'âge industriel

- Je précise sa nature économique ou sociale.
- J'identifie les acteurs du changement.
- J'explique les facteurs de la mutation.

Cours

1 Les bouleversements économiques

A L'ère de la vapeur et du charbon

- **Dans la première moitié du XIXe siècle, la diffusion de la machine à vapeur** [doc. 1], **améliorée par l'Écossais James Watt en 1769, transforme le travail artisanal et les transports.** Le mouvement créé par la force de la vapeur d'eau permet d'actionner des machines mais également d'entraîner une locomotive.
- **Les principales branches de cette première industrialisation sont l'extraction de charbon, les industries textiles** [doc. 2], **métallurgiques et mécaniques.**
- **L'industrialisation démarre au Royaume-Uni au XVIIIe siècle, puis se répand lentement en Europe et aux États-Unis au XIXe siècle.** La construction d'usines se multiplie et des régions industrielles naissent [doc. 3]. Dans le même temps, la mise en place d'un réseau de chemin de fer développe les échanges et transforme les villes.

B Une seconde industrialisation

- **À partir des années 1880, les progrès techniques s'accélèrent. Ils entraînent une nouvelle industrialisation, fondée sur l'utilisation du pétrole et de l'électricité** [doc. 4]. Aux États-Unis, la demande croissante de pétrole entraîne une « ruée vers l'or noir ». L'électricité remplace progressivement la vapeur pour faire fonctionner les machines. Le tramway électrique et le métro améliorent les transports urbains.
- **De nouveaux secteurs de production naissent, comme la chimie et l'automobile.**

C Un nouveau système économique

- Construire une usine ou une voie de chemin de fer, ouvrir une mine, acheter des machines nécessite des capitaux bien supérieurs à une fortune personnelle. Les entrepreneurs font alors appel aux banques qui leur prêtent de l'argent, ou alors, ils fondent des sociétés par actions.
- **L'industrialisation se fonde sur le capitalisme et le libéralisme** [doc. 5] qui permettent parfois à de grands entrepreneurs, comme les Schneider en France ou Rockefeller aux États-Unis, de bâtir d'immenses fortunes.

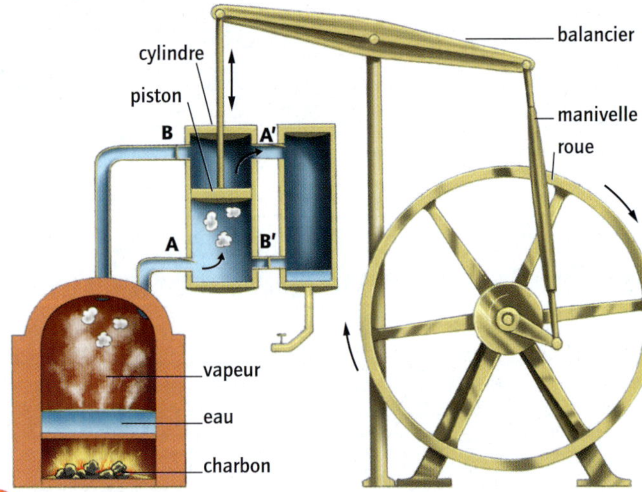

1 La machine à vapeur de James Watt, 1769

Sous l'action de la vapeur, le piston monte et descend.
Ce mouvement actionne le balancier qui entraîne la roue.

■ **Quelles sont les utilisations possibles de cette machine ?**

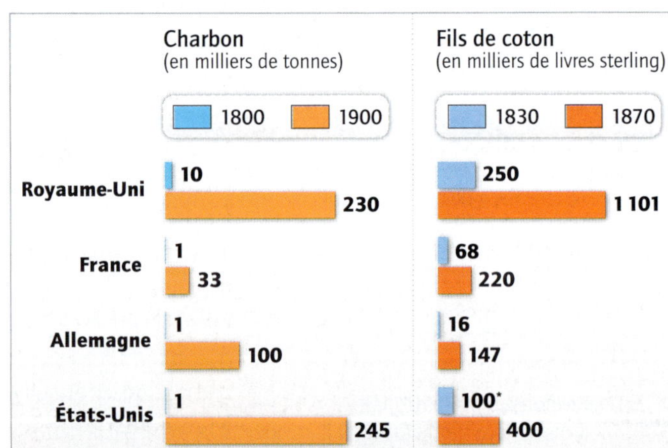

2 L'essor de la production industrielle

■ **Quels pays connaissent la plus forte croissance ?**

Vocabulaire

- **Capitalisme** : organisation de l'économie reposant sur la propriété privée des moyens de production et la recherche du profit.
- **Capitaux** : argent nécessaire à la création et au fonctionnement d'une entreprise.
- **Industrialisation** : développement de l'industrie dû à la mise au point de nouvelles techniques de production.
- **Libéralisme** : doctrine justifiant la libre entreprise, la libre concurrence, le libre échange et opposée à une intervention de l'État dans l'économie.
- **Machine à vapeur** : voir p. 103.
- **Sociétés par actions** : voir p. 104.
- **Usine** : voir p. 103.

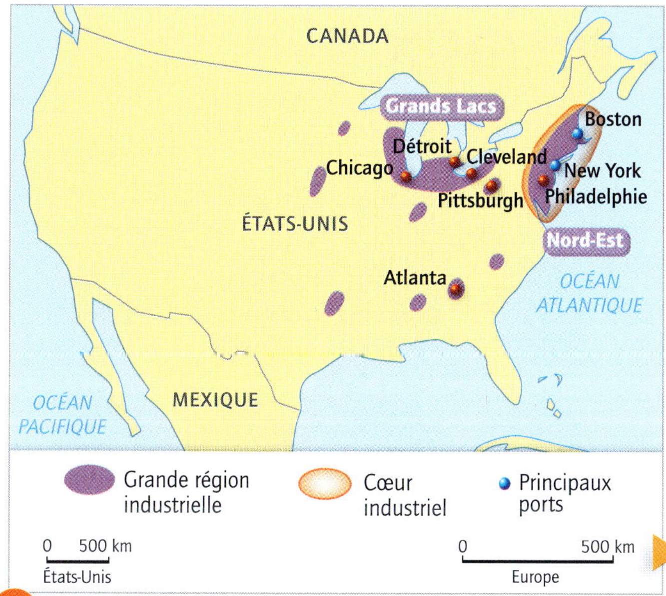

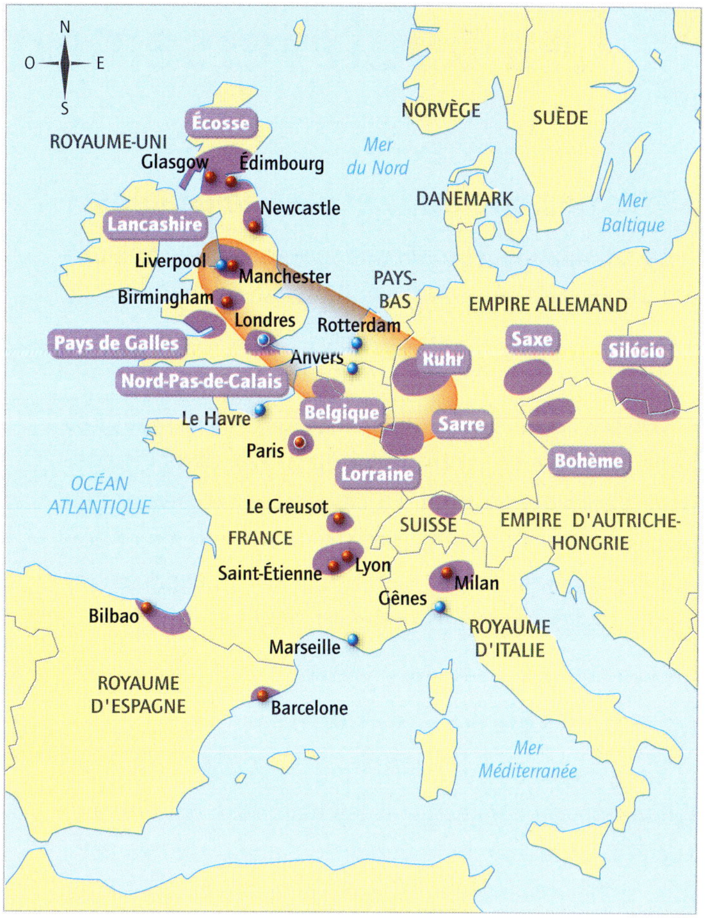

3 Les régions industrialisées à la fin du XIXe siècle

■ Situez le cœur industriel de l'Europe et des États-Unis.

4 La « fée électricité »

Affiche pour l'usine hydroélectrique de Jonage (Rhône), fin du XIXe siècle, bibliothèque Forney, Paris.

■ Quelles sont les différentes utilisations de l'électricité ?

5 Les opinions libérales d'Henri Schneider

Sur les bénéfices du patron

« Pensez-vous qu'il ne faut pas de l'argent pour faire marcher une "boîte" comme celle-ci ? À côté du directeur, il y a le capitaliste qui apporte le capital. Ce capital qui alimente tous les jours les usines des outillages perfectionnés, le capital sans lequel rien n'est possible, qui nourrit l'ouvrier lui-même ! Ne représente-t-il donc pas une force qui doit avoir sa part de bénéfices ? Si vous supprimez au capital son intérêt, vous n'en trouverez plus quand vous en aurez besoin ! »

Sur le temps de travail et la réglementation par l'État

« Un ouvrier bien portant peut très bien faire ses dix heures par jour et on doit le laisser libre de travailler davantage si cela lui fait plaisir. La réglementation du travail des femmes et des enfants met des entraves inutiles, trop étroites, nuisibles surtout aux intéressés qu'on veut défendre ; on décourage les patrons de les employer. »

D'après l'interview d'HENRY SCHNEIDER, patron des usines métallurgiques du Creusot, par JULES HURET, *Enquête sur la question sociale en Europe*, 1897.

■ Quelle est l'opinion de ce patron sur l'intervention de l'État dans l'économie ?

1500 XVIe XVIIe XVIIIe XIXe XXe 2000

Cours

2 Les bouleversements sociaux

A Plus de population et plus de citadins

- **La population européenne passe de 190 millions d'habitants en 1800 à 400 millions en 1900.** Celle des États-Unis, vers lesquels des millions d'Européens émigrent, passe dans le même temps de 5,5 à 76 millions.
- **Les paysans commencent à quitter les campagnes pour les villes où ils trouvent du travail dans l'industrie : c'est l'exode rural.** La croissance urbaine profite aux capitales, aux villes industrielles, minières et portuaires [doc. 1]. Les villes s'étendent dans l'espace avec de nouveaux faubourgs et des banlieues.

B La bourgeoisie dominante

- **Enrichis par l'industrialisation, les grands patrons de l'industrie, du commerce et les banquiers dominent la société.** Cette grande bourgeoisie d'affaires a des revenus suffisamment élevés pour vivre dans une large aisance matérielle et habiter les « beaux quartiers » [doc. 5].
- **La petite et la moyenne bourgeoisie sont composées de petits patrons, de fonctionnaires, de boutiquiers, d'employés ou de membres des professions libérales** (médecins, avocats, journalistes...). Sans avoir une grosse fortune, cette bourgeoisie vit dans une certaine aisance et espère s'élever dans la société grâce à l'épargne et à l'instruction de ses enfants.

C Face à la question ouvrière

- Les emplois dans l'industrie et dans les services deviennent majoritaires dans la population active [doc. 2].
- **Confrontés à des conditions de travail et de vie difficiles, les ouvriers luttent pour améliorer leur sort.** La grève est leur principal moyen d'action. Pour être plus forts face aux patrons, les ouvriers organisent de grands syndicats, comme la CGT en France.
- **Des partis politiques révolutionnaires se créent pour défendre le prolétariat.** Ils se réclament du socialisme et veulent renverser le capitalisme [doc. 3]. À la fin du XIXe siècle, l'Église catholique appelle à une amélioration de la condition ouvrière et à l'adoption de lois sociales [doc. 6].

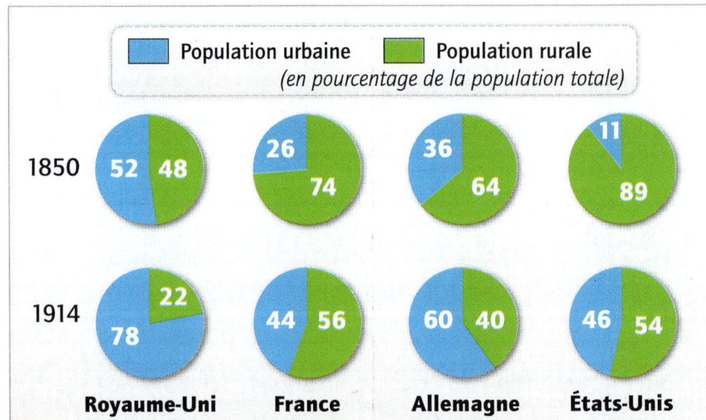

1 Population urbaine et population rurale

■ **Quel est le pays le plus urbanisé en 1914 ?**

2 L'évolution de la population active

	Agriculture (en %)	Industrie (en %)	Services (en %)
ROYAUME-UNI			
1850	22	43	35
1913	8	46	46
FRANCE			
1850	52	26	22
1913	43	30	27
ALLEMAGNE			
1850	54,5	25	20,5
1913	35	38	27
ÉTATS-UNIS			
1850	55	21	24
1913	27,5	34,5	38

■ **Dans quels secteurs la population active augmente-t-elle ?**

VOCABULAIRE

- **Bourgeoisie** : au XIXe siècle, classe sociale aisée composée de personnes qui ne sont ni paysans, ni ouvriers, ni nobles.
- **Croissance urbaine** : développement des villes en nombre d'habitants et dans l'espace.
- **Exode rural** : départ définitif des habitants des campagnes vers les villes.
- **Grève** : voir p. 108.
- **Loi sociale** : voir p. 108.
- **Prolétariat** : classe sociale composée des ouvriers qui n'ont que leur force de travail pour vivre.
- **Socialisme** : doctrine dénonçant le capitalisme, le libéralisme pour l'exploitation et les inégalités sociales qu'ils engendrent.
- **Syndicats** : voir p. 108.

3 La théorie socialiste marxiste

« La société se divise en deux vastes camps ennemis, en deux grandes classes diamétralement opposées : la bourgeoisie et le prolétariat. En moins d'un siècle, la bourgeoisie a créé des forces de production plus nombreuses et plus colossales que ne l'avaient fait toutes les générations passées prises ensemble. À mesure que grandit la bourgeoisie se développe aussi la classe des ouvriers modernes qui ne vivent qu'à condition de trouver du travail. Les ouvriers ne sont pas seulement les esclaves de la classe bourgeoise, mais aussi de la machine.
Le but immédiat des communistes : le renversement de la domination bourgeoise, la conquête du pouvoir politique par le prolétariat. Il ne peut être atteint que par le renversement violent de tout l'ordre social. Prolétaires de tous les pays, unissez-vous ! »

Extraits de Karl Marx et Friedrich Engels, *Manifeste du parti communiste,* 1848.

■ **Qu'est-ce que Marx nomme le « prolétariat » ?**

4 Le logement d'une famille ouvrière à Berlin à la fin du XIXe siècle

Photographie, fin XIXe siècle.

■ **Décrivez les conditions de logement de cette famille ouvrière.**

5 Une soirée chez de grands bourgeois

J. Béraud, vers 1880. Huile sur toile (35 x 27 cm). Musée Carnavalet, Paris.

■ **Relevez ce qui atteste du milieu de la grande bourgeoisie.**

6 L'Église catholique et la condition ouvrière

« L'erreur capitale c'est de croire que les deux classes sont ennemies, comme si la nature avait armé les riches et les pauvres pour qu'ils se combattent mutuellement dans un duel obstiné. Car, dans la société, les deux classes ont un impérieux besoin l'une de l'autre : il ne peut y avoir de capital sans travail, ni de travail sans capital. La concorde engendre l'ordre et la beauté ; au contraire, d'un conflit perpétuel il ne peut résulter que la confusion et les luttes sauvages. L'ouvrier doit fournir intégralement et fidèlement tout le travail auquel il s'est engagé par contrat libre : il ne doit point léser son patron ni dans ses biens ni dans sa personne. Quant aux patrons, ils doivent ne point traiter l'ouvrier en esclave, respecter en lui la dignité de l'Homme, relevée encore par celle du chrétien. »

D'après l'encyclique *Rerum novarum* (*Des choses nouvelles*) du pape Léon XIII, 1891.

■ **Quels sont les seuls devoirs du patron envers les ouvriers, selon le pape ?**

1 Récit Construire un récit historique

[C1. Rédiger un texte bref]

Progrès agricole et exode rural

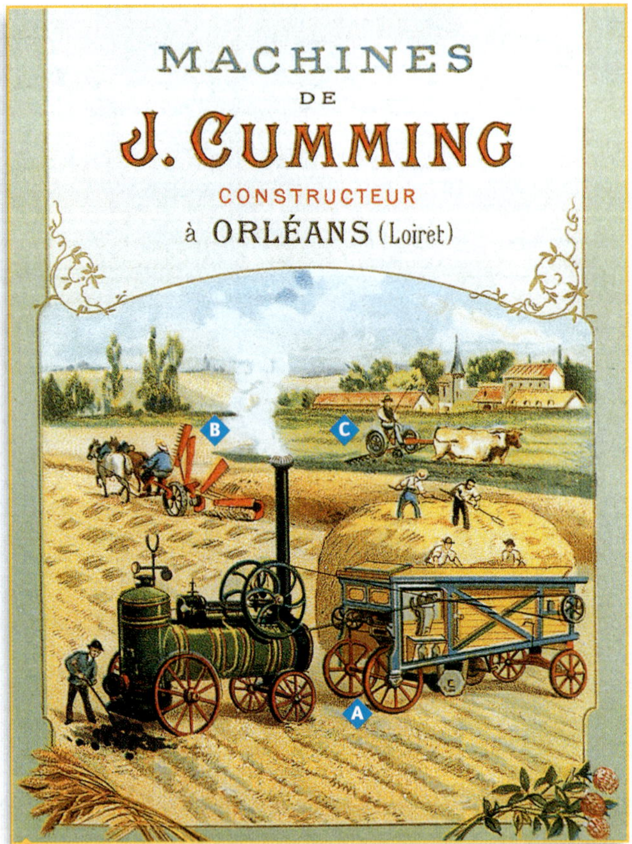

1 **La mécanisation agricole.** *Affiche publicitaire, 1889.* **(A)** *Batteuse actionnée par une machine à vapeur;* **(B)** *moissonneuse;* **(C)** *faucheuse.*

2 L'exode rural dans le Morvan à la fin du XIXe siècle

« La crise agricole* a entraîné le départ de nombreux journaliers, privés de travail dans les exploitations céréalières où la chute des revenus ne permettait plus d'employer une aussi abondante main-d'œuvre. L'outillage, qui a progressé, demande moins de bras. Même sur les exploitations à dominante herbagère où l'élevage est en bonne place, les besoins en journaliers sont moins grands. L'utilisation des faucheuses est de plus en plus défavorable à l'ouvrier agricole. Les transformations de l'agriculture, tout comme les crises, poussent à l'exode du monde du travail. Pour l'ensemble de ces migrants définitifs, journaliers, domestiques, petits exploitants, artisans de villages, il est certain que l'accroissement des moyens de transport mis à leur disposition, en particulier le chemin de fer, a facilité leur départ. »

MARCEL VIGREUX, *Paysans et notables du Morvan au XIXe siècle,* Château-Chinon, 1987.

* Crise des années 1880-1900 due à la concurrence étrangère.

À l'aide des documents, rédigez quelques lignes sur les liens entre les progrès agricoles et l'exode rural :
- **définissez « exode rural » ;**
- **présentez-en les causes ;**
- **évoquez ce qui peut le faciliter.**

2 B2i Analyser une vidéo historique en ligne

[C4. Chercher et sélectionner l'information demandée]

Barcelone en 1908, une ville de l'âge industriel

1. Sur le site, recherchez le film espagnol tourné en 1908 à Barcelone. Dans quelles conditions a-t-il été fabriqué ? Quel peut être l'intérêt historique d'un tel document ?
2. Visionnez les trois premières minutes du film en notant tous les objets issus d'une production industrielle qui apparaissent sur l'écran. Reliez ces objets aux grands types d'industries rencontrés dans le chapitre (métallurgie, matériel de transports, textile, chimie, etc.).
3. Comparez le paysage urbain de 1908 avec le paysage actuel en vous rendant, grâce à la fonction « Street View » du site Google Maps, sur le « Paseo de Gracia » de Barcelone, où débute le film de 1908.

▲ www.europafilmtreasures.fr

3 SOCLE COMMUN Lire et interpréter une affiche

[C5. Lire et employer différents langages : une affiche]

Pour lire et interpréter une affiche

Qu'elles soient de nature publicitaire, politique ou syndicale, les affiches emploient deux sortes de langages : le langage écrit (slogan, texte d'explication) et le langage visuel (photographie, dessin, caricature…).

- J'identifie l'origine de l'affiche et le public visé.
- Je tire des informations de la construction de l'affiche, de son message écrit et de l'image.
- Je dégage l'objectif de l'affiche.

La question des retraites ouvrières

Affiche de la CGT en 1910. *Cette année-là, le Parlement français vote la première loi sur les « retraites ouvrières et paysannes ».*

1. Quel type d'organisation est à l'origine de cette affiche ? Relevez son nom. À qui s'adresse-t-elle ?
2. Quelle situation se trouve dénoncée ? De quelle manière ?
3. Dans quel but cette affiche est-elle diffusée ?

J'AI RÉUSSI SI…

→ *J'ai évoqué le syndicalisme et ses objectifs.*

→ *J'ai mis en relation l'écrit et le visuel.*

EXERCICES

Je révise

1 Se repérer dans le temps

[C5. Avoir des repères historiques]

▶ Attribuez une date ou une période aux faits historiques.

Faits historiques

1. Fin de la première industrialisation
2. Création de la CGT en France
3. Encyclique *Rerum Novarum*
4. Publication du *Manifeste du Parti communiste* (Marx)

Dates

A. 1848
B. Années 1870
C. 1891
D. 1895

2 Se repérer dans l'espace

[C5. Avoir des repères historiques et géographiques]

Les puissances industrielles au XIXe siècle

Les chiffres indiquent en % la part des quatre pays dans la production industrielle mondiale : en vert pour 1850 et en rouge pour 1913.

▶ Nommez ces pays et établissez un classement des puissances en 1850 puis en 1913.

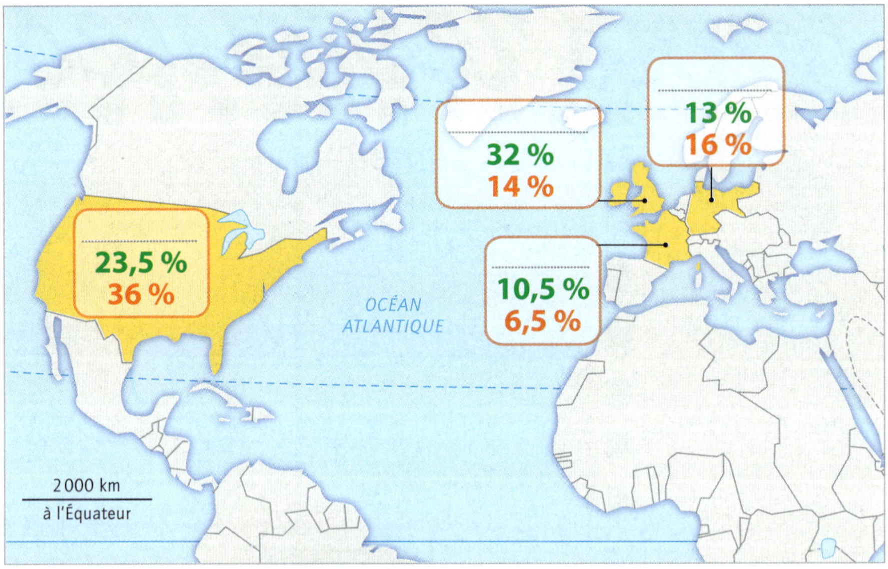

3 Connaître les grandes doctrines du XIXe siècle

[C5. Avoir des repères historiques]

▶ Reliez à chacune des doctrines trois affirmations.

AFFIRMATIONS

1. Patrons et ouvriers ont besoin les uns des autres.
2. Les patrons doivent pouvoir gérer leurs entreprises sans contrainte.
3. « Prolétaires de tous les pays, unissez-vous. »
4. Les patrons doivent traiter leurs ouvriers selon les valeurs du christianisme.
5. Les lois sociales sont nuisibles à l'entreprise.
6. Dans la société capitaliste, la bourgeoisie exploite les ouvriers.
7. De la liberté du commerce naît la prospérité.
8. Il faut abattre le capitalisme.
9. L'ouvrier ne doit pas se révolter contre son patron.

DOCTRINES

A. Socialisme (Marx)

B. Catholicisme social (Le pape Léon XIII)

C. Libéralisme (Henry Schneider)

L'étrange tour de M. Eiffel

Gustave Eiffel
[1832 • 1923]

Ingénieur français et patron d'une entreprise de construction, son projet de tour est adopté par le gouvernement français en vue de l'Exposition universelle de Paris de 1889. Sa tour remporte un succès considérable auprès des visiteurs.

La Tour Eiffel dans son époque

Contre la Tour Eiffel

« Nous venons, écrivains, peintres, sculpteurs, architectes, amateurs passionnés de la beauté jusqu'ici intacte de Paris, protester de toutes nos forces contre l'érection, en plein cœur de notre capitale, de l'inutile et monstrueuse Tour Eiffel… La ville de Paris va-t-elle donc s'associer plus longtemps aux mercantiles imaginations d'un constructeur de machines, pour s'enlaidir irréparablement et se déshonorer ? »

Lettre ouverte publiée par le journal *Le Temps*, le 14 février 1887.

Pour la Tour Eiffel

« Elle sera la preuve éclatante des progrès réalisés en ce siècle par l'art des ingénieurs. C'est seulement à notre époque, en ces dernières années, que l'on pouvait dresser des calculs assez sûrs et travailler le fer avec assez de précision pour songer à une aussi gigantesque entreprise. N'est-ce rien pour la gloire de Paris que ce résumé de la science contemporaine soit érigé dans ses murs ? »

Gustave Eiffel, réponse à la lettre ouverte, *Le Temps*, février 1887.

La tour s'élève au rythme de 12 mètres par mois

14 octobre 1888

14 novembre 1888

20 janvier 1889

12 mars 1889

La tour atteint 325 mètres de hauteur

Les grandes étapes de la construction

- 1881 : L'entreprise Eiffel crée la structure métallique de la Statue de la Liberté
- 1886 : Gustave Eiffel gagne le concours pour la construction d'une tour en fer à Paris
- 1887 : Début des travaux
- 1889 : Exposition universelle de Paris : 2 millions de personnes visitent la Tour

?

1. Que symbolise la Tour lors de l'Exposition universelle de Paris ?
2. Pourquoi ne fait-elle pas l'unanimité en sa faveur ?

Chapitre 9

L'évolution politique de la France (1815-1914)

Comment la République finit-elle par s'imposer ?

Barricade à Paris en 1848. *Horace Vernet,* Barricade rue Soufflot, *1848. Huile sur toile (36 x 46 cm). Deutsches Historisches Museum, Berlin.* En février et juin 1848, Paris se couvre de barricades. Louis-Philippe Ier, roi depuis 1830, abdique. C'est le début de la IIe République.

■ **Quels sont les acteurs de cette scène ?**

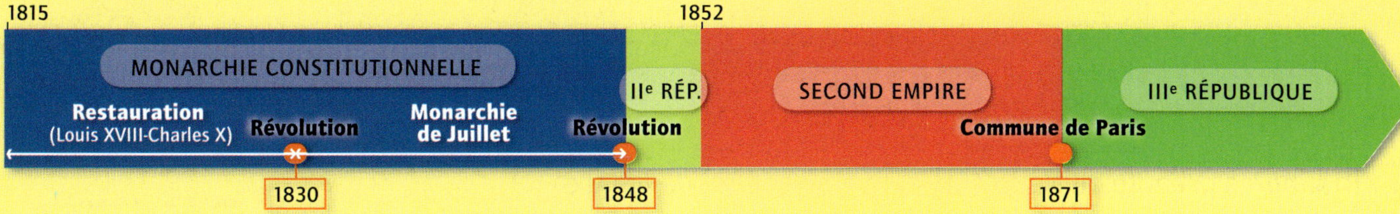

La France en 1914

Allégorie de la République

D. Tourn, estampe (détail), 1879. Musée Carnavalet, Paris.

■ **Quels symboles républicains sont représentés sur cette allégorie ?**

[Voir aussi exercice, p. 139]

DOSSIER

La révolution de 1830

ARTS

ITINÉRAIRE Arts et Peuple

En 1815, après la chute de Napoléon Ier, le nouveau roi de France, Louis XVIII, accepte une Charte qui met en place une monarchie constitutionnelle. Mais son frère, Charles X, qui rêve d'un retour à l'Ancien Régime, est renversé en 1830. Cette révolution inspire à Eugène Delacroix l'un de ses tableaux les plus célèbres.

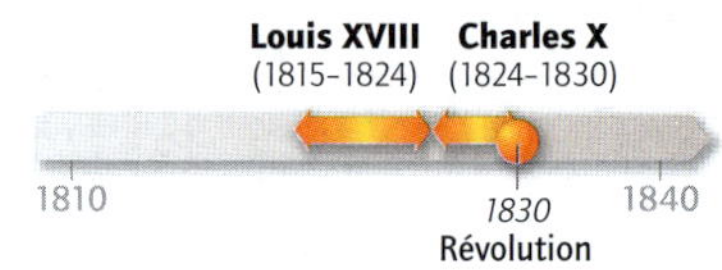

▶ Pourquoi et comment une nouvelle révolution a-t-elle lieu en 1830 ?

1 BIOGRAPHIE

Eugène Delacroix [1798 • 1863]

Il est le chef de file du romantisme dans la peinture française. Témoin de la Révolution de 1830 à Paris et sensible aux idées libérales, il réalise *La Liberté guidant le peuple*, après avoir écrit à son frère ces mots : « *J'ai entrepris un sujet moderne, une barricade, et si je n'ai pas vaincu pour la patrie, au moins peindrai-je pour elle.* » (28 octobre 1830)

2 Les Trois Glorieuses

« **Le 27 juillet** – Le matin, la police, conformément aux ordres reçus, met hors d'usage les presses du journal *Le Temps*. Furieux, les typographes parcourent Paris pour répandre la nouvelle. La fièvre gagne tous les quartiers de la capitale. Les premières barricades se dressent.

Le 28 juillet – La population s'arme et les combats commencent. Charles X refuse de retirer les ordonnances*.

Le 29 juillet – Toute la ville est couverte de barricades. Une partie de l'armée passe du côté des insurgés. Mais déjà le palais des rois était au pouvoir du peuple. Le Louvre était pris. »

D'après Louis Blanc [1811-1882], *Histoire de ma vie*.

* Ordonnances prises par Charles X, le 26 juillet 1830 : dissolution de la Chambre des députés, réduction du nombre des électeurs, suspension de la liberté de la presse.

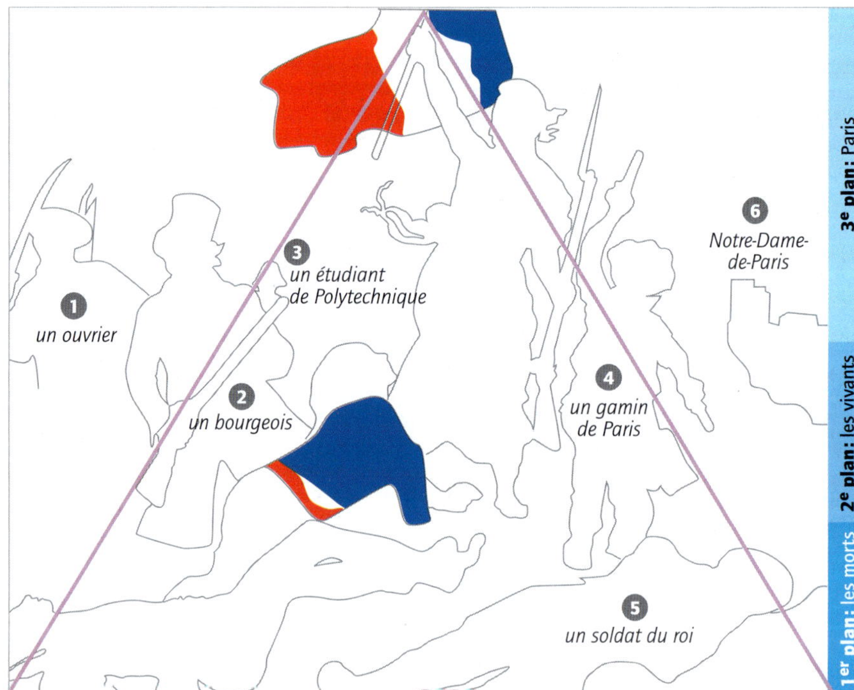

3 Schéma de la composition du tableau

SOCLE COMMUN — C5. Lire et employer différents langages : le document artistique

Pour analyser la composition d'un tableau

- ▶ Je recherche les grandes lignes et les figures géométriques qui organisent le tableau ; je peux faire un schéma.
- ▶ Je précise les éléments de mise en scène : actions, mouvements, orientation du regard…
- ▶ Je caractérise le rôle de la couleur et de la lumière.

VOCABULAIRE

- **Charte** : au XIXe siècle, Constitution accordée par le roi.
- **Monarchie constitutionnelle** : régime politique dans lequel une Constitution organise la répartition des pouvoirs entre le roi et une assemblée.
- **Romantisme** : mouvement artistique du XIXe siècle qui privilégie le mouvement et l'imagination pour susciter l'émotion.

4 *La Liberté guidant le peuple* • *Eugène Delacroix, 1830. Huile sur toile (260 x 325 cm). Musée du Louvre, Paris.*

HISTOIRE des ARTS

◆ Identifier et contextualiser l'œuvre ◆

1) **Doc. 1, 2, 4** Présentez l'œuvre : nature, artiste, sujet, date, dimensions, lieu de conservation.

2) **Doc. 2** Expliquez ce qui se déroule durant les « Trois glorieuses ».

◆ Décrire l'œuvre et en expliquer le sens ◆

3) Quel type d'action révolutionnaire l'œuvre met-elle en scène ? Comment le peintre en montre-t-il la violence ?

4) **Doc. 3 et 4** À quelles catégories sociales appartiennent les personnages participant à cette action ?

5) Décrivez le personnage central et relevez les symboles révolutionnaires qui l'entourent.

6) À l'aide de la fiche **SOCLE COMMUN** et du **doc. 3**, analysez la composition du tableau.

◆ Distinguer l'intérêt historique et artistique ◆

7) Quelle représentation l'artiste veut-il donner de la Révolution de 1830 ?

8) À l'aide la définition du « Romantisme », expliquez ce qui fait de ce tableau une œuvre du courant romantique.

DOSSIER

La révolution de 1848

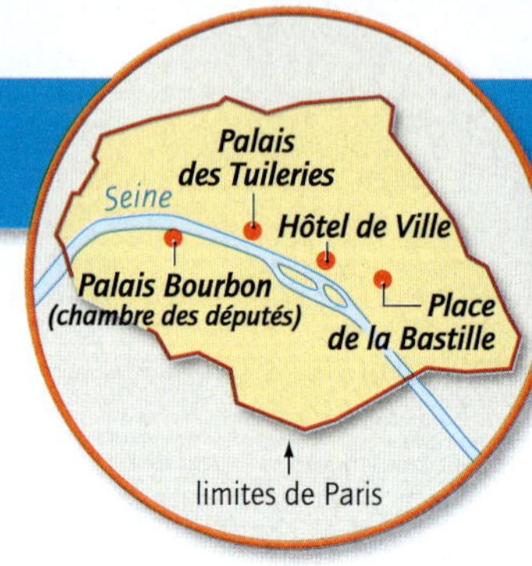

À la suite de la révolution de juillet 1830, le nouveau « roi des Français », Louis-Philippe Ier, met en place un régime constitutionnel qui augmente le nombre des électeurs tout en maintenant le suffrage censitaire. Mais la monarchie de Juillet devient en quelques années un régime autoritaire. Alors que la France traverse une crise économique, une révolution éclate en 1848. La République est proclamée.

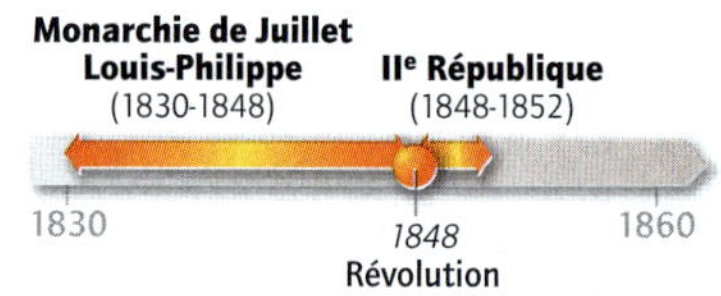

▶ **Quel régime politique la révolution de 1848 met-elle en place ?**

1 Le trône de Louis-Philippe Ier brûlé place de la Bastille, à Paris, le 24 février 1848

Lithographie, BNF, Paris.

L'instauration du suffrage universel masculin
Gravure de M.-L. Bourbon, 1848. BNF, Paris.
Le 24 février 1848, le gouvernement provisoire décrète le suffrage universel masculin pour tous les hommes âgés de 21 ans.

2 La signification du suffrage universel masculin

« Le suffrage universel, en donnant un bulletin à ceux qui souffrent, leur ôte le fusil. En leur donnant la puissance, il leur donne le calme. Le suffrage universel dit à tous : *"Soyez tranquilles, vous êtes souverains"*... Il y a dans l'année un jour où celui qui vous obéit se voit votre pareil, ou celui qui vous sert se voit votre égal. Il y a un jour dans l'année où le gagne-pain, le journalier, le manœuvre prend dans sa main durcie par le travail les ministres, les représentants, le président de la République et dit : *"La puissance c'est moi !"* Quelle satisfaction, et par conséquent quel apaisement ! C'est la fin de la force brutale, c'est la fin de l'émeute, le droit à l'insurrection aboli par le droit de suffrage ! »

VICTOR HUGO, *Discours à l'Assemblée nationale*, mai 1849.

3 La République abolit l'esclavage

ARTS ITINÉRAIRE Arts et Pouvoir

François-Auguste Biard, 1849. Huile sur toile (261 x 291 cm). Musée national du château de Versailles.
C'est à l'initiative de Victor Schoelcher [1804-1893], membre du gouvernement en 1848, qu'est aboli l'esclavage dans les colonies françaises, le 27 avril 1848.

4 Les ateliers nationaux

« Le 25 février, le gouvernement provisoire prenait un décret par lequel il garantissait l'existence de l'ouvrier par le travail. Le décret qui constituait les ateliers nationaux fut rendu le 27 ; le 28, le ministre des Travaux publics annonçait à tous les travailleurs sans emploi (très nombreux à ce moment), que des travaux importants allaient être entrepris, et que les maires des douze arrondissements de Paris seraient chargés de recevoir les demandes d'ouvrage et de diriger les ouvriers vers les chantiers. Les mairies furent assiégées de demandes. »

D'après Daniel Stern (pseudonyme de Marie d'Agoult), *Histoire de la Révolution de 1848*, 1851.

Histoire des Arts [Doc. 3]

1) Présentez l'œuvre : nature, artiste, sujet, date, dimensions, lieu de conservation.
2) Comment l'artiste a-t-il symbolisé la liberté et la fraternité ? Relevez ce qui souligne le rôle de la République dans l'abolition de l'esclavage.

Vocabulaire

- **Ateliers nationaux :** chantiers financés par l'État permettant l'emploi des chômeurs.
- **Suffrage censitaire :** seuls les citoyens atteignant un certain niveau d'impôt (le cens) ont le droit de vote.
- **Suffrage universel masculin :** tous les citoyens hommes ont le droit de vote.

Activités

1) **Doc. 1** Montrez que cette scène marque une rupture importante de l'histoire de la France depuis 1815.
2) **Doc. 2** À quelle catégorie sociale appartient le personnage de la gravure ? Que va permettre le suffrage universel masculin ?
3) **Doc. 3** Où vivent les populations concernées par l'abolition de l'esclavage ?
4) **Doc. 4** Relevez l'objectif des ateliers nationaux.

◆ Expression écrite et orale ◆

5) **Montrez en quelques phrases que la IIe République en 1848 se veut démocratique et ouverte aux problèmes sociaux.**

DOSSIER

La Commune de Paris en 1871

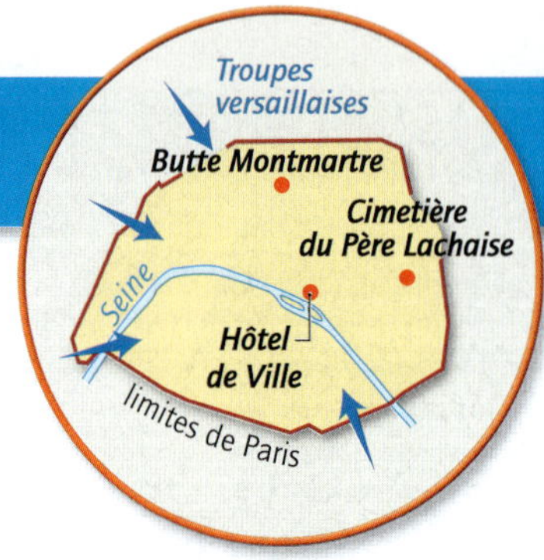

Élu président de la République en 1848, Louis-Napoléon Bonaparte commet un coup d'État en 1851 puis fonde le Second Empire en 1852. Sous le nom de Napoléon III, il dirige un régime autoritaire qui s'écroule en 1870 après la défaite militaire de Sedan contre la Prusse. Le 4 septembre 1870, la IIIe République est proclamée. Elle doit faire face en 1871 à une grande révolte populaire, la Commune de Paris.

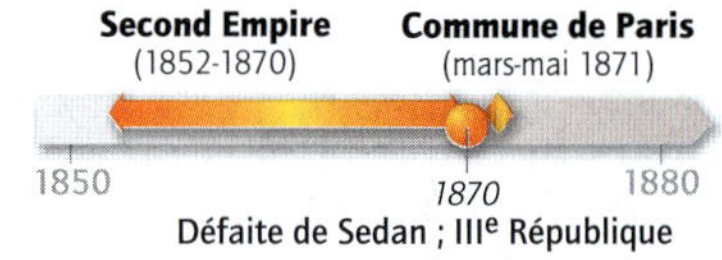

▶ **Quelle est la signification de la Commune de Paris ?**

1 Les canons de la Garde nationale de Paris sur la butte Montmartre • *Photographie, 1871.*

En mars 1871, l'Assemblée nationale, à majorité monarchiste et qui siège à Versailles, s'apprête à signer un traité de paix avec l'Empire allemand. Elle décide de reprendre aux Parisiens, partisans de la poursuite de la guerre, les canons qui ont servi à la défense de la capitale, ce qui déclenche une émeute.

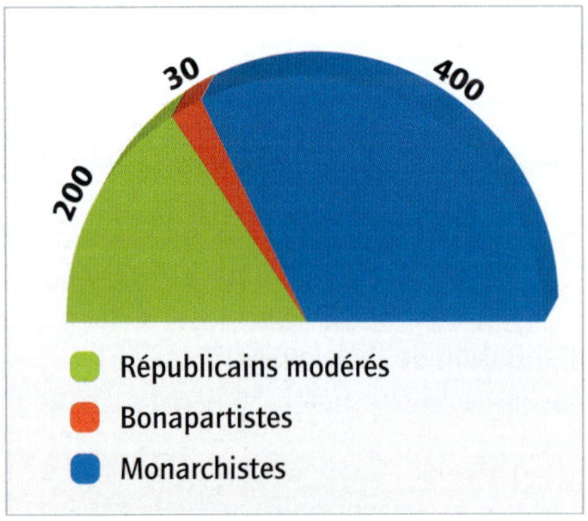

2 L'Assemblée nationale élue en février 1871

3 L'œuvre de la Commune de Paris

« Le 2 avril, la Commune décréta la séparation de l'Église et de l'État, ainsi que la transformation de tous les biens ecclésiastiques en propriété nationale. Elle abolit le travail de nuit pour les compagnons boulangers. Elle interdit aux employeurs de réduire les salaires en prélevant sur leurs ouvriers des amendes sous de multiples prétextes. La Commune remit aux associations d'ouvriers tous les ateliers et fabriques qui avaient fermé, ou dont les capitalistes avaient disparu ou suspendu le travail. Mais cela, dans une ville assiégée, ne pouvait avoir tout au plus qu'un début de réalisation. Et, à partir du début mai 1871, la lutte contre les troupes de Versailles, toujours plus nombreuses, absorba toutes les forces. »

D'après Karl Marx, *La Guerre civile en France*, 1871.

4 L'écrasement de la Commune lors de la « Semaine sanglante » du 21 au 28 mai 1871

Édouard Manet, Le Massacre des Fédérés, *1871. Huile sur toile (38 x 46 cm), Folkwang Museum, Essen (Allemagne).* Fusillades des communards, soldats et civils, au cimetière du Père Lachaise à Paris par les troupes du gouvernement de Versailles.

ARTS ITINÉRAIRE Arts et Peuple

5 BIOGRAPHIE

Louise Michel
[1830 • 1905]

Enseignante, elle épouse la cause révolutionnaire, socialiste et républicaine. Engagée pleinement dans la Commune de Paris, elle en devient l'une des grandes figures. Elle participe aux combats de la « Semaine sanglante ». Arrêtée, elle est déportée en Nouvelle-Calédonie en 1873. De retour en France en 1880, elle reprend son engagement politique à l'extrême gauche.

6 Le souvenir de la Commune

Cette chanson, écrite en 1866, est dédiée après la Commune à une infirmière morte lors de la Semaine sanglante. Elle devient l'hymne de tous les communards après la répression de 1871.

« J'aimerai toujours le temps des cerises.
C'est de ce temps-là que je garde au cœur
Une plaie ouverte
Et dame Fortune en m'étant offerte
Ne pourra jamais fermer ma douleur…
Quand nous chanterons le temps des cerises,
Et gai rossignol et merle moqueur
Seront tous en fête.
Les belles auront la folie en tête
Et les amoureux du soleil au cœur… »

JEAN-BAPTISTE CLÉMENT,
Le Temps des Cerises, 1866.

VOCABULAIRE

- **Commune de Paris** : révolte parisienne en 1871 pour une République démocratique et favorable aux ouvriers.
- **Coup d'État** : prise du pouvoir par la force.

HISTOIRE des ARTS

[Doc. 4]

1) Présentez l'œuvre : nature, artiste, sujet, date, dimensions, lieu de conservation.
2) Comment l'artiste montre-t-il le caractère sanglant de la répression ?

Activités

1) **Doc. 2** Quel groupe politique possède la majorité absolue dans la première Assemblée élue de la Troisième République ?
2) **Doc. 1 et 2** Dégagez les origines du soulèvement parisien de 1871.
3) **Doc. 3** En faveur de quelle catégorie de la population la Commune de Paris prend-elle des mesures ? Citez deux de ces mesures.
4) **Doc. 4 et 5** Comment réagit le pouvoir face à la Commune ?
5) **Doc. 6** Que peuvent évoquer « une plaie ouverte » et « ma douleur » pour un partisan de la commune ?

◆ Expression écrite et orale ◆

6) **Racontez et expliquez en quelques phrases l'épisode de la Commune de Paris :**
– origine,
– objectifs poursuivis,
– fin tragique.

Cours 1

L'instabilité politique (1815-1871)

1 Louis XVIII

2 Charles X

3 Louis-Philippe Ier

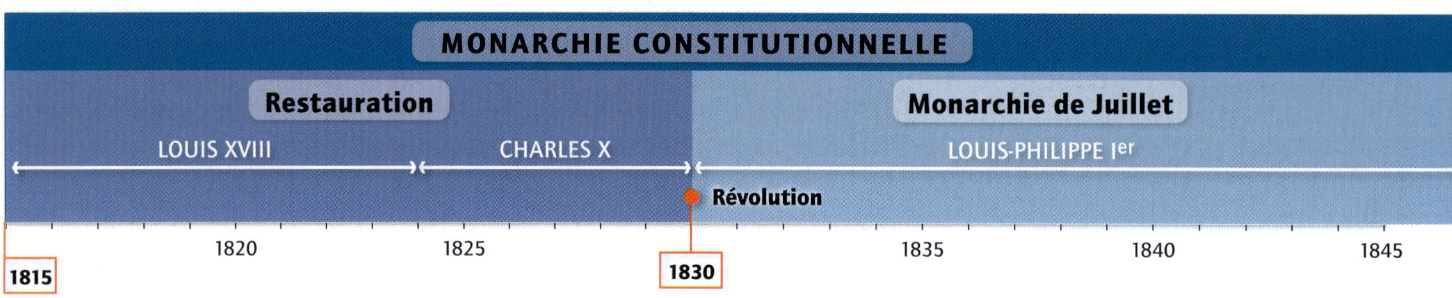

[Voir dossier p. 120-121]

VOCABULAIRE

- **Ateliers nationaux** : voir p. 123.
- **Charte** : voir p. 120.
- **Commune de Paris** : voir p. 125.
- **Constitution** : texte de loi qui organise les institutions d'un État.
- **Coup d'État** : prise du pouvoir par la force.
- **Monarchie constitutionnelle** : voir p. 120.
- **Suffrage censitaire** : voir p. 123.
- **Suffrage universel masculin** : voir page 123.

1 ▸ *Louis XVIII en costume de sacre* (détail), tableau de G. François, XIXe siècle. Château de Breteuil. 2 ▸ *Charles X en costume de sacre* (détail), tableau de D. Ingres, 1829. Musée Bonnat, Bayonne. 3 ▸ *Louis-Philippe Ier, roi des Français* (détail), tableau de H. Vernet, 1832. Musée du Château de Versailles. 4 ▸ *Lamartine devant l'Hôtel de Ville de Paris le 25 février 1848* (détail), tableau de H.-F. Philippoteaux, 1848. Musée du Petit-Palais, Paris. 5 ▸ *Napoléon III, en uniforme de général, dans son grand cabinet aux Tuileries* (détail), tableau de J.-H. Flandrin, 1861. Musée du Château de Versailles. 6 ▸ *La proclamation de la République devant le palais Bourbon* (détail), le 4 septembre 1870, tableau de J. Didier et J. Guiaud, 1870. Musée Carnavalet, Paris.

A L'échec de la monarchie constitutionnelle (1815-1848)

En 1815, la monarchie est restaurée. Louis XVIII, frère de Louis XVI, est proclamé « roi de France ». Il confirme les principaux acquis de la Révolution française et la Charte qu'il accorde garantit le partage du pouvoir entre le roi et une assemblée élue au suffrage censitaire. Charles X, qui lui succède en 1824, est favorable à un retour à la monarchie absolue. Il est renversé lors de la Révolution de juillet 1830.

Le duc d'Orléans, cousin du roi déchu, devient « roi des Français » sous le nom de Louis-Philippe Ier. Il jure de maintenir la monarchie constitutionnelle et élargit le corps électoral. Mais, après 1840, il mène une politique de plus en plus autoritaire qui renforce l'opposition républicaine. En février 1848, dans un contexte de crise économique, Louis-Philippe est renversé par une révolution.

4 IIe République

5 Napoléon III

6 IIIe République

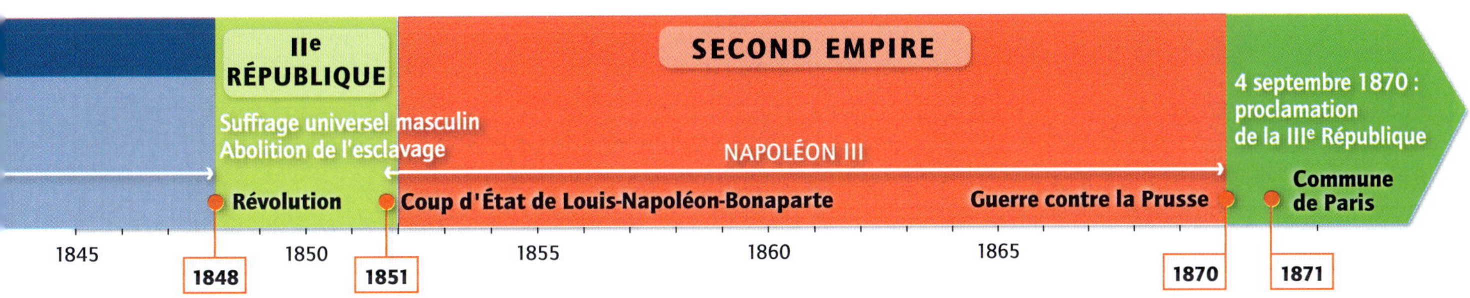

[Voir dossier p. 122-123]

[Voir dossier p. 124-125]

B L'éphémère IIe République (1848-1851)

La République est proclamée. Le gouvernement provisoire prend des mesures démocratiques et sociales : rétablissement des grandes libertés politiques, instauration du suffrage universel masculin, abolition de l'esclavage dans les colonies françaises, ouverture d'ateliers nationaux pour employer les chômeurs.

Mais la première assemblée nationale qui est élue donne l'avantage à des républicains modérés qui s'inquiètent des revendications du peuple. En juin 1848, la fermeture des ateliers nationaux provoque une révolte réprimée dans le sang. C'est la fin de la République sociale.

Une Constitution est adoptée. En décembre 1848, Louis-Napoléon Bonaparte, neveu de Napoléon Ier, est élu président de la République pour quatre ans. Le 2 décembre 1851, peu avant la fin de son mandat, il organise un coup d'État et s'empare de tous les pouvoirs.

C Le Second Empire (1852-1870)

En 1852, Louis-Napoléon fonde le Second Empire. Il devient Napoléon III, « empereur des Français ». Jusqu'en 1860, le régime est autoritaire. Le suffrage universel subsiste mais les libertés d'expression et de réunion sont fortement limitées.

Après 1860, la presse devient plus libre et les réunions publiques sont autorisées. Mais la défaite militaire face à la Prusse en 1870 provoque la chute de l'Empire. Tandis que la France est battue à la bataille de Sedan, la République est proclamée à Paris le 4 septembre 1870.

Elle apparaît bien incertaine car l'Assemblée nationale élue en 1871 est majoritairement royaliste. Le peuple de Paris, qui craint une restauration de la monarchie et veut continuer à se battre contre la Prusse, se révolte lors de la Commune de Paris : elle est réprimée dans le sang.

DOSSIER

Jules Ferry et l'école de la République

Pour Jules Ferry comme pour tous les républicains, l'instruction garantit la liberté des individus, favorise leur ascension sociale et permet de diffuser le progrès. En 1881-1882, il est à l'origine des lois qui transforment l'école primaire. Celle-ci devient alors un facteur important de l'attachement des Français à la République.

▶ **Quelle est l'œuvre scolaire de Jules Ferry ?**

1 BIOGRAPHIE

Jules Ferry
[1832 • 1893]

Avocat et journaliste, il se fait connaître dans les années 1860 comme républicain s'opposant au Second Empire. Élu député en 1871, il participe à la lente affirmation et à l'enracinement du régime républicain. Il est plusieurs fois ministre de l'Instruction publique et président du Conseil sous la IIIe République. Artisan des grandes lois scolaires de 1881-1882, il mène aussi une politique de conquêtes coloniales pour affirmer la puissance de la France.

2 Les grandes lois scolaires votées par le Parlement

A/ Extrait de la loi Ferry du 16 juin 1881

« *Art. 1* – Il ne sera plus perçu de rétribution scolaire dans les écoles primaires publiques. »

B. Extrait de la loi Ferry du 28 mars 1882

« *Art. 2* – Les écoles primaires publiques vaqueront un jour par semaine, en outre du dimanche, afin de permettre aux parents de faire donner, s'ils le désirent, à leurs enfants, l'instruction religieuse, en dehors des édifices scolaires.

Art. 4 – L'instruction primaire est obligatoire pour les enfants des deux sexes âgés de 6 à 13 ans ; elle peut être donnée soit dans les écoles publiques ou libres, soit dans les familles. »

C. Extrait de la loi Goblet du 30 octobre 1886

« Dans les écoles publiques, l'enseignement est exclusivement confié à un personnel laïque. »

3 La laïcité à l'école

« La loi du 28 mars 1882 met en dehors du programme obligatoire l'enseignement de tout dogme particulier. L'instruction religieuse appartient aux familles et à l'Église, l'instruction morale à l'école. Notre volonté a été de séparer l'école de l'Église, d'assurer la liberté de conscience des maîtres et des élèves, de distinguer deux domaines trop souvent confondus. Celui des croyances qui sont personnelles, libres et variables, et celui des connaissances qui sont communes et indispensables à tous. »

Lettre de JULES FERRY aux instituteurs, le 17 novembre 1883.

En 1882, les emblèmes religieux sont retirés des écoles publiques, ici à Paris.
Dessin de Gerlier, Presse illustrée.

4 Une salle de classe vers 1900

Photographie, début XXᵉ siècle.

5 École du peuple et promotion sociale

« Le facteur du village, Pascal Chaignon, rêvait d'envoyer son fils unique au collège et qu'il soit un jour un employé supérieur des PTT. C'était le prolongement, l'épanouissement de sa propre carrière qu'il envisageait ainsi. Mais, pour cela, il faudrait une bourse. Il s'adressa au maire du village : *"Mon fils travaille bien à l'école ; il a onze ans ; je voudrais bien le mettre au collège."* Le maire, qui avait horreur du collège pour les enfants du peuple, lui répondit : *"Au collège ? Que veux-tu en faire ? Un raté ?"* Toute la fierté de Pascal Chaignon se cabre : *"Je ne sais pas si j'en ferai un raté ; mais j'espère bien en faire quelqu'un de mieux que son père."* Le mot fit le tour de la commune. L'anecdote eut un grand retentissement parce qu'elle traduisait un sentiment général. »

D'après Roger Thabault, *Mon village (1848-1914). Ses hommes, ses routes, son école*, 1944.

Vocabulaire

- **Laïcité** : indépendance vis-à-vis des religions.
- **Parlement** : sous la IIIᵉ République, il comprend les deux assemblées votant les lois, la Chambre des députés et le Sénat.
- **Président du Conseil** : sous la IIIᵉ République, c'est le chef du gouvernement.

Socle commun

C5. Lire et pratiquer différents langages : mettre en récit

Pour raconter et expliquer l'importance d'un moment historique

- Je situe dans le temps le moment concerné.
- Je présente le(s) acteur(s) et décris leur action.
- J'explique ce qui fait la portée historique de ce moment.

Activités

1) **Doc. 1** Quelles fonctions Jules Ferry a-t-il exercées sous la IIIᵉ République ?

2) **Doc. 2** Classez les différents articles de loi en trois colonnes : école gratuite, école laïque et école obligatoire.

3) **Doc. 2B et 3** Comment Jules Ferry justifie-t-il la séparation entre l'école et la religion ? Montrez que cette séparation se fait dans le respect des croyances.

4) **Doc. 4 et 5** Hormis la laïcité, dégagez l'un des objectifs de l'école primaire gratuite et obligatoire.

◆ Expression écrite et orale ◆

5) **À l'aide de la fiche SOCLE COMMUN, racontez et expliquez l'importance des lois scolaires de Jules Ferry.**

1500 XVIᵉ XVIIᵉ XVIIIᵉ XIXᵉ XXᵉ 2000

DOSSIER

L'Affaire Dreyfus (1894-1906)

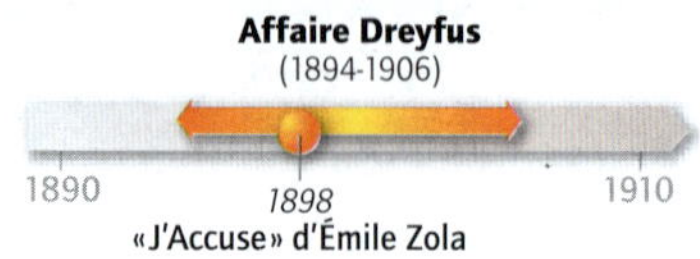

En 1894, une enquête bâclée sur une affaire d'espionnage en faveur de l'Allemagne aboutit à la condamnation d'Alfred Dreyfus, officier d'origine juive. Quatre ans plus tard, « l'Affaire » divise la France entre les dreyfusards qui dénoncent une injustice fondée sur l'antisémitisme et les anti-dreyfusards qui, par nationalisme, soutiennent à tout prix l'armée française.

▶ Quel est l'enjeu de l'Affaire Dreyfus ?

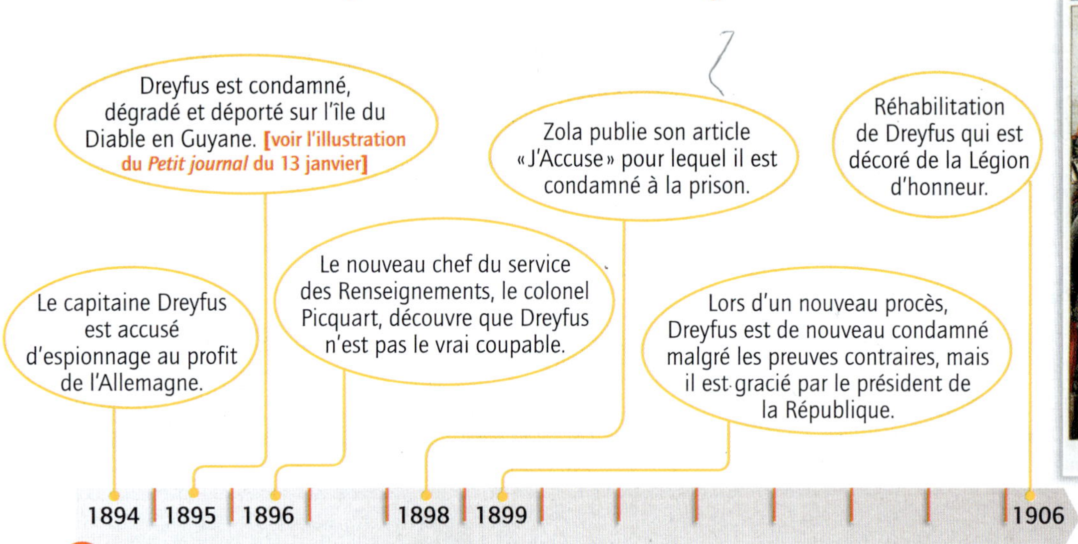

1 Le déroulement de « l'Affaire »

Illustration du *Petit journal*, 13 janvier 1895.

L'AURORE
Littéraire, Artistique, Sociale
ERNEST VAUGHAN
J'Accuse...!
LETTRE AU PRÉSIDENT DE LA RÉPUBLIQUE
Par ÉMILE ZOLA
LETTRE
A M. FÉLIX FAURE
Président de la République

2 *J'Accuse* d'Émile Zola

« C'est un crime d'exaspérer l'odieux antisémitisme, dont la grande France libérale des droits de l'Homme mourra, si elle n'en est pas guérie. C'est un crime d'exploiter le patriotisme pour des œuvres de haine. La vérité est en marche et rien ne l'arrêtera. C'est aujourd'hui seulement que l'Affaire commence. Les positions sont nettes : d'une part, les coupables qui ne veulent pas que la lumière se fasse ; de l'autre, les justiciers qui donneront leur vie pour qu'elle soit faite.
J'accuse le lieutenant-colonel du Paty de Clam* d'avoir été l'ouvrier diabolique de l'erreur judiciaire. J'accuse le général Mercier** de s'être rendu complice d'une des plus grandes iniquités du siècle. J'accuse le général Billot*** d'avoir eu entre les mains les preuves de l'innocence de Dreyfus et de les avoir étouffées pour sauver l'état-major compromis. Je n'ai qu'une passion, celle de la lumière, au nom de l'humanité. »

Émile Zola dans le journal *L'Aurore*, 13 janvier 1898.

* Il a conduit l'enquête qui aboutit à l'arrestation de Dreyfus.
** Ministre de la Guerre en 1893 et 1895.
*** Ministre de la Guerre de 1896 à 1898.

◀ La Une de *l'Aurore*, le 13 janvier 1898.

3 Dans le camp des antidreyfusards, « Histoire d'un traître » • *Imprimerie de* La Libre parole, *journal nationaliste et antisémite.*

4 Dans le camp des dreyfusards, « Histoire d'un innocent » • *Attribuée à Clemenceau, directeur du journal* L'Aurore.

5 L'opinion publique se divise

Caran d'Ache, dessin dans Le Figaro, *14 février 1898.*
(A) Ne parlent pas de l'Affaire, (B) en ont parlé.

Vocabulaire

- **Antisémitisme :** hostilité et rejet à l'égard des Juifs.
- **Nationalisme :** exaltation excessive de la nation qui suscite intolérance et agressivité vis-à-vis de l'étranger.

Activités

1) **Doc. 1** Présentez les origines de l'Affaire Dreyfus.
2) **Doc. 3 et 4** Montrez que les deux documents sont en opposition complète. Relevez pour chacun un argument justifiant la position défendue.
3) **Doc. 2** À qui s'adresse Émile Zola et par quel moyen ? Qui accuse-t-il et qui défend-il ? Citez les valeurs qui guident son engagement.
4) **Doc. 5** Comment le caricaturiste représente-t-il la division des Français à l'occasion de l'Affaire Dreyfus ?

◆ Expression écrite et orale ◆

5) **À l'aide de la fiche SOCLE COMMUN p. 129, racontez l'Affaire Dreyfus et expliquez son importance pour la République française.**

DOSSIER

La séparation des Églises et de l'État

Les républicains au pouvoir entendent entamer l'influence de l'Église catholique dans la société, comme l'a montré la loi sur la laïcité de l'école primaire en 1882. En 1905, à l'initiative des républicains radicaux, le Parlement vote la séparation des Églises et de l'État : la religion devient une affaire privée et la République un État laïc.

▶ **Pourquoi la loi de Séparation de 1905 est-elle un moment fort pour la IIIe République ?**

1 Couverture du journal anticlérical *La Lanterne* en 1902

Un homme d'Église, sous les traits d'une chauve-souris, couvre de son ombre menaçante Paris, la « ville lumière ». Il est accroché à la basilique du Sacré-Cœur construite sur la colline de Montmartre après la Commune de Paris pour effacer le souvenir de cette dernière.

2 La loi de 1905

« **Art. 1** – La République assure la liberté de conscience. Elle garantit le libre exercice des cultes.
Art. 2 – La République ne reconnaît, ne salarie ni ne subventionne aucun culte.
Art. 3 – Dès la promulgation de la présente loi, il sera procédé par les agents de l'administration des domaines à l'inventaire des biens mobiliers et immobiliers des établissements religieux, des biens de l'État, des départements et des communes dont ces établissements ont la jouissance.
Art. 28 – Il est interdit, à l'avenir, d'élever ou d'apposer aucun signe ou emblème religieux sur les monuments publics ou en quelque emplacement public que ce soit, à l'exception des édifices servant au culte, des terrains de sépulture dans les cimetières, des monuments funéraires, ainsi que des musées ou expositions. »

Extraits de la loi de 1905.

3 Une loi qui fait débat

A/ Les protestants pour

« Je suis, et tous les protestants avec moi, pour la laïcisation complète de l'État. La religion est l'affaire de la conscience individuelle. L'État n'a qu'à s'abstenir complètement de toute participation et de toute action dans le domaine religieux. »

D'après un témoignage recueilli dans une enquête du journal *Le Siècle*, 1905.

B/ Les catholiques contre

« La République, en poursuivant la rupture du Concordat, ramène le pays à la Terreur. Le projet n'a en vue que la destruction catégorique du culte catholique : processions, enterrements religieux, sonneries des cloches. Il vous faudra tout enlever, tout faire disparaître : statues, croix, emblèmes religieux. »

Extrait d'un tract, au moment de la discussion de la loi au Parlement, 1905.

4 Une représentation humoristique de la Séparation • *Carte postale, 1905.*

Depuis l'accord signé en 1801 entre Napoléon Bonaparte et la papauté, le Concordat règle les relations entre l'État et l'Église catholique de France. Les clercs sont rétribués par l'État qui finance aussi les lieux de culte. (A) Le pape Pie X ; (B) le Président du Conseil, Maurice Rouvier, un député et Émile Combes, inspirateur de la loi.

5 Le refus des inventaires • *Carte postale, 1906.*

À Cominac, en Ariège, des ours protègent l'entrée de l'église et empêchent des agents de l'administration de l'État d'y pénétrer. Prévus par la loi de 1905 [doc. 2] les inventaires donnent lieu à des résistances de la part des fidèles dans les régions fortement catholiques.

Vocabulaire

- **Anticlérical :** qui est hostile à l'influence du clergé dans la société.
- **Concordat :** traité signé entre un État et le pape.
- **Laïcité :** indépendance vis-à-vis des religions.
- **Radicaux :** républicains les plus à gauche avant 1914.

Activités

1) **Doc. 1** Relevez deux éléments montrant que cette image est anticléricale.

2) **Doc. 2 et 4** Relevez le principal changement pour les Églises introduit par la loi. Quel grand principe est réaffirmé dans l'article 1 ? Définissez ce qu'est un État laïc.

3) **Doc. 3** Montrez que les deux opinions sur la loi s'opposent totalement. Relevez dans chaque texte un argument justifiant la position défendue.

4) **Doc. 5** Comment certains catholiques manifestent-ils leur opposition à la loi de 1905 et aux inventaires ?

◆ Expression écrite et orale ◆

5) **À l'aide de la fiche SOCLE COMMUN p. 129, présentez la loi de séparation de 1905, ses conséquences et expliquez son importance pour la République française.**

1 Récit — Construire un récit historique

[C1. Rédiger un texte bref]

Les objectifs de l'instruction publique sous la IIIe République

1 **Allégorie de l'instruction obligatoire pour tous.**
Image de la fin du XIXe siècle.

2 **Extrait de la loi du 28 mars 1882**

« Art. 1 – L'enseignement primaire comprend :
– L'instruction morale et civique* ;
– La lecture et l'écriture ;
– La langue et les éléments de la littérature française ;
– La géographie, particulièrement celle de la France ;
– L'histoire, particulièrement celle de la France jusqu'à nos jours ;
– Les éléments des sciences naturelles, physiques et mathématiques, leurs applications à l'agriculture, à l'hygiène, aux arts industriels, travaux manuels et usage des outils des principaux métiers ;
– Les éléments du dessin, du modelage et de la musique ;
– La gymnastique ;
– Pour les garçons, les exercices militaires ;
– Pour les filles, les travaux à l'aiguille. »

* En remplacement de l'instruction morale et religieuse.

1. Précisez la nature des deux documents.
2. **Doc. 2** Classez les différentes matières dans les catégories suivantes : enseignement civique et patriotique, enseignement littéraire et artistique, enseignement scientifique, enseignement pratique.
3. **Doc. 1 et 2** Quels éléments montrent que l'instruction concerne à la fois les filles et les garçons ? Est-elle cependant strictement identique pour les deux sexes ?
4. Présentez en quelques lignes, dans un paragraphe organisé, les objectifs de l'instruction primaire obligatoire sous la IIIe République.

2 B2i — Analyser des sources musicales

[C4. Chercher et sélectionner l'information demandée]

La chanson et les ennemis de la IIIe République

1. Allez sur le site et cherchez la chanson « Faut plus d'gouvernement ». Écoutez l'extrait et regardez le commentaire de l'exposition virtuelle. De quand date la chanson ? Quel comportement suggère-t-elle vis-à-vis de la République et pourquoi ?
2. Allez sur le site de l'Assemblée nationale et recherchez le passage consacré à la « Chanson des camelots du Roi ». Quel comportement le refrain de la chanson suggère-t-il vis-à-vis de la IIIe République ? Quel nom est donné à la République ?
3. Qu'est-ce qui oppose entre elles ces deux chansons, toutes deux opposées à la IIIe République ?

▲ http://chansons-en-politique.lehall.com

Aimé-Jules Dalou
[1838 • 1902]

Ce sculpteur est un artiste engagé. Militant de la Commune en 1871, il doit s'exiler après la « Semaine sanglante ». De retour en France en 1879, il met son art au service de la République.

Retour d'exil de Dalou ; la Mairie de Paris commande une statue monumentale de la République.

Le modèle en p… est installé en 188… le Centenaire de la R… française et l'Exp… universelle de P…

1879

1889

3 SOCLE COMMUN Élaborer une réponse argumentée

[C5. Raisonner à partir d'informations]

Pour construire une argumentation

Argumenter en histoire, c'est construire un propos, écrit ou oral, sur le passé, qui s'appuie sur des faits avérés. Pour argumenter, on peut s'inspirer d'informations tirées d'un document en les mettant en rapport avec ses connaissances.

- Je tire les informations principales d'un ou de plusieurs documents.
- Je mets en relation ces informations avec mes connaissances.
- Je construis une réponse organisée au sujet posé.

Comment évolue le droit de vote en France au XIXe siècle ?

1 Les élections d'avril 1848

« Au lever du soleil, les populations recueillies et émues de patriotisme se formèrent en colonne sous la conduite des maires, des curés, des instituteurs, des juges de paix, des citoyens influents. Elles s'acheminèrent par villages et hameaux aux chefs-lieux d'arrondissement et déposèrent dans les urnes*, sans autre impulsion que celle de leur conscience, sans violences, les noms des hommes qui leur inspiraient le plus de confiance pour l'avenir de la République. Il en fut de même dans les villes. On voyait les citoyens riches et pauvres, soldats ou ouvriers, propriétaires ou prolétaires, le recueillement et la sérénité sur leurs visages, porter leurs suffrages écrits et les déposer dans l'urne, puis revenir avec la satisfaction peinte sur les traits comme d'une pieuse cérémonie. »

D'après Alphonse de Lamartine, *Histoire de la Révolution de 1848*, 1849.

* Il s'agit des élections à l'Assemblée nationale constituante.

2 Une manifestation féministe dans un bureau de vote improvisé, lors des élections à la Chambre des députés, en 1914, à Paris.

1. Quel moment important de l'histoire du droit de vote en France Lamartine décrit-il ? Que réclament les femmes photographiées en 1914 ?
2. Présentez la situation du suffrage avant 1848 pour les hommes et pour les femmes.
3. Montrez que le droit de vote connaît au XIXe siècle des avancées mais aussi des limites.

J'AI RÉUSSI SI...

→ *J'ai fait référence à la IIe République.*

→ *J'ai distingué suffrage censitaire, suffrage universel masculin et suffrage universel.*

1 Se situer dans le temps

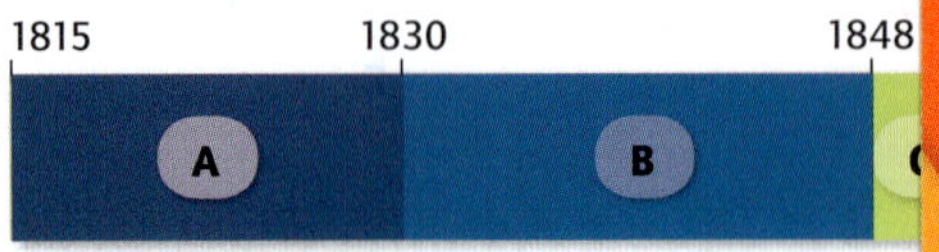

Louis XVIII

Napoléon III

1 Recopiez le tableau.

	Nom du régime politique	du perso
A		
B		
C		
D		
E		

2 Se repérer dans l'espace

Le territoire de la France

1 Comment se nomment les deux régions France en 1860 ?

2 Quel événement est relié à la ville de Se

3 Quelle conséquence a eu cet événemen français en 1871 ?

Chapitre 10

L'affirmation des nationalismes

Comment les revendications nationales bouleversent-elles la carte de l'Europe au XIXe siècle ?

L'élan des peuples en 1848. *Frédéric Sorrieu, 1848. Lithographie gouachée (31 x 45 cm). Musée Carnavalet, Paris.*
Dans cette allégorie, les peuples d'Europe sont représentés dans une longue procession passant devant une statue de la Liberté.

■ **Quel est le symbole de l'appartenance nationale ?**

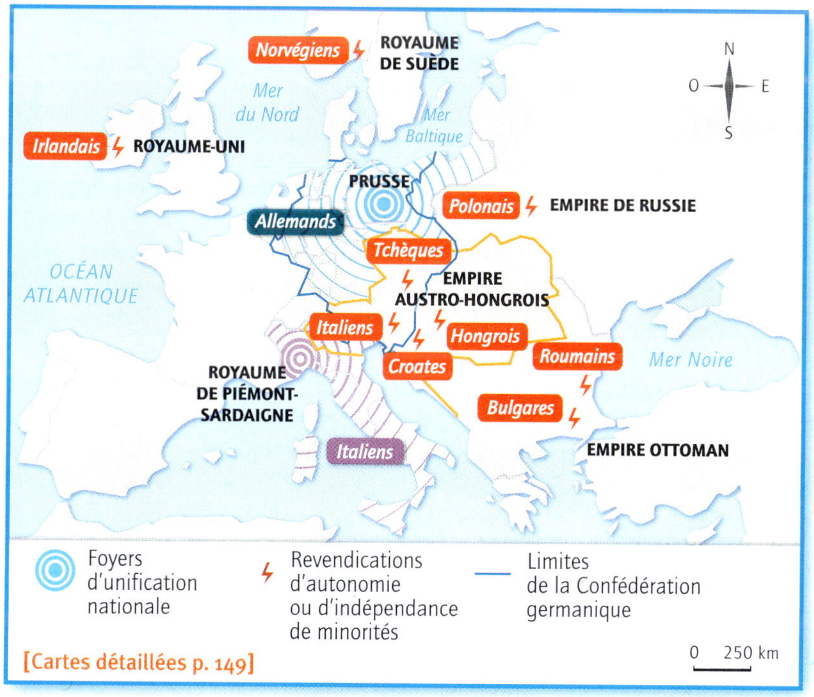

[Cartes détaillées p. 149]

L'Europe des nations au milieu du XIXe siècle

5 Les

Tom
186
Pin

Fac
d'It
à ga

VOCA

Ris
« r
dé
lut

Se
pa
na

Germania, allégorie de l'Allemagne

Germania veillant sur la rive du Rhin, *Lorenz Clasen, 1860. Huile sur toile (220 x 159 cm). Kaiser Wilhelm Museum, Krefeld, Allemagne.*

■ **Quelle image est donnée de l'Allemagne à travers cette allégorie ?**

Bismarck et l'unité allemande

Au début du XIXe siècle, l'Allemagne est morcelée en une quarantaine d'États, regroupés dans une Confédération germanique dirigée par l'Autriche. Mais un fort **sentiment national** allemand s'affirme, surtout après l'échec de l'unification de l'Allemagne en 1848 à cause de l'opposition autrichienne.

▶ Comment le chancelier Bismarck réalise-t-il l'unité allemande ?

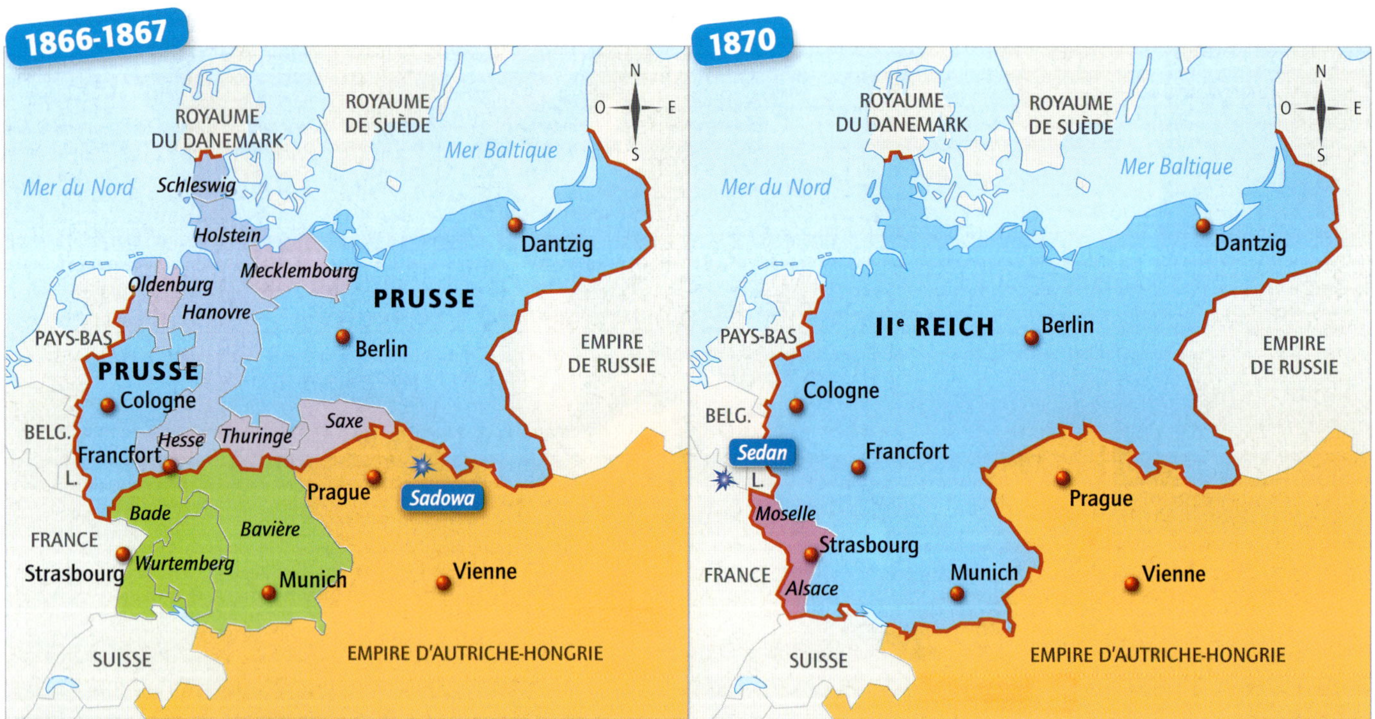

- Le royaume de Prusse avant 1866
- États annexés par la Prusse en 1866
- États contrôlés par la Prusse
- États allemands du Sud
- Victoire de la Prusse contre l'Autriche en 1866
- Confédération de l'Allemagne du Nord (1867)

0 — 200 km

- Victoire de la Prusse contre la France en 1870
- L'Empire allemand (IIe Reich) en 1871
- Alsace et Lorraine annexées par l'Empire allemand en 1870-1871

0 — 200 km

1 Des États allemands à l'Empire allemand

VOCABULAIRE

- **Chancelier :** Premier ministre de la Prusse, puis de l'Empire allemand.
- **Reich :** signifie « empire », en allemand. Le nom de « IIe Reich » est donné en référence au Saint-Empire romain germanique du Moyen Âge.
- **Sentiment national :** sentiment d'appartenir à un même peuple, à une nation.

2 La Prusse contre l'Autriche

« C'est sur la force et la puissance de la Prusse que l'Allemagne a les yeux fixés. La Prusse doit rassembler ses forces pour le moment propice. Les frontières données à la Prusse par le Congrès de Vienne ne sont pas bonnes. Ce n'est pas par les discours et les votes que les grandes questions de notre temps seront résolues, mais par le fer et le sang. Il n'y a pas de place pour deux en Allemagne. Je veux abattre l'Autriche. Je veux relever la Prusse et lui donner en Allemagne la situation prépondérante qui lui revient de droit. »

D'après BISMARCK, *Discours*, 1864.

3 BIOGRAPHIE

Otto von Bismarck
[1815 • 1898]

Aristocrate prussien, il devient chancelier du roi Guillaume Ier de Prusse en 1862. Convaincu qu'il revient à la Prusse d'unifier l'Allemagne derrière elle, il cherche d'abord à agrandir les possessions de son pays et à affaiblir l'influence de l'Autriche. La défaite de cette dernière à la bataille de Sadowa en 1866 lui permet d'étendre la domination de la Prusse sur l'Allemagne du Nord. Il achève l'unification de l'Allemagne après la guerre victorieuse contre la France en 1871. Il fait alors proclamer Guillaume Ier empereur du IIe Reich.

ARTS ITINÉRAIRE Arts et Nation

La proclamation de l'Empire allemand (IIe Reich) en 1871 5

Anton von Werner, 1885. Huile sur toile (167 x 202 cm). Musée Bismarck, Friedrichsruh.

Le 18 janvier 1871, l'Empire allemand est proclamé dans la galerie des Glaces du château de Versailles, en présence des principaux princes allemands. (A) Guillaume Ier ; (B) Bismarck.

4 Achever l'unité allemande

« J'étais convaincu que l'abîme creusé au cours de l'histoire entre le Nord et le Sud de l'Allemagne ne pouvait être comblé que par une guerre nationale contre le peuple voisin qui était notre séculaire agresseur. Il fallait une guerre franco-allemande. Mais il ne fallait pas provoquer trop tôt l'hostilité de la France ni donner prise à la soif de revanche de l'Autriche. Ma pensée dominante était de retarder cette guerre jusqu'au moment où nos effectifs militaires seraient au complet. Chaque année de délai pour la guerre renforçait notre armée de plus de 100000 soldats. »

D'après Bismarck, *Pensées et souvenirs*, 1899.

SOCLE COMMUN — C5. Présenter un fait historique

Pour décrire et expliquer une revendication nationale au XIXe siècle

- Je précise en quoi elle consiste et quel espace géographique est concerné.
- J'évoque le rôle des principaux acteurs favorables à cette revendication et les étapes pour la réaliser.
- J'explique les conséquences de sa réalisation.

Activités

1) **Doc. 1** Relevez les principales étapes de l'unification de l'Allemagne. Autour de quel royaume l'unité est-elle réalisée ?

2) **Doc. 2, 3 et 4** Expliquez pourquoi les guerres contre l'Autriche puis la France sont nécessaires selon Bismarck.

3) **Doc. 5** Dans quelles circonstances l'Empire allemand est-il proclamé ? Pourquoi la galerie des Glaces du Château de Versailles a-t-elle été choisie pour cette cérémonie ?

◆ Expression écrite et orale ◆

4) **À l'aide de la fiche SOCLE COMMUN, expliquez la revendication d'unité nationale en Allemagne et le rôle joué par Bismarck pour la satisfaire.**

HISTOIRE des ARTS [Doc. 5]

1) Par quel procédé artistique le peintre met-il en valeur le chancelier Bismarck ?

2) Comment suggère-t-il l'unité des princes allemands autour du nouvel empereur ?

3) Montrez que ce tableau est peint à la gloire du nouvel empire.

1500 XVIe XVIIe XVIIIe XIXe XXe 2000

Chapitre 11

Les colonies

Comment la colonisation renforce-t-elle la domination européenne ?

L'Empire colonial britannique en 1886. *Affiche réalisée pour l'Exposition coloniale de l'Empire britannique, à Londres en 1886. Archives nationales, Royaume-Uni.* (A) *Britannia*, allégorie de la Grande-Bretagne ; (B) la reine Victoria ; (C) le prince Albert, époux de Victoria.

■ **Comment l'immensité et la puissance de l'Empire britannique sont-elles représentées ?**

1815 — 1914

L'EUROPE COLONISE L'AFRIQUE ET L'ASIE

- **Conquête de l'Algérie** (1830-1870)
- 1857 : **L'Inde rattachée à la couronne britannique**
- 1885 : **Conquête de l'Indochine française**
- **Maroc : crises franco-allemandes** (1905-1911)
- 1898 : **Rivalité franco-anglaise au Soudan (Fachoda)**

Puissances coloniales — Possessions coloniales européennes outre-mer

[Carte détaillée p. 161]

Les empires coloniaux européens outre-mer

Le capitaine Marchand, colonisateur français, et un soldat africain de l'armée coloniale

Extrait d'une brochure de 1898. Musée de l'Armée, Paris.

En 1896, Jean-Baptiste Marchand reçoit le commandement de la « mission Congo-Nil » destinée à relier les possessions françaises d'Afrique de l'Ouest au Soudan, à l'Est.
En 1898, il doit se retirer face aux Britanniques lors de la « crise de Fachoda ».

■ **Quel aspect de la colonisation ce document illustre-t-il ?**

DOSSIER

La conquête de l'Algérie

ARTS

ITINÉRAIRE Arts et Pouvoir

En 1830, une expédition militaire ordonnée par le roi de France Charles X prend Alger et commence la conquête du territoire environnant. Elle se heurte à une farouche et durable résistance de la part des autochtones. En 1848, l'Algérie est annexée à la République Française et divisée en trois départements.

1830	1848	1870
Prise d'Alger	Annexion de l'Algérie à la France	Achèvement de la conquête

▶ Comment la France a-t-elle conquis l'Algérie ?

1 La prise de la smala d'Abd el-Kader, en 1843

Horace Vernet, 1844. Huile sur toile (4,89 x 21,39 m). Musée national du château de Versailles.
La smala d'Abd el-Kader désigne un campement de plusieurs milliers de personnes (administrateurs, soldats, familles, serviteurs) entourant le prince musulman ou émir. Ce tableau monumental est une commande du roi Louis-Philippe à la gloire de son fils, le duc d'Aumale, qui menait les troupes françaises.

2 BIOGRAPHIE

Général Bugeaud
[1784 • 1849]

Il est envoyé en Algérie en 1836 pour combattre la résistance dirigée par l'émir Abd el-Kader. Gouverneur général de l'Algérie de 1840 à 1847, il dirige la pacification du territoire de manière brutale et sanglante. Il installe l'administration française. Victorieux d'Abd el-Kader en 1844, il oblige ce dernier à se rendre en 1847.

3 Une guerre sans pitié

« Cher frère, au moment où tu m'écrivais ta lettre du 11 mai, j'entrais dans les montagnes de la Kabylie. Les journaux te raconteront les détails de mon expédition, une des plus rudes et des plus belles qui aient été entreprises en Afrique… Jusqu'à Djidjelli, où je suis arrivé le 16, je me suis battu presque tous les jours, de cinq heures du matin jusqu'à sept heures du soir ; j'ai laissé sur mon passage un vaste incendie. Tous les villages, environ deux cents, ont été brûlés, tous les jardins saccagés, les oliviers coupés. Nous avons passé le 14 non loin du lieu où l'armée du Bey Osman avait été complètement détruite en 1804. Les Kabyles avaient annoncé qu'ils feraient subir le même désastre à ma colonne. J'ai passé le fer à la main. »

MARÉCHAL DE SAINT-ARNAUD, *Lettre* du 25 mai 1851.

4

BIOGRAPHIE

Abd el-Kader [1808 • 1883]

Émir, il dirige de 1832 à 1847 la résistance à la conquête de l'Algérie par la France. En 1843, la prise de sa smala par les troupes du duc d'Aumale est un grave revers, confirmé par la victoire française d'Isly un an plus tard. Il se rend finalement en 1847. Détenu en France jusqu'en 1852, il s'exile ensuite à Damas. Il est un homme de grande culture et de tolérance.

5 Faire de l'Algérie une colonie de peuplement

«Des colonies agricoles en Algérie seront fondées par des citoyens français. Les colons cultivateurs recevront de l'État, à titre gratuit, des concessions de terre d'une étendue de 2 à 10 hectares par famille et les subventions nécessaires à leur établissement. Les colons ouvriers d'art exécuteront tous les travaux d'installation des familles. Lorsque les colons ouvriers d'art voudront se fixer, ils recevront un lot à bâtir, un lot de terre et les aides nécessaires pour faciliter leur établissement.»

D'après un *décret* de l'Assemblée nationale, 20 septembre 1848.

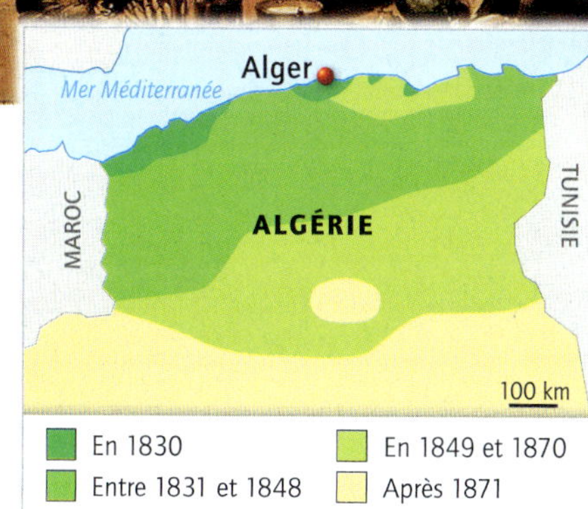

La lente conquête de l'Algérie

HISTOIRE des ARTS

◆ Identifier et contextualiser l'œuvre ◆

1) **Doc. 1** Présentez l'œuvre : nature, artiste, sujet, date, dimensions et lieu de conservation. Montrez comment le format de l'œuvre est adapté à la scène.

2) Indiquez qui a commandé cette œuvre et avec quelle intention.

◆ Décrire l'œuvre et en expliquer le sens ◆

3) **Doc. 1** Comment se présente une smala et comment est-elle attaquée ?

4) **Doc. 1, 2, 3** Pourquoi les Français attaquent-ils ce campement ?

◆ Distinguer l'intérêt historique et artistique ◆

5) **Doc. 1** Comment l'artiste suggère-t-il la victoire française ?

6) **Doc. 1 et 5** Dans quel but la France mène-t-elle ce type d'action entre 1830 et 1870 ?

7) **Doc. 3** Quelle tactique l'armée française adopte-t-elle pendant la conquête ?

VOCABULAIRE

- **Autochtone** : habitant originaire du territoire où il vit.
- **Colonie de peuplement** : territoire colonisé sur lequel s'installe durablement une population venue de la métropole.

DOSSIER

L'Inde britannique

C'est à partir de comptoirs de leur Compagnie des Indes orientales que les Britanniques mènent leur expansion en Inde. Ils triomphent de leurs rivaux européens et des princes locaux au début du XIXe siècle. Ils établissent une puissante administration coloniale et transforment le territoire colonisé.

L'Inde rattachée à la couronne britannique — 1857
Victoria impératrice des Indes — 1876
1815 — 1915

▶ Quelles transformations la colonisation britannique introduit-elle en Inde ?

1 L'administration de l'Inde

Rajahs* et maharajahs sous contrôle**

« Nous respecterons les droits, la dignité et l'honneur des princes indigènes, comme si c'étaient les nôtres. »

Discours de la REINE VICTORIA en 1858.

« Aucun État princier ne peut entretenir de relations politiques avec un autre État princier ou quelque puissance étrangère sans le consentement du gouvernement britannique. Aucun État princier ne peut entretenir plus de troupes que n'en exige son administration interne. Il n'est aucun État princier dans lequel le gouvernement britannique s'interdise d'intervenir pour protéger la population en cas d'injustice systématique et de tyrannie. »

SIR JOHN STRACHEY, *India, its administration and progress*, 1903.

* Rajah : prince.
** Maharajah : grand prince.

Le vice-roi des Indes, Lord Curzon, et un prince indien.
Photographie, fin du XIXe siècle.

2 Des travailleurs autochtones dans une plantation de thé britannique à Ceylan

Photographie, vers 1900.

Pour s'affranchir des importations de thé chinois, les Britanniques développent la culture du thé en Inde. Elle se fait dans le cadre des plantations coloniales.

VOCABULAIRE

- **Autochtones** : habitant originaire du territoire où il vit.
- **Vice-roi** : représentant du souverain britannique aux Indes qui exerce le gouvernement en son nom.

3 Bénarès, deux villes

« Les troupes de l'armée royale ne résident pas habituellement dans les cités hindoues. Leurs casernes sont situées au milieu de "cantonnements" qui deviennent de véritables villes anglaises, où non seulement les soldats, mais les fonctionnaires, les négociants se groupent de préférence. Chacune de ces grandes cités est donc double, l'une avec tout le confort de l'Europe moderne, l'autre ayant conservé les coutumes du pays et les usages hindous dans toute leur couleur locale ! La ville anglaise annexée à Bénarès, c'est Sécrole, avec ses bungalows, ses avenues, ses églises chrétiennes. Sécrole est une de ces cités toutes faites, que les fabricants du Royaume-Uni pourraient expédier dans des caisses, et que l'on remonterait sur place. »

D'après Jules Verne, *La Maison à vapeur*, roman, 1880.

4 Calcutta, la rue Clive, à la fin du XIXe siècle

ARTS ITINÉRAIRE Arts et Ville

Lithographie coloriée. Bibliothèque des Arts décoratifs, Paris.

HISTOIRE des ARTS [Doc. 4]

1) Les bâtiments visibles sur la photographie sont-ils plutôt de style indien ou européen ? Citez une phrase du **doc. 3** qui confirme votre réponse.

2) Cette partie de la ville vous paraît-elle moderne ? Justifiez votre réponse.

5 La colonisation occidentale dénoncée

« La civilisation qui nous vient d'Europe est vorace et dominatrice : elle consume les peuples qu'elle envahit, elle extermine ou anéantit les races qui gênent sa marche conquérante. Elle opprime les faibles et s'enrichit à leurs dépens. C'est une machine à broyer. Elle sème partout les jalousies, les dissensions. Elle concentre ses forces vers l'unique but de s'enrichir, comme le ferait un millionnaire qui s'acquiert une fortune au prix de son âme. Nous prophétisons sans aucune hésitation que cela ne pourra durer toujours. »

Rabindranath Tagore (1861-1941), poète indien, *discours* devant l'Université de Tokyo, 18 juin 1916.

SOCLE COMMUN — C5. Présenter un fait historique

Pour décrire et expliquer des transformations sur un territoire colonial

- Je précise l'époque, le territoire conquis, sa situation avant la colonisation.
- Je relève les transformations apportées par la colonisation.
- J'explique les conséquences pour la population.

Activités

1) **Doc. 1** Décrivez la relation entre le Royaume-Uni et les princes indiens. Les deux textes sont-ils contradictoires ? Justifiez votre réponse.

2) **Doc. 2** À qui appartient cette plantation ? Qui sont les ouvriers agricoles ?

3) **Doc. 3 et 4** Relevez les éléments qui, dans la rue de Calcutta et à Bénarès, rappellent l'Europe et la présence britannique. Montrez que les populations britanniques et indiennes de Bénarès ne se mélangent pas.

4) **Doc. 5** Quelles critiques sont adressées à la colonisation britannique ? Relevez une phrase qui, selon vous, résume le mieux l'opinion de l'auteur.

Expression écrite et orale

5) **À l'aide de la fiche SOCLE COMMUN, présentez quelques transformations introduites par les Britanniques dans l'Inde colonisée.**

Cours

1 La colonisation européenne

A Explorations, conquêtes, colonisation

Au XIXe siècle, les Européens explorent l'intérieur des terres mal connues en Asie et en Afrique. Très vite, l'esprit d'exploration est remplacé par le désir de conquêtes. Après 1870, une véritable « course aux colonies » est engagée. La supériorité militaire des Européens vient à bout de la résistance des peuples autochtones. Parfois, les États européens préfèrent signer des accords avec des souverains locaux pour imposer leur domination.

Pour un État, posséder des colonies est une marque de puissance. Les colonies fournissent aussi des débouchés aux productions industrielles de la métropole et elles sont une source d'approvisionnement en matières premières industrielles et agricoles [doc. 5]. Des populations pauvres ou indésirables d'Europe peuvent aller s'y installer. Enfin, les Européens sont convaincus qu'ils doivent apporter le progrès à des populations autochtones considérées comme « inférieures » [doc. 1 et 2].

La colonisation devient source de rivalité et de tensions entre États européens. Le Royaume-Uni et la France se sont taillés deux vastes empires alors que l'Allemagne et l'Italie, engagées tardivement dans la colonisation, s'estiment défavorisées [doc. 3].

B La domination coloniale

Certains territoires conquis deviennent des colonies de peuplement, comme l'Algérie. Mais la plupart sont des colonies d'exploitation.

La colonisation bouleverse les économies locales. Les colons s'approprient les meilleures terres agricoles tandis que des entreprises européennes exploitent les richesses minières. Pour construire des routes, des ports et des voies de chemin de fer, ils n'hésitent pas à recourir au travail forcé [doc. 4].

La colonisation bouleverse les sociétés autochtones. Les colons diffusent leur langue, leur religion [doc. 1], leur mode de vie et construisent des villes sur le modèle de la métropole. Les peuples colonisés se retrouvent déchirés entre l'influence européenne et leurs traditions. La domination coloniale suscite parfois des révoltes qui sont impitoyablement réprimées.

1 Une missionnaire en Afrique

Carte postale, 1913.

■ **La mission de la Sœur blanche se résume-t-elle à l'apprentissage de la couture ? Expliquez votre réponse.**

2 À Madagascar

« Que fais-je depuis un an ? Des routes, des ponts, des rizières, des écoles. À l'école professionnelle, vingt-cinq petits Malgaches apprennent à faire des meubles, à charpenter, à forger, à souder, à peindre. Au lazaret*, mon médecin a entrepris de guérir la gale qui, depuis des siècles, pourrit ce peuple. Dans une autre école, le caporal m'a présenté ses soixante élèves. Après midi, je suis allé voir les travailleurs qui, sous la direction des sous-officiers d'artillerie, captent des sources pour augmenter le rendement des jardins et des pépinières. »

D'après une *lettre* de LYAUTEY, officier colonial, 25 mars 1898.

* Hôpital d'isolement pour des malades contagieux.

■ **Relevez toutes les activités de Lyautey.**

VOCABULAIRE

- **Autochtone** : voir p. 147.
- **Colon** : habitant d'une colonie, originaire de la métropole.
- **Colonie** : territoire d'outre-mer conquis, administré et exploité par un pays étranger (la métropole).
- **Colonie d'exploitation** : territoire exploité par la métropole pour ses richesses naturelles mais recevant peu de colons.
- **Colonie de peuplement** : voir p. 147.
- **Colonisation** : mise en place d'une domination sur une colonie et son exploitation.
- **Métropole** : pays auquel est rattachée une colonie.
- **Missionnaire** : religieux ou religieuse cherchant à convertir au christianisme les populations colonisées.

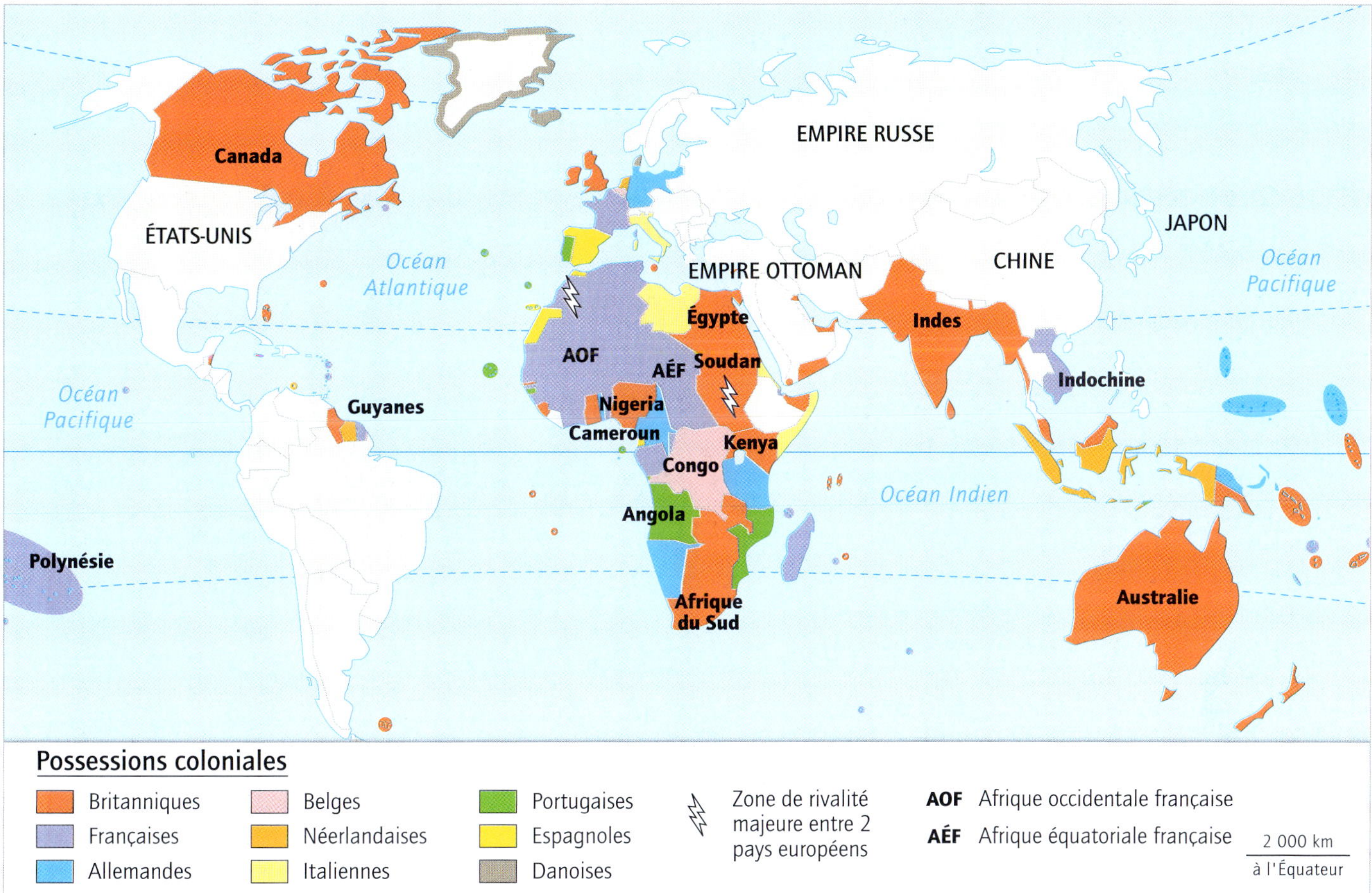

3 Les empires coloniaux européens outre-mer en 1914

■ **Quel est le plus vaste empire colonial en 1914 ? Sur quel continent la France a-t-elle le plus de possessions coloniales ?**

4 La construction d'une voie ferrée au Cameroun

Les colons utilisent le travail forcé et gratuit des autochtones pour ce type de chantiers qui peuvent faire des milliers de morts.

■ **Qui constitue la main-d'œuvre de ce chantier, et qui la commande ?**

5 Affiche publicitaire pour le Comptoir des colonies, vers 1890

BNF, Paris.

■ **Quelle est la provenance de ces cafés ?**

1 Récit — Construire un récit historique

[C1. Rédiger un texte bref]

La colonisation expliquée aux enfants

1 Pourquoi coloniser ?

« La France est donc devenue sous la République une grande puissance coloniale, la plus grande après l'Angleterre.
Les colonies sont très utiles au commerce et à l'industrie de la France. Nous y vendons beaucoup de nos produits, ce qui augmente la richesse nationale. Nous y achetons les produits dont nous avons besoin. Mais un noble pays comme la France ne pense pas qu'à gagner de l'argent.
En Indochine, la France a mis fin aux ravages de bandits venus de Chine. Dans l'Afrique du Nord, elle a empêché les peuples qui lui sont soumis de se battre les uns contre les autres. Dans l'Afrique occidentale, elle a fait cesser l'esclavage et mis fin aux atrocités de petits rois pillards et massacreurs.
Partout elle enseigne aux populations le travail. Elle crée des routes, des chemins de fer, des lignes télégraphiques, des écoles. Elle s'efforce et s'efforcera de plus en plus d'instruire ses sujets et de les civiliser. »

D'après Ernest Lavisse, *Histoire de France*. Cours moyen, Librairie Armand Colin, 6e édition, 1914.

2 **« Les colonies françaises ».** *Dessin de G. Daschner, vers 1900. Couverture d'un cahier scolaire.*

▶ À l'aide des documents, expliquez en quelques lignes comment la colonisation est justifiée auprès des élèves des écoles. Classez les arguments selon leur nature : économique, politique, militaire, morale.

2 B2i — Sélectionner et analyser des photographies

[C4. Identifier, trier et classer des ressources]

L'administration coloniale au Congo vue par un photographe africain

▲ **www.africamuseum.be/home**

1. Depuis la page d'accueil, cliquez sur « Collections », puis « collections en ligne », puis « découvrir les collections de sciences humaines ». Sélectionnez la collection de photos de Herzekiah-Andrew Shanu. Recherchez un portrait du photographe et établissez une courte chronologie de sa vie.
2. Sélectionnez les photographies de groupe qui rendent compte de la répartition des tâches entre les Européens et les Africains. Les légendes d'époque distinguent trois catégories d'Africains : lesquelles et pourquoi ?
3. Sélectionnez dans un diaporama trois photographies prises par Shanu, comportant des portraits de groupe d'Africains et montrant les bouleversements apportés à la société congolaise par la colonisation.

3 SOCLE COMMUN Porter un regard critique sur un document

[C5. Faire preuve d'esprit critique]

Pour prendre du recul par rapport à un document

Il s'agit, face à tout type de document, de se poser des questions sur la validité des informations ou sur le message dont il est porteur.

- J'identifie l'émetteur (qui s'exprime ?) et le destinataire (pour qui ?).
- Je dégage l'intention de l'auteur du document.
- Je confronte les informations tirées du document avec un autre document et avec mes connaissances.

Une vision de la colonisation

1

« Il est difficile de faire entendre au colon européen qu'il existe d'autres droits que les siens en pays arabe et que l'indigène n'est pas une race taillable et corvéable à merci*. Si la violence n'est pas dans les actes, elle est dans le langage et dans les sentiments. On sent qu'il gronde encore, au fond des cœurs, un flot mal apaisé de rancune, de dédain et de craintes. »

Jules Ferry, président d'une *commission sénatoriale d'enquête en Algérie*, 1892.

* Destiné à être totalement exploité.

2

***L'Almanach du petit colon algérien*, 1893**
Un almanach est un calendrier, augmenté d'indications astronomiques, météorologiques, de conseils pratiques, selon la saison.

1 Qui a conçu et distribué cet almanach ? À qui s'adresse-t-il ?

2 Précisez l'image qui est donnée de la colonisation de l'Algérie, du colon et de l'autochtone.

3 À l'aide du doc. 1 et de vos connaissances, indiquez quelques éléments de la réalité coloniale que l'image passe sous silence.

J'AI RÉUSSI SI...

→ *J'ai présenté la vision idéalisée de la colonisation.*

→ *J'ai utilisé la notion de domination.*

GÉO HISTOIRE

La mondialisation ne date pas d'aujourd'hui

Les transports

Les migrations

La première mondialisation (XVIe-XVIIIe siècle)

Une caravelle. Inventée par les Portugais, elle est le navire des grandes découvertes. Sa coque haute, sa voilure très manœuvrable et son fond plat en font un navire révolutionnaire.

La migration forcée des Africains. La traite atlantique serait responsable de la déportation de plus de 11 millions de personnes.

La deuxième mondialisation (1850-1929)

Un bateau à vapeur sur le canal de Suez. Le navire à vapeur, véritable « lévrier des mers », est non seulement plus rapide, mais il permet le transport d'un tonnage beaucoup plus important.

L'arrivée de migrants européens à New York fin XIXe siècle. 40 millions d'Européens ont quitté leur pays à la recherche d'une nouvelle vie.

La troisième mondialisation (1945 à nos jours)

L'Emma, le plus grand porte-conteneurs actuel (397 m). Le conteneur, caisse métallique standardisée, a révolutionné le transport de marchandises à partir de 1956.

Plage de Tenerife, Canaries (Espagne). Des touristes allemands recueillent des migrants naufragés à bout de force. 2010 : 200 millions de migrants et près de 900 millions de touristes.

L'espace-temps

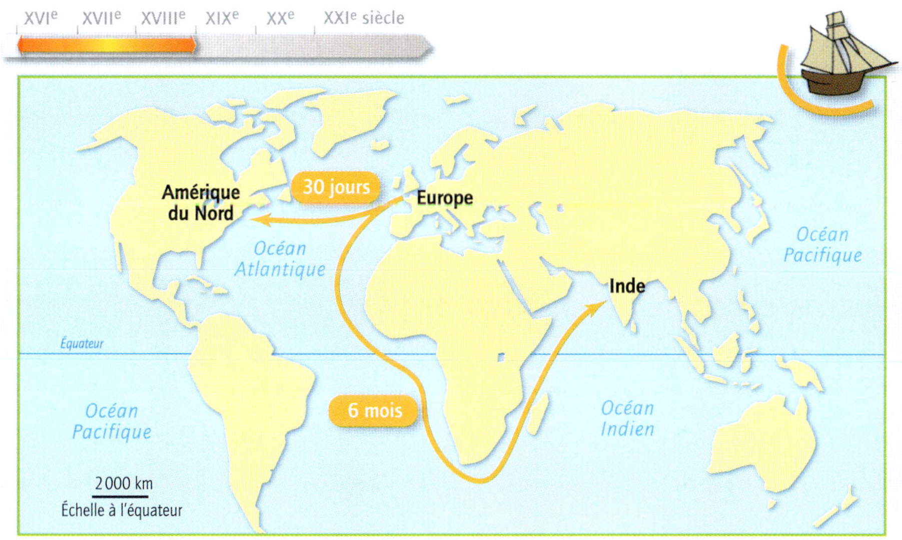

La première mondialisation, qui inaugure les colonisations modernes, a ouvert de nouveaux horizons, commerciaux mais aussi mentaux, aux Européens. Ces derniers vont peu à peu découvrir l'ensemble de la planète.

Si voyager d'un continent à un autre demande des mois, la planète se rétrécit déjà.

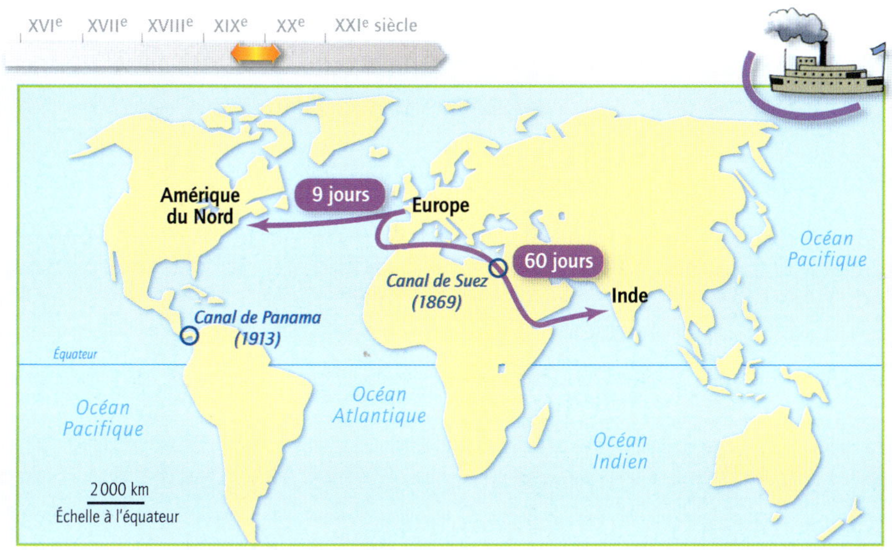

La deuxième mondialisation est contemporaine des révolutions industrielles européennes.
Elle s'accompagne d'une nouvelle phase de colonisation, de migrations de populations massives (vers les États-Unis en particulier), de flux de marchandises et de capitaux qui s'intensifient.

Voyager d'un continent à un autre ne demande plus que quelques semaines.

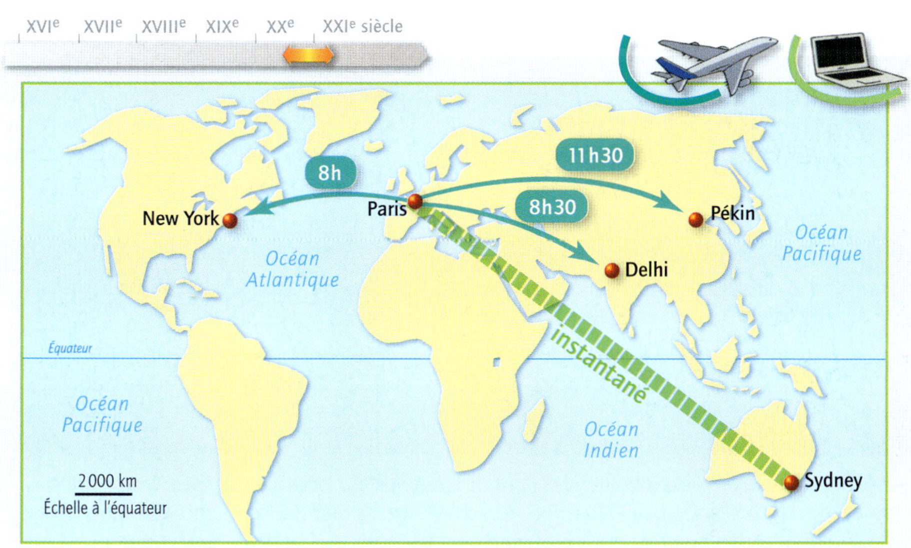

La mondialisation actuelle se caractérise avant tout par un développement sans précédent des flux, qu'ils soient de marchandises, de capitaux ou de personnes. Ceux-ci sont stimulés par l'explosion récente des technologies de l'information et de la communication.

Se déplacer physiquement d'un continent à un autre ne demande plus que quelques heures.

Chapitre 12

Les espaces majeurs de production et d'échanges

En quoi révèlent-ils les mutations de l'économie mondiale ?

Le port de Marseille. *Tableau de Joseph Vernet, 1754. Huile sur toile (165 x 265 cm). Musée de la Marine, Paris.* L'espace représenté ici correspond au Vieux-Port actuel. À l'arrière-plan, le fort Saint-Jean qui marque l'entrée de la rade. Grand port de l'époque moderne, Marseille est aujourd'hui le 40e port mondial.

■ **Comparez les activités sur les quais à celles de Singapour (photo de droite).**

« **Production** : action de créer des biens de consommation ou des richesses économiques.
Échange : vente ou troc d'un bien, d'une marchandise. »

Le port de conteneurs de Keppel (Singapour).
Déchargement d'un navire en provenance de Los Angeles. Singapour, qui n'existait pas au XVIIIe siècle, est aujourd'hui le 3e port de la planète.

■ **Qu'est-ce qu'un conteneur ? Qu'est-ce qui peut expliquer la réussite de Singapour ?**

ÉTUDE DE CAS

La zone industrialo-portuaire de Rotterdam

1. Le premier port d'Europe

▶ Comment a-t-il évolué ?

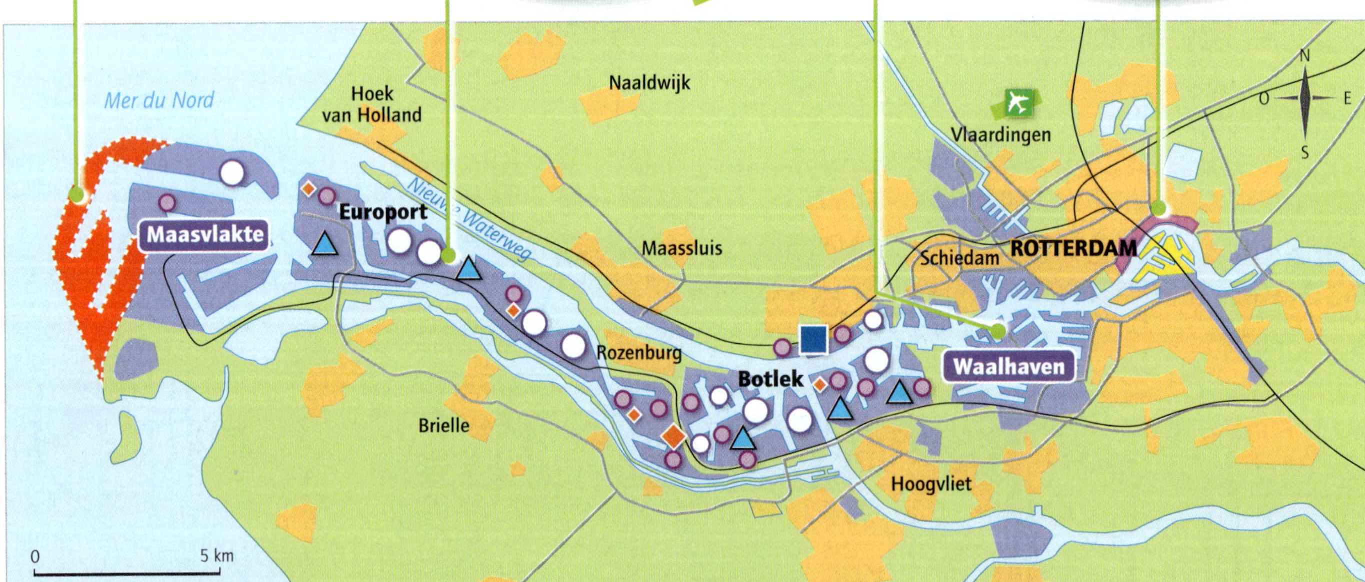

1. Le port de Rotterdam
- Zone urbanisée
- Zone portuaire
- Projet d'extension (2010-2030)
- Vieux port (1400-1800) : port de plaisance, habitat
- Port de voyageurs (ferries, croisières)
- Espaces non urbanisés

2. Infrastructures de transports (lien avec l'arrière-pays)
- Autoroutes et routes
- Voies ferrées
- Aéroport international

3. L'espace industrialo-portuaire
- Raffineries de pétrole
- Industries chimiques
- Industries agroalimentaires
- Terminaux de stockage
- Waalhaven : Terminaux de conteneurs
- Ravitaillement en gaz, pétrole et électricité

1 Plan de la zone industrialo-portuaire de Rotterdam

La zone portuaire couvre 10 000 hectares et s'étend sur plus de 40 km. Profondeur maximale des bassins : 23 m.

2 Brève histoire du port

« Situé sur un bras du delta de la Meuse et du Rhin, Rotterdam était à l'origine un port d'abri installé loin en amont. Port de pêche puis port de marchandises dès le XVIIe siècle, il demeurait toutefois bien moins important qu'Amsterdam. C'est dans le dernier tiers du XIXe siècle que commence sa prodigieuse extension : la révolution industrielle, puis la consommation accrue de produits pétroliers (on appelle Rotterdam *"la station-service de l'Europe"*) donnent les impulsions nécessaires à son développement. En même temps est aménagée la Nieuwe Waterweg, voie d'accès artificielle sans écluse qui fait de Rotterdam le port techniquement le plus avantagé du delta.
À partir de 1920 et surtout après 1945, l'extension se poursuit le long du fleuve. Au début des années 1970, le port fut étendu sur la mer elle-même, par une sorte de polder portuaire (Maasvlakte). De nouvelles extensions sont envisagées (Maasvlakte 2) destinées à l'industrie lourde et à la réception des plus grands navires. En parallèle du projet, l'État néerlandais va peu à peu renforcer sa présence dans le capital du port pour en contrôler 33 %. »

D'après Nicolas Beaupré, *Le Rhin, une géohistoire*, Documentation photographique, La Documentation Française, 2005.

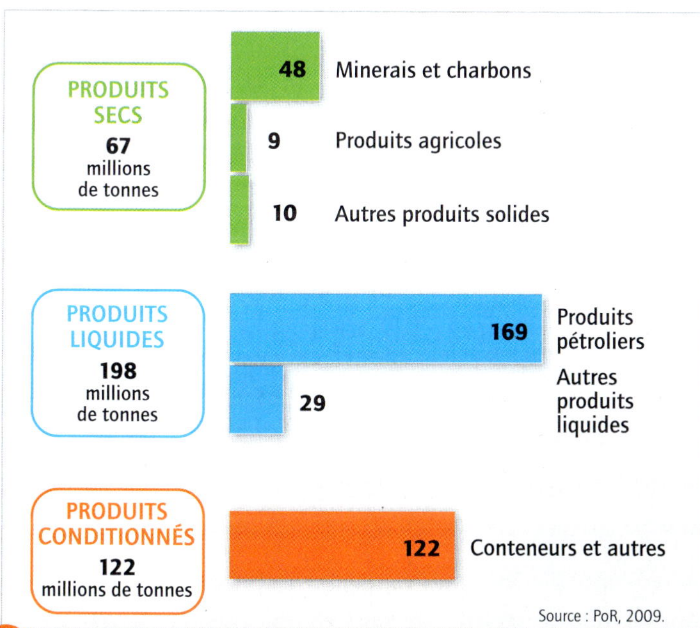

4 Le trafic portuaire de Rotterdam en 2009

D'un total de 387 millions de tonnes en 2009, le trafic de Rotterdam est passé à 410 en 2010.

VOCABULAIRE

- **Conteneur** : caisse métallique standardisée prévue pour le transport de marchandises, quel que soit le moyen de transport utilisé (avion, camion, bateau).
- **Zone industrialo-portuaire (ZIP)** : vaste espace industriel (industries lourdes principalement, sidérurgie, pétrochimie) développé en liaison avec un port.

3 Premiers ports mondiaux et européens

A. Les premiers ports européens (2009)

Nom	Tous trafics confondus (en millions de tonnes)	Pays
1. Rotterdam	387	Pays-Bas
2. Anvers	158	Belgique
3. Novorrosiysk	113	Russie
4. Hambourg	111	Allemagne
5. Amsterdam	87	Pays-Bas
6. Marseille	83	France
7. Primorsk	79	Russie
8. Le Havre	74	France
9. Algésiras	69	Espagne
10. Brème	63	Allemagne

B. Les premiers ports mondiaux (2009) [voir p. 180]

Nom	Tous trafics confondus (en millions de tonnes)	Pays
1. Shanghai	590	Chine
2. Ningbo et Zhoushan	570	Chine
3. Singapour	472	Singapour
4. Rotterdam	387	Pays-Bas
5. Tianjin	380	Chine
6. Guangzhou	375	Chine
7. Qingdao	316	Chine
8. Qinhuangdao	244	Chine
9. Hong Kong	243	Chine
10. Pusan	226	Corée du Sud

Sources : PoR et AAPA, 2010.

Activités

1) **Doc. 1 et 2** Dans quelle direction le développement du port a-t-il été réalisé ? Relevez-en les principales étapes.

2) **Doc. 4** Calculez en pourcentage la part de chaque catégorie de produits transportés. Dans quel type de trafic Rotterdam s'est-il spécialisé ? Relevez sur la carte [doc. 1] les principaux points de réception respectifs de ces marchandises.

3) **Doc. 1, 3, 4** Rotterdam est-il un port en crise ? Justifiez votre réponse.

4) **Doc. 3** Quelle est la place du port de Rotterdam dans la hiérarchie européenne et mondiale ? Combien y a-t-il de ports européens dans le classement mondial ? Quelle conclusion en tirez-vous sur l'évolution de l'économie mondiale ?

◆ Rédiger une synthèse ◆

5) **Expliquez en quelques lignes les évolutions du port de Rotterdam depuis 1800.**

La zone industrialo-portuaire de Rotterdam

2. Un espace de production et d'échanges

▶ Comment s'organise-t-il ?

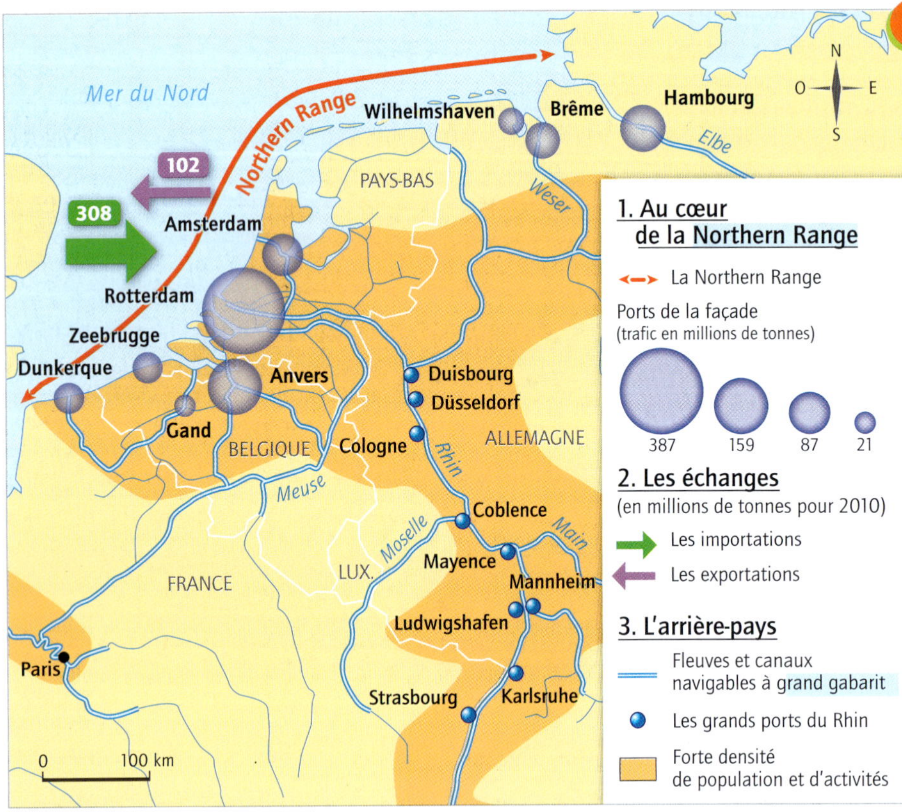

1 L'hinterland de Rotterdam

2 Péniche porte-conteneurs à Coblence

Elle transporte un tonnage équivalent à une centaine de wagons de chemin de fer, soit 200 camions semi-remorques. C'est un moyen de transport lent (de 10 à 20 km/h), mais qui consomme moins d'énergie.

3 Un centre industriel

« Le développement industriel de Rotterdam a trois causes :
– une politique d'industrialisation du territoire national au lendemain de la Seconde Guerre mondiale ;
– les avantages exceptionnels offerts par Rotterdam qui, par ses qualités nautiques, ses disponibilités en terrains et l'excellence de ses liaisons avec l'hinterland européen, s'est vite révélé un lieu privilégié pour l'installation des industries lourdes et en particulier pour celle des raffineries de pétrole, que les compagnies désiraient implanter à proximité des grands marchés de consommation ;
– enfin, la volonté de mise en valeur immédiate des produits reçus ("industrie sur l'eau").

Aux mains de petites et moyennes entreprises, les industries traditionnelles, telles que les constructions et réparations navales, industries d'équipement portuaires, industries alimentaires et du bois sont en perte de vitesse. Les industries modernes, au contraire, sont le fait de grandes sociétés internationales ; elles sont concentrées dans les zones portuaires, sont en pleine expansion et n'ont que très peu de rapports avec la ville même de Rotterdam. Ce qui domine, ici, c'est l'important complexe pétrolier, pétrochimique et chimique développé autour de cinq grandes raffineries, qui fait de Rotterdam le premier centre pétrolier de l'Europe occidentale. »

André Fischer, *Encyclopaedia Universalis*, « Rotterdam », 2011. www.universalis.fr

4 Botlek

[Voir question 2 dans Activités]: mer du Nord, canal, cultures sous serre, espaces agricoles, terminal automobile, terminal d'hydrocarbures et raffinerie, bassin en eaux profondes, autoroute et voie ferrée, Rozenburg, conteneurs, vrac (minerais, charbon), industrie chimique, entrepôts.

5 Comment les marchandises arrivent-elles à Rotterdam ?

(en millions de tonnes)	Depuis les Pays-Bas	Depuis l'international
Voie d'eau	39	126
Rail	20	4
Route	7	73
Conduite	–	54

Source : PoR, 2009.

Vocabulaire

- **Conduite** : oléoduc ou gazoduc, tube qui transporte du pétrole ou du gaz.
- **Grand gabarit** : canal permettant le passage de navires de plus de 3 500 tonnes.
- **Hinterland** : terme néerlandais qui signifie l'arrière-pays (aire d'approvisionnement ou de desserte d'un port).
- **Northern Range** : nom donné à la façade portuaire de la mer du Nord et de la Manche.

Activités

1) **Doc. 3** Quelles sont les trois raisons du développement industriel de Rotterdam ? Où sont localisées les industries en expansion ?

2) **Doc. 4** Repérez sur la carte p. 172 la partie du port représentée sur la photo. À l'aide de la fiche **SOCLE COMMUN**, attribuez à chaque puce un terme de la liste sous la photo.

3) **Doc. 1, 2, 5** Relevez tous les éléments qui montrent que la zone industrialo-portuaire (ZIP) est en relation avec le monde et l'Europe.

4) **Doc. 3, 4 et doc. 1 p. 172** Relevez dans un tableau les activités portuaires de distribution et les activités de production. Pourquoi est-il donc logique d'utiliser l'expression de ZIP pour le port de Rotterdam ?

Rédiger une synthèse

5) **Expliquez pourquoi Rotterdam est à la fois une zone de production et d'échanges. Décrivez ces deux ensembles en quelques lignes.**

SOCLE COMMUN — C5. Identifier les composantes d'un paysage

Pour décrire des installations industrialo-portuaires

- Je localise sur une carte le lieu représenté.
- Je repère les principales formes d'aménagement et les activités.
- J'explique en quoi elles représentent une zone de production et d'échanges.

ÉTUDE DE CAS

La zone industrialo-portuaire de Shanghai

1. Le premier port mondial

▶ Pourquoi parler d'essor exceptionnel ?

Le port du centre-ville

Ancien port commercial et militaire, utilisé désormais par les bateaux de croisière. À saturation.

Le port de Waigaoqiao

10 à 13 m de profondeur, 26 postes d'amarrage. Ne suffit plus au développement.

Le pont de Donghai

Ce pont de 32 km relie le port de Yangshan à Luchaogang, la ville nouvelle programmée.

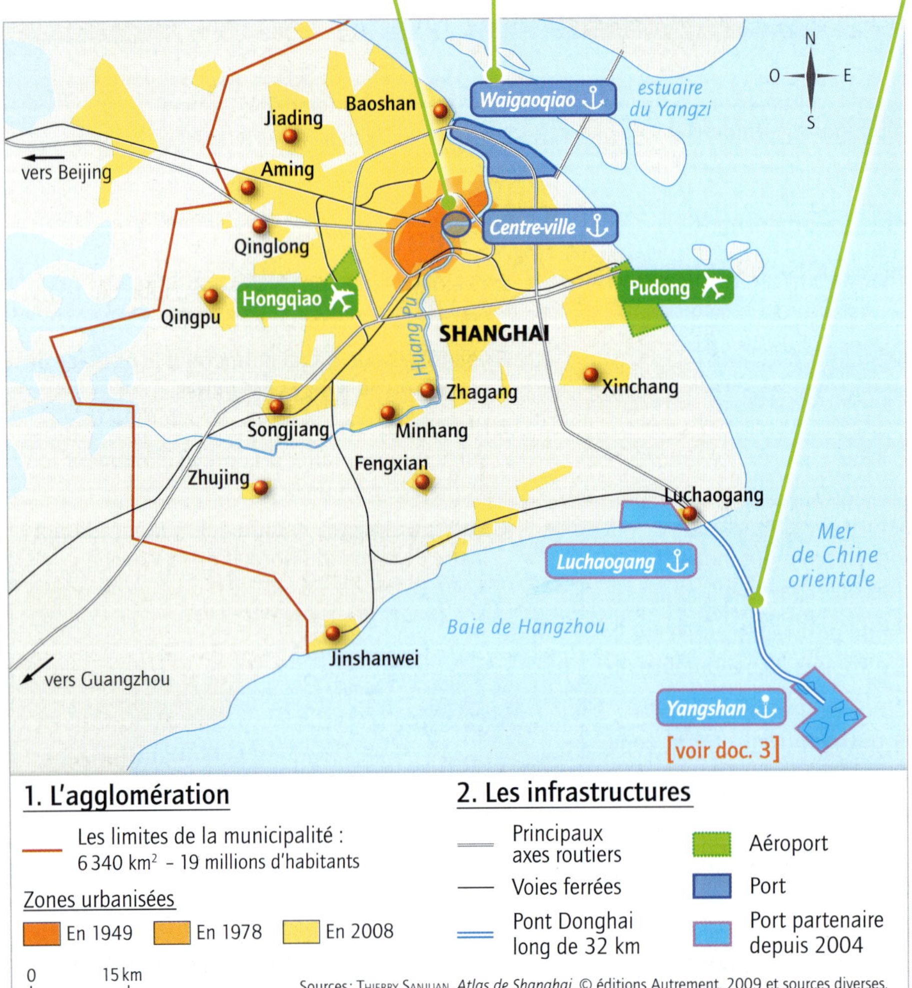

1 **Un ensemble portuaire**

2 **La stratégie de développement**

« **Avant 1990 :** les équipements portuaires sont installés au cœur de la ville.

– **1990 :** l'État chinois décide de faire de Shanghai la vitrine du développement chinois. La municipalité de la ville redéveloppe ses installations portuaires avec la construction du port d'estuaire de Waigaoqiao qui peut recevoir des navires à gros tonnage. Shanghai se pose dès lors en concurrente directe du port de Hong Kong. Ce port est complété par la plus grande zone franche de Chine, qui relève directement de la municipalité.

– **2005-2012 :** mise en service progressive du nouveau port de Yangshan pouvant accueillir les plus gros navires. Le site proche de Ningbo [p. 181] était plus favorable, mais Shanghai a profité de son poids économique et de sa capacité d'influence pour l'emporter. Ce nouveau port est destiné aux fonctions de transbordement et permet à Shanghai d'affirmer sa domination. »

D'après Thierry Sanjuan, *Atlas de Shanghai*, © éditions Autrement, 2009.

3 Vue satellitale du port de conteneurs de Yangshan

Les îlots ont été arasés pour construire le port. **(A)** vers la côte chinoise ; **(B)** pont de Donghai ; **(C)** bâtiments des autorités portuaires ; **(D)** postes d'amarrage et leurs portiques ; **(E)** stockage des conteneurs ; **(F)** stockage des hydrocarbures ; **(G)** maquette du projet fini : 56 postes d'amarrage sur 22 km de quais.

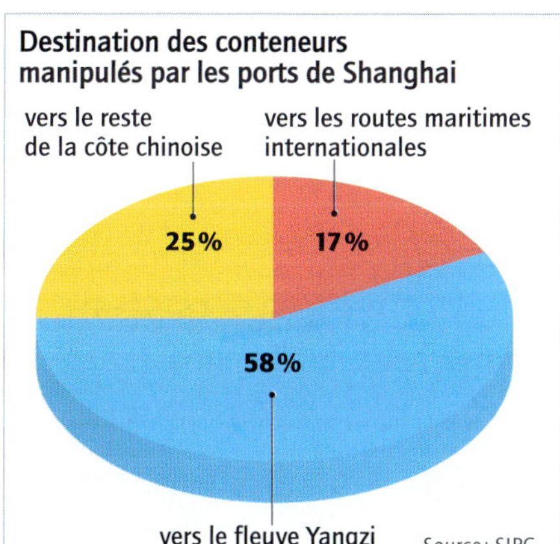

4 Quelles destinations ?

5 Évolution du tonnage du port

1984	100 millions de tonnes
1999	186 millions de tonnes
2005	443 millions de tonnes
2009	590 millions de tonnes

Shanghai occupe le premier rang mondial pour le volume global et le troisième pour le trafic de conteneurs. [voir doc. 3, p. 173]

Source : SIPG.

Vocabulaire

- **Conteneur** : caisse métallique standardisée prévue pour le transport de marchandises.
- **Poste d'amarrage** : emplacement d'un quai recevant un navire.
- **Zone franche** : zone dans laquelle les entreprises ne paient pas de taxes.

SOCLE COMMUN — C5. Identifier les composantes d'un paysage

Pour décrire des installations industrialo-portuaires

- Je localise sur une carte le lieu représenté.
- Je repère les principales formes d'aménagement et les activités.
- J'explique en quoi elles sont une zone de production et d'échanges.

Activités

1) **Doc. 1, 2 et 5** Quelle est la date clé dans l'histoire du port ? Quelle a été l'évolution spatiale du port depuis 1950 ? Comment l'expliquez-vous ?

2) **Doc. 1, 4 et doc. 4 p. 173** Comment le port de Shanghai est-il relié au reste du monde ?

3) **Doc. 1 et 3** À l'aide de la fiche SOCLE COMMUN, décrivez le port de Yangshan : quelle est son activité principale ? Comment les marchandises rejoignent-elles la ville de Shanghai ?

4) **Doc. 4 et 5** Shanghai est-il un ensemble portuaire à vocation internationale ou nationale ? Qu'en déduire sur l'état actuel de l'économie chinoise ?

Rédiger une synthèse

5) **Expliquez en quelques lignes pourquoi on peut parler d'essor exceptionnel pour le port de Shanghai et comment il a adapté ses infrastructures à l'évolution du commerce mondial.**

ÉTUDE DE CAS

La zone industrialo-portuaire de Shanghai

2. La première région économique chinoise

▶ Comment Shanghai s'impose-t-elle ?

Parc de l'Exposition universelle de Shanghai (2010) 1

Elle a reçu plus de 70 millions de visiteurs. En médaillon, le pavillon de la Chine.

2

LES CHIFFRES du delta du Yangzi

(en % du total chinois)

Son poids économique

- **20 %** du PIB
- **30 %** du commerce extérieur
- **50 %** des investissements étrangers

Ses capacités portuaires

- **34 %** du volume des conteneurs
- **35 %** du charbon transporté
- **43 %** du fret national
- **48 %** du pétrole brut
- **55 %** des minerais métalliques

Source : Thierry Sanjuan, Atlas de Shanghai, © éditions Autrement, 2009.

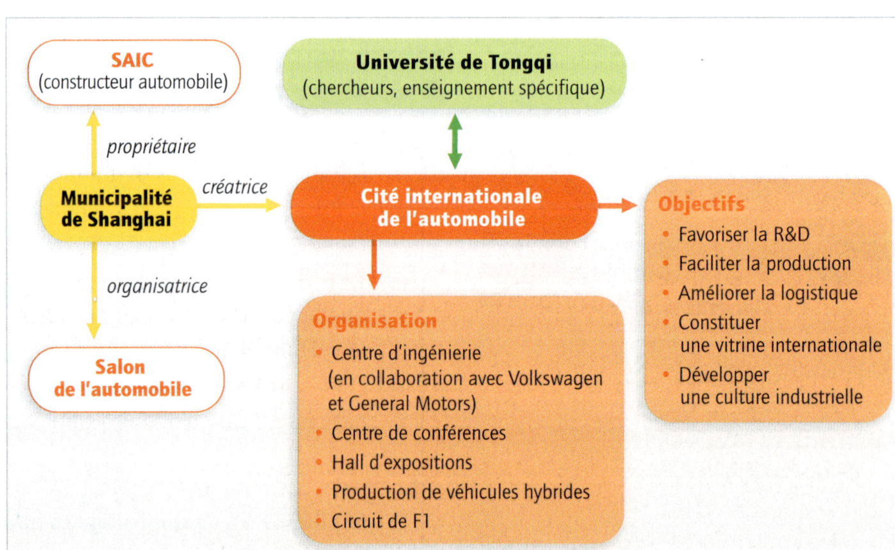

3 **Cité de l'automobile à Anting**

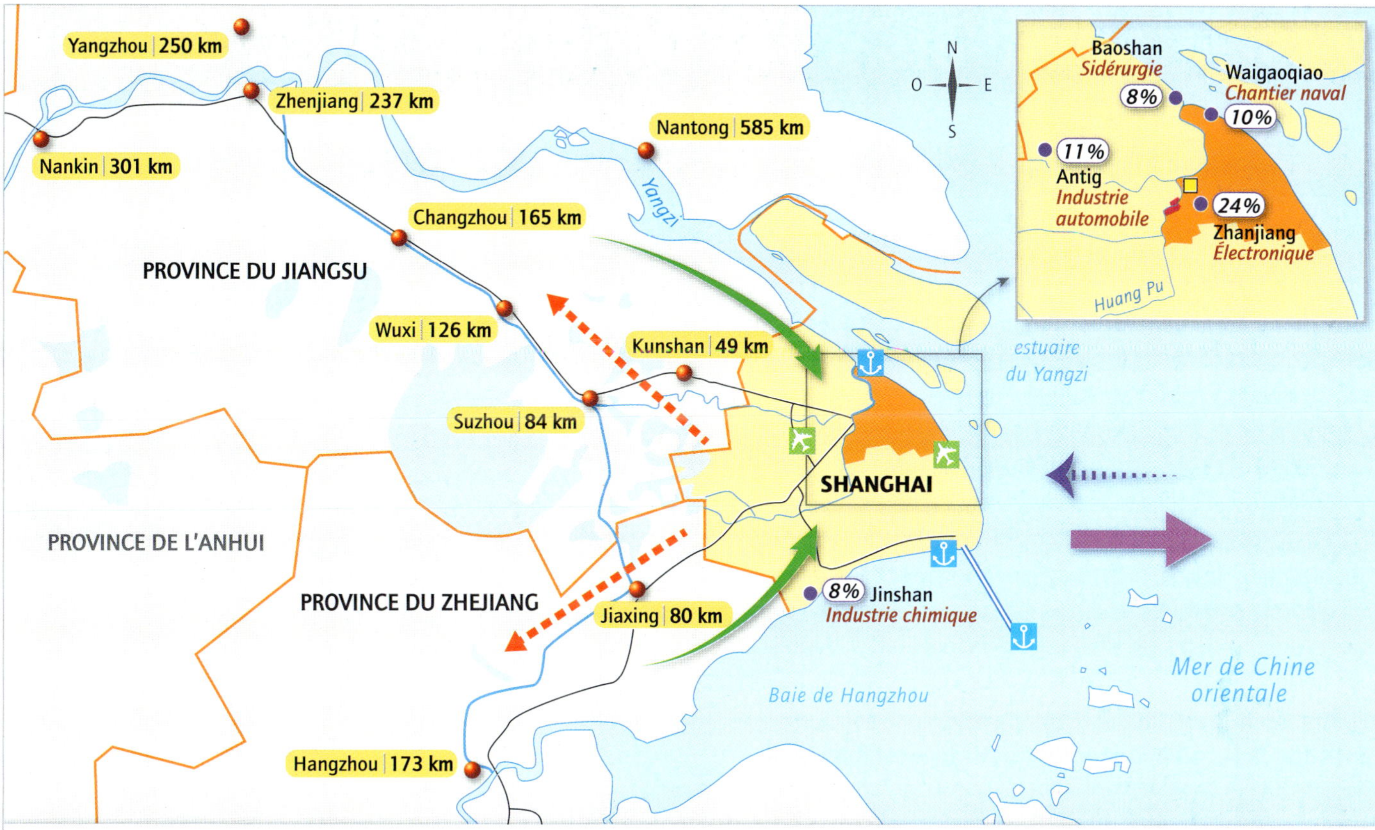

1. La municipalité de Shanghai

- Nouvelle zone économique de Pudong
- Centre financier de Lujiazui
- Pôle industriel de Shanghai
- 8% Pourcentage du secteur dans la production industrielle de Shanghai
- Emplacement de l'Exposition universelle de 2010

2. L'arrière-pays de Shanghai

- Flux de populations migrantes ; la force de travail
- Wuxi 126 km Nombre de km séparant de Shanghai en train
- Axe de développement actuel (voie navigable, train à grande vitesse)

3. Shanghai et le monde

- Investissements étrangers (plus de 300 milliards d'euros depuis 1995, asiatiques à plus de 95%)
- Exportations de produits manufacturés

0 150 km

Sources diverses.

4 Shanghai et le delta

5 Kunshan, une zone industrielle périphérique

« La ville tire son succès de sa position sur l'axe routier qui conduit de Shanghai à Nankin. Kunshan est avant tout une zone de déconcentration industrielle. Elle compte 1,6 million d'habitants parmi lesquels 60 % sont des *mingong*, venus d'autres provinces et travaillant dans les usines. Les origines du développement économique tiennent à la désindustrialisation de la ville-centre de Shanghai et à l'installation de ses entreprises d'État. Très vite, le relais a été pris par les délocalisations industrielles venant de l'étranger et notamment de Taïwan, depuis la fin des années 1990. Cette vague touche des secteurs relevant des nouvelles technologies (ordinateurs, appareils photo) mais pas seulement. Des groupes taïwanais comme Acer (informatique), Weiquan (agroalimentaire), Evergreen (terminaux de conteneurs, hôtellerie), For Eastern (textile) sont installés à Kunshan. Des pièces détachées y sont fabriquées pour les automobiles du groupe shanghaien Santana, issu d'un partenariat avec Volkswagen et d'autres pièces pour les usines d'Alcatel. »

D'après Thierry Sanjuan, *Atlas de Shanghai*, © éditions Autrement, 2009.

Vocabulaire

Mingong : ouvrier-paysan venu des campagnes pour offrir sa force de travail.

Activités

1) **Doc. 3, 4, 5** Quelles sont les différentes industries présentes ? Localisez-les. D'où viennent les capitaux qui ont permis de développer la région ?

2) **Doc. 4 et 5** D'où vient la main-d'œuvre qui participe à l'affirmation de la ville ?

3) **Doc. 2 et 5** Relevez tous les éléments qui montrent que Shanghai est au contact entre le monde et la Chine, et qu'elle s'impose à cette dernière.

4) **Doc. 1** Quel a été l'objectif de l'Exposition universelle pour la ville ?

◆ Rédiger une synthèse ◆

5) **Rédigez un paragraphe expliquant pourquoi Shanghai est aujourd'hui le premier pôle économique chinois.**

Cours 1 Grandes voies et façades maritimes

Bilan des études de cas

1 [p.172-175] Pourquoi Rotterdam est-il le 1er port européen ?

➥ **La ZIP de Rotterdam est le moteur d'une des façades maritimes les plus actives de la planète, la Northern Range.** Celle-ci est en relation avec un arrière-pays dynamique, qui a été un des foyers de la révolution industrielle, et qui demeure toujours l'un des centres économiques de l'Europe, un des pôles de la Triade.

➥ **L'ensemble est organisé le long du delta du Rhin**, dans un ruban continu de 40 km de long, qui mêle espaces urbanisés, installations portuaires, espaces industriels, réseaux de communication. Le port s'est ainsi régulièrement étendu depuis le XVIIIe siècle.

➥ **Rotterdam perd toutefois progressivement son rang au profit des ports asiatiques dont la croissance est fulgurante.**

2 [p.176-179] Pourquoi Shanghai est-il le 1er port mondial ?

➥ Il a progressé très rapidement, parallèlement à l'affirmation de l'Asie orientale comme un pôle majeur de l'économie mondiale. **Le port profite aussi du succès de l'agglomération de Shanghai, véritable vitrine de la puissance chinoise.**

➥ Pour répondre au trafic sans cesse croissant, les installations portuaires ont glissé en 20 ans des rives du Yangzi à celles de la mer de Chine.

➥ **Les activités industrielles se sont dispersées dans la région de Shanghai**, en liaison avec le développement du delta du Yangzi, voulu par les autorités chinoises.

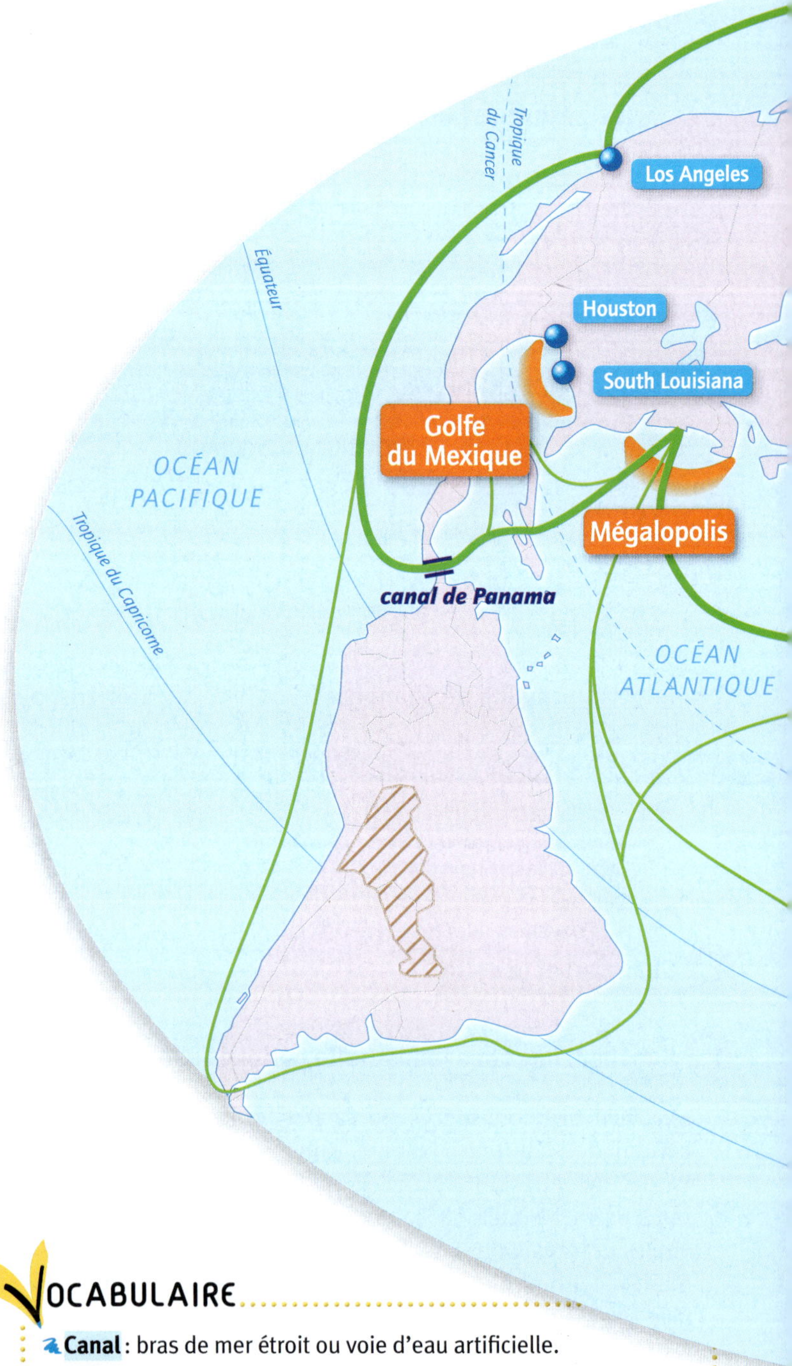

Mise en perspective

Où sont les grandes façades ?

● **La maritimisation de l'économie est un des éléments clés de la mondialisation. Les principaux espaces de production et d'échanges sont en effet localisés à proximité des littoraux**, les trois quarts des échanges empruntant les routes maritimes.

● L'accumulation de grands ports sur certains littoraux produit des façades maritimes ; **les plus actives sont situées dans les pays du Nord et en Asie orientale**, dont l'essor, après le Japon, puis les NPI, est aujourd'hui alimenté par la Chine, essentiellement littorale.

● **Ces façades sont reliées entre elles par des routes maritimes** empruntant détroits et canaux.

VOCABULAIRE

- **Canal** : bras de mer étroit ou voie d'eau artificielle.
- **Détroit** : passage maritime naturel et étroit entre deux terres.
- **Maritimisation** : rôle joué par les littoraux dans les échanges mondiaux.
- **Northern Range** : nom donné à la façade portuaire de la mer du Nord et de la Manche.
- **Triade** : les trois régions qui dominent l'économie mondiale (Amérique du Nord, Union européenne et Japon).
- **Zone industrialo-portuaire (ZIP)** : vaste espace industriel (industries lourdes principalement, sidérurgie, pétrochimie) développé en liaison avec un port.

Du local au mondial

QUESTIONS

- Quelle est la partie du monde qui concentre l'essentiel des grands ports ?
- Quels continents n'en ont aucun ?

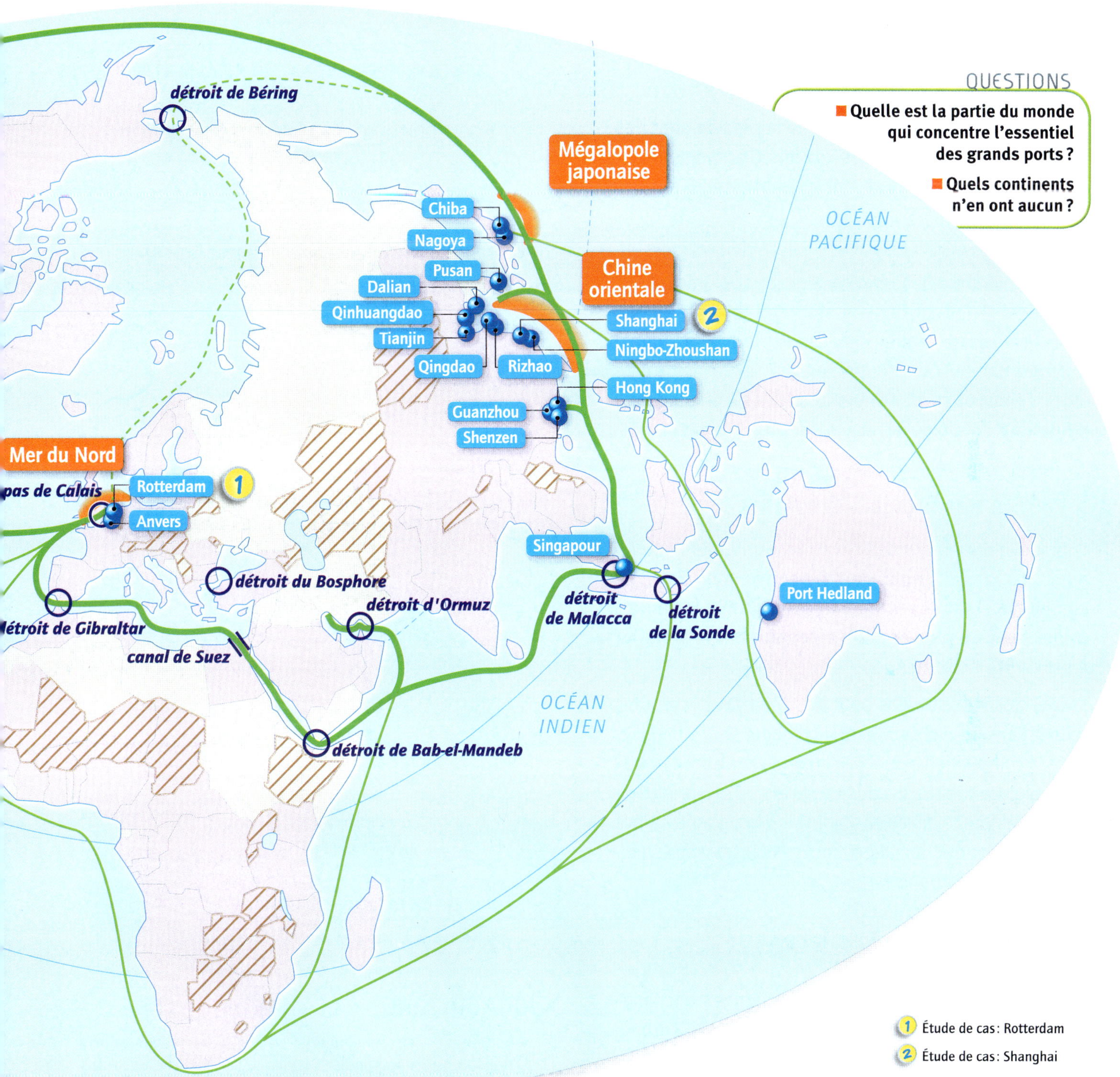

1 Étude de cas : Rotterdam

2 Étude de cas : Shanghai

1. Les principales voies maritimes
- Routes principales
- Routes secondaires
- Route du Nord

0 — 5 000 km
Échelle à l'équateur

2. Les points de passage
- Détroits importants (plus de 200 navires par jour)
- Canal

3. Les façades, des espaces actifs
- Les 20 premiers ports mondiaux (tous trafics confondus) [voir doc. 3, p. 173]
- Les principales façades industrialo-portuaires

4. Le commerce mondial
- États membres de l'OMC
- États enclavés

Sources : *État de la Mondialisation 2011*, Alternatives internationales ; La Documentation française ; sources diverses.

Cours

2 Les espaces de production et d'échanges

A Les ZIP, des espaces exemplaires

Les ports les plus importants de la planète sont des ZIP, c'est-à-dire des espaces à la fois d'échanges et de production. Ils reçoivent des marchandises qu'ils redistribuent ou transforment, produisent des richesses qu'ils exportent, de plus en plus souvent par conteneurs [doc. 2].

Ces ZIP entremêlent étroitement espaces portuaires, espaces spécialisés dans le stockage (hydrocarbures, conteneurs par exemple), espaces de production, infrastructures de transport. Toutes connaissent la même évolution : **on y construit des installations de plus en plus modernes,** capables de recevoir des navires géants.

B Le rôle des façades littorales

Le développement des ZIP correspond à un mouvement de littoralisation de l'économie mondiale. **Le commerce étant essentiellement maritime, les entreprises sont de plus en plus nombreuses à s'installer à proximité des côtes.**

Les façades littorales sont des interfaces, car elles relient l'arrière-pays au reste du monde. Pour s'imposer dans la compétition actuelle, elles doivent disposer d'installations portuaires de qualité et être sur une grande route maritime, mais aussi s'appuyer sur un arrière-pays dynamique et bien organisé (moyens de transports efficaces, espaces urbanisés) [doc. 3].

C Une géographie mondiale qui évolue

Les régions de production et d'échanges ont longtemps été localisées en Amérique du Nord et en Europe. Disposant d'atouts (ainsi l'industrie du luxe, toujours contrefaite) [doc. 6], ces espaces sont cependant concurrencés par le dynamisme de l'Asie orientale [doc. 2 et 4] : si elle se caractérise encore par de faibles salaires, d'où le phénomène des délocalisations, elle est surtout en train de devenir un important marché de consommation [doc. 5].

Par le jeu des investissements des entreprises, **les espaces de production et d'échanges sont la plupart du temps connectés les uns aux autres**, dans une logique mondialisée.

1 LES CHIFFRES DE LA MONDIALISATION

1/3, c'est la part de la production mondiale échangée (c'est-à-dire qui franchit une frontière) contre **1/5** en 1970.

40 %, c'est aujourd'hui la part de l'Asie dans le commerce mondial.

2 Le trafic de conteneurs par continent (2008)

Ports d'Europe	19 %
Port d'Amérique du Nord	8,5 %
Ports d'Asie	63 %
Ports d'Amérique latine	2,2 %
Ports du Proche et Moyen-Orient	5,8 %
Ports d'Afrique	1,5 %

Sources diverses

■ **Quel est le continent qui domine le trafic de conteneurs ? Comment l'expliquez-vous ? Aidez-vous d'un des documents de la double-page.**

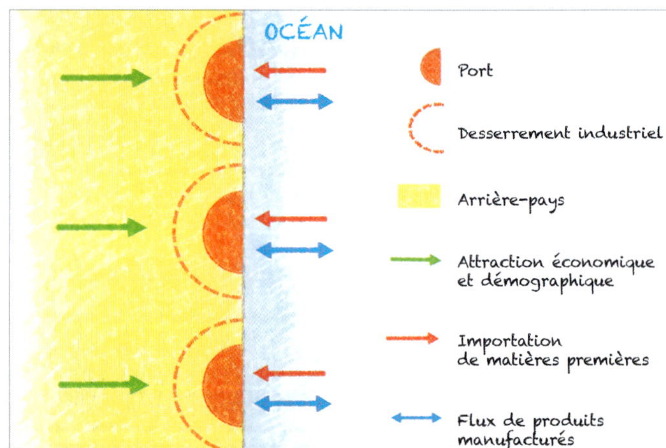

3 Le modèle de la façade maritime

■ **Quelle est la fonction d'une façade maritime ?**

VOCABULAIRE

- **Conteneur** : caisse métallique standardisée prévue pour le transport de marchandises quel que soit le moyen de transport utilisé (avion, camion, bateau). Il facilite le passage de l'un à l'autre.
- **Délocalisation** : transfert d'activités, de capitaux et d'emplois vers des régions ou pays du monde bénéficiant d'un avantage compétitif (main-d'œuvre bon marché, fiscalité attrayante…).
- **Interface** : ligne de contact entre deux espaces distincts. L'interface entre la terre et la mer est le littoral.
- **Littoralisation** : concentration des hommes et des activités sur les littoraux.
- **Zone industrialo-portuaire (ZIP)** : voir p. 173.

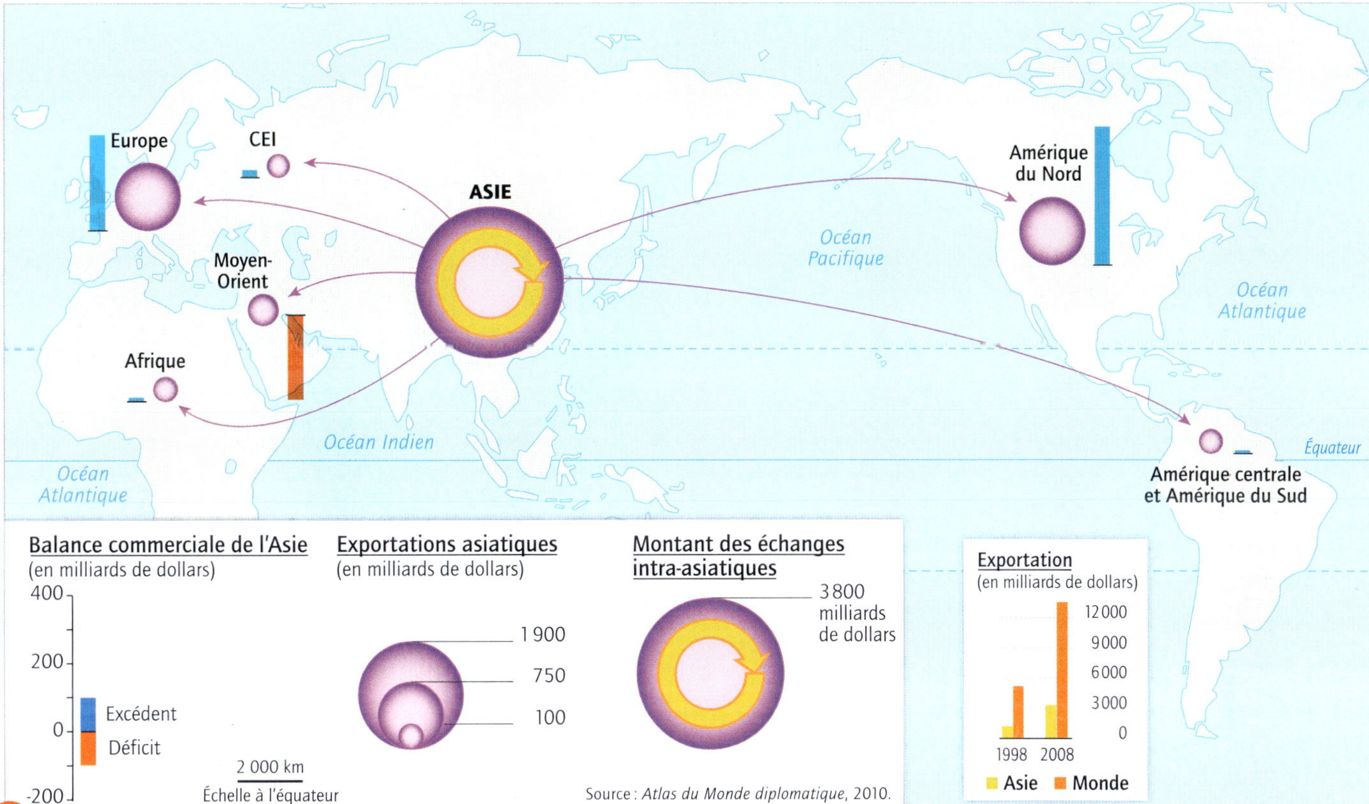

4 Le plus grand atelier du monde

■ Où se trouve le plus grand atelier du monde ? Avec quelles régions est-il excédentaire ? Et déficitaire ? Pourquoi ?

5 La consommation intérieure chinoise

« L'atelier du monde est en passe de devenir avant tout… l'atelier de la Chine. Après avoir approvisionné les plus grandes marques mondiales de prêt-à-porter en produits textiles très bon marché, la Chine se met à l'ouvrage pour son propre compte. La demande explose : entre janvier et août 2010, la consommation de vêtements et de chaussures a augmenté de 24 %. La recherche de fournisseurs chinois à moindre coût devient difficile pour les acheteurs des grandes marques de textile européennes ou américaines. L'envolée des prix de fabrication – de 30 % à 40 % depuis 2008 – les incite à aller prospecter dans des pays comme le Pakistan, le Cambodge, le Vietnam, le Bangladesh, l'Inde, à la main-d'œuvre bien moins chère. En Chine, la soif de consommation de la classe moyenne ne devrait pas s'apaiser de sitôt : dans les dix prochaines années, le nombre de consommateurs des classes moyenne et supérieure passera de 150 millions à 400 millions de personnes. »

D'après Nicole Vulser, *Le Monde*, 24 janvier 2011.

■ Quel grand changement la Chine est-elle en train de connaître ?

6 Articles de contrefaçon saisis par la douane à Osaka (Japon)

■ Pourquoi y a-t-il autant de produits contrefaits dans le monde ?

1 Échelles Changer d'échelle

[C1. Rédiger un texte bref]

Singapour et le monde

1 L'industrie de Singapour

« À partir de l'indépendance de la cité-État en 1965, le *People's Action Party*, qui dirige le pays d'une poigne de fer, choisit de mener une politique volontariste d'insertion au sein de la mondialisation en cours. L'*Economic Development Board* transforme l'île en dragon asiatique grâce à une politique de promotion des exportations fondée sur les industries de main-d'œuvre. Puis il engage, à partir de 1979, une *"seconde révolution industrielle"* reposant cette fois sur les industries de haute technologie. Celle-ci est relayée en 1989 par la *"stratégie du triangle de croissance"*, qui permet aux industries singapouriennes de se délocaliser en Malaisie ou en Indonésie, où abondent des terrains et une main-d'œuvre bon marché, alors que l'industrie métropolitaine se spécialise dans les services financiers et logistiques. »

D'après LAURENT CARROUÉ, *La Mondialisation en débat*, Documentation Photographique n° 8037, 2004.

2 Vue du port de Singapour

3 Les ports asiatiques

1. **Doc. 1** Quelles sont les trois étapes de la politique industrielle de Singapour ? Détaillez-les.
2. **Doc. 2** Qu'est-ce qui, sur la photographie, montre que cette politique a réussi ? Quels sont les signes de la puissance de la ville-État ?
3. **Doc. 2 et 3** Quelle a été la chance de Singapour ? Pourquoi Singapour est-elle un pôle majeur du commerce asiatique ? Quels autres ports concurrencent la ville aujourd'hui ?
4. Dites ce qui fait de Singapour à la fois un espace de production et d'échanges.

2 SOCLE COMMUN Décrire un aménagement portuaire

[C5. Lire et employer différents langages]

Pour décrire un aménagement

Décrire un paysage revient à en identifier les différentes composantes de manière à souligner l'action humaine sur le territoire. On doit pour cela utiliser un vocabulaire adapté.

- Je localise sur une carte le lieu représenté.
- Je repère les principales formes d'aménagement et les activités.
- J'explique en quoi elles sont une zone de production et d'échanges.

Fos-sur-Mer

(A) dépôts pétroliers; (B) raffineries; (C) production d'acier; (D) cimenterie; (E) terminal de conteneurs; (F) terminaux pétroliers; (G) dépôt Ikéa; ➔ pipeline.

1 Classez les structures du complexe industrialo-portuaire de Fos-sur-Mer en fonction de leurs activités dans le tableau ci-dessous :

Activités portuaires	Activités industrielles	Activités d'entreposage

2 Quelles sont les principales structures de traitement du pétrole? Où se trouvent-elles? Pourquoi?

3 Quels sont les différents types de marchandises réceptionnées à Fos? Justifiez votre réponse.

4 Quelles sont les différentes infrastructures de transport présentes sur la ZIP?

5 À partir de vos réponses, de vos observations et à l'aide de la fiche SOCLE COMMUN, rédigez quelques lignes pour décrire la zone industrialo-portuaire de Fos-sur-Mer.

J'AI RÉUSSI SI...

→ *J'ai su identifier les grandes composantes du paysage.*

→ *J'ai prouvé que le site est un lieu d'échanges et de production.*

3 Débat — Exposer et faire valoir son point de vue

[C1. Participer à un débat]

La montée de l'Asie est-elle inévitable ?

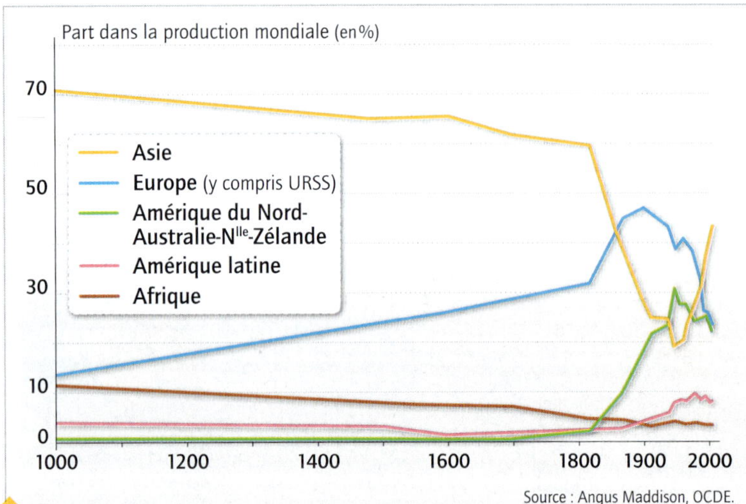

1 **Part des grandes régions dans la production mondiale depuis l'an mille**

2 Se réindustrialiser

«Se battre pour garder des usines automobiles, des équipementiers et des fabricants de pneus tels qu'ils étaient il y a 10 ans n'a pas de sens. L'Europe a besoin d'une industrie automobile, mais pour produire des véhicules radicalement innovants, correspondant aux besoins d'une société devenue économe en énergie et en transport. Cela impose des réformes technologiques et industrielles profondes et difficiles. Il en est de même pour tous les secteurs industriels actuels. Réindustrialiser l'Europe voudra aussi dire exploiter à plein les ressources des sciences et technologies émergentes, qui font maintenant l'essentiel des investissements industriels dans les pays concurrents : nanotechnologies, infotechnologies, technologies de l'information et de la connaissance.

Les activités industrielles jouent un rôle décisif pour l'emploi, le pouvoir d'achat, la recherche et finalement l'exportation. Bien plus, elles sont capables de soutenir le moral des citoyens en leur montrant que les pays du continent sont décidés à maîtriser les secteurs d'avenir essentiels aussi bien que ne le fait le reste du monde.»

Jean-Paul Paquiast, 22 octobre 2009, www.europesolidaire.eu

1. **Doc. 1** Comparez l'évolution de la production de l'Europe et des États-Unis. Que constatez-vous ? À quel moment de l'Histoire correspond leur essor le plus rapide ?
2. **Doc. 1** Comment la production de l'Asie a-t-elle évolué ? À partir de quel moment sa progression est-elle notable ? Quelle est sa part aujourd'hui ? En vous appuyant sur vos connaissances, comment l'expliquez-vous ?
3. **Doc. 2** Quelles sont les solutions proposées par l'auteur pour éviter de perdre encore du terrain ?
4. Rédigez deux brefs paragraphes expliquant que si l'essor de l'Asie est exceptionnel, il ne signifie pas un déclin définitif pour l'Europe.

4 B2i — Analyse critique d'un site Internet

[C4. Faire preuve d'esprit critique face à l'information]

Comment Rotterdam utilise-t-elle son statut de grand port mondial ?

www.rotterdam.info

1. Rendez-vous sur www.rotterdam.info. Sélectionnez la langue française pour naviguer sur le site. Quel est l'auteur de ce site ? Quel est son objectif ?
2. En naviguant sur le site, relevez les points forts de la ville de Rotterdam. Ces derniers sont-ils originaux par rapport à d'autres villes ?
3. Recherchez sur le site tous les éléments qui font référence au port. Comment le statut de port mondial est-il utilisé par la ville de Rotterdam ?
4. Recherchez d'autres sites Internet de villes où se situent des grands ports internationaux. Listez les points communs.

1 Localiser ports et façades maritimes

[C5. Avoir des repères géographiques]

1 Retrouvez dans la liste ci-dessous le nom des ports désignés par des chiffres :

- Shanghai
- Chiba
- Hong Kong
- Rotterdam
- Singapour
- Houston
- Los Angeles

2 Attribuez aussi un nom à chaque façade littorale désignée par les lettres A à E.

2 Compléter un schéma graphique

[C5. Représenter graphiquement une idée]

1 Reproduisez le schéma graphique.

2 Complétez la légende avec les éléments suivants :

- exportations de marchandises
- ville
- vieux port
- voie navigable
- port en eaux profondes
- relations avec l'arrière-pays
- port en extension
- importations d'énergie et de matières premières

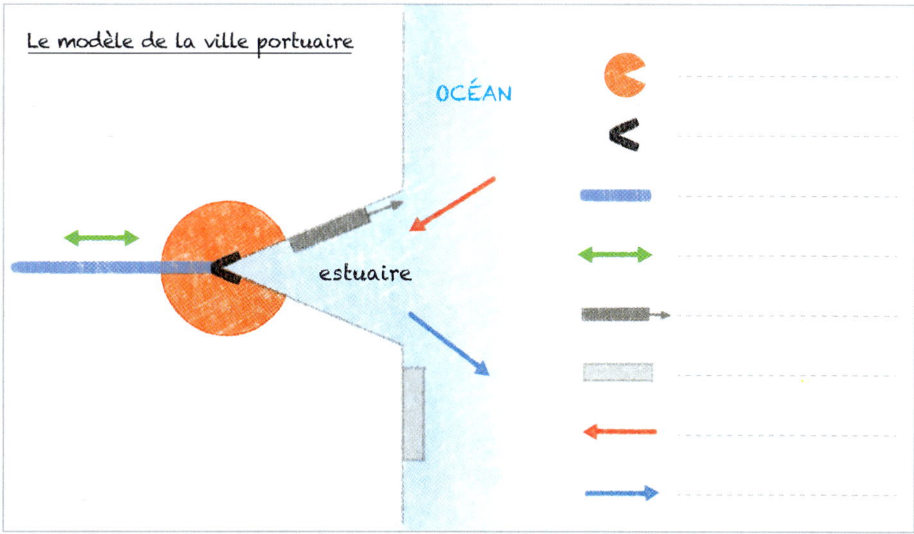

3 Revoir le vocabulaire

[C1. Maîtriser le langage adéquat]

▶ Dans le texte ci-dessous, remplacez les expressions soulignées par le vocabulaire qui convient.

- interface
- conteneur
- littoralisation
- ZIP

Les lieux de production et d'échanges liés aux ports(1) sont les points d'ancrage des littoraux. Ils constituent un espace de contact(2) entre le monde et l'arrière-pays. L'affirmation de ces ports aux fonctions multiples correspond à un mouvement de concentration des hommes et des activités sur les littoraux(3). Une boîte métallique standardisée(4) symbolise cette activité intense.

Chapitre 13

Les échanges de marchandises

Comment s'organisent-ils ?

Porte-conteneurs passant une écluse sur le canal de Panama.
Ouvert en 1913 et long de 77 km, il est emprunté chaque année en moyenne par 14 000 navires. Des travaux permettront bientôt d'améliorer sa capacité.

■ **Pourquoi ce canal est-il un point de passage stratégique ?**

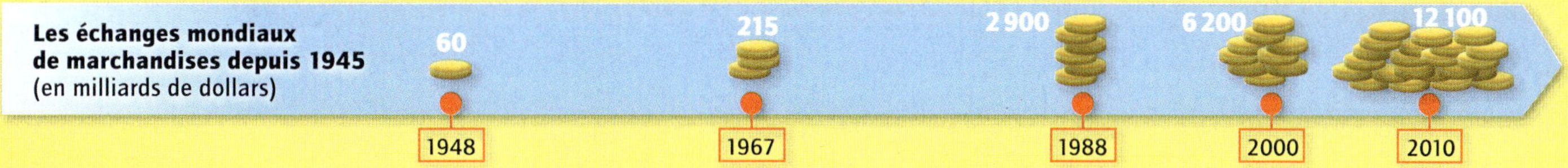

« **Marchandise** : ce qui peut être vendu ou acheté (produits agricoles, industriels ou du sous-sol). »

Gare de triage de Kansas City.
Des convois, chargés de marchandises, traversent le continent américain d'Est en Ouest sur des lignes ferroviaires régulières.

■ **Comment les marchandises traversent-elles le continent américain ?**

ÉTUDE DE CAS

Le baladeur iPod

1. Un symbole de la mondialisation

▶ *Qu'est-ce qui fait de l'iPod un produit mondial ?*

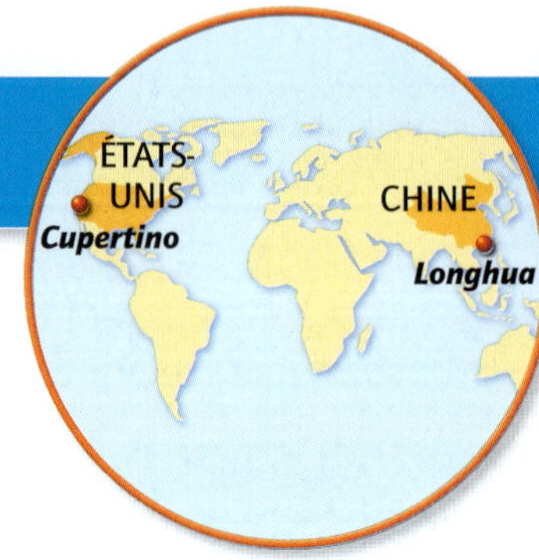

A **Steve Jobs, pdg d'Apple, lors d'une présentation au siège social de Cupertino, près de San Francisco.** C'est là, au cœur de la *Silicon Valley*, que sont élaborés et dessinés les iPod (*designed in California*) par une main-d'œuvre hautement qualifiée.

B **L'usine Foxconn à Longhua, en Chine.** C'est là que les produits sont assemblés (*made in China*) par des ouvrières venues des campagnes qui gagnent moins de 100 euros par mois. « L'iPod city », ensemble d'usines de la société taïwanaise Foxconn, emploie 200 000 personnes, qui travaillent à l'assemblage de produits électroniques.

1 Conception et assemblage

2 Une domination incontestée

Fin 2010, près de 300 millions d'iPod ont été vendus dans le monde.

« Lancé en 2001, le baladeur numérique, qui a finalement saturé le marché en cinq ans, a été le moyen de trouver un public nouveau et renouvelé pour Apple, ouvrant grand la porte à l'iPhone, à l'iPad mais aussi à la relance du Mac, dont les ventes ne se sont jamais aussi bien portées. Outre l'invention de l'appareil, Apple a su coupler son baladeur à un modèle économique (iTunes) qui rend, en partie, ses utilisateurs dépendants de la marque.

Aujourd'hui, la part de l'iPod dans les revenus d'Apple diminue inexorablement depuis 2006. Le chiffre d'affaires de l'iPod ne représente plus que 14 % du chiffre d'affaires total d'Apple au deuxième trimestre 2010. Loin d'être une mauvaise nouvelle, c'est la preuve qu'Apple est tiré d'affaire puisque son succès ne repose plus sur un seul produit. Aujourd'hui, cette bonne santé et ses ventes records, Apple les doit avant tout à son produit phare : l'iPhone, qui a en partie cannibalisé l'iPod, en raison de ses capacités de stockage et d'écoute de la musique. »

D'après Pierre Magnan, « L'iPod a relancé Apple qui relance l'iPod », www.france2.fr, 14 octobre 2010.

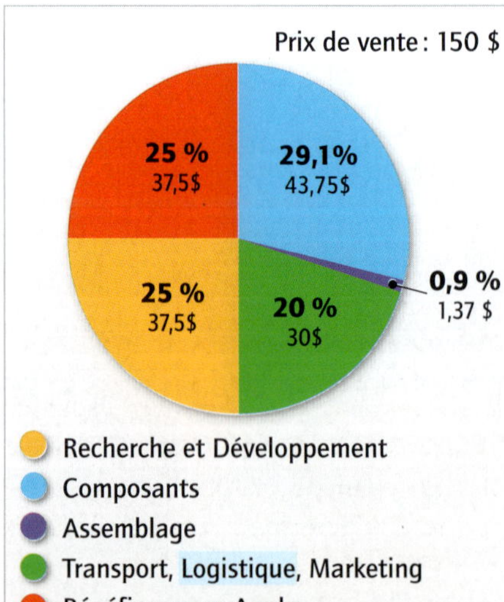

Source : Isuppli, 25 sept. 2010.

3 Que coûte vraiment un iPod ?

L'appareil est constitué de plus de 400 composants

(A) Acier inoxydable : Russie

(B) Écran : Corée/Indonésie

(C) Mémoire flash : Corée du Sud

(D) Puce informatique et circuits intégrés : Taïwan

(E) Composants internes : Japon

(F) Batterie : Japon

(G) Disque dur : Chine et Philippines (Toshiba)

(H) Circuits imprimés : Taïwan et Chine

4 Les composants de l'iPod

5 Un indicateur du niveau de vie

Nombre d'heures de travail nécessaires pour l'achat d'un iPod nano	
Los Angeles	10
Tôkyô	12
Paris	15
Séoul	22
Moscou	36
Istanbul	56
Shanghai	57
Buenos Aires	99
Le Caire	105
Manille	129
Nairobi	160
Mumbai	177

Source : UBS, Une comparaison du pouvoir d'achat dans le monde, 2009.

6 Publicité pour l'iPod à San Francisco

Vocabulaire

- **Logistique** : méthodes et moyens d'organisation d'une entreprise pour l'approvisionnement et le transport de sa production.
- **Main-d'œuvre qualifiée** : personnel ayant une formation spécifique et une expérience professionnelle importante.
- ***Silicon Valley*** : premier pôle technologique de la planète, situé au Sud de San Francisco.

Activités

1) **Doc. 4** Quels sont les différents composants de l'iPod et leur provenance ? Quel constat dressez-vous ?

2) **Doc. 1 et 3** Où est conçu l'iPod ? Où est-il assemblé ? Comment, à l'aide du graphique, expliquez-vous un tel décalage ?

3) **Doc. 2** L'iPod a-t-il connu le succès ? Justifiez.

4) **Doc. 1, 4, 5 et 6** Montrez que, si l'iPod est un symbole de la mondialisation, il en reflète aussi les inégalités.

Le baladeur iPod

2. De la conception à la vente

▶ *Quel itinéraire l'iPod suit-il ?*

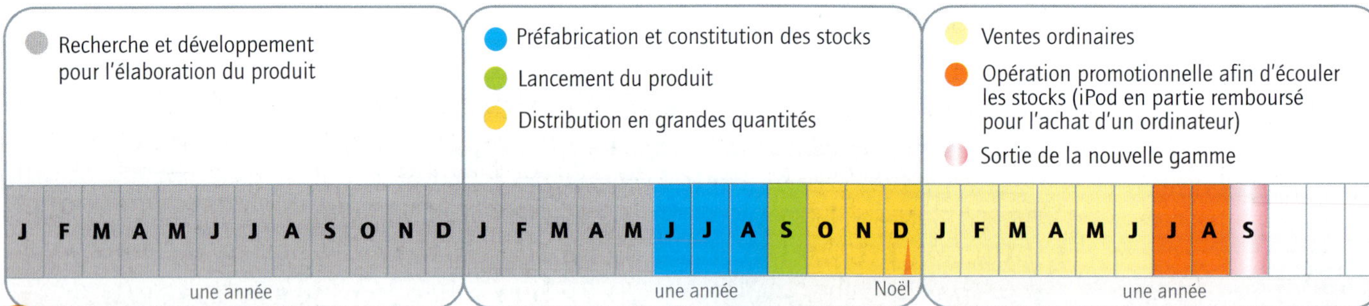

1 Le cycle de vie d'un iPod

2 L'ouverture de l'Apple Store de Shanghai en juillet 2010

Avec plus de 300 Apple Stores dans le monde, la société dispose de son propre réseau de commercialisation.

3 Les flux logistiques de l'iPod

«La stratégie logistique d'Apple s'efforce de s'adapter au plus près à ce cycle de vie du produit. En urgence, tout d'abord, à la sortie du produit [doc. 1], il est acheminé par avion-cargo spécial (3 jours; 11-12 €/kg). Puis Apple reporte sur les lignes de cargo aérien régulières (1 semaine; 7-8 €/kg) et les communications maritimes (5 à 6 semaines; 1-2 €/kg) l'expédition des baladeurs numériques. En glissant progressivement du fret aérien pour engager un cycle industriel de croisière, la marque s'efforce d'adapter sa capacité de production et de livraison à la courbe de la demande. Les iPods sont alors acheminés vers des entrepôts avancés pour y être éventuellement "localisés"* et personnalisés avant de fournir les grossistes, les détaillants de la marque et les Apple Stores. Dès le lancement du produit, le coût du transport est compris dans le prix de vente. Les ingénieurs de la marque travaillent sur le conditionnement, afin de le rendre le plus petit possible: cela réduit les coûts et l'empreinte écologique des produits.»

D'après G. Dounès, www.ipodbackstage.com, déc. 2010.

* Localisés: adaptés au pays avec drapeau, gravure…

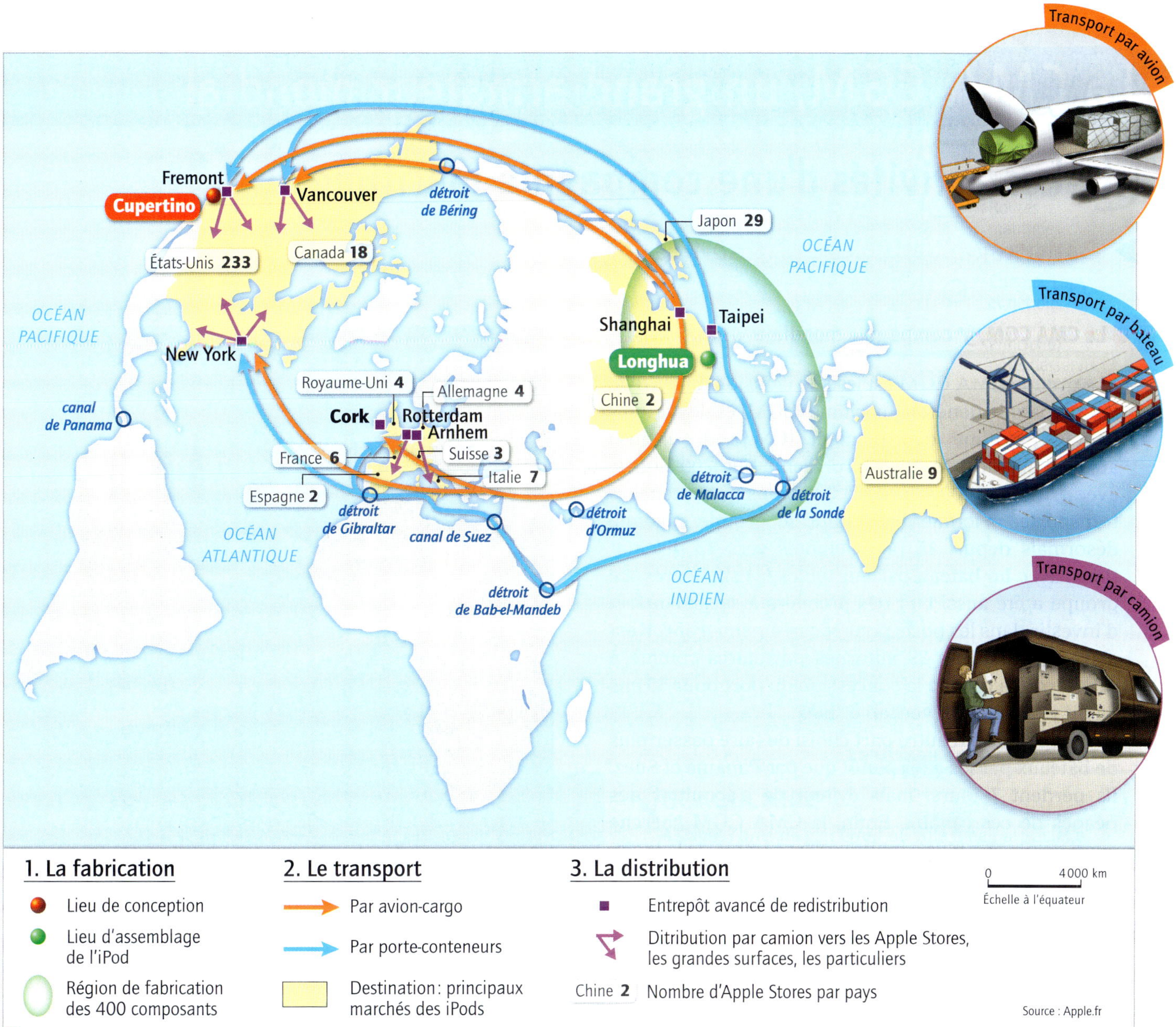

4 L'itinéraire d'un iPod

L'iPod (sous toutes ses formes), représente 80 % des baladeurs vendus aux États-Unis et 50 % de ceux commercialisés en Europe.

VOCABULAIRE

Logistique : méthodes et moyens d'organisation d'une entreprise pour l'approvisionnement et le transport de sa production.

Activités

1) **Doc. 3 et 4** Détaillez les différents itinéraires de l'iPod et, à chaque fois, les modes de transports empruntés.

2) **Doc. 1 et 3** Pourquoi les modes de transports évoluent-ils au cours des mois ?

3) **Doc. 2 et 4** Vers quels continents sont acheminés la plupart des iPods ? Comment sont-ils commercialisés ?

◆ Rédiger une synthèse ◆

4) **En vous aidant de la fiche SOCLE COMMUN ci-contre, rédigez un texte de quelques lignes pour expliquer l'itinéraire d'un iPod de son lieu de fabrication à ses lieux de vente.**

SOCLE COMMUN C5. Lire et employer différents langages : la carte

Pour décrire l'itinéraire d'une marchandise à partir d'une carte

- Dans la légende, je repère les symboles utilisés et leur signification.
- Sur la carte, je repère le point de départ de la marchandise, les différentes étapes du transport et les modes de transport utilisés.
- J'explique et je justifie pour chaque étape l'itinéraire choisi et le mode de transport adopté.

ÉTUDE DE CAS

La CMA CGM, un grand armateur mondial

2. Étudier l'itinéraire du Christophe Colomb

▶ *Quelle route emprunte-t-il ?*

1 Le Christophe Colomb est le plus grand porte-conteneurs français

Il a été construit dans les chantiers de Daewoo en Corée et est 10 fois plus grand que les porte-conteneurs d'il y a trente ans.

2 Le conteneur, une révolution dans le transport maritime

Il a été embarqué sur les premiers navires en 1956 puis adopté par tous les armateurs mondiaux. Plus d'1,5 million de conteneurs sont fabriqués chaque année, dont les deux tiers en Chine.

3 Préparer un conteneur

« La mise en route d'un conteneur est toujours la même. Un client téléphone au service "booking" (commandes) de la CMA CGM au Havre. Une fois le prix fixé, le "booking" prévient le service logistique. Ce dernier choisit un conteneur adapté. Il va opter pour une caisse propre, sèche et pas trop neuve – odeurs de peinture gênantes – s'il s'agit d'alimentaire. Pour le périssable, il prendra un frigorifique ; le conteneur choisi part à vide d'un dépôt de la société jusque chez le client en camion (70 % du trafic), mais le conteneur peut aussi arriver par train ou sur barge, un bateau à fond plat. Le client "empote" (remplit) alors le conteneur, puis le scelle, avant d'y apposer sa propre empreinte faisant foi. Avant destination, le conteneur ne pourra plus être ouvert (il sera seulement "dépoté" chez le destinataire). Il repart alors jusque dans la zone Port 2000 du Havre. Là se situe le terminal directement géré par Port Synergie, une filiale de la CMA CGM. Dès lors, celle-ci va gérer son transport jusqu'à sa destination. »

D'après Michel Samson, « Europe-Asie, l'odyssée du *Parsifal* », *Le Monde*, 22 novembre 2006.

Vocabulaire

- **Armateur** : celui qui équipe et exploite un navire à ses frais.
- **Conteneur** : caisse métallique standardisée prévue pour le transport de marchandises quel que soit le moyen de transport utilisé (avion, camion, bateau). Il facilite le passage de l'un à l'autre.

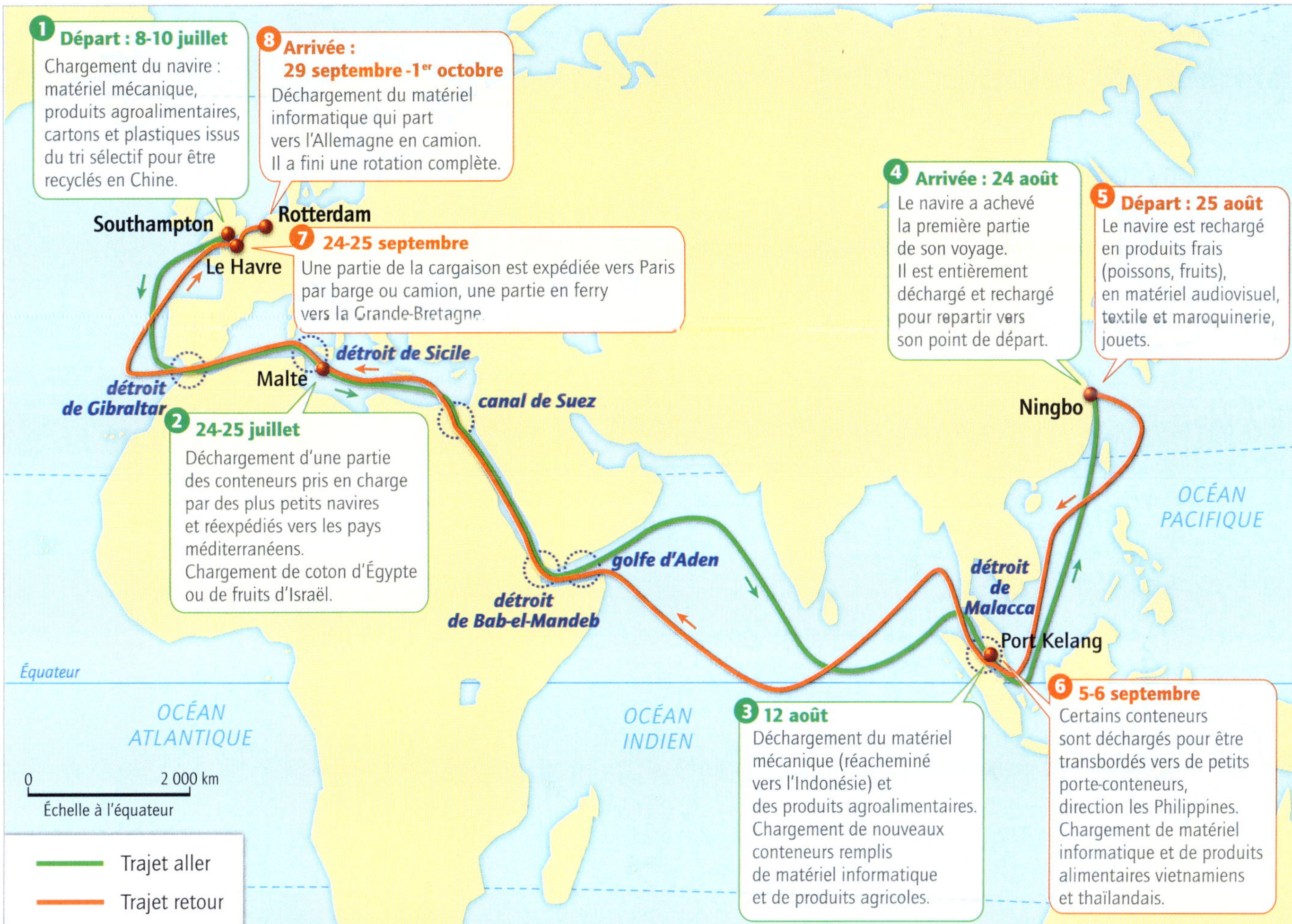

4 L'itinéraire du Christophe Colomb

5 La peur des pirates

« Face à la recrudescence des actes de piraterie, la compagnie française CMA CGM instaure un "bonus de risque" pour ses équipages qui naviguent dans le golfe d'Aden : un doublement du salaire des personnels navigants *"durant le transit dans le secteur à haut risque"* de la zone. Le groupe indique que 65 navires (notamment des grands porte-conteneurs) empruntent chaque mois le golfe d'Aden. La compagnie maritime assure avoir mis en place *"un dispositif de sécurité très rigoureux"* contre d'éventuelles attaques. Depuis plusieurs mois, le golfe d'Aden, au large de la corne Est de l'Afrique, est le théâtre d'actes de pirateries de plus en plus préoccupants. Une coalition navale internationale est pourtant sur zone pour tenter de sécuriser cette voie stratégique. »

« CMA CGM instaure un bonus de risque pour le golfe d'Aden », *20 minutes*, 3 déc. 2008.

SOCLE COMMUN C5. Lire et employer différents langages : la carte

Pour décrire l'itinéraire d'un navire à partir d'une carte

- Dans la légende, je repère les symboles utilisés et leur signification.
- Sur la carte, je repère le point de départ du navire, les différentes étapes et son lieu d'arrivée.
- À l'aide de mes connaissances, je décris et j'explique l'itinéraire du navire.

Activités

1) **Doc. 4** Relevez les ports où le navire fait halte et notez les marchandises chargées et déchargées.
2) **Doc. 1, 2 et 3** Comment voyagent les marchandises ? Quels sont tous les avantages de ce moyen de transport ?
3) **Doc. 1** Relevez les dimensions du navire. Pourquoi est-il si grand ?
4) **Doc. 5** Quel danger menace les navires ? Comment y faire face ?

◆ Rédiger une synthèse ◆

5) **En vous aidant de la fiche SOCLE COMMUN ci-dessus, et de vos réponses aux questions, rédigez une synthèse pour décrire l'itinéraire du Christophe Colomb.**

Cours

1 Pôles et flux du commerce mondial

Bilan des études de cas

1 [p.190-193] Quel itinéraire un iPod suit-il ?

➥ **Si l'iPod est conçu en Californie (*designed in California*), les 400 composants sont assemblés au Sud de la Chine (*made in China*)**, pour profiter d'une main-d'œuvre nombreuse et peu coûteuse.

➥ **Des flux logistiques aériens puis maritimes (moins chers) acheminent ensuite le baladeur vers les grands bassins de consommation** que sont l'Europe et l'Amérique du Nord.

➥ Ils sont ensuite convoyés, par camion, aux distributeurs.

2 [p.194-197] Comment la CMA CGM est-elle organisée ?

➥ **La CMA CGM a développé un réseau de véritables « autoroutes maritimes » qui traversent le globe d'Est en Ouest** et sont jalonnées de ports de transbordements ou hubs, afin de desservir les marchés secondaires.

➥ La compagnie s'équipe de **navires à capacité plus importante** pour réduire les coûts du transport.

➥ Elle a créé des filiales afin de contrôler la totalité de la chaîne logistique et peut ainsi **assurer le transport de la marchandise en empruntant la mer, la route, le rail ou la voie d'eau**.

Mise en perspective

Comment les échanges de marchandises sont-ils organisés ?

● **Les marchandises circulent sur de grandes distances à travers mers et océans**, empruntant détroits et canaux, le plus souvent sur des porte-conteneurs ou sur des pétroliers toujours plus grands.

● **Certaines régions du monde, comme l'Europe de l'Ouest, l'Amérique du Nord et le Japon, que l'on appelle la Triade**, se sont imposées de longue date dans le commerce mondial et constituent les trois pôles majeurs des échanges.

● **Les pays du Sud, moins industrialisés et souvent pauvres restent majoritairement à l'écart des grands flux de marchandises.** Pourtant, parmi eux, certains pays émergents comme la Chine jouent un rôle de plus en plus important, bousculent la hiérarchie et apparaissent comme de véritables partenaires commerciaux. Cette dernière explique en grande partie l'essor de la zone Asie-Pacifique comme pôle majeur du commerce mondial.

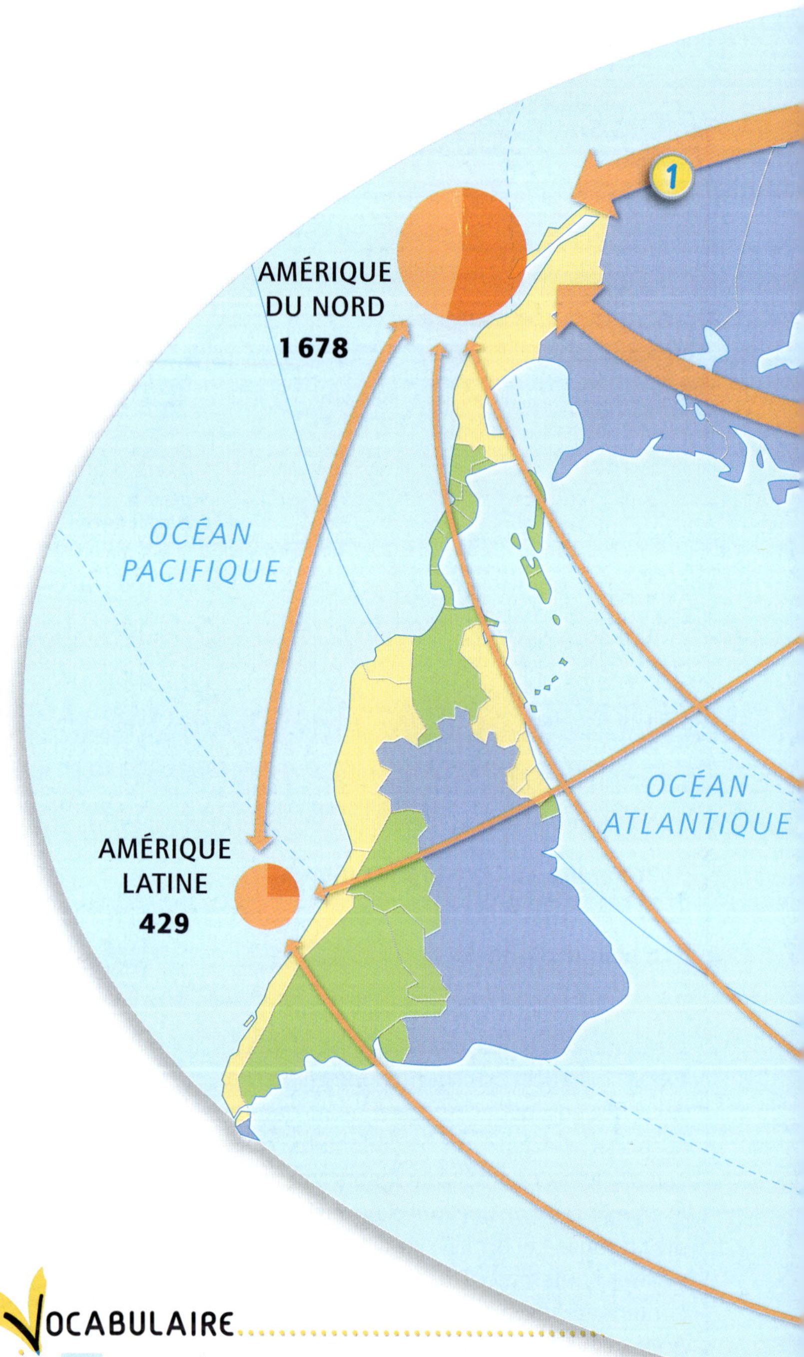

Vocabulaire

- **Flux** : ensemble de biens, produits ou personnes en déplacement d'un lieu à un autre.
- **Hub** : voir p. 195.
- **Logistique** : voir p. 191.
- **Pays émergents** : pays dont le développement s'est accéléré ces trois dernières décennies au point d'occuper une place de plus en plus importante dans l'économie mondiale.
- **Pôle** : région autour de laquelle s'organise en grande partie le commerce mondial.
- **Triade** : ensemble des trois régions qui dominent l'économie mondiale, l'Amérique du Nord, l'Europe occidentale et le Japon.

Du local au mondial

QUESTIONS

- Quels sont les 3 grands pôles du commerce mondial ?
- Comment leurs échanges sont-ils structurés ?
- Avec quelles régions réalisent-ils la part la plus importante de leur commerce ?
- Quelle région est à l'écart ? Pourquoi ?

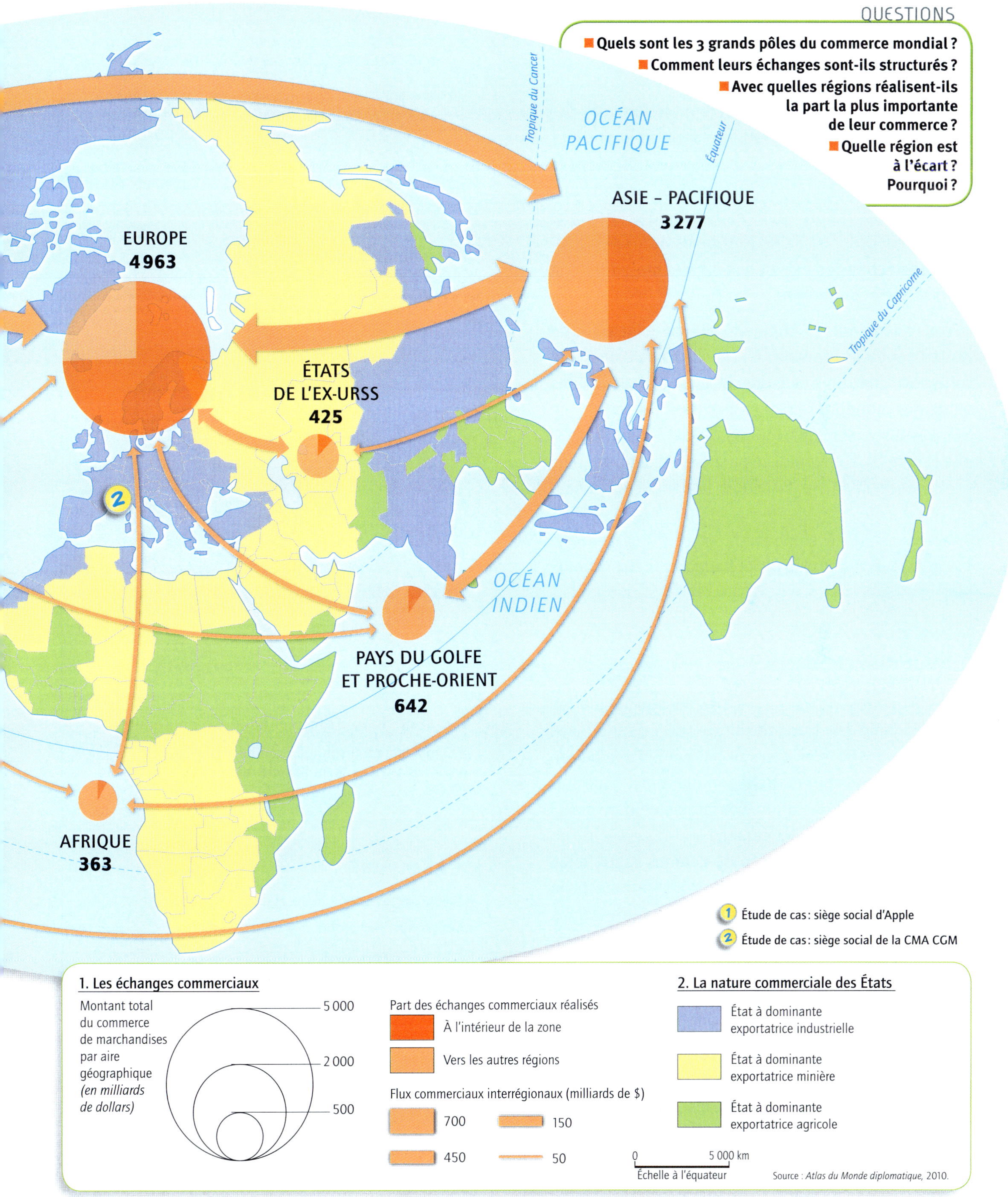

Cours 2

Échanges de marchandises et mondialisation

A L'explosion du commerce

Depuis 1950, les échanges commerciaux ont été multipliés par 200. Les flux de matières premières ont augmenté en tonnage, mais ont diminué dans la part totale des marchandises, en raison de l'accroissement plus rapide du commerce des produits manufacturés [doc. 4]. **Cette progression spectaculaire des échanges est un des signes majeurs de la croissance économique.**

Les marchandises circulent sur un ensemble de routes appelées réseaux. À l'échelle de la planète, **le transport maritime assure à lui seul 80 % des échanges mondiaux** en tonnage et la moitié en valeur. Sur des distances plus courtes, la route réalise 70 % des échanges, concurrencée par le rail et la barge, plus écologique. Enfin, le transport aérien de marchandises, encore minoritaire, a connu ces dernières années un fort développement grâce à l'agrandissement des soutes à bagages et l'apparition des avions-cargos [doc. 5].

B Pourquoi cet essor ?

Il s'explique d'abord par les **progrès spectaculaires réalisés dans les transports**. La spécialisation des navires ainsi que le gigantisme ont permis une baisse très sensible du coût du transport maritime. Mais surtout, l'intégration des différents modes de transports, grâce à l'utilisation du conteneur [doc. 1 et 2], inventé en 1956, a favorisé **l'émergence de chaînes logistiques alliant navigation aérienne, maritime, fluviale et le transport terrestre**. La mise en place de plates-formes multimodales a permis le passage rapide d'un mode de transport à un autre [doc. 3].

L'essor du commerce mondial est aussi la conséquence de la **diminution des droits de douane au passage des frontières** (près de 10 fois moins élevés de nos jours qu'en 1945), objectif poursuivi par l'OMC et qui profite pleinement aux firmes transnationales. Enfin, la baisse des barrières douanières a pu conduire à la constitution de véritables marchés communs, comme l'Union européenne.

1 Les chiffres de la mondialisation

16 conteneurs par minute sont manutentionnés dans le monde.	**2,5** centimes d'euros : c'est le prix du transport par conteneur d'un tee-shirt fabriqué en Chine.	**3 %** seulement du volume du commerce mondial (mais 47 % de la valeur) se fait par transport aérien.

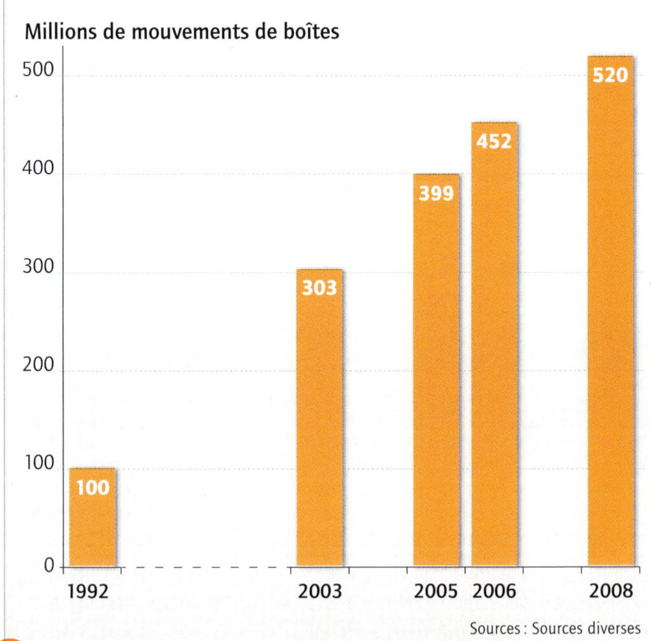

Sources : Sources diverses

2 Évolution du transport mondial par conteneurs

■ **Comment le transport par conteneur évolue-t-il depuis 1992 ? Comment l'expliquez-vous ?**

Vocabulaire

- **Avion-cargo** : avion transportant des marchandises.
- **Conteneur** : voir p. 196.
- **Firme transnationale** : entreprise de grande dimension, implantée dans de nombreux pays.
- **Flux** : voir p. 198.
- **Logistique** : voir p. 191.
- **Marchandises** : voir p. 189.
- **OMC** : Organisation mondiale du commerce qui vise à défendre la liberté des échanges et à régler les désaccords commerciaux entre les États.
- **Plate-forme multimodale** : lieu où les marchandises changent de mode de transport.

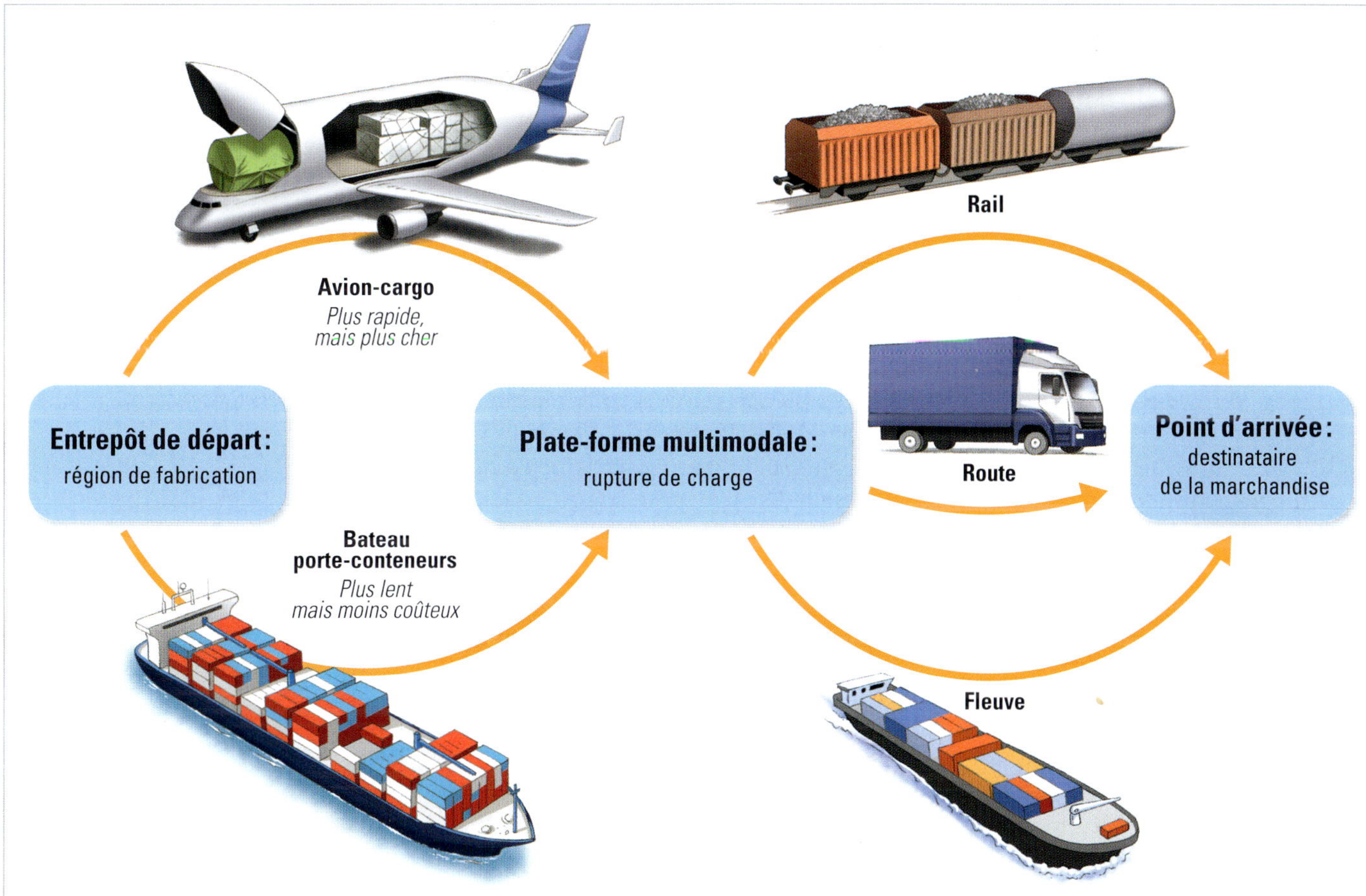

3 Le transport multimodal

■ Quel est le rôle de la plate-forme multimodale ?

4 Les exportations mondiales de marchandises

Part des différents secteurs en %				
	1950	1974	1992	2008
Produits agricoles	50 %	18 %	11 %	10 %
Hydrocarbures et produits miniers	18 %	26 %	15 %	22 %
Produits manufacturés	32 %	56 %	74 %	68 %

Source : OMC.

■ Quel type de marchandise connaît la hausse la plus importante ? la baisse la plus significative ?

5 Roissy-Charles de Gaulle, au cœur de la stratégie européenne de FedEx

FedEx est une entreprise américaine spécialisée dans le transport international de fret.

« Implanté en France depuis 1993, FedEx décide en 1996 de construire son centre de tri européen à Roissy-Charles de Gaulle. Inauguré le 27 septembre 1999, le hub de Roissy-Charles de Gaulle est aujourd'hui le plus grand hub de FedEx hors des États-Unis. Avec ce centre de tri et d'aiguillage, FedEx a pu renforcer son service de livraison porte à porte rapide dans les grandes villes européennes. Le hub de Roissy-Charles de Gaulle centralise le transit et la redistribution des colis à travers l'Europe et le monde entier, soit vers 220 pays et territoires. Il est la porte d'entrée en Europe des colis enlevés chez les clients du monde entier. C'est également la porte de sortie des expéditions européennes en partance pour le monde. Situé au cœur de l'une des régions économiques les plus dynamiques d'Europe, le hub de Roissy-Charles de Gaulle constitue ainsi un site stratégique majeur pour FedEx, lui permettant de relier l'Europe au réseau mondial de FedEx. »

D'après un dossier de presse FedEX, janvier 2011.

■ **Expliquez le rôle joué par le centre de tri installé à l'aéroport Roissy Charles de Gaulle.**

1 Échelles Décrire l'itinéraire d'un produit

[C1. Rédiger un texte bref]

Le commerce du haricot vert

1 Des haricots verts en boîte... venus de Chine

« Prenez les bocaux de haricots verts extra-fins *"cueillis et rangés main"* de Casino. Ces haricots, récoltés juste après leur maturité, doivent être sélectionnés un par un et répondre à des critères de qualité et de calibrage draconiens. Or la main-d'œuvre en France est trop chère et la récolte mécanisée n'assure pas de sélection suffisante. Aussi le distributeur a-t-il demandé à l'institut français Limagrain de lui fournir des semences de haricot *"au goût français"*. Les émissaires de Casino ont ensuite fait la tournée de cultivateurs de la région du Yunnan (Chine) – dont le climat tempéré semblait idéal – pour les convaincre de planter le fameux haricot, pour eux totalement inconnu. Ils devaient aussi le stériliser en bocaux de verre dans une usine construite au beau milieu des champs. En quelques mois, le groupe a créé de toutes pièces une filière de A à Z : même en incluant les frais de transport de 30 % de plus, les haricots cueillis main en Chine coûtent à Casino le même prix que les haricots achetés en France avec *"un bond de qualité faramineux"* explique Casino qui importe plusieurs dizaines de conteneurs par an. »

D'après Laurence Benhamou, *Le grand bazar mondial, la folle aventure de ces produits apparemment « bien de chez nous »*, Bourin Éditeur, Paris, 2007.

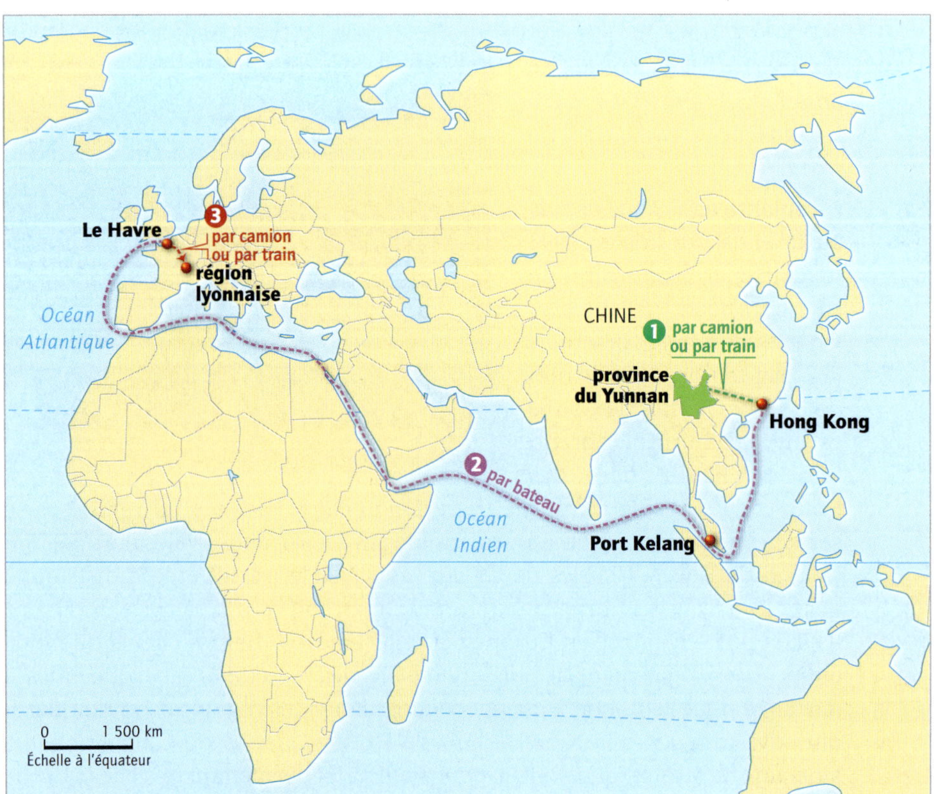

3 L'itinéraire des haricots verts

2 Une production mondiale

Chine	37,7 %
Indonésie	12,9 %
Turquie	8,8 %
Inde	6,5 %
Égypte	3,3 %
Espagne	3,3 %
Italie	3 %
Belgique	1,7 %
États-Unis	1,5 %
Autres	19 %

Sources : FAO et OMC, 2009.

1. **Doc. 1 et 2** Où sont principalement produits les haricots verts ? Quelles sont les raisons qui expliquent que l'on ne les produise plus en France, mais en Chine ?
2. **Doc. 3** Relevez tous les points de passage stratégiques empruntés par le navire.
3. **Doc. 2 et 3** Quels sont les différents moyens de transport empruntés par les haricots verts ? Y a-t-il rupture de charge ? Justifiez votre réponse.
4. D'après vos connaissances et vos réponses, rédigez une synthèse pour décrire les grandes étapes de l'itinéraire du haricot vert.

2 SOCLE COMMUN Lire et comprendre une carte

[C5. Lire et employer différents langages : la carte]

Pour lire et comprendre une carte

Une carte permet de représenter spatialement des phénomènes. Elle est toujours accompagnée d'une légende qui permet de la «décrypter».

- Je repère dans la légende les différents figurés utilisés et ce qu'ils représentent (figurés de surface, linéaires, ponctuels).
- Je localise sur la carte les principaux phénomènes ou les dynamiques représentés.
- Je rédige un texte de quelques lignes pour résumer les principales informations.

Le commerce du café

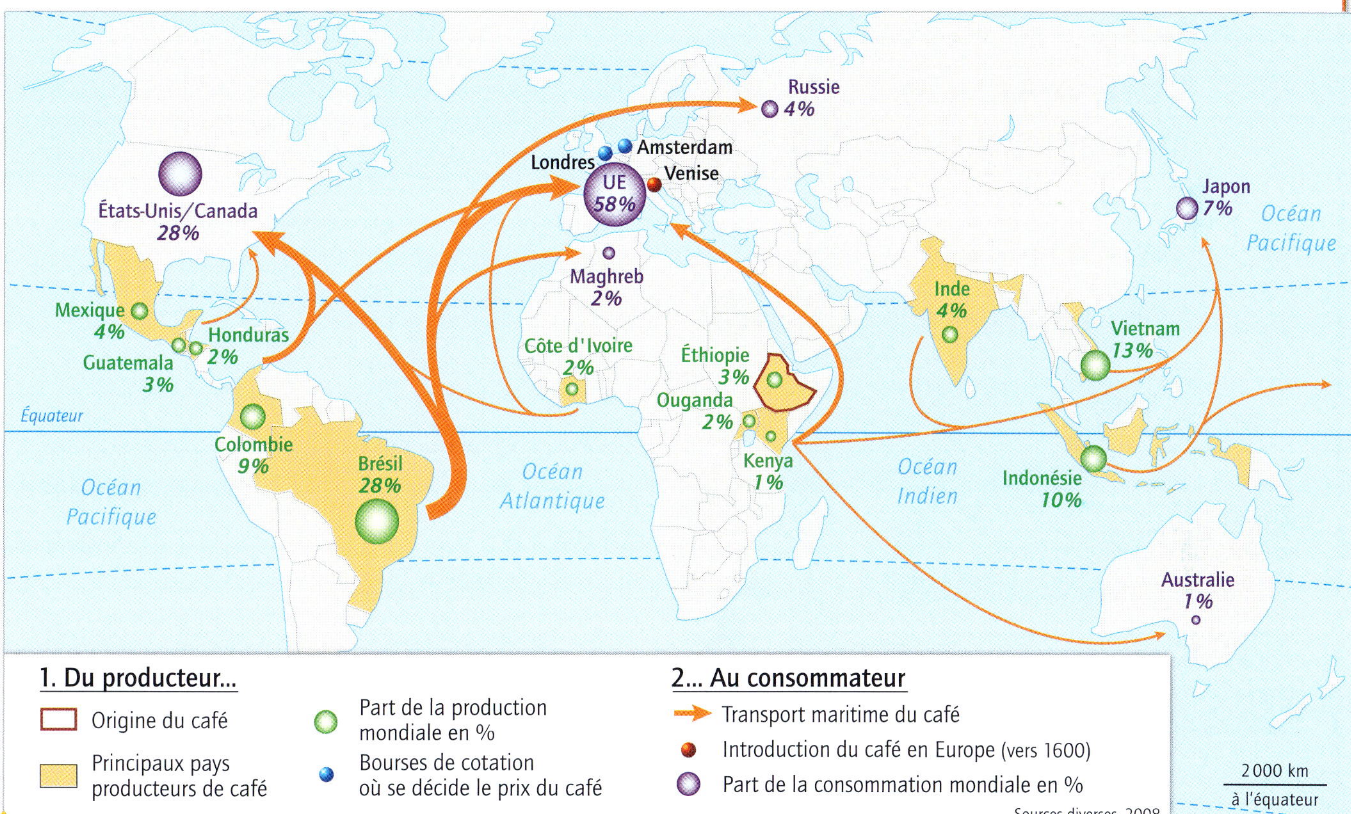

1 **Le café est une boisson, mais c'est aussi le premier produit agricole d'exportation.** *Cultivé dans une cinquantaine d'États, la filière fait vivre plus de 130 millions de personnes dont 30 millions de producteurs. À l'autre bout de la chaîne, des sociétés transnationales contrôlent 70% du commerce.*

2 Quatre grands groupes torréfacteurs

SOCIÉTÉ	MARQUES DE CAFÉ
Altria (E-U)	Carte Noire, Grand-Mère, Jacques Vabre, Maxwell, Tassimo
Sara Lee (E-U)	Maison du café, Senseo
Starbucks (E-U)	Starbucks coffee
Nestlé (Suisse)	Nescafé, Nespresso

1 **Doc. 1** À l'aide de la fiche SOCLE COMMUN, observez attentivement la carte et complétez le tableau suivant :

Principaux pays producteurs	Pays qui contrôlent les prix	Principales régions consommatrices

2 **Doc. 1** À quelle date le café est-il introduit en Europe ? Quel type de figuré est utilisé pour retracer le transport du café ?

3 **Doc. 2** Quelle est l'origine des groupes de torréfaction ?

4 Rédigez un court texte pour décrire les étapes du processus contrôlées par les pays du Nord, et celles par les pays du Sud.

J'AI RÉUSSI SI...

- *J'ai relevé sur la carte les informations nécessaires.*
- *J'ai rédigé correctement un court paragraphe résumant les grandes étapes du commerce du café.*

3 Débat Rédiger une synthèse

[C1. Rédiger un texte bref]

Consommer local ou mondial ?

1 **Affiche d'une AMAP**

2 Le vélo, exemple de la mondialisation

« Le vélo vedette du groupe Décathlon, le modèle "B'Twin", le plus vendu au monde, comporte des centaines de pièces venant de 30 pays différents. Devenu 3e fabricant mondial de vélo, et premier européen, l'enseigne du Nord de la France a mis à contribution tout son savoir-faire de sous-traitance* internationale, par l'intermédiaire de ses 18 bureaux éparpillés dans le monde. Il fallait trouver les meilleures pièces au meilleur prix. Le résultat est un inventaire à la Prévert : les cadres viennent à 70 % de Chine et de Taïwan et à 30 % du Portugal. Les éclairages et les garde-boue sont français, les jantes viennent de Belgique ou d'Espagne, les dérailleurs sont fournis par une société américaine qui fait fabriquer en Irlande, les selles et les pédales arrivent d'Italie, les leviers de frein du Portugal et les pneus de Thaïlande. »

D'après Laurence Benhamou, *Le grand bazar mondial*, Bourin Éditeur, Paris, 2007.

* Fait de confier à une autre entreprise une partie de sa production.

1. **Doc. 1** Qu'est-ce qu'une AMAP ?
2. **Doc. 2** D'où viennent les pièces détachées du vélo ?
3. **Doc. 1 et 2** Selon vous, est-il préférable de consommer local ou mondial ? Complétez le tableau suivant :

	Prix (élevé/bas)	Emplois (pertes/gains)	Transport (éloigné/proche)
Consommer local			
Consommer mondial			

4 B2i Sélectionner et analyser des résultats

[C4. Chercher et sélectionner l'information demandée]

Les importations et les exportations dans le monde

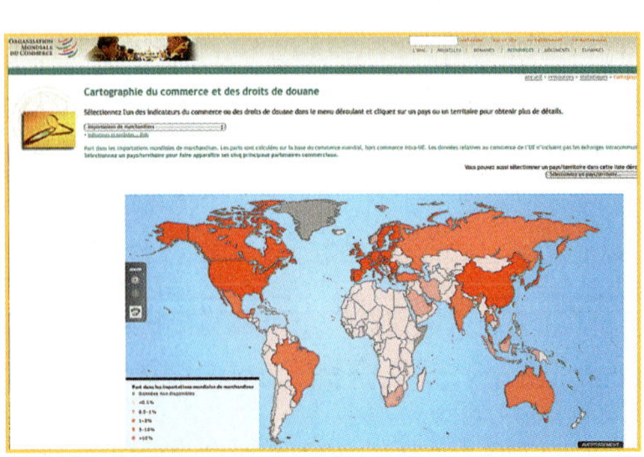

▲ **www.wto.org** (site de l'OMC)

1. Rendez-vous sur le site de l'Organisation mondiale du commerce. Allez à la rubrique « statistiques », puis sur la boîte « Cartes ».
2. Sélectionnez dans le menu déroulant « Exportations de marchandises ». Que constatez-vous ? Quels sont les principaux pays exportateurs ? Appartiennent-ils tous aux pays développés ?
3. Dans le menu déroulant à droite, choisissez l'Arabie Saoudite. D'après les informations qui s'affichent sur la carte, quels sont les principaux partenaires commerciaux de ce pays ?
4. Procédez de même pour les États-Unis et la Chine. Quel est le premier partenaire commercial de ces deux pays ?

Je révise

EXERCICES

1 Localiser les principaux points de passage stratégiques

[C5. Avoir des repères géographiques]

1 Retrouvez dans la liste ci-dessous le nom des passages stratégiques désignés par les lettres A à H : *détroit de Gibraltar, détroit de Bab-el-Mendeb, détroit de Malacca, détroit d'Ormuz, canal de Panama, cap de Bonne Espérance, détroit de la Sonde, canal de Suez.*

2 Pourquoi ces lieux représentent-ils un enjeu ? Répondez à cette question en l'illustrant d'un exemple précis.

3 Donnez la définition de « cap », « détroit » et « canal ».

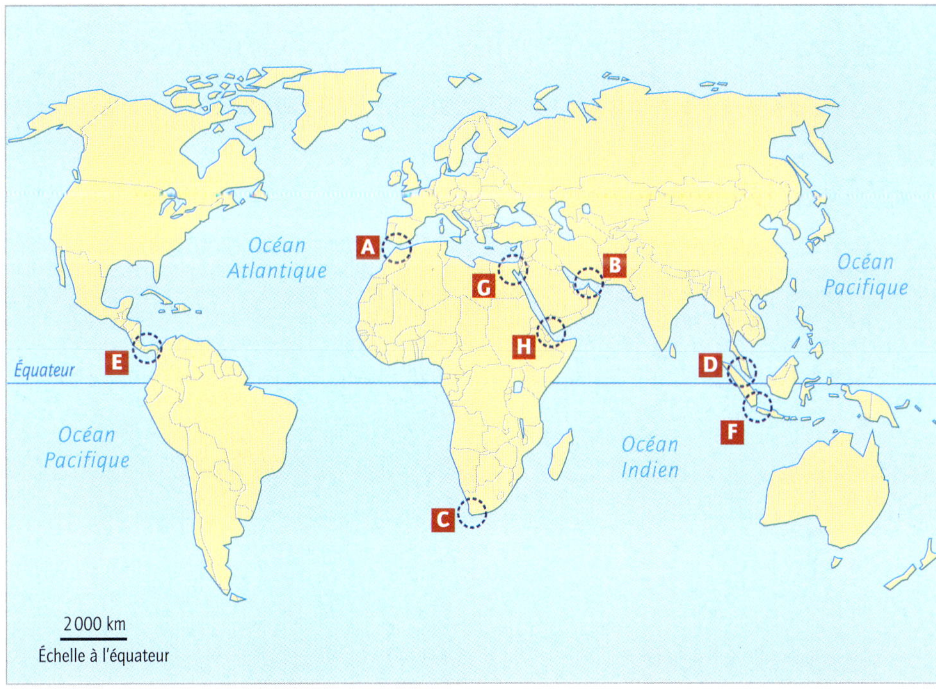

2 Retenir le vocabulaire de la leçon

[C1. Rédiger un texte bref]

▶ Faites correspondre un mot à une définition :

MOTS

1. Triade
2. Avion-cargo
3. Détroit
4. Plate-forme multimodale
5. Conteneur

DÉFINITIONS

a. Passage maritime naturel et étroit entre deux terres.

b. Avion transportant des marchandises.

c. Plaque tournante qui réceptionne puis réachemine la marchandise vers des marchés secondaires.

d. Caisse en métal de taille standard permettant de transporter des marchandises.

e. Ensemble des trois régions qui dominent l'économie mondiale, l'Amérique du Nord, l'Europe occidentale et le Japon.

3 Rédiger une synthèse

[C5. Avoir des connaissances et des repères]

1 À partir de vos connaissances et de votre manuel scolaire, énumérez tout ce que vous savez sur l'apparition du conteneur et son histoire.

2 Faites la liste de tous les avantages du conteneur.

3 Quels moyens de transport peut emprunter le conteneur ?

4 Rédigez une synthèse de quelques lignes sur le sujet suivant : **« Comment le conteneur a-t-il révolutionné les transports de marchandises ? »**

NB : vos réponses à la question 1 constitueront le 1er paragraphe ; celles à la question 2 le 2e paragraphe et enfin celles à la question 3 le 3e paragraphe.

Chapitre 14

Les mobilités humaines

Pourquoi les hommes sont-ils de plus en plus mobiles ?

Touristes à Pompéi. Plus de deux millions de touristes visitent chaque année le site archéologique de Pompéi en Italie. Cette ville romaine fut détruite par l'explosion du Vésuve, un volcan voisin, en l'an 79.

■ **Qui sont les personnes visibles ici ? Pourquoi se déplacent-elles ? À votre avis, d'où viennent-elles ?**

« Mobilité : désigne l'ensemble des déplacements humains, qu'ils soient quotidiens, permanents ou exceptionnels, professionnels ou de loisirs. »

Migrants africains fuyant les combats. En octobre 2008, plusieurs dizaines de milliers de civils fuient les zones de combats entre rebelles et soldats pour chercher refuge dans la ville voisine de Goma en République démocratique du Congo.

■ **Qui sont les personnes visibles ici ? D'où viennent-elles ? Pourquoi se déplacent-elles ?**

ÉTUDE DE CAS

Les migrations marocaines

1. Du Maghreb vers l'Europe

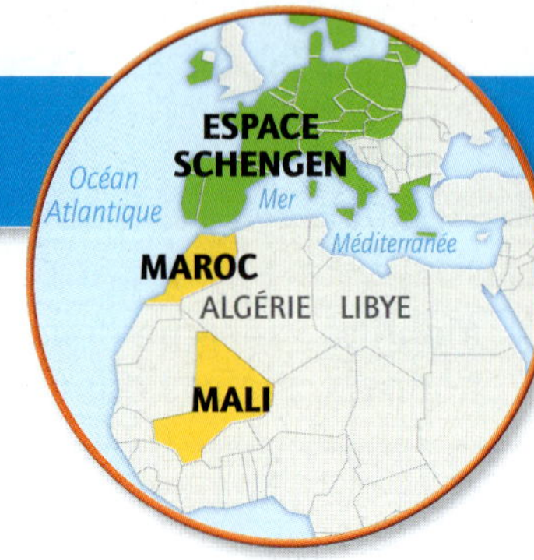

▶ Pourquoi partir ?

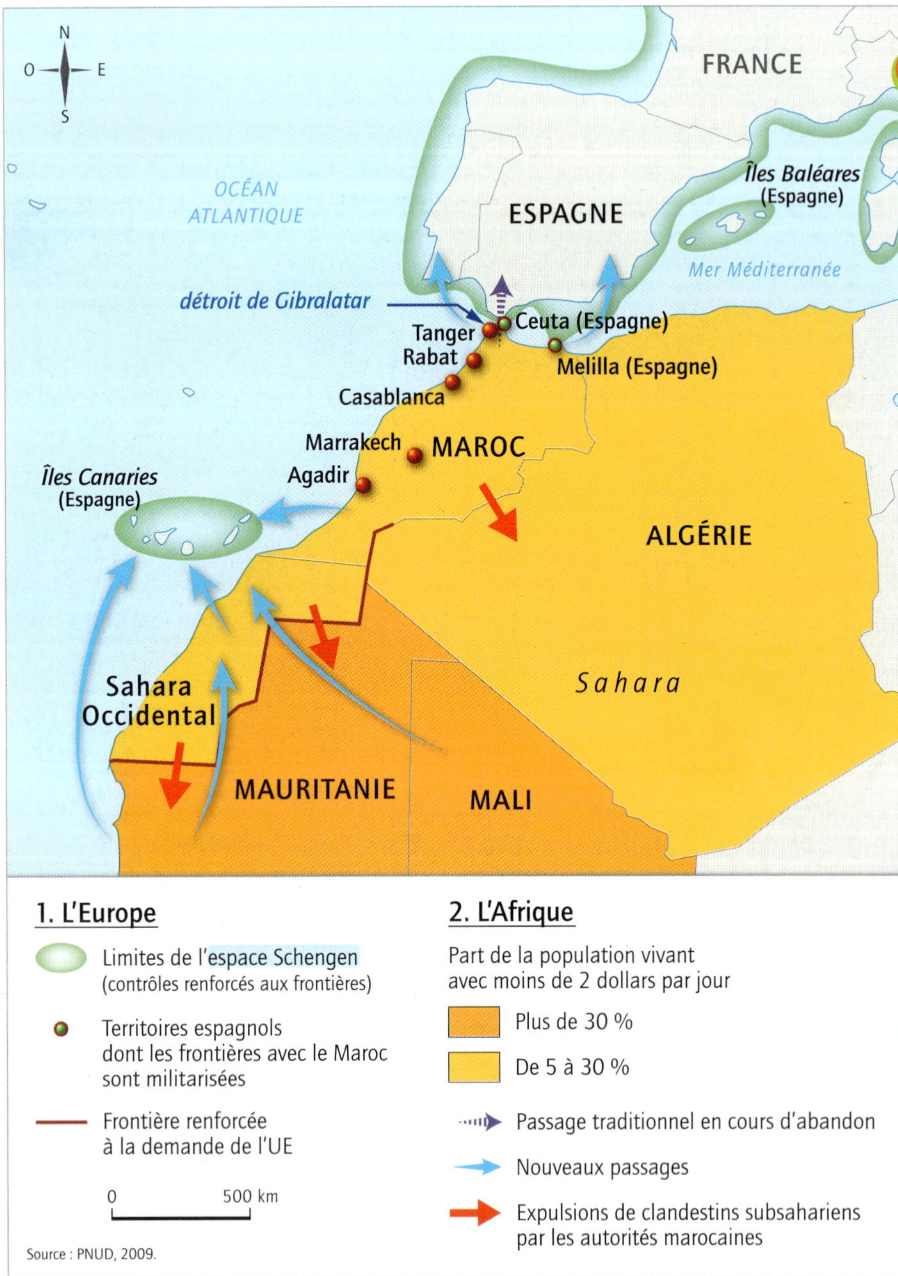

1 Le Maroc, entre Afrique subsaharienne et Europe

2 Le Maroc, nouvelle frontière de l'Europe

« L'Union européenne a imposé ses exigences au Maroc, comme d'ailleurs à l'Algérie et, dans une moindre mesure, à la Libye. En 2004, l'UE a débloqué 40 millions d'euros pour la "gestion des contrôles frontaliers" au Maroc portant sur la formation et l'équipement (radars, caméras infrarouges, capteurs électromagnétiques, sismiques ou acoustiques, véhicules et camions 4x4).
Les Subsahariens (Maliens, Mauritaniens, Nigériens) sont les victimes de cette politique. En 2004-2005, ils ont fait l'objet de 20 000 refoulements particulièrement sévères. À cette époque où le Maroc devait prouver sa "bonne volonté" à l'égard de l'Europe, il n'avait pas hésité à multiplier les déportations en plein Sahara avec des conséquences meurtrières. Même à l'époque de cette phase dure de la répression, il avait bien fallu se rendre à l'évidence : pour l'essentiel, les migrants revenaient. »

D'après *Frontières assassines de l'Europe*, Rapport annuel du réseau Migreurop, octobre 2009.

VOCABULAIRE

- **Clandestin (ou sans-papiers)** : personne vivant illégalement dans un pays étranger.
- **Émigré** : individu qui quitte son pays pour vivre, travailler ou étudier à l'étranger.
- **Maghreb** : en arabe, « pays du soleil couchant », région du Nord-Ouest de l'Afrique (Maroc, Algérie, Tunisie).
- **Espace Schengen** : espace de libre circulation entre 22 pays membres de l'Union européenne et dont les frontières extérieures sont renforcées.
- **Regroupement familial** : possibilité pour un immigré en situation régulière en France de pouvoir accueillir sa femme et ses enfants.

A

B

3 Une frontière entre deux mondes

(A) Les Canaries, nouvel eldorado des clandestins : chaque jour, deux à trois petits bateaux s'échouent à deux pas des hôtels peuplés d'Allemands et de Scandinaves en vacances sur ces îles espagnoles ; (B) patrouilles espagnoles et marocaines à la frontière de Ceuta, au nord du Maroc.

4 Rêver d'un ailleurs

« Au cours de la décennie 1970, le Maroc est devenu le principal pourvoyeur de main-d'œuvre immigrée dans les campagnes du Sud-Ouest comme dans les usines du Nord de la France. Les travailleurs marocains, immigrés récents, bénéficient dès 1975 du regroupement familial. Les Marocains constituent la première nationalité parmi les étudiants étrangers. La misère rurale, la crise de l'enseignement, le chômage de masse y compris pour les diplômés, l'irruption des télévisions étrangères par satellite, montrant un monde virtuel, l'enrichissement économique des émigrés, l'autoritarisme politique et la dégradation de la santé publique, tout cela incite bien des jeunes Marocains à rêver de départ. Or dans les années 1990, les conditions de l'émigration se durcissent. Le migrant, même le touriste, doit justifier d'un emploi, d'un stage, d'un logement, d'un niveau linguistique, d'un compte bloqué. Ces conditions interdisent à 90 % des Marocains de se rendre en Europe. »

D'après Pierre Vermeren, *Le Maroc, Idées reçues*, Le Cavalier Bleu Éditions, 2010.

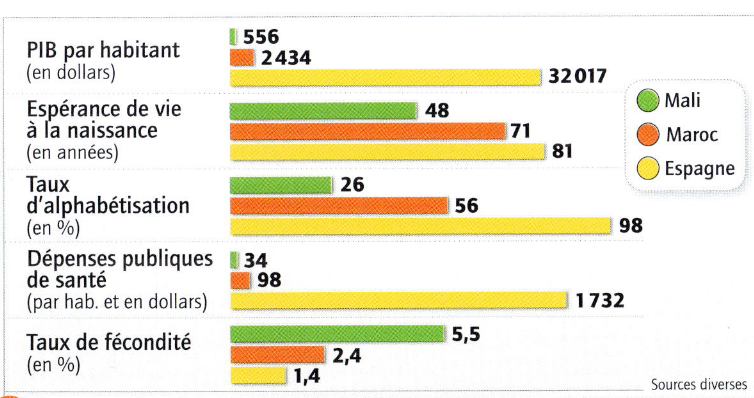

5 Les inégalités de richesse et de développement

SOCLE COMMUN

C5. Lire et employer différents langages : le graphique

Pour lire un graphique en barres

- Je repère les différents indicateurs et les éléments à confronter.
- Je donne un ordre de grandeur des écarts pour chaque indicateur.
- Je compare et j'explique les différences constatées.

Activités

1) **Doc. 1** Localisez le Maroc par rapport au Mali et à l'Espagne. Que constatez-vous ?

2) **Doc. 1, 4, 5** Dressez la liste des raisons qui poussent les migrants, qu'ils soient marocains ou maliens, à partir.

3) **Doc. 1, 2, 3** Quels sont les effets de ces migrations sur les frontières européennes ? et marocaines ? La politique mise en œuvre pour freiner les migrations est-elle un succès ?

4) **Doc. 1 et 2** Expliquez pourquoi les clandestins migrent maintenant vers les îles Canaries.

◆ Rédiger une synthèse ◆

5) **En vous aidant de la fiche SOCLE COMMUN ci-contre, rédigez quelques lignes pour expliquer les raisons qui poussent un Malien à quitter son pays.**
Vous expliquerez [doc. 1, 2 et 3] pourquoi il est de plus en plus difficile d'entrer en Europe.

Les migrations marocaines

2. Les Marocains en Europe

▶ Quelles sont les relations entre les Marocains et l'Europe ?

1 Attente au port d'Algésiras en Espagne

Chaque année, plus de 2,5 millions de Marocains émigrés retournent au Maroc le temps des vacances. La plupart voyagent durant plusieurs jours en voiture et doivent parfois patienter plusieurs heures sur un parking avant d'embarquer sur un ferry pour Tanger.

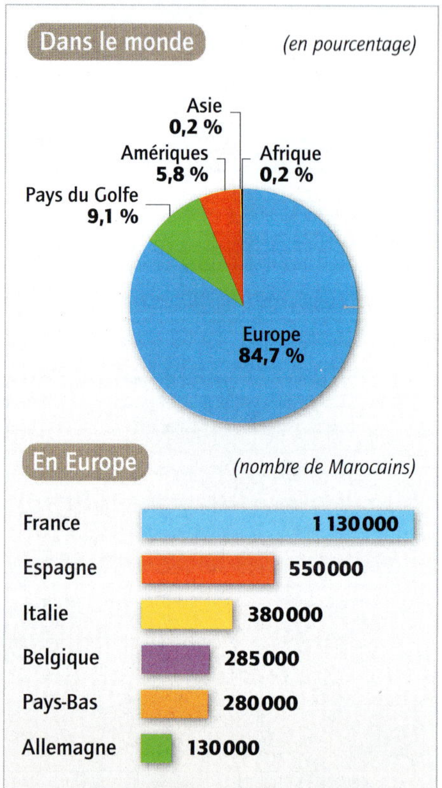

Source : *Marocains de l'Extérieur*, Observatoire CMRE, Fondation Hassan II, 2007

2 Les Marocains résidant à l'étranger

3,3 millions de Marocains, soit 10 % de la population, vivent à l'étranger.

3 Les remises, l'argent des émigrés

« Les Marocains exilés envoient chaque année, via les banques, 3,5 milliards d'euros au Maroc (10 % du PIB), auxquels s'ajoutent 2 milliards d'euros en argent comptant*. Au début, ils envoient de l'argent à leurs familles, construisent une maison dans leur village. Puis, outre l'achat de terres agricoles ou le forage de puits dans leur région d'origine, ils investissent leur argent dans l'immobilier, notamment les hôtels et les appartements, dans d'autres régions plus prospères du Maroc. Mais la famille à l'étranger exerce aussi une grande influence du point de vue politique et culturel : nouvelles idées, normes et valeurs originaires de l'étranger, en ce qui concerne l'âge où l'on se marie, la sexualité, la démocratisation, le niveau de consommation, la musique. »

D'après Philip Smet, *Les Immigrés marocains, 40 ans aux Pays-Bas : un bilan*, Radio Nederland Wereldomroep, 13 mai 2009.

* En espèces ou par chèque.

Stand de la banque américaine Western Union au Salon de l'immobilier marocain de Paris, 2007.

4 L'Espagne n'est plus un pays de transit

« De plus en plus de Marocains s'installent en Espagne. Ils parviennent ensuite assez facilement à trouver un emploi malgré un chômage en hausse. En effet, plusieurs secteurs économiques restent demandeurs de main-d'œuvre, car les travailleurs espagnols refusent souvent les conditions de travail et de rémunération proposés pour ces emplois, peu qualifiés. Cela concerne les secteurs de l'agriculture, du bâtiment, les activités touristiques où existe une forte demande de main-d'œuvre souvent saisonnière, moins exigeante en matière de rémunération et de conditions d'emploi, parce qu'étrangère, réduite à une position d'immigrés dominés et maintenus dans la précarité.
Cette réalité n'est pas spécifique à l'Espagne et se décline aussi ailleurs en Europe comme dans le Sud de l'Italie, là où *"la saison des esclaves qui peinent pour 2 euros"* s'organise sur le système du *caporalato** ou en France, où les *"contrats OMI"*** permettent aux agriculteurs de disposer d'une main-d'œuvre bon marché pour les travaux des champs. »

D'après Fabien Guillot, www.geographie-sociale.org, 15 janvier 2011.

* *Caporali* : recrutement sur un marché parallèle d'une main-d'œuvre bon marché, souvent clandestine et soumise à des conditions de travail dégradantes.
** Office des migrations internationales.

5 Gad Elmaleh et Djamel Debbouze, deux humoristes et acteurs franco-marocains

Le premier est né à Casablanca en 1971, le second à Paris en 1975.

6 Une journée sans le travail des immigrés

Le 1er mars 2010, plusieurs associations appelaient les immigrés de France à ne pas travailler et à ne pas consommer, afin de montrer leur importance dans la société française.

7 Pourquoi retourner au pays ?

Raisons professionnelles (précarité de l'emploi ou fin de contrat)	9,2 %
Problèmes personnels (familiaux ou de santé)	15,2 %
Problèmes d'intégration	16 %
Retraite	41,3 %
Nostalgie du pays	6 %
Gestion des affaires dans le pays d'origine	7,4 %
Autres	4,9 %
Situation financière au moment du retour :	
- améliorée	73,4 %
- dégradée	8,1 %
- maintenue	18,5 %

Source : AMERM et Institut de recherche pour le développement (France), 2010.

Vocabulaire

- **Immigré** : individu qui réside dans un pays où il n'est pas né.
- **Remises** : argent envoyé par les migrants dans leurs pays d'origine afin de subvenir aux besoins de ceux qui sont restés au pays.

Activités

1) **Doc. 2** Où s'installent la plupart des migrants marocains ? Comment l'expliquez-vous ?
2) **Doc. 1 et 3** Montrez qu'ils ont gardé des relations étroites avec leur pays d'origine.
3) **Doc. 4, 5 et 6** Quel rôle économique jouent-ils dans les pays d'accueil ?
4) **Doc. 7** Quelles sont les motivations principales du retour au pays ?

◆ Rédiger une synthèse ◆

5) **À partir de vos réponses et des documents, rédigez une synthèse de quelques lignes pour montrer que les flux de migrants marocains ont un impact économique à la fois dans le pays de départ et dans le pays d'accueil.**

Le tourisme en Tunisie

2. Une grande destination touristique du Maghreb

▶ *Comment expliquer le succès tunisien ?*

1960–1965 : Les premières initiatives sont dues à des **entrepreneurs étrangers** (Club Méd) ou à des **acteurs locaux** qui se reconvertissent dans le tourisme.

1965–1975 : L'**État** entre en jeu pour faire du **tourisme un outil de développement économique**. Il investit dans les **stations** (en achetant en particulier les terrains) et **réglemente** le secteur.

1975–1990 : Les **investisseurs étrangers**, en particulier **en provenance du Moyen-Orient** (pétrodollars) sont de plus en plus nombreux. Le **tourisme** demeure **essentiellement balnéaire**, avec aujourd'hui encore 90 % des recettes.

1990–2010 : Les touristes étrangers deviennent de plus en plus autonomes et circulent davantage en Tunisie. Le **tourisme domestique** est **en plein essor**.

2010 : **Le tourisme représente 16 % de l'économie nationale et 19 % des exportations.** Il occupe directement ou indirectement 15 % de la population active.

D'après Mathis Stock (coordination), *Le tourisme. Acteurs, lieux et enjeux*, Belin Sup Géographie, 2003. Données WTTC, *rapport* 2010.

1 L'évolution du système touristique en Tunisie

A Accueillir les croisières

La Tunisie cherche à développer le tourisme de plaisance et à attirer les navires de croisières. L'Organisation mondiale du tourisme (OMT) prévoit 12 millions de croisiéristes dans le monde à l'horizon 2020, avec 11 % de parts de marché pour la Tunisie, soit 1,3 million.

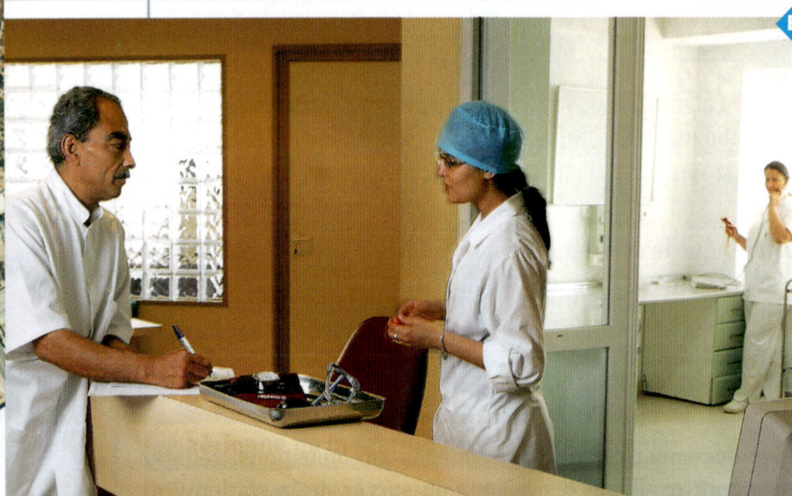

B Proposer des soins moins chers

La Tunisie propose des soins de 40 % à 70 % moins chers que ceux pratiqués en Europe et la possibilité de jumeler ces soins avec un séjour en bord de mer. Ces touristes « médicaux » peuvent dépenser jusqu'à 4 000 euros pendant leur séjour contre 300 euros pour un touriste ordinaire.

C Développer le tourisme de résidence pour les retraités européens

La Tunisie tire parti de sa proximité relative avec une Europe aux revenus élevés, de ses côtes, de son climat méditerranéen et de son patrimoine historique et culturel, et cherche à attirer l'installation de retraités européens, notamment grâce à des taxes moins élevées.

2 Diversifier l'offre touristique

3 La « révolution de jasmin »

« Les hôteliers guettent en vain le client. Toutes les réservations de février et mars ont été annulées au Gafsa Palace, dans le désert tunisien. L'établissement travaille par cars entiers avec les tour-opérateurs qui organisent des excursions dans le Sahara. Mais le site du ministère français des Affaires étrangères signale les routes comme peu sûres dans la région. L'actualité retentit immédiatement sur le tourisme en Tunisie. L'attentat contre la synagogue de la Ghriba, à Djerba, en 2002, qui avait fait 21 morts dont 14 touristes allemands, avaient déjà porté un coup dur à cette activité. La plupart espèrent ne pas mettre des années à se relever de la *"révolution de jasmin*"*. »

D'après Béatrice Gurrey, *Le Monde*, 22 février 2011.

* Révolte populaire qui a entraîné le départ du président Ben Ali en février 2011.

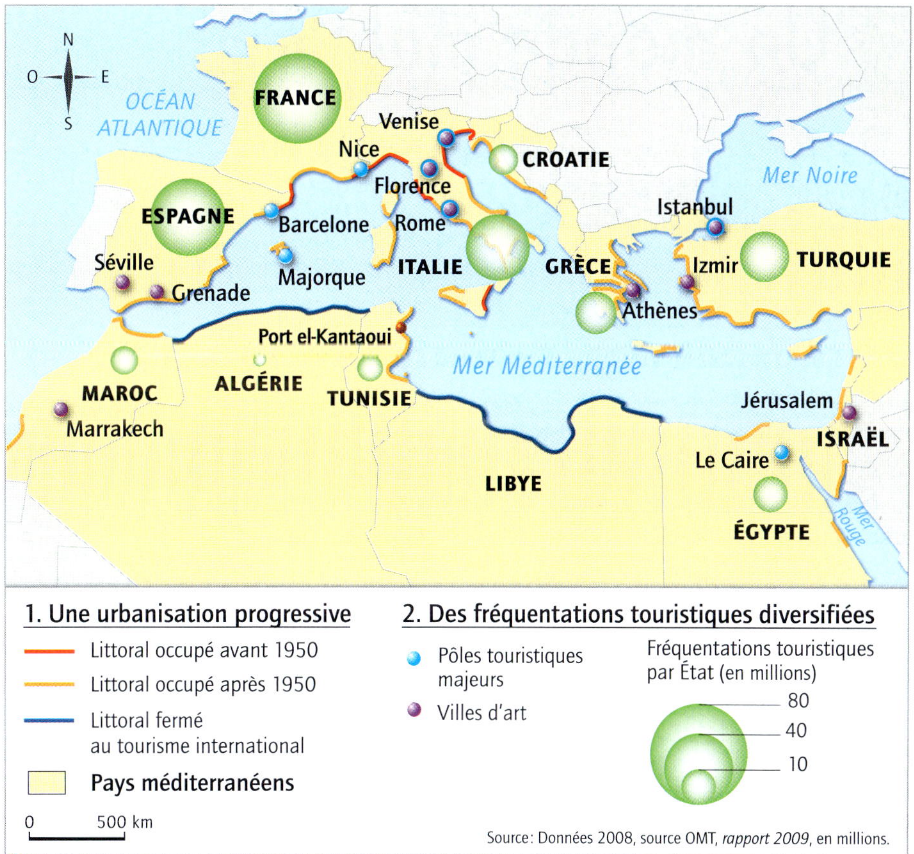

4 Le bassin méditerranéen, première destination touristique mondiale

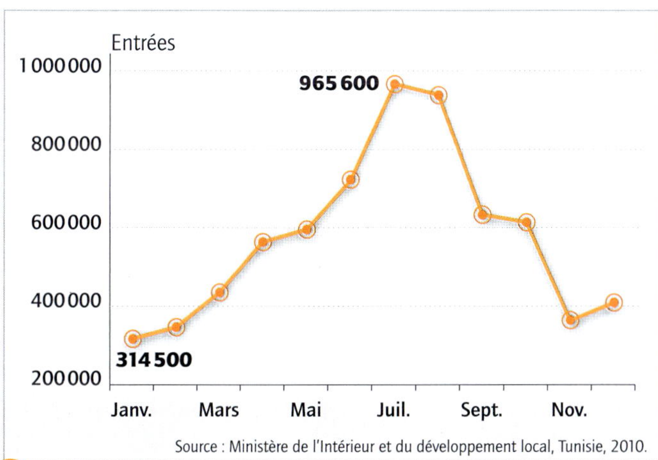

5 Fréquentation touristique mensuelle en Tunisie

SOCLE COMMUN C5. Lire et employer différents langages : le graphique

Pour lire un graphique linéaire

- Je repère les données et la période concernées.
- Je caractérise l'évolution de la courbe (augmentation, diminution, stagnation).
- Je décris la forme de la courbe et je l'explique.

Vocabulaire

- **Pétrodollars** : dollars provenant de la vente du pétrole brut.
- **Station touristique** : concentration d'équipements (infrastructures) destinés à accueillir des touristes.
- **Tourisme balnéaire** : tourisme de bord de mer.

Activités

1) **Doc. 1** Relevez les différents acteurs du développement du tourisme en Tunisie et, pour chacun, leur rôle. Quelle forme de tourisme a été privilégiée par la Tunisie ? Pourquoi ?

2) **Doc. 4** Citez les trois principaux pays touristiques du Sud du bassin méditerranéen. Quel constat pouvez-vous faire par rapport à la rive nord ?

3) **Doc. 2** Quelles autres formes de tourisme la Tunisie cherche-t-elle à développer ?

4) **Doc. 3 et 5** En vous aidant de la fiche **SOCLE COMMUN**, présentez les variations mensuelles du tourisme en Tunisie. Comment les expliquez-vous ? Quel événement pourrait remettre en cause cette fréquentation ?

Rédiger une synthèse

5) **Rédigez un texte de quelques lignes où vous présenterez les atouts dont dispose la Tunisie ; vous évoquerez ensuite les évolutions récentes du tourisme tunisien.**

Cours

1 Un monde mobile

Bilan des études de cas

1 [p.208-211] Comment les migrations marocaines évoluent-elles ?

➥ **10 % de la population marocaine vit à l'étranger, principalement en Europe.** Elle maintient un lien fort avec sa famille en envoyant souvent de l'argent (qui participe à l'économie du pays) et en s'y rendant en vacances.

➥ **Les MRE occupent des métiers très divers, mais rencontrent souvent des difficultés d'intégration** et font parfois l'objet de réactions xénophobes.

➥ Ancien pays de départ, **le Maroc est devenu un pays de transit pour les migrants subsahariens** qui tentent de franchir les frontières de l'Union européenne (espace Schengen).

2 [p.212-215] Quelles sont les clés du succès touristique tunisien ?

➥ **La Tunisie a su valoriser son littoral et sa proximité avec l'Europe** pour devenir une destination touristique importante de la rive sud du bassin méditerranéen.

➥ **Le gouvernement tunisien a privilégié un tourisme de masse par la construction d'importantes stations touristiques,** en association avec des investisseurs étrangers et des tour-opérateurs européens qui proposent des voyages « clés en main ».

➥ La Tunisie doit s'adapter à la concurrence internationale et **proposer de nouvelles activités.**

Mise en perspective

De quelles mobilités s'agit-il ?

● **Les mobilités touristiques (1 milliard de touristes internationaux en 2010) font désormais partie de notre mode de vie** et sont devenues un marché économique important (642 milliards d'euros en 2009). Ce secteur fournit 230 millions d'emplois dans le monde, souvent précaires et mal payés.

● **Le monde compte 214 millions de migrants**, chiffre en augmentation, mais stable depuis un siècle en proportion de la population (3 % de la population mondiale). L'espoir d'une vie meilleure reste la motivation essentielle de ces migrations.

● Ces migrations, légales ou clandestines, s'accompagnent également de transferts d'argent importants et participent au brassage des cultures.

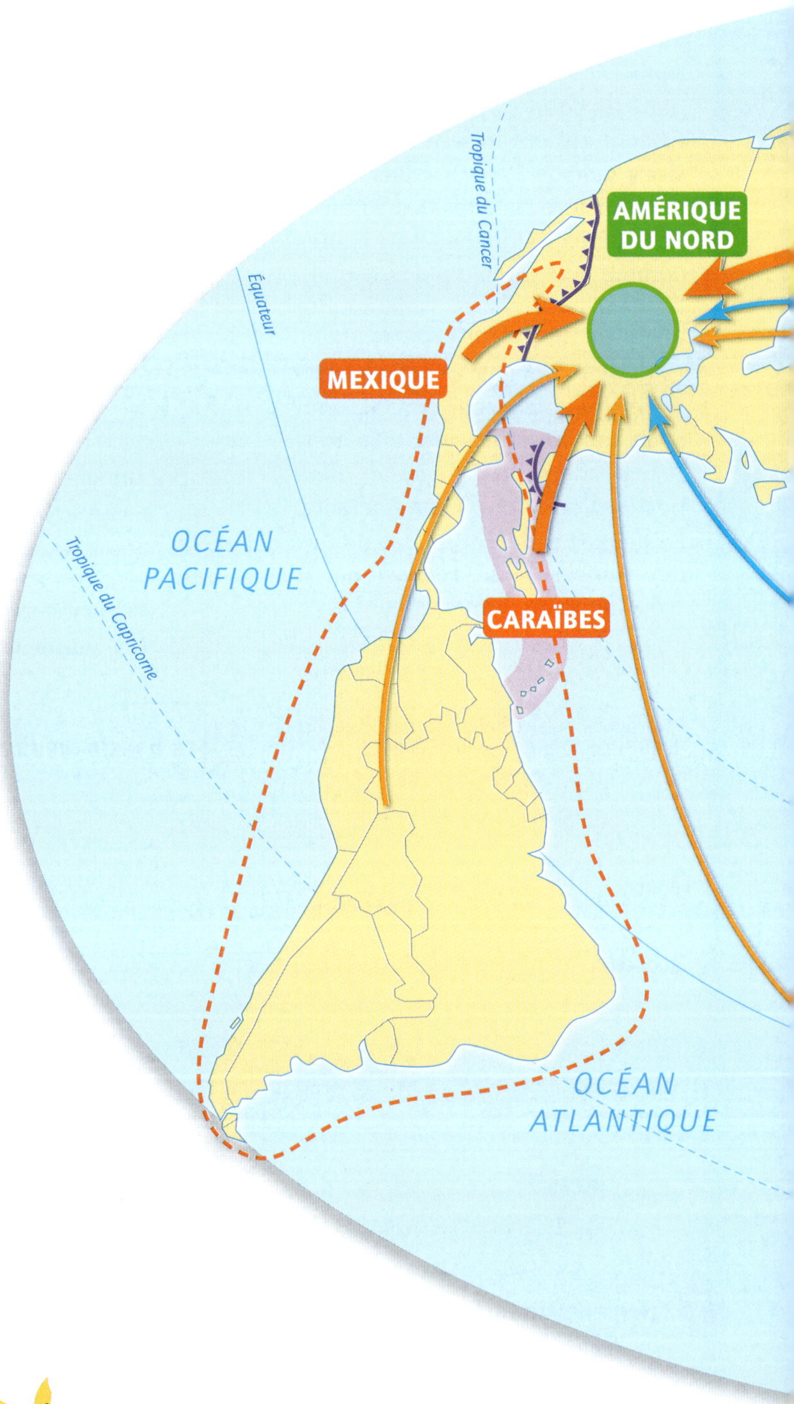

VOCABULAIRE

- **Clandestin** : voir p. 208.
- **Espace Schengen** : voir p. 208.
- **Migrant** : personne qui s'installe dans un pays étranger.
- **MRE** : Marocains résidant à l'étranger.
- **Touriste international** : personne qui change de pays pour 24 heures au moins à des fins de loisirs.
- **Xénophobie** : attitude de rejet des étrangers proche du racisme.

Du local au mondial

QUESTIONS

- À l'aide du planisphère :
– citez deux frontières fermées à l'immigration ;
– citez les deux principaux pôles du tourisme mondial ;
– citez les deux principaux pôles d'immigration.
Que constatez-vous ?

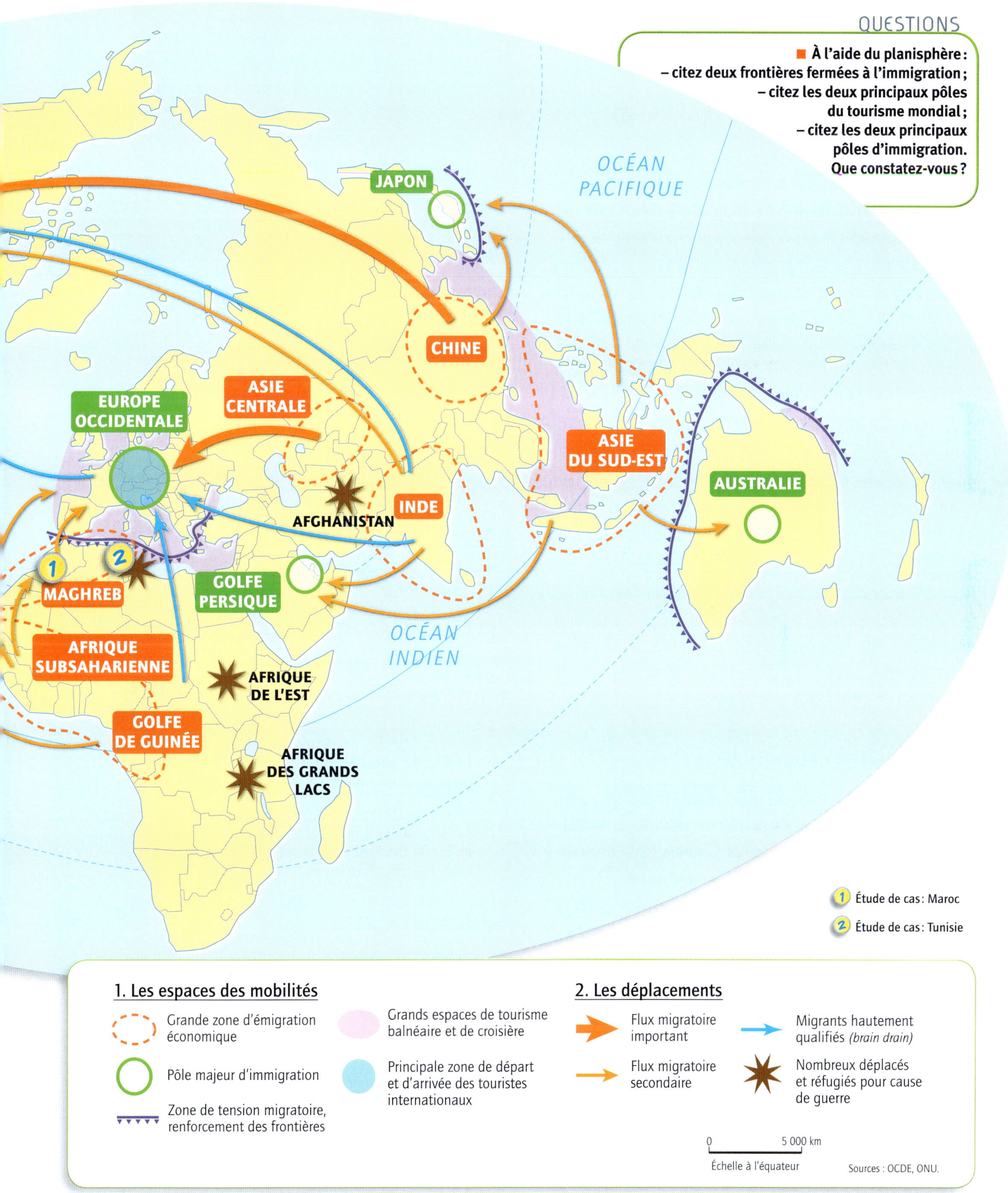

Cours

2 Les mobilités humaines

A Les mobilités migratoires

Les flux migratoires concernent pour l'essentiel des populations pauvres à la recherche d'une vie meilleure. Mais il n'est pas facile d'entrer légalement dans un pays d'accueil pour s'y installer. Ainsi, **dans les années 1970, frappés par la crise, les États du Nord ont partiellement fermé leurs frontières,** autorisant seulement l'entrée, soit de personnes qualifiées (*brain drain*) [doc. 3], soit choisies. Ces restrictions conduisent les autres immigrants à tenter un **passage illégal de la frontière, dans des conditions souvent extrêmes**. Ils deviennent dès lors des clandestins, espérant une éventuelle régularisation.

À ces flux volontaires s'ajoutent des migrations forcées. **Les guerres, les famines, l'insécurité provoquent le départ de nombreux réfugiés** [doc. 5]. Il s'agit là de flux migratoires régionaux ; on part dans l'urgence dans un camp que gère le HCR, de l'autre côté de la frontière, ou à l'intérieur de son pays (déplacés).

Dans le pays d'accueil comme dans celui d'origine, **la migration est un phénomène visible qui entraîne des évolutions économiques, culturelles et sociales dans les deux pays** [doc. 2], créant des liens durables et des transferts financiers et techniques.

B Les mobilités touristiques

Depuis 1945, la croissance du nombre des touristes est constante [doc. 1]. Cet essor modifie de vastes espaces (développement de régions touristiques), et influence les économies des États (emplois liés au tourisme).

L'essentiel des flux concerne les pays riches, dont les habitants fournissent la majeure partie des touristes de la planète. Pourtant, nombreux sont les habitants des pays émergents qui accèdent au tourisme [doc. 4].

Les flux se dirigent essentiellement vers le bassin méditerranéen et la mer des Caraïbes, proches de l'Europe et de l'Amérique du Nord, pour des séjours surtout balnéaires. D'autre part, les villes au patrimoine historique et architectural important attirent toujours [doc. 4]. À l'opposé, certains États sont fermés ou apparaissent peu sûrs pour les touristes [doc. 6].

1 LES CHIFFRES DE LA MONDIALISATION

214 millions de migrants.

1 milliard de touristes internationaux en 2010.

80 millions de touristes en France.

2 Les effets des migrations

	Pays de départ (émigration)	Pays d'accueil (immigration)
Conséquences positives	■ Limitation de l'accroissement démographique et du chômage des jeunes. ■ Envoi d'argent par les émigrés.	■ Limitation du vieillissement de la population. ■ Main-d'œuvre bon marché disponible. ■ Enrichissement culturel.
Conséquences négatives	■ Départ de jeunes qualifiés (*brain drain*).	■ Difficultés d'intégration et xénophobie.

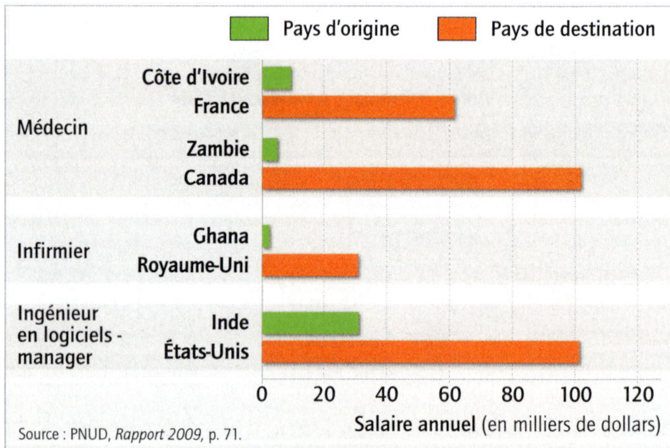

Source : PNUD, *Rapport 2009*, p. 71.

3 Écarts de salaires moyens de quelques métiers hautement qualifiés

■ **Pour quelle raison les personnes hautement qualifiées des pays du Sud cherchent-elles à travailler dans les pays du Nord ? Quels sont les avantages de ces migrations hautement qualifiées pour les pays du Nord ?**

VOCABULAIRE

- ***Brain drain*** : migration de personnes hautement qualifiées.
- **Clandestin** : voir p. 208.
- **Déplacé** : personne qui se réfugie dans une autre région de son pays pour des raisons de sécurité.
- **Flux migratoire** : déplacement de population.
- **Haut-Commissariat aux réfugiés (HCR)** : agence de l'Organisation des Nations unies chargée de secourir et d'aider déplacés et réfugiés.
- **Réfugié** : personne qui quitte son pays pour des raisons de sécurité.

4 Des touristes chinois au musée du Louvre à Paris

En 2010, 50 millions de Chinois ont voyagé à l'étranger, dont 600 000 en France. Par le montant de leurs dépenses, ils sont devenus la première clientèle étrangère des produits de luxe en France.

■ **Montrez que le tourisme des pays émergents est un tourisme de masse.**

5 Réfugiés et déplacés, des migrants particuliers

« Les personnes déplacées pour des raisons d'insécurité ou à cause d'un conflit rencontrent des problèmes spécifiques. On estime à 14 millions le nombre de réfugiés vivant en dehors de leur pays de nationalité, ce qui représente 7 % des migrants dans le monde. La plupart restent à proximité du pays qu'ils ont fui et s'installent généralement dans des camps gérés par le Haut-Commissariat aux réfugiés (HCR), jusqu'à ce que la situation leur permette de rentrer, mais environ un demi-million d'entre eux partent chaque année demander asile dans un pays développé. Bien plus encore, quelque 26 millions d'individus sont déplacés à l'intérieur de leur pays. »

Programme des Nations unies pour le Développement, http://hdr.undp.org, 2009

■ **Qu'est-ce qu'un réfugié ? un déplacé ?**

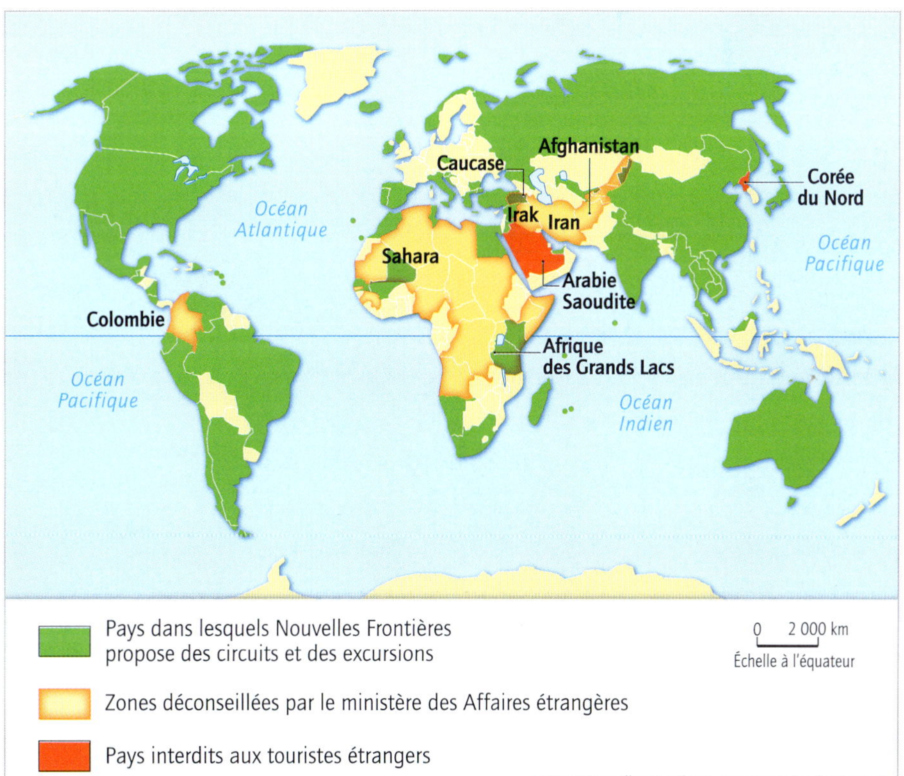

Source : Nouvelles Frontières, www.nouvelles-frontières.fr.

6 Un voyagiste français dans le monde

■ **Quel continent reste peu fréquenté par les touristes ? Pourquoi ?**

1 Échelles Changer d'échelle

[C1. Rédiger un texte bref]

Les réfugiés, des migrants particuliers

1 **Un camp de réfugiés à l'Est du Tchad.** *Depuis 2003, la région du Darfour au Soudan connaît une guerre civile qui a fait entre 200 000 et 300 000 morts et près de 3 millions de réfugiés. Beaucoup de ces réfugiés préfèrent fuir leur pays et se réfugier dans les pays voisins comme ici au Tchad, où ils sont pris en charge par le HCR et des ONG. Le camp de Djabal abrite 15 000 réfugiés, dont 5 000 enfants âgés de 6 à 14 ans.*

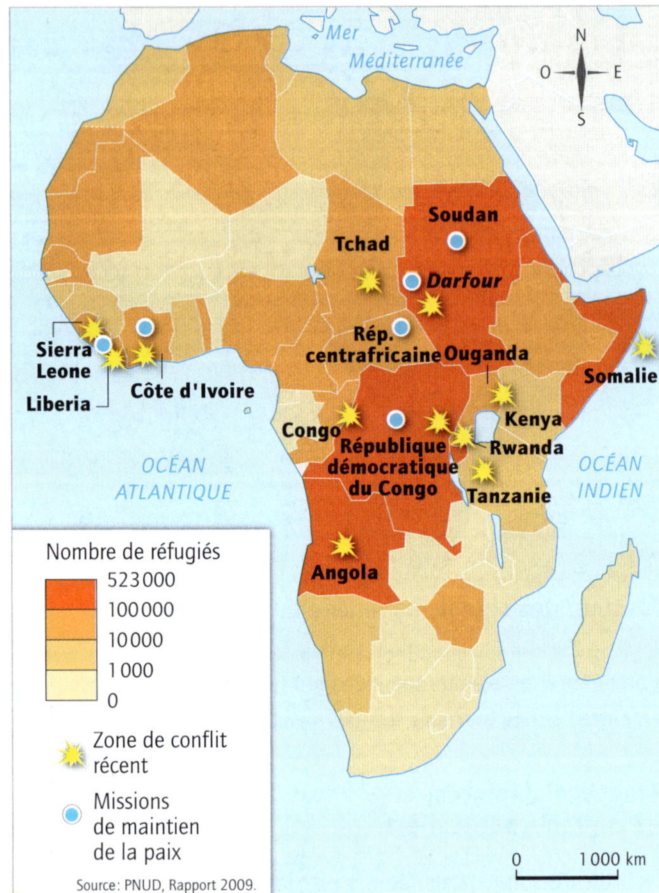

2 **Les guerres, à l'origine de nombreux déplacements en Afrique**

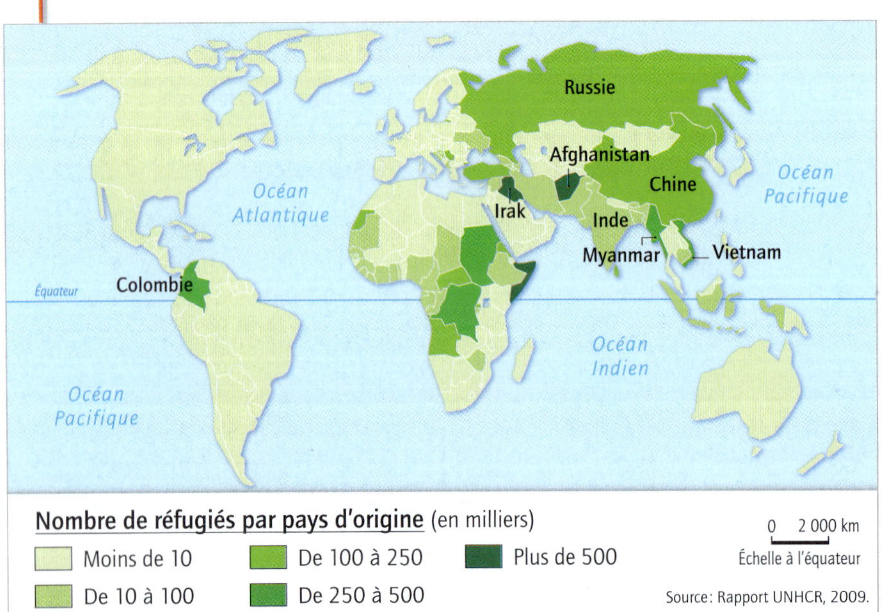

3 **Les réfugiés dans le monde**

1. **Doc. 1** Quelles sont les deux conséquences de la guerre au Darfour ?
2. **Doc. 1** Montrez que les réfugiés du camp vivent dans des conditions très difficiles. Quels sont les besoins que doivent satisfaire le HCR et les ONG ?
3. **Doc. 2** Repérez la région du Darfour au Sud-Ouest du Soudan. Vers quels pays migrent les réfugiés ?
4. **Doc. 3** Citez les deux continents les plus touchés par la question des réfugiés. À quel groupe appartiennent les États sans réfugiés ? Comment l'expliquez-vous ?
5. Présentez en quelques lignes la question des réfugiés dans le monde.

2 SOCLE COMMUN Identifier et lire des graphiques

[C5. Lire et employer différents langages : les graphiques]

Pour comprendre un graphique

Un graphique est une représentation géométrique de données statistiques. Il en existe 3 types : circulaire, à courbe (ou linéaire), en barres (ou histogramme).

- Je me sers d'un graphique circulaire pour représenter des pourcentages.
- J'utilise un graphique à courbe pour montrer une évolution entre deux dates.
- Je choisis un graphique en barres pour comparer des phénomènes différents ou montrer leur évolution.

Les chiffres du tourisme

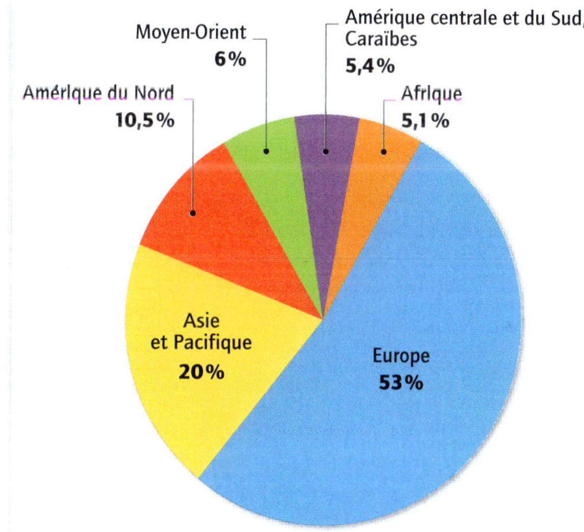

1 L'origine des touristes dans le monde en 2008

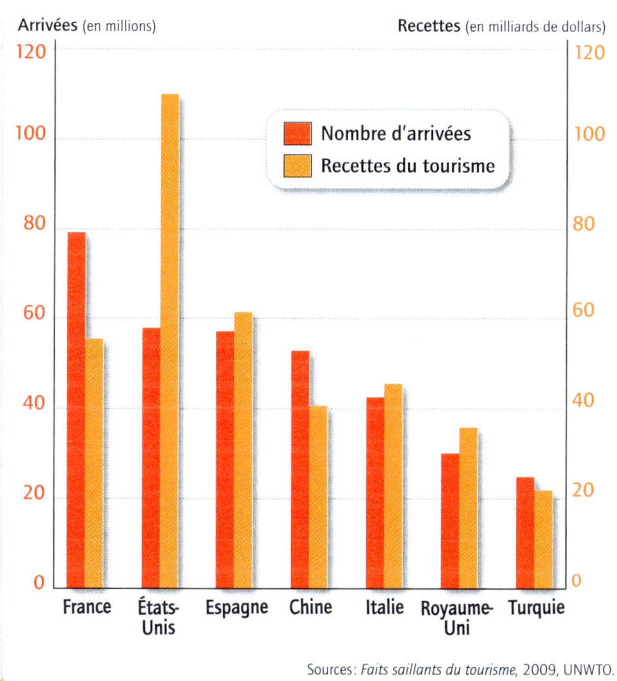

2 Les principaux pays touristiques, fréquentation et recettes

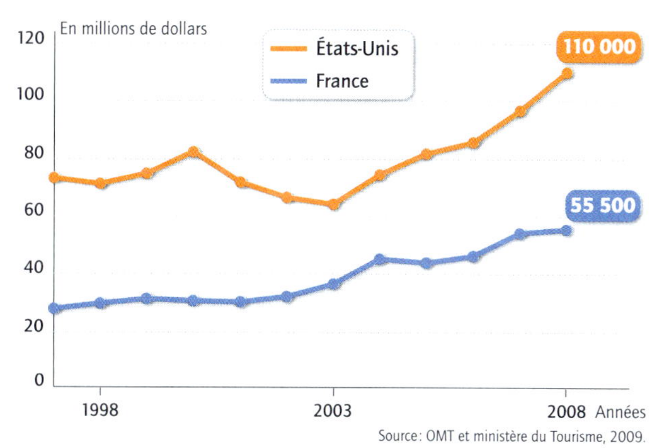

3 Les recettes du tourisme en France et aux États-Unis

Identifiez les 3 graphiques.

1 **Doc. 1** • Montrez que la majorité des touristes internationaux sont européens. • Quelle est la part des pays du Nord (Europe et Amérique du Nord) dans le tourisme mondial ?

2 **Doc. 2** • Classez, dans l'ordre décroissant, les trois premières destinations touristiques par le nombre de touristes.
• Classez, dans l'ordre décroissant, les trois premières destinations touristiques par les recettes du tourisme.
• Que constatez-vous ?

3 **Doc. 3** • Décrivez l'évolution des recettes du tourisme en France entre 1997 et 2008.
• Décrivez celle des États-Unis sur la même période.
• Dites pourquoi les attentats du 11 septembre 2001 et la guerre en Irak de 2003 peuvent expliquer cette évolution.

J'AI RÉUSSI SI...

→ *J'ai su repérer la nature de chaque graphique.*

→ *J'ai su le décrire et expliquer ce qu'il nous apprend.*

EXERCICES

3 Débat Confronter deux documents

[C1. Participer à un débat]

À qui profitent les migrations ?

1 Les effets croisés des migrations internationales

« Le regard international a changé : les rapports des organisations internationales révèlent les effets bénéfiques des migrations pour les sociétés de départ (transferts de connaissances et de technologies, et stimulant de l'économie par la migration la plus qualifiée dans les sociétés d'origine, limitation du chômage, changement des mentalités, émulation pour l'obtention de meilleures qualifications) et d'accueil (occupation de métiers délaissés par les nationaux, solution aux pénuries de main-d'œuvre, apport démographique, accroissement de la consommation, création d'entreprises, créativité culturelle). »

D'après C. WIHTOL DE WENDEN, *La Globalisation humaine*, Puf, 2009.

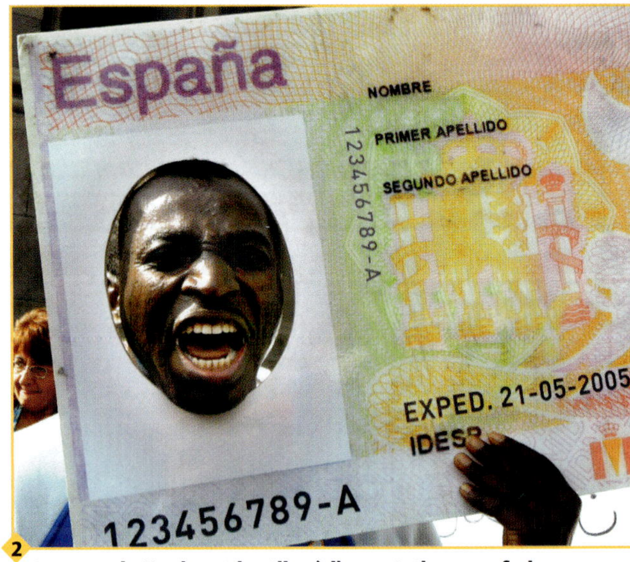

2 Les pays du Nord sont hostiles à l'acceptation sans frein des clandestins. *Un immigrant africain manifeste à Barcelone pour demander la régularisation et un meilleur traitement des immigrants clandestins vivant en Espagne.*

1. **Doc. 1** Relevez dans le texte tous les avantages de la migration pour le pays de départ.
2. **Doc. 1** D'après le texte, quels sont les bienfaits de la migration dans le pays d'accueil ?
3. **Doc. 2** Décrivez la photographie. Quelle est la position des pays du Nord face à l'immigration ? Quelles en sont les conséquences pour les migrants clandestins ?
4. D'après vos réponses et les documents, qui, selon vous, tire profit des migrations : le pays de départ, le pays d'accueil ou le migrant ?

4 B2i Comparer des cartes

[C4. Faire preuve d'esprit critique face à l'information]

Les migrations vers la France

▲ **www.histoire-immigration.fr**

1. Rendez-vous sur le site. Identifiez et présentez l'organisme (histoire et fonctions de celui-ci).
2. En utilisant les différents menus du site, naviguez jusqu'aux « Questions contemporaines » puis trouvez les deux cartes : « D'où viennent les migrations vers la France en 1891 ? » et « D'où viennent les migrations vers la France en 1999 ? ».
3. Comparez les pays de départ des migrants vers la France à la fin du XIXe siècle et à la fin du XXe siècle. Quelles sont les régions d'origine des migrants ? Pourquoi peut-on dire que les migrations se sont mondialisées ?

1 Retenir la nature des mobilités

[C5. Représenter une situation par un schéma]

a Mobilités migratoires

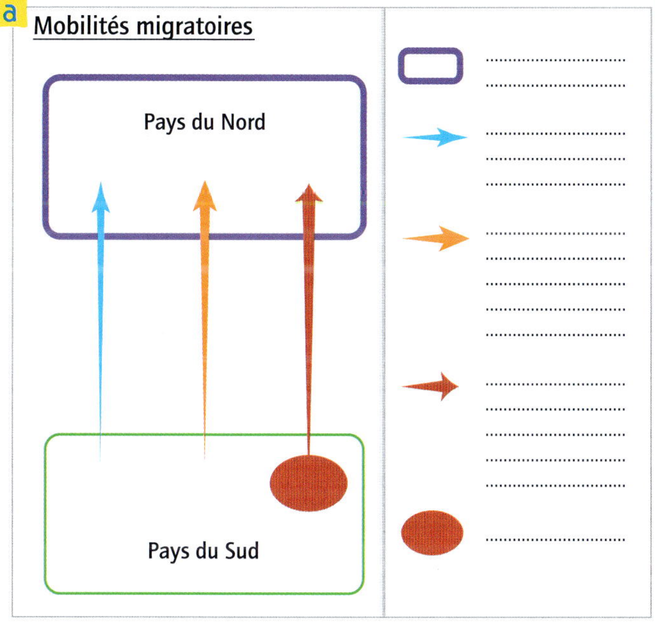

b Mobilités touristiques

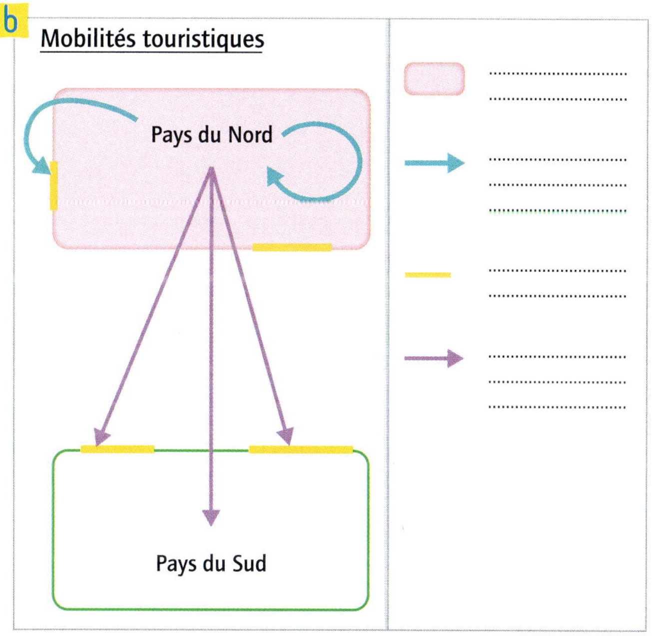

▶ **Complétez la légende de chaque schéma à l'aide des expressions ci-contre.**

a
- Migrants, souvent clandestins, à la recherche d'une vie meilleure
- Région en guerre
- Frontières fermées
- Réfugiés ou demandeurs d'asile qui fuient leur pays d'origine
- Migration de main-d'œuvre qualifiée (*brain drain*)

b
- Mobilités touristiques Nord-Nord
- Principaux foyers touristiques
- Mobilités touristiques Nord-Sud
- Littoraux balnéaires

2 Revoir le vocabulaire de la leçon

[C1. Maîtriser le langage adéquat]

▶ **Complétez la grille à l'aide des définitions suivantes :**

DÉFINITIONS

VERTICALEMENT

1. Adjectif qui désigne le tourisme de bord de mer.
2. Déplacement de personnes.
3. Immigré en situation irrégulière ou « sans-papiers ».
4. Désigne l'ensemble des déplacements des hommes.
5. Désigne une personne qui vit et travaille dans un pays où elle n'est pas née.
6. Initiales du nom de l'agence de l'ONU prenant en charge les réfugiés.

HORIZONTALEMENT

7. Sentiment de peur et de rejet des étrangers.
8. Personne qui fuit son pays pour des raisons de sécurité.
9. Migration de personnes hautement qualifiées.
10. Personne qui quitte son pays quelque temps, pour ses loisirs.
11. Désigne une personne qui quitte son pays.

Chapitre 15

Lieux de commandement et entreprises transnationales

Quels rôles jouent-ils dans la mondialisation ?

Londres. **(A)** La *Towerbridge*, le pont basculant le plus important du monde à la fin du XIXe siècle. **(B)** Le *City Hall* accueille l'assemblée londonienne (le GLA) et les bureaux du maire de Londres. **(C)** Le *HMS Belfast* est le seul navire de la Seconde Guerre mondiale conservé par les Britanniques. **(D)** Le *Suiss Re Building* (appelé *Gherkin*, cornichon, en raison de sa forme) est un gratte-ciel au cœur de la City de Londres.

■ **Pourquoi Londres est-elle une grande métropole ? Quels aspects de sa puissance peut-on relever ?**

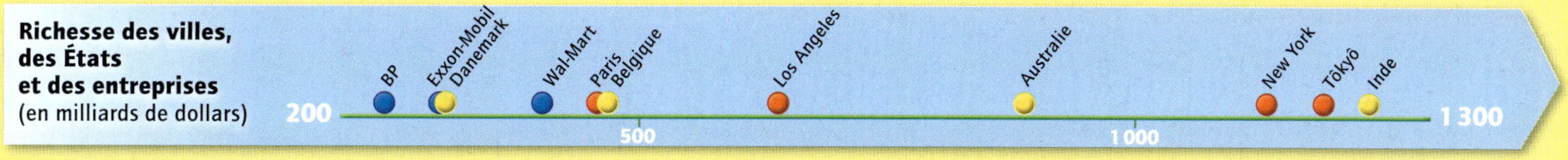

« **Entreprise transnationale** : entreprise de grande dimension, implantée dans de nombreux pays.
Lieu de commandement : lieu qui concentre le pouvoir économique, culturel, politique et technologique. »

Lalibela, centre monastique éthiopien.
Située à plus de 2 400 m d'altitude au cœur de l'Éthiopie, la ville, qui abrite 12 000 habitants, très pauvres, tire ses seuls revenus du tourisme.

■ **Comment se matérialise la présence de Coca-Cola dans ce pays ? Comment l'expliquez-vous ? Pourquoi peut-on dire de Coca-Cola qu'elle est une entreprise transnationale ?**

ÉTUDE DE CAS

Tôkyô dans la mégalopole japonaise

1. Une métropole mondiale

▶ Qu'est-ce qui fait de Tôkyô une métropole mondiale ?

1 Le centre de Tôkyô

2

LES CHIFFRES de Tôkyô

(rang mondial)

- 1re ville en nombre d'habitants (37 millions)
- 1re ville en production de richesses
- 3e rang en connaissances et flux d'informations
- 5e port
- 5e aéroport
- 5e ville financière
- 8e rang pour la qualité de vie

Sources diverses dont www.scienceshumaines.com

VOCABULAIRE

- **Bourse** : lieu où l'on vend et achète les actions (parts) d'une entreprise.
- **CBD** (*Central Business District*) : quartier des affaires (gratte-ciel). [voir p. 225]
- **Firme transnationale** : entreprise de grande dimension, implantée dans de nombreux pays. [voir p. 225]
- **Siège social** : lieu où se trouve la direction d'une entreprise.
- **Ville ou métropole mondiale** : ville qui dispose d'une capacité d'influence mondiale, en particulier économique et financière.

3 Tôkyô, une ville mondiale comme les autres ?

« Tôkyô suit en partie une évolution comparable à celle de Londres et New York. Le marché financier s'y est développé suite à sa libération à partir du milieu des années 1980. Au cours des années 1990, la bourse tôkyôte, le Kabuto-chô, a été consacrée comme place financière mondiale. De grandes firmes transnationales y installent leurs sièges sociaux. Les services haut de gamme (assurances, finances, par exemple), qui nécessitent des emplois de très haut niveau, augmentent. Les créations d'entreprises d'informations et de télécommunications y sont nombreuses. Mais Tôkyô se distingue des autres villes mondiales sous plusieurs aspects. Bien qu'étant en progression, les investissements étrangers y sont moins importants que dans les autres places financières. Tôkyô demeure la capitale industrielle du Japon, réunissant de grandes entreprises mais aussi un tissu dense et dynamique de petites et moyennes entreprises. »

D'après Philippe Pelletier, *Atlas du Japon*, © éditions Autrement, 2008.

4 Le quartier du Shinjuku

Construit dans les années 1960, c'est un des quartiers les plus animés de Tôkyô, regroupant, autour de la plus grande gare du Japon, sièges d'entreprises, centres commerciaux et lieux de loisirs.

5 Tôkyô et la culture mondiale

« Films d'animation, mangas, cinéma, musique et jeux vidéo, mode, design. Tôkyô est l'épicentre d'une créativité déchaînée qui attire bon nombre d'étrangers, et notamment des Français. Exemple de cette effervescence de la culture populaire, désormais connue sous le vocable de "*Cool Japan*" : le Tôkyô Game Show, qui se tient annuellement en octobre, le plus grand rendez-vous mondial des jeux vidéo.
Des jeux qui se multiplient et s'enrichissent d'autant que les Japonais, qui ne peuvent pas se passer de leur téléphone portable, jouent de plus en plus sur leur mobile. "*Les Japonais sont friands de produits originaux et de nouvelles fonctionnalités comme la 3D ou les détecteurs de mouvement*, note Alexis Gresoviac, dirigeant de Gameloft Japon. *Et dans ce domaine, les Français sont très inventifs.*" Le fournisseur français de contenus pour téléphones mobiles, qui emploie sur place une centaine de personnes, est d'ailleurs l'entreprise non japonaise la mieux placée sur ce marché. »

PHILIPPE DUPORT, *Tôkyô, une ville pour les créatifs*, www.courriercadres.com, 10 octobre 2008.

6 Guides de voyages publiés en France

Tôkyô est à la mode et a attiré 5 millions de touristes internationaux en 2009.

Activités

1) **Doc. 1, 2 et 3** Relevez sur la carte et dans le texte les lieux de la puissance économique et financière de Tôkyô. Quelle place Tôkyô occupe-t-elle dans ces domaines ?

2) **Doc. 1** Comment Tôkyô est-elle reliée au reste du monde ?

3) **Doc. 4, 5, 6** Identifiez les éléments qui font de la ville une capitale culturelle mondiale. Qu'est-ce qui prouve sa forte attractivité ?

◆ Rédiger une synthèse ◆

4) **Expliquez en quelques lignes pourquoi Tôkyô est une métropole mondiale en montrant précisément les différents aspects de sa puissance.**

Cours

2 Les lieux de commandement

A Des villes mondiales

Si la production mondiale a tendance à se disperser, on assiste au contraire à une **concentration des espaces d'innovation et de décision dans les villes mondiales** ; quelques-unes constituent en effet les moteurs principaux de l'économie mondiale.

Ces métropoles sont pour la plupart de très grandes villes (plusieurs millions d'habitants), même si le poids démographique ne suffit pas pour en faire des villes mondiales. D'autres critères sont déterminants :
- **la puissance financière** : elles sont, si on prend en compte le PUB, plus riches que certains États ;
- **l'importance des espaces de commandement et de création** : on y trouve places financières, sièges des FTN et organisations internationales, centres de recherche, universités [doc. 5] ;
- **la connexion** : ce sont les lieux les mieux reliés au reste du monde par les télécommunications et les transports [doc. 2]. Les métropoles sont souvent les portes d'entrée aérienne ou portuaire de leur continent ;
- **l'attractivité** : ces villes attirent investisseurs, étudiants, salariés (en particulier du tertiaire supérieur), touristes [doc. 1].

B Concurrence et/ou complémentarité

Depuis le début du XXe siècle, pour montrer leur puissance, les villes ont rivalisé de hauteur en construisant des gratte-ciel ; c'est pourquoi **le CBD est le quartier qui symbolise le mieux les villes mondiales** [doc. 4].

Toutes communiquent pour faire parler d'elles ; **elles organisent ainsi des événements importants** (compétitions sportives comme les JO, expositions universelles ou d'art [doc. 3]) ; elles mènent aussi une **politique culturelle ou d'urbanisme ambitieuse** [doc. 6].

L'important est d'apparaître en bonne place dans les classements internationaux régulièrement publiés et qui prennent en compte la richesse, le coût de la vie, le nombre de tours, le degré de connexion avec le reste du monde mais surtout avec les autres villes mondiales. Car **ces villes sont plus complémentaires que concurrentes** et auraient du mal à exister l'une sans l'autre.

1 LES CHIFFRES DE LA MONDIALISATION

6 des 10 premières villes touristiques de la planète sont des villes mondiales (2009).

10 des 15 premiers aéroports de la planète desservent des villes mondiales (2009).

2 Les premiers aéroports de la planète

Aéroport	Nombre de passagers en 2009 (en millions)
1 > Atlanta	88
2 > Londres	66
3 > Beijing	65
4 > Chicago	64
5 > Tôkyô	62
6 > Paris	58
7 > Los Angeles	56
8 > Dallas	56
9 > Francfort	51
10 > Denver	50

Source : Conseil international des aéroports, 2010.

■ À quel ensemble appartiennent majoritairement les premiers aéroports mondiaux ?

3 Le Louvre Abu Dhabi ouvrira ses portes en 2013

■ Dans quel but le Louvre de Paris ouvrira-t-il une annexe à Abu Dhabi (Émirats arabes unis) ?

VOCABULAIRE

- **CBD (*Central Business District*)** : quartier des affaires, constitué de gratte-ciel où se trouvent des bureaux mais aussi des centres commerciaux et des espaces de loisirs.
- **FTN** : voir p. 226.
- **PUB (Produit Urbain Brut)** : l'équivalent, à l'échelle des agglomérations urbaines, du produit intérieur brut (PIB) pour des États.
- **Tertiaire supérieur** : rassemble des activités de conseil aux entreprises, d'ingénierie, des grands laboratoires, des universités.
- **Ville mondiale ou métropole** : voir p. 226.

4 Le *Central Business District* de Hong Kong

Kowloon (A) quartier de l'Union square, dans lequel les gratte-ciel datent tous des années 2000. Île Victoria (B).

■ **Quel type de développement urbain Hong Kong a-t-elle choisi ? Quels usages ont ces gratte-ciel ?**

5 Bangalore, future ville mondiale ?

« Au Sud du sous-continent indien, dans l'État du Karnataka, se niche une véritable *Silicon Valley* indienne. La ville de Bangalore se place parmi les capitales mondiales du *high-tech*. Nouvelles technologies et production de logiciels informatiques, biochimie, aérospatiale font partie des domaines développés dans cette cité… Les entreprises indiennes sont les sous-traitants des firmes occidentales en côtoyant les bureaux délocalisés de multinationales (Google, Microsoft, Yahoo, Amazon, IBM…) attirées par le faible coût d'une main-d'œuvre indienne hautement qualifiée.

La cité a pris du coup des allures occidentales : aéroport et autoroutes à trois voies, *coffee-shops* nombreux fréquentés par des étudiants et des informaticiens bien payés, paysage urbain *high-tech* s'entrechoquent – Inde oblige – avec les embouteillages les plus inextricables et la foule bigarrée propre à ce pays de tous les contrastes… »

Martine Fournier, *Les Grands Dossiers des Sciences humaines* n° 17, déc. 2009 / janv-fév. 2010.

■ **Dans quel domaine Bangalore se spécialise-t-elle ? Pourquoi peut-on dire d'elle qu'elle est une ville mondiale en devenir ?**

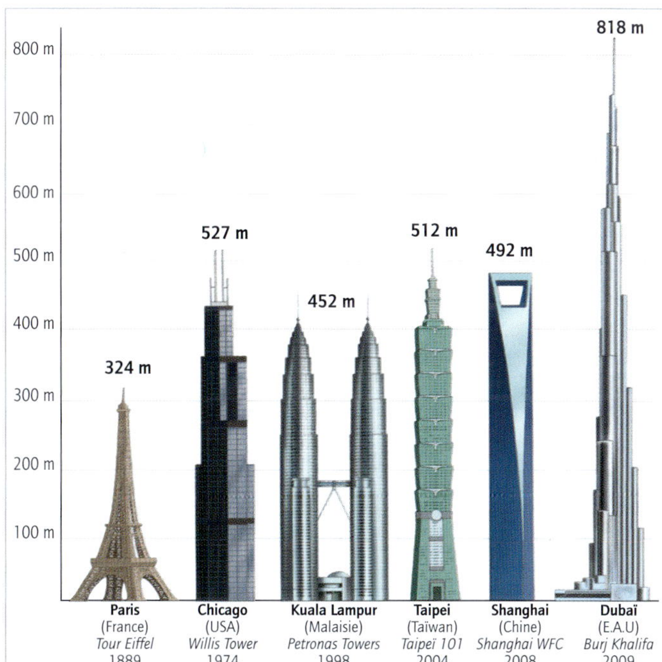

6 Les plus hauts gratte-ciel de la planète en 2010

40 % des grands immeubles dans le monde ont été construits depuis 2000.

■ **Quels sont les points communs des derniers gratte-ciel construits ? Qu'est-ce que cela traduit ?**

ÉTUDE DE CAS

H&M

1. Une transnationale du prêt-à-porter

Pourquoi peut-on dire qu'H&M est une firme transnationale ?

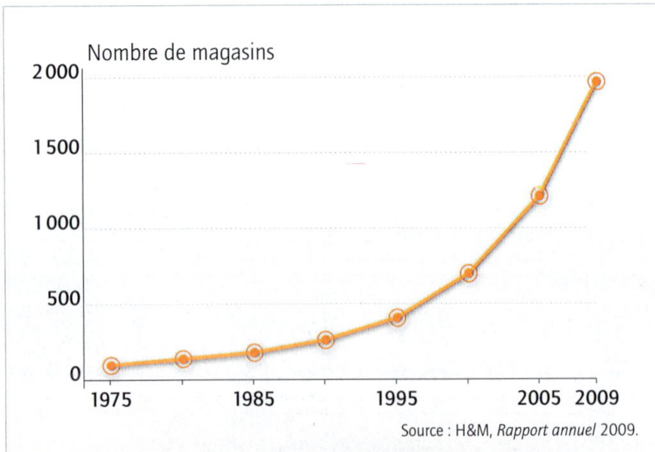

1 Évolution du nombre de magasins

En 2009, H&M réalise un chiffre d'affaires de 13 milliards d'euros et emploie près de 54 000 personnes.

2 Les débuts d'H&M

« Le fondateur d'H&M, Erlig Perrson, est né en Suède en 1917. C'est au cours d'un voyage aux États-Unis en 1940 que lui vient l'idée de vendre des vêtements pour femmes de qualité mais à de faibles prix. En 1947, Hennes (*"pour elle"* en suédois) est ouvert à Västeras. C'est un succès, au point qu'en 1968, Erlig Persson décide de se développer en rachetant le magasin d'équipement de chasse et de pêche Mauritz Widforss, à Stockholm. La marque est renommée Hennes & Mauritz, vite contracté en H&M. C'est à partir de cette date qu'H&M devient une marque de prêt à porter pour femmes et hommes, basée sur le concept de vêtements tendance au plus bas prix possible. Aujourd'hui, c'est Karl-Johann, le petit-fils du fondateur qui est aux commandes de la multinationale suédoise de *fastfashion*. »

D'après http://www.trenditude.fr/-H-M-.html

3 Ouverture du *flagship store* de Hong Kong en mars 2007

H&M poursuit une politique ambitieuse d'implantation en Asie.

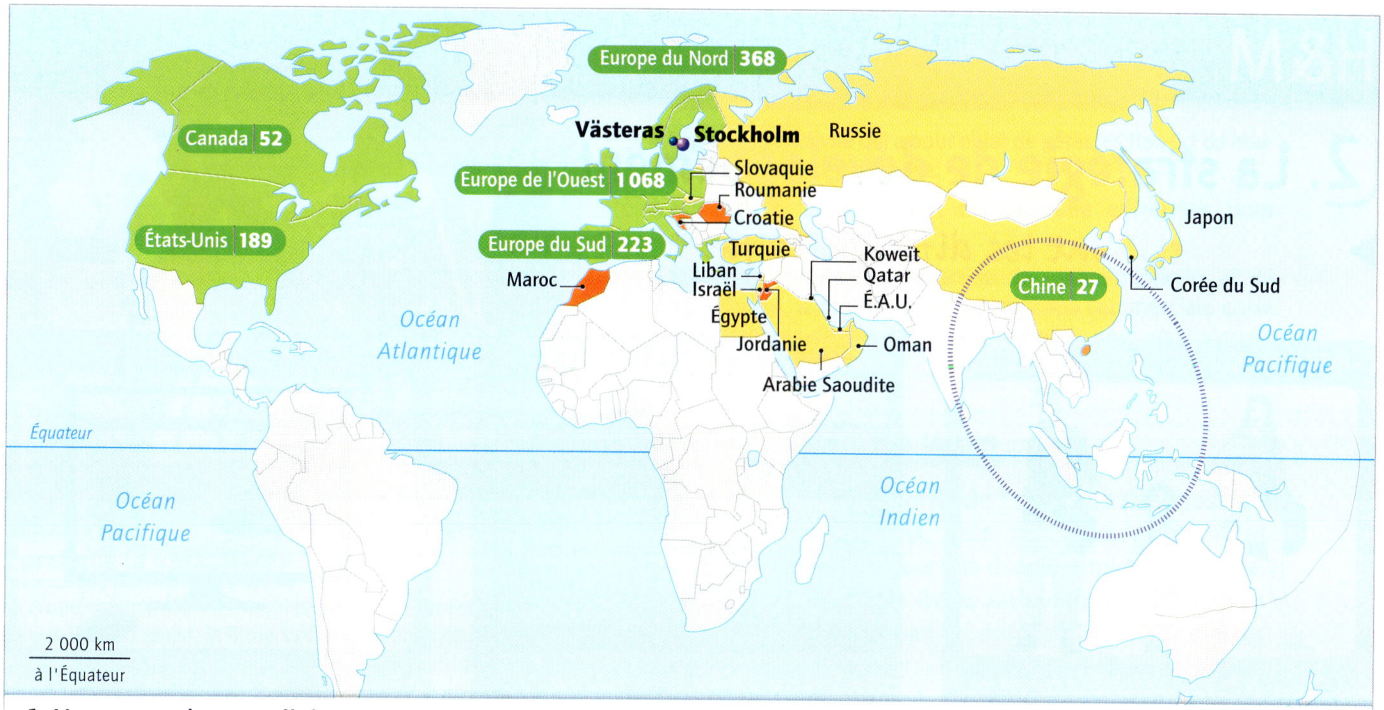

1. Une entreprise mondiale

- Siège social (principaux services de design, publicité, communication et logistique)
- Premier magasin ouvert

Canada 52 Pays avec plus de 10 magasins

Zone principale de production (60%) en sous-traitance*

*Pour des raisons de concurrence, la société communique peu sur les noms et les coordonnées des sous-traitants

2. Une entreprise en développement

Dernières implantations

Implantations prévues en 2011

Sources: www.h&m.com et H&M, rapport annuel 2009.

4 H&M dans le monde

5 Un secteur hautement concurrentiel

	H&M	ZARA (groupe Inditex)	GAP
Date de création	1947	1975	1969
Nationalité	Suédoise	Espagnole	Américaine
Bénéfice net 2009 (en millions de dollars)	681	1 793	1 102
Nombre de magasins	2 078	4 607	3 095
Ventes sur Internet (pays)	7	5	80

Sources: Les Echos.fr, rapport annuel 2009, Gap. Inc.

Vocabulaire

- ***Fastfashion*** : collections de prêt-à-porter renouvelées très rapidement afin de s'adapter aux demandes des consommateurs.
- **Firme transnationale** : voir p. 226.
- ***Flagship store*** : magasin «porte-drapeau», c'est-à-dire très important pour la marque.
- **Siège social** : lieu où se trouve la direction d'une entreprise.
- **Sous-traitance** : entreprise qui fait accomplir une tâche par une autre entreprise : production, administration, services.

Activités

1) **Doc. 1 et 2** À l'aide de la fiche **SOCLE COMMUN**, décrivez en quelques lignes l'histoire d'H&M et son évolution depuis sa création.

2) **Doc. 3, 4 et 5** Quels éléments prouvent que cette firme poursuit un développement mondial ?

3) **Doc. 4** Citez au moins cinq pays dans lesquels s'est implantée H&M, puis complétez le tableau ci-dessous sur l'organisation de la firme :

Région d'implantation du siège social	Régions de ventes	Régions de fabrication

◆ Rédiger une synthèse ◆

4) **À l'aide de vos réponses et des documents, expliquez en quoi H&M est une entreprise transnationale.**

SOCLE COMMUN C5. Lire et employer différents langages : le texte

Pour expliquer un texte

- Je repère son idée principale.
- Je donne les éléments de sa structure.
- J'explique l'information qu'il apporte en le confrontant à mes connaissances ou à d'autres documents.

3 Débat Confronter deux textes

[C1. Participer à un débat]

Peut-on faire reculer une multinationale ?

1 La firme Vedanta Resources, un géant du secteur minier

« Vedanta Resources, une compagnie minière siégeant à Londres, exploite de nombreuses mines d'aluminium, de cuivre, de zinc et de plomb en Inde, en Australie et en Zambie. En projet depuis 1997, la mine de bauxite située dans l'État indien d'Orissa n'est pas en activité. Elle se situe en effet sous la colline sacrée des Dongria Kondh, une tribu de 9 000 personnes dont le mode de vie ancestral serait menacé par l'ouverture de la mine. L'État d'Orissa soutient Vedanta Resources depuis le début du projet d'exploitation minière. Riche en métaux, notamment en bauxite, c'est l'État le plus pauvre d'Inde. Il a engagé son entreprise d'État, Orissa Mining Corporation, dans un consortium avec Vedanta Resources pour l'exploitation de la mine de Lanjigarh. Ce soutien est un soutien financier, économique et politique. »

D'après le Bulletin *Oeconomia Humana*, mai 2010.

2 La tribu des Dongria contre la firme Vedanta

Manifestation des Dongria.

« La tribu des Dongria Kondh, dont le sort a parfois été comparé au peuple imaginaire des Na'vi du film *Avatar* de James Cameron, a remporté une victoire sur Vedanta Resources, l'une des plus importantes compagnies minières au monde. Le ministre indien de l'Environnement, Jairam Ramesh, vient en effet de geler le projet controversé d'exploitation de bauxite sur les collines sacrées de la tribu.
L'ONG *Survival International*, dont les sympathisants ont écrit plus de 10 000 lettres au ministre de l'Environnement indien pour protester contre ce projet minier, se félicite de cette *"victoire éclatante"* et rappelle que de nombreux peuples autochtones se battent aujourd'hui à travers le monde pour faire respecter leur culture et leurs droits fondamentaux, notamment contre les chantiers de méga-barrages en cours en Afrique ou en Amérique latine. »

D'après Julien Kostrèche, « La tribu des Dongria Kondh fait reculer un géant minier », *Terra eco*, www.terraeco.net, 24 août 2010.

1. **Doc. 2** À quel projet s'est opposée la tribu des Dongria Kondh ? Pourquoi ? Quel événement très médiatique lui a permis de faire connaître son combat ?
2. **Doc. 1** De quelle nationalité est la firme Vedanta Resources ? Pourquoi l'État d'Orissa soutient-il ce projet ?
3. Complétez le tableau suivant :

	La tribu des Dongria	L'État d'Orissa	Vedanta Resources
Pour ou contre le projet			
Ses arguments			

4 B2i Observer la métropolisation avec un S.I.G.

[C4. Utiliser les logiciels et les services à disposition]

▲ **Logiciel à télécharger : Google Earth (gratuit).**

New York, ville mondiale

1. Rendez-vous à New York depuis « Google Earth ». Cliquez sur l'option bâtiments 3D (en bas à gauche).
2. En vous aidant de la barre de recherches, repérez : le Chrysler Building ; l'Empire State Building et le New York Time Building.
3. Insérez des copies d'écran de ces bâtiments dans un fichier de traitement de texte. Notez le nom, la fonction et la hauteur.
4. Que pensez-vous de la « skyline » de New York ? Pourquoi peut-on dire que c'est un signe de la puissance de la ville ?

1 Se repérer dans l'espace

[C5. Avoir des repères géographiques]

1. Nommez les trois principales régions d'investissements dans le monde (lettres A, B et C).
2. Placez sur le planisphère le nom des villes mondiales et dites à quel pays chacune appartient.
3. Nommez les trois principales mégalopoles.
4. Complétez la légende.

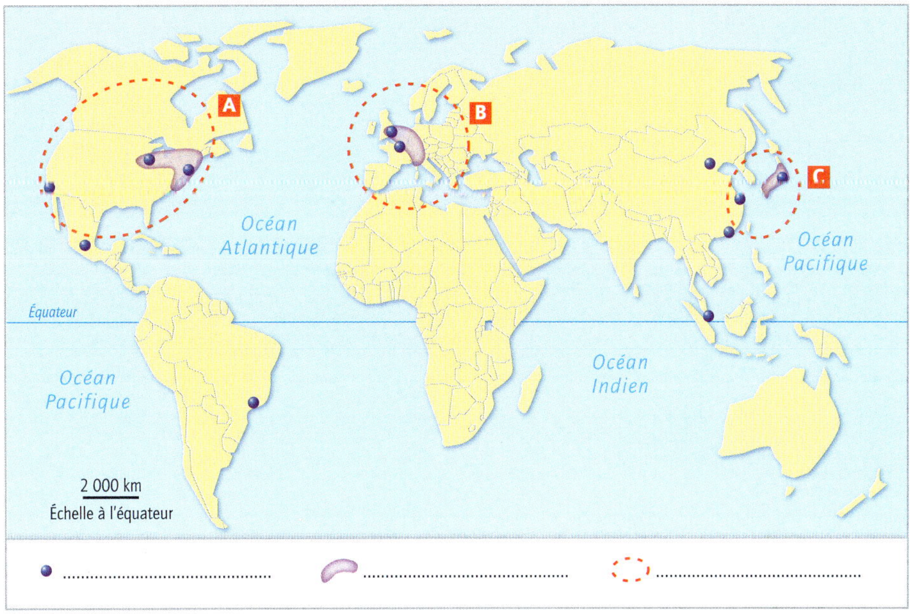

2 Établir la fiche d'identité d'une firme transnationale

[C5. Classer des informations]

▶ Selon le modèle présenté pour l'entreprise Wal-Mart, établissez la fiche d'identité de Toyota (voir p. 241 et sur Internet).

Nom de la transnationale étudiée : Wal-Mart
Origine : États-Unis
Secteur d'activités : grande distribution
Chiffre d'affaires : 405 milliards de dollars
Principale région de conception : États-Unis
Principale région de production ou d'implantation : États-Unis
Nombre d'employés : 1,8 million
Nombre de magasins : 6 600

3 Employer le terme exact

[C1. Maîtriser le langage adéquat]

▶ Dans le texte ci-contre, remplacez les expressions soulignées par les mots de vocabulaire qui conviennent :

- délocalisent
- ville mondiale
- CBD
- firmes transnationales
- Triade

Aujourd'hui, une ville dont les pouvoirs sont très importants à l'échelle de la planète (1) se reconnaît notamment par ses quartiers d'affaires très modernes, aux immeubles très hauts (2). Elle héberge aussi de nombreuses entreprises internationalisées (3). Ces grandes firmes ont des stratégies de développement à l'échelle du monde : elles installent dans d'autres pays une partie de leur activité (4). Ces acteurs de l'économie monde sont largement issus des trois régions qui dominent le monde (5).

Chapitre 16

Les États-Unis

Quel rôle jouent-ils dans la mondialisation ?

Manhattan, New York.
Siège des Nations unies (C), la ville, parfois surnommée « la capitale du monde » abrite à Manhattan les deux principales bourses (A et B) et 20 des 500 plus importantes entreprises mondiales.

■ **Quels symboles de puissance pouvez-vous relever sur cette photographie ?**

« **Mondialisation** : ensemble de relations (économiques, culturelles, touristiques...) mettant en contact les différents ensembles géographiques de la planète. »

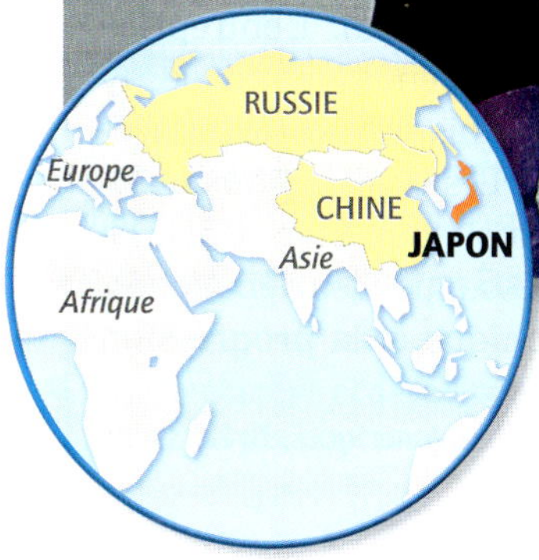

Disneyland, Tôkyô.
Situé à une quinzaine de kilomètres du centre de la capitale japonaise, ce parc à thème, ouvert en 1983, est le premier des trois parcs Disney à avoir été construit en dehors des États-Unis.

■ **Quel aspect de l'influence des États-Unis est ici représenté ?**

DOSSIER

Un modèle pour le monde

▶ Comment les États-Unis influencent-ils le monde ?

1 L'américanisation du monde

Dessin d'Andy Singer.

2 Le « *soft power* »

« Réunissez quelques gamins – des enfants originaires de Suède, d'Allemagne, de Russie, d'Argentine, du Japon, d'Israël et du Liban : ils porteraient tous des jeans et des casquettes de base-ball. Comment communiqueraient-ils ? Dans un anglais plus ou moins compréhensible, parsemé d'expressions américaines. Et de quoi parleraient-ils ? Du dernier jeu vidéo créé aux États-Unis, des tubes américains qui font partie des *top-ten*, de la série télévisée d'animation South Park ou de la plus récente superproduction d'Hollywood, à moins qu'ils ne débattent des mérites respectifs des systèmes d'exploitation Windows et Mac OS. Que du *made in USA* : si une civilisation globale existe, elle est américaine – ce qui n'était pas le cas il y a vingt ou trente ans. Ce n'est pas seulement une question de culture populaire, c'est McDonald's et Microsoft, Madonna et le MoMA (Musée d'Art moderne de New-York), Hollywood et Harvard. »

D'après Joseph Joffe, *Hyperpuissance*, pour la traduction française © Odile Jacob, 2007.

Vocabulaire

- **Caritatif** : action qui vise à porter secours aux plus démunis de manière désintéressée.
- ***Soft power*** : capacité d'un État à diffuser ses idées auprès des autres pays.

3 Les 5 premières entreprises mondiales d'Internet

ENTREPRISE	PAYS	CHIFFRE D'AFFAIRES (2009, en milliards de $)	NOMBRE D'EMPLOYÉS (2009)	DÉPENSES EN R&D (2009, en millions de $)
Google	EU	23,6	19 835	2 843
amazon.com	EU	24,5	24 300	1 240
ebay	EU	8,7	16 400	803
YAHOO!	EU	6,4	13 900	1 210
IAC	EU	4,3	11 160	384

Source : OCDE 2010, Information technology Outlook 2010.

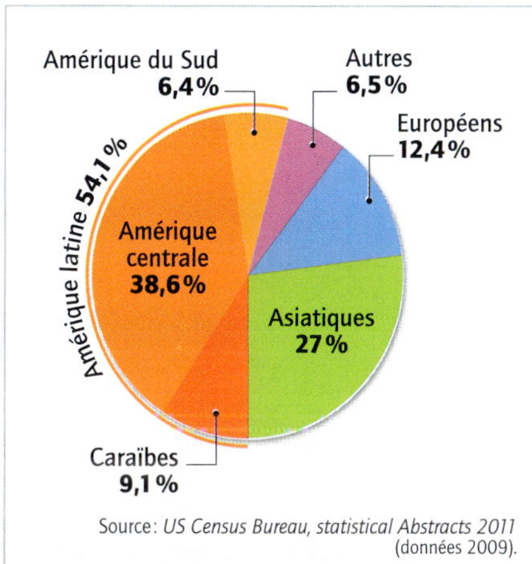

4 La population étrangère selon l'origine

En 2009, 36,7 millions d'habitants des États-Unis n'étaient pas nés citoyens américains.

5 Une projection du film *Avatar* en Chine

Le film de James Cameron détient pour le moment le record d'entrées de l'histoire du cinéma. Les 25 premiers films au box office mondial sont tous américains.

6 Jeunes diplômés de l'université de Harvard

Harvard, près de Boston, est considérée comme la meilleure université du monde. 17 universités américaines sont dans les 20 premières du classement de Shanghai 2010 et 54 dans les 100 premières.

7 Une œuvre caritative : la fondation Bill et Melinda Gates

1975	Fondation de Microsoft par Bill Gates et Paul Allen.
1994	Gates devient l'homme le plus riche de la planète (il le demeure plus de 10 ans). La même année, création de *The Bill & Melinda Gates Foundation*.
1999	▸ Création de la *Gates Learning Foundation* consacrée à l'éducation. ▸ La fondation contribue largement au lancement de GAVI, l'alliance pour la vaccination. Elle a contribué à vacciner plus de 4 millions de personnes.
2000	Gates cède sa place de PDG et se consacre, surtout après 2008, presque exclusivement à l'action caritative.
2009	La fondation distribue dans l'année plus de 3 milliards d'euros (c'est la plus riche de la planète). Elle emploie plus de 800 personnes. 2 milliards sont consacrés à la santé (vaccination, nutrition, recherche médicale), 1 milliard au développement (éducation, agriculture, hygiène).

D'après Le Monde magazine, *samedi 13 novembre 2010.*

Activités

1) **Doc. 1 et 2** Relevez dans le texte toutes les manifestations de l'influence des États-Unis. Quelles sont celles que vous retrouvez sur le dessin ? À quoi est comparée l'américanisation du monde ? Cette vision n'est-elle pas exagérée ?

2) **Doc. 3 et 6** Quel est le pays d'origine de ces entreprises ? Qu'est-ce qui leur a permis de s'imposer ?

3) **Doc. 2, 5 et 6** Montrez que les États-Unis dominent la culture mondiale.

4) **Doc. 4** Quelle est l'origine de la majorité des étrangers vivant aux États-Unis ? Pourquoi, selon vous, viennent-ils dans ce pays ?

5) **Doc. 7** De quelle manière Bill Gates influence-t-il le monde ?

◆ Rédiger une synthèse ◆

6) **À l'aide des documents et de vos réponses, expliquez pourquoi les États-Unis sont un modèle pour le monde.**

Cours

1 Les États-Unis, hyperpuissance

A Les bases de la puissance (*hard power*)

Les États-Unis, principal pôle de la Triade, sont le premier moteur de la mondialisation : première puissance économique, premier exportateur et importateur mondial de services et deuxième exportateur de marchandises, ils rayonnent grâce au dynamisme de leurs multinationales, présentes sur tous les marchés importants et dans tous les secteurs d'activités.

Le pays est aussi le premier investisseur de la planète. **Sa monnaie, le dollar, reste la plus utilisée dans les échanges internationaux** et sert aussi de monnaie de réserve ; les bourses de New York et de Chicago sont les plus prospères de la planète.

Membre permanent du Conseil de Sécurité des Nations unies, les États-Unis sont aussi influents dans toutes les instances internationales qu'ils ont contribuées à créer (FMI, Banque mondiale, OMC).

Les États-Unis réalisent enfin près de la moitié des dépenses militaires mondiales et possèdent une armée ultra-moderne, disposant d'alliés et de bases sur tous les continents.

B La capacité d'influence (*soft power*)

Grâce aux industries audiovisuelles et à l'Internet, qui diffusent leur modèle socio-économique et culturel, les États-Unis influencent le reste du monde. **L'aide internationale, qu'elle soit publique ou privée, est aussi un élément de prestige** et de diffusion des valeurs américaines.

C'est la raison pour laquelle **le pays attire migrants et étudiants**, désireux de participer au « rêve américain » ; par leur travail, ils contribuent au **succès des universités, des centres de recherche** et au dynamisme du pays en général.

Cette influence est cependant contestée par l'usage impopulaire de la force militaire. Alors que le pays connaît des difficultés économiques (en particulier son endettement) révélées par la crise, il doit faire face à la montée de nouvelles puissances, au premier rang desquelles la Chine. **Son influence culturelle est aussi critiquée dans le monde.**

Vocabulaire

- **ALENA** : accord de libre échange nord-américain signé entre les États-Unis, le Canada et le Mexique.
- ***Hard power*** : puissance économique et militaire.
- **Hyperpuissance** : pays puissant dans tous les domaines à la fois (militaire, économique, culturel...).
- **Mondialisation** : voir p. 247.
- ***Soft power*** : capacité d'un État à diffuser ses idées auprès des autres pays.
- **Triade** : les trois régions qui dominent l'économie mondiale (Amérique du Nord, Union européenne et Japon).

Du local au mondial

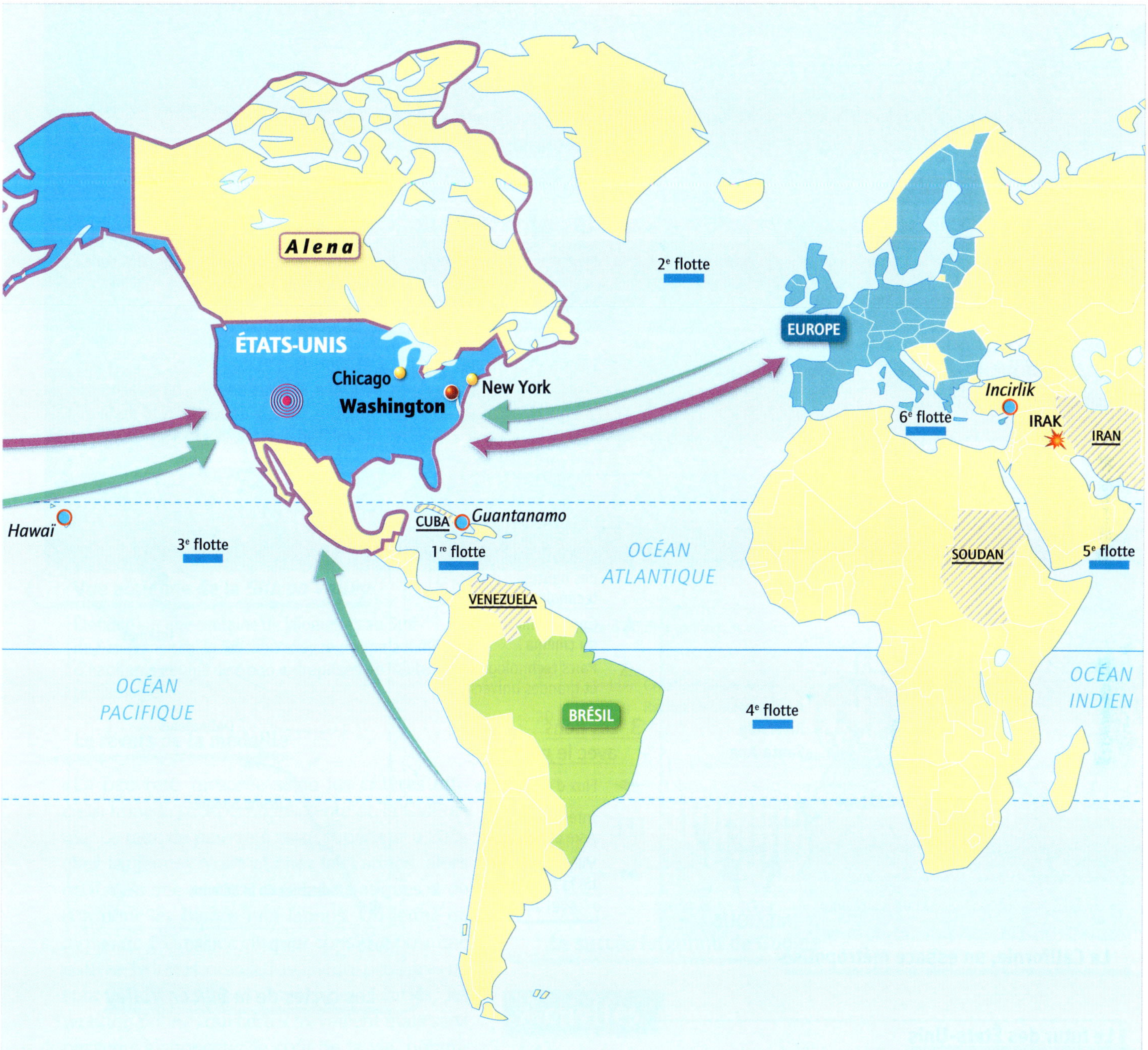

1. La puissance politique et militaire

- Washington, le centre de la puissance
- Les flottes permanentes
- Principales bases américaines
- Les interventions américaines récentes

2. La puissance économique

- L'État le plus riche de la planète
- Au centre des principaux échanges de la planète (marchandises, capitaux)
- La puissance financière : bourses
- Un modèle qui attire (migrants, étudiants, touristes...)
- ALENA, principal moteur d'une zone de libre échange
- Un modèle culturel qui s'exporte

3. Une puissance contestée

- Les autres pôles de la Triade, partenaires et concurrents économiques traditionnels
- Les puissances émergentes, nouveaux partenaires économiques
- La Chine, principal rival
- Les États ennemis

ÉTUDE DE CAS

La Mégalopolis

▶ Pourquoi est-elle le cœur de l'Amérique et du monde ?

1 Une façade littoralisée

2 LES CHIFFRES de la Mégalopolis

(en % du total des États-Unis)

- **18 %** de la population (55 millions d'hab.) pour **1,8 %** du territoire
- **20 %** des emplois industriels
- **20 %** des activités de R&D
- **25 %** du PNB américain
- **33 %** du commerce extérieur
- **33 %** des dépôts bancaires
- **33 %** des sièges sociaux
- **50 %** des 20 premières agglomérations des États-Unis
- **66 %** des éditeurs
- **90 %** des transactions boursières (New York)

Sources diverses

3 Les technopôles de l'agglomération de Boston-Cambridge

« Aujourd'hui, l'agglomération Boston-Cambridge, avec une centaine d'institutions publiques et privées de haut niveau, constitue un pôle universitaire de tout premier plan au niveau mondial. L'université de Harvard, qui s'affiche première au palmarès mondial des universités dans le classement de Shanghai, et le brillantissime MIT (Institut de technologie du Massachusetts, fondé en 1961), quatrième au même classement, sont tous deux les pépinières d'innombrables prix Nobel et autres médailles Fields.
Quel étudiant ne rêve pas d'être intronisé dans le vaste et très victorien campus de Harvard ? Pour devenir président des États-Unis par exemple ? Huit d'entre eux en sont issus, tels John Fitzgerald Kennedy ou un certain Barack Obama qui, lui, cumule présidence et Nobel (de la paix)… Peuplée d'étudiants venus des quatre coins de la planète, l'agglomération (6 millions d'habitants) bénéficie d'une sympathique ambiance estudiantine… Elle est aussi un pôle d'excellence pour la santé et la recherche médicale avec son université de Tufts : c'est à Boston qu'eut lieu, en 1954, la première greffe du rein. »

D'après Martine Fournier,
Les Grands dossiers des Sciences humaines n° 17, déc. 2009 / janv-fév. 2010.

VOCABULAIRE

- **Arsenaux** : chantiers pour les navires de guerre.
- **Interface** : ligne de contact entre deux espaces distincts. L'interface entre la terre et la mer est le littoral.
- **Littoralisation** : concentration des hommes et des activités sur les littoraux.
- **Médaille Fields** : récompense accordée pour des travaux en mathématiques (équivalent du prix Nobel).
- **Mégalopolis** : ensemble essentiellement urbain de la façade atlantique du Nord-Est des États-Unis.
- **R&D** : voir p. 249.
- **Siège social** : lieu où se trouve la direction de l'entreprise.
- **Technopôle** : zone d'activité qui regroupe laboratoires, universités et entreprises.

4 Le Sud industriel de la Mégalopolis

« Malgré la perte importante d'emplois ces dernières années, le corridor qui relie le New Jersey à Baltimore demeure l'un des fleurons de l'industrie américaine. Chantiers navals, aciéries et sidérurgie près de Baltimore continuent à recevoir des capitaux russes, après avoir été un moment la propriété de l'Indien Mittal ; le siège et le centre de recherche de Dupont de Nemours (chimie*) se trouvent à Wilmington au Sud de Philadelphie. Arsenaux militaires, industries automobiles, textiles et agroalimentaires complètent une palette productive très complète.

Pourtant, Philadelphie et Baltimore demeurent marquées par le déclin industriel qui s'est accompagné d'un délabrement des tissus urbains. La rénovation des fronts de mer, ports et anciens quais a redonné un certain dynamisme aux centres villes, mais il demeure encore de nombreux espaces désaffectés qui rappellent que l'âge industriel est en grande partie du passé. »

D'après Renaud Le Goix, *Atlas New York*, © éditions Autrement, 2009.

* C'est la société qui a mis au point le nylon il y a plus de 60 ans.

5 New York, pôle économique majeur

Dans tous les classements internationaux, New York apparaît comme la ville la plus influente du monde.

A La Maison Blanche, siège de la présidence (Washington).

B Le siège des Nations unies (New York)

C Wall Street, première bourse de la planète (New York)

D Le Pentagone, quartier général de l'armée (Washington)

6 Les lieux de pouvoir de la Mégalopolis

Activités

1) **Doc. 1 et 3** Qu'est-ce qui fait le prestige de Boston ? Quelles universités peut-on y trouver ? Pourquoi se sont-elles installées ici ?

2) **Doc. 1 et 4** Quelles activités trouve-t-on autour de Philadelphie ?

3) **Doc. 1** Énumérez tous les moyens de transport présents. Pourquoi renforcent-ils l'attractivité de cet espace ?

4) **Doc. 2 à 6** Établissez un relevé des différents éléments de puissance de la Mégalopolis. Classez-les. Pourquoi New York est-elle la ville la plus influente du monde ?

Rédiger une synthèse

5) **Expliquez pourquoi la Mégalopolis peut-être considérée comme le « cœur de l'Amérique et du monde ».**

Cours 2 Territoire américain et mondialisation

A La métropolisation

- **Aux États-Unis, la population et les activités se concentrent dans les grandes villes** [doc. 1]. On y trouve une main-d'œuvre qualifiée (formée dans les grandes universités et employée dans des technopôles), des **moyens de transports variés, des réseaux d'informations développés et connectés au reste du monde**. C'est aussi dans ces métropoles que s'élabore la nouvelle économie («technologie verte» par exemple). Le reste du pays est moins dynamique [doc. 3].

- **La métropolisation s'accompagne d'un étalement urbain** [doc. 4]. Ce phénomène se diffuse aujourd'hui en Californie (entre San Diego et San Francisco), dans la région des Grands Lacs, dans le Nord-Ouest, au Texas.

B La littoralisation

- **Tous les littoraux connaissent un développement de leurs activités en raison de la maritimisation de l'économie mondiale et de l'existence de deux façades maritimes ouvertes vers les partenaires économiques des États-Unis** (Chine et Japon, Union européenne).

- La côte atlantique garde un avantage historique, mais elle est concurrencée par la côte pacifique, qui bénéficie de la montée en puissance de l'Asie. **Le golfe du Mexique est en pleine expansion (effet «*sun belt*»)** grâce à l'exploitation du pétrole (Texas) et au développement du tourisme (Floride).

C Des zones frontalières dynamiques

- **L'ALENA a permis le développement des échanges en Amérique du Nord**, à l'exception des flux migratoires. Au Nord, la zone des Grands Lacs et le Nord-Ouest (Seattle) sont les principaux points de passage. Au Sud, la différence de richesse entre les deux États favorise l'implantation de *maquiladoras* au Mexique, mais aussi l'immigration clandestine [doc. 5].

- L'attraction exercée par les États-Unis se traduit par une **transformation de la composition de sa population : la part des Blancs tend à diminuer au profit de populations asiatiques et surtout latinos** [doc. 2].

1 LES CHIFFRES DE LA MONDIALISATION

20 % des immigrants internationaux vont aux États-Unis.

52 % des Américains vivent sur les littoraux.

80 % des Américains sont des urbains.

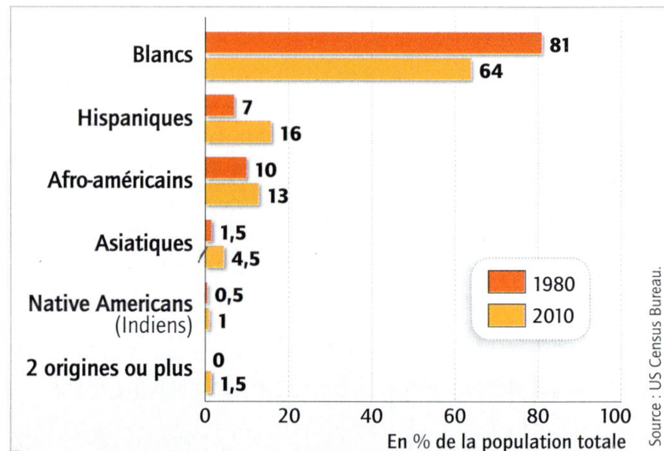

2 Composition de la population américaine

■ Comment évoluent les trois principales minorités ?

3 Le sort de l'Amérique profonde

«Les réseaux des petites villes du centre des États-Unis disparaissent dans l'indifférence générale. Cet exode des habitants du centre de l'Amérique est incontestable. Dans la campagne du Kansas, les jeunes partent vers les grandes villes et les côtes du pays, les communautés locales se défont. Ce n'est pas à proprement parler une désertification car les campagnes sont remarquablement exploitées. Mais la population des campagnes vieillit.»

D'après François Hauter, *Chroniques d'Amérique*, Carnets Nord, 2010.

■ Où vont les jeunes des régions du centre des États-Unis ?

VOCABULAIRE

- **ALENA** : voir p. 252.
- **Étalement urbain** : extension des espaces urbains.
- **Littoralisation** : voir p. 256.
- ***Maquiladora*** : usine mexicaine installée dans une zone exonérée de droits de douane pour faciliter l'exportation.
- **Maritimisation** : rôle joué par les littoraux dans les échanges mondiaux.
- **Métropolisation** : concentration des hommes et des activités dans des zones urbaines de plus en plus étendues.
- ***Sun belt*** : «Ceinture du soleil».
- **Technopôle** : voir p. 256.

4 La ville de Boston

■ **Comment, en vous appuyant sur cette photo, définiriez-vous l'étalement urbain ?**

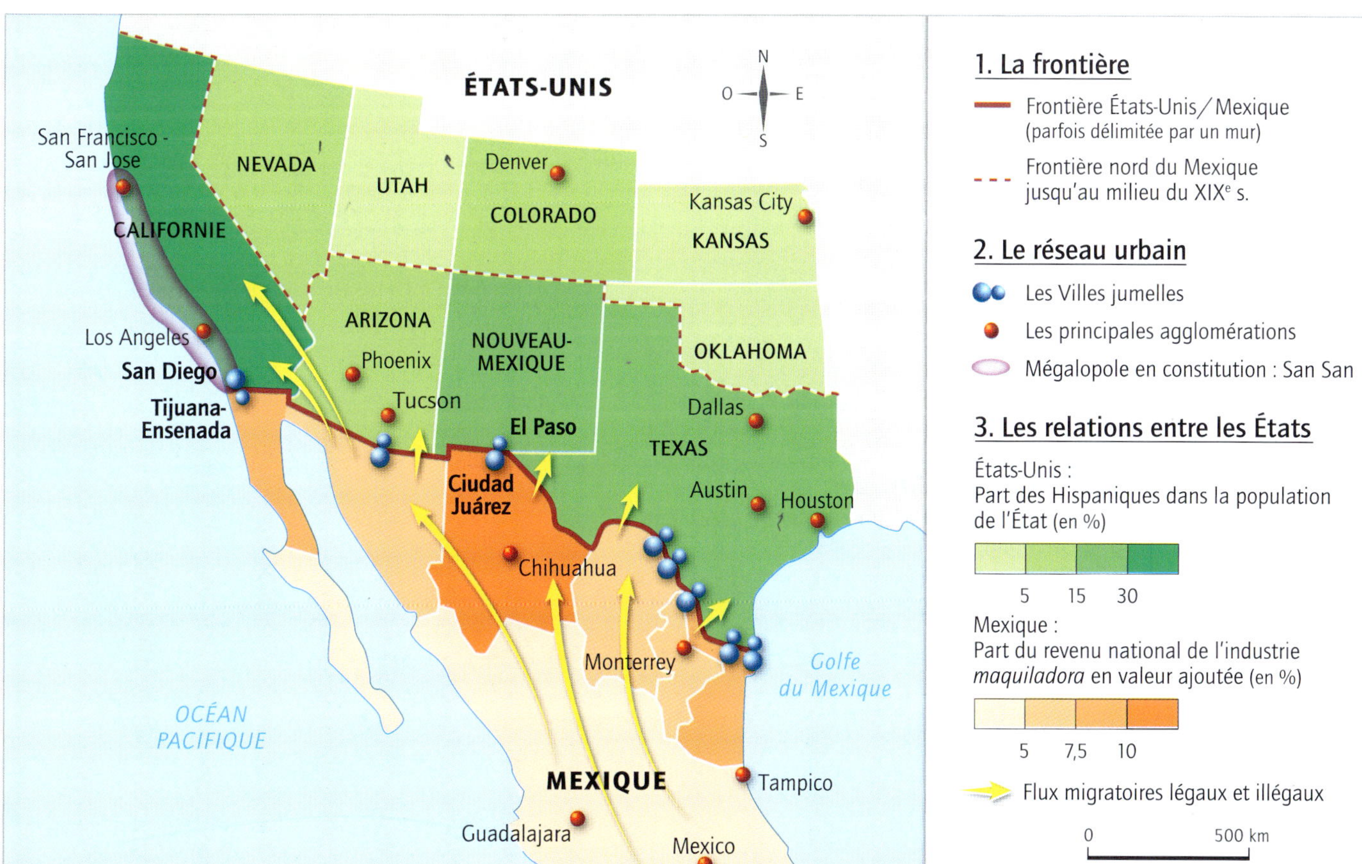

5 La Mexamérique

■ **Expliquez en quelques lignes le titre de la carte.**

SOCLE COMMUN

C5. Lire et employer différents langages : le croquis

L'organisation du territoire américain

A. À quoi sert-il ?

▶ **Le croquis permet de visualiser rapidement les principales caractéristiques d'un espace** ; il est la **carte d'identité** d'un territoire. Pour cela, il doit être simple et clair, ce qui nécessite de **faire des choix**.

▶ Le croquis peut représenter **une information fixe** (localisation d'une ville, d'une région) **ou dynamique** (un déplacement). Il peut aussi permettre de **mesurer son importance** (sa taille, son nombre) **et sa nature** (son activité dominante, le type de flux).

La taille des figurés	Ex. : l'importance des agglomérations	● ● ●
La taille des flèches	Ex. : l'importance des flux	→ → →

B. Organiser la légende

▶ Pour réaliser un bon croquis, **il faut d'abord construire la légende. Celle-ci doit être organisée en deux ou trois parties.** Chacune d'entre elles correspond à une idée. Ici :
– la première partie présente les grands ensembles des États-Unis ;
– la deuxième s'intéresse aux éléments qui organisent le territoire ;
– la troisième évoque les transformations provoquées par la mondialisation.

C. Choisir un mode de représentation

▶ Pour mettre en évidence ces informations, le géographe doit **combiner des figurés et des couleurs.**

▶ Aussi, chaque fois que vous devrez représenter un phénomène, vous vous poserez la question suivante : **est-ce un point, une ligne, une zone ?**

Pour représenter un point	Ex. : ville, port, lieu touristique, pôle industriel...	Figuré ponctuel ● □ △
Pour représenter une ligne	Ex. : axe de communication, cours d'eau, flux, interface, limite climatique...	Figuré linéaire
Pour représenter une zone	Ex. : région agricole, région industrielle, densité de population...	Figuré de surface

D. Réaliser le croquis

▶ Même si vous n'êtes pas « bon en dessin », **vous devrez produire un croquis soigné et aéré**, lisible par tous.

▶ Vous devrez lui donner **un titre, une orientation et une échelle**.

A Le croquis décomposé

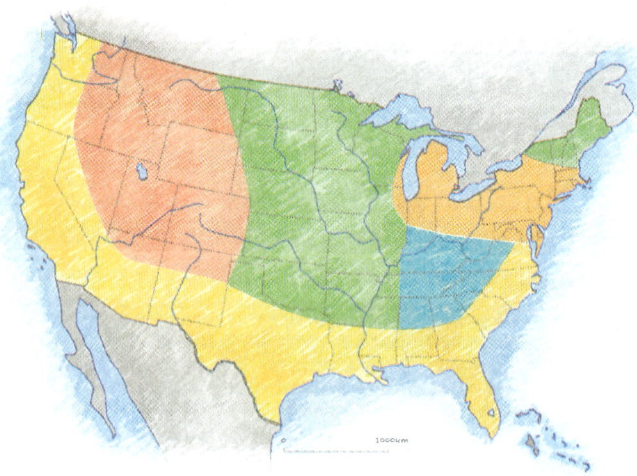

1. Les grands ensembles du territoire

2. Les éléments d'organisation du territoire

3. La mondialisation et les États-Unis

Réaliser un croquis

Ⓑ Le croquis complet

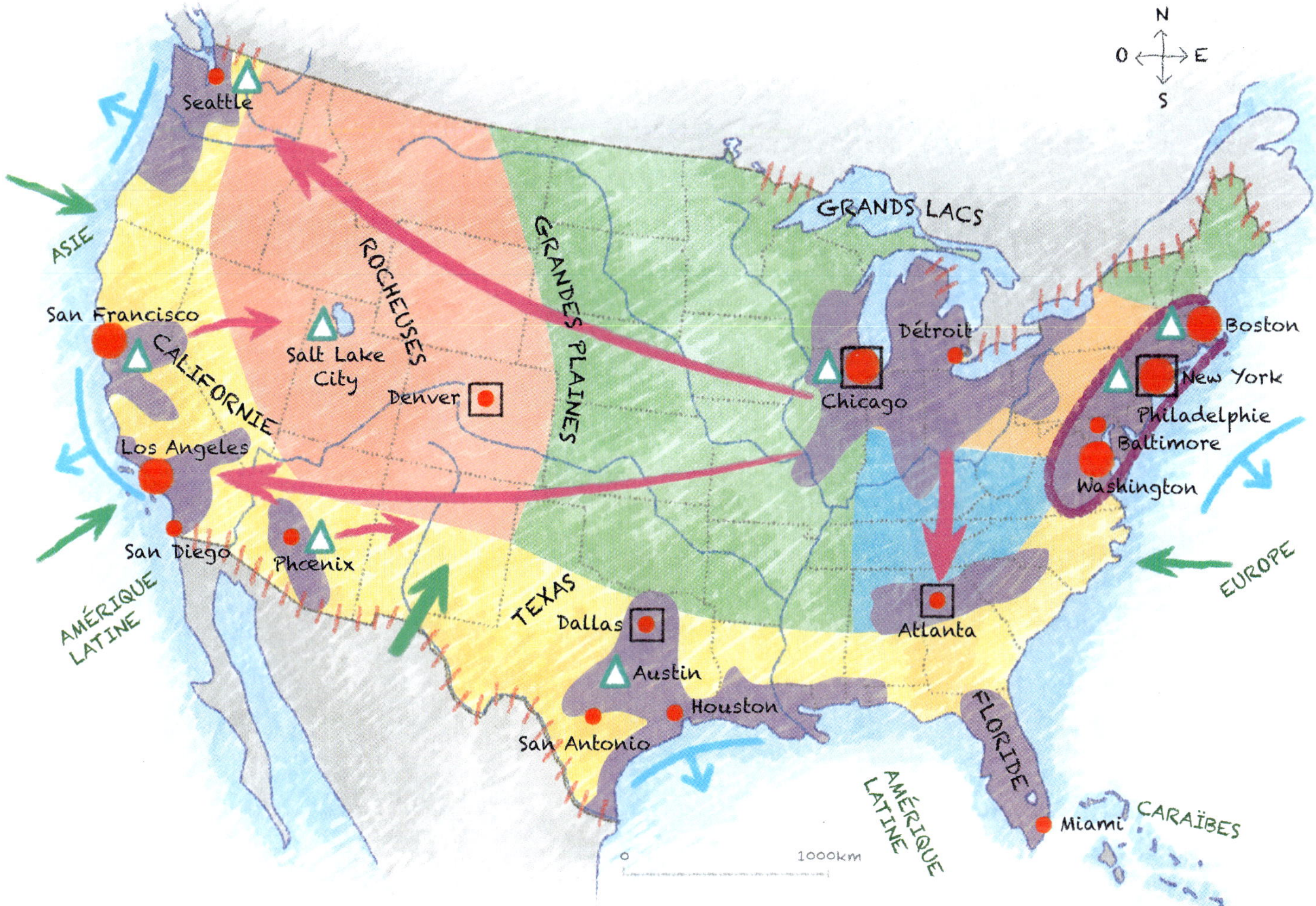

1. Les grands ensembles du territoire

- Ouest
- Cœur agricole
- Sun Belt
- Vieux Sud
- Nord-Est

2. Les éléments d'organisation du territoire

- Mégalopolis
- Principales métropoles
- Principaux parcs technologiques
- Villes globales
- Hubs aériens
- Migrations internes

3. La mondialisation et les États-Unis

- Métropolisation
- Façades maritimes
- Dynamisme des régions transfrontalières
- Immigration

Alaska

Réserves d'hydrocarbures

Hawaï

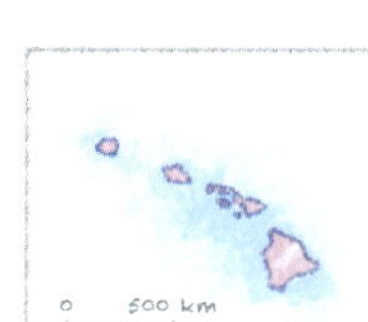

Espace touristique

1 Échelles Changer d'échelle

[C1. Rédiger un texte bref]

La puissance de l'agriculture des États-Unis

1 **Grande culture irriguée (en carrousel) dans le Sud du Colorado**

2 USAid* et les OGM

« Mahyco** se prépare à introduire de nombreux produits agricoles génétiquement modifiés, avec l'appui direct du gouvernement américain, par le biais de l'*United States Agency for International Development* (USAid). Cet organisme promeut la diffusion des OGM dans les pays en voie de développement, en s'appuyant sur les géants de l'agroalimentaire américain et leurs filiales. USAid a ainsi soutenu la biotechnologie agricole pour l'aubergine transgénique Bt; bananes, cacahuètes, papayes, tomates et riz doivent suivre. La stratégie de l'USAid ne varie jamais: dans son "modèle idéal", il s'agit de conjuguer la recherche menée dans les universités avec une commercialisation rapide qui est confiée au privé. Pour l'aubergine Bt, Mahyco a par exemple pu compter, en Inde, sur la *Tamil Nadu Agricultural University*, ainsi que sur le principal associé universitaire de Monsanto aux États-Unis, la *Cornell University*. »

D'après Mira Kamdar, « L'Inde résiste à la séduction de l'agroalimentaire américain », *Le Monde diplomatique*, mars 2010.

* Agence fédérale chargée de la distribution de l'aide internationale américaine.
** Filiale de Monsanto en Inde.

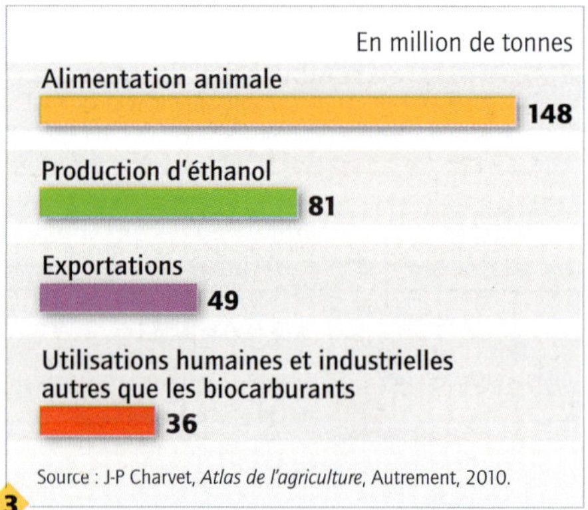

3 **Les débouchés du maïs aux États-Unis**

1 **Doc. 1** Décrivez le paysage. Montrez que l'agriculture américaine est une agriculture moderne.

2 **Doc. 3** À quoi sert le maïs ? Quelle part de la production est destinée aux exportations ?

3 **Doc. 2** Quel est le débouché des OGM cultivés aux États-Unis ? Est-ce seulement une action de solidarité Nord/Sud ? Décrivez la stratégie de l'USAid.

4 Rédigez un petit paragraphe qui montrera la puissance de l'agriculture des États-Unis.

2 SOCLE COMMUN Réaliser un schéma graphique

[C5. Lire et employer différents langages : le schéma]

Pour réaliser un schéma graphique à partir d'un texte

Un schéma graphique sert à résumer simplement les informations d'un ou plusieurs documents. Il s'inspire de la technique du croquis.

- Je relève dans les documents les éléments fixes de l'espace que je veux représenter (villes, régions clairement définies…).
- Je repère les dynamiques, les relations qui unissent ou séparent ces éléments.
- Je choisis des lignes, points ou figurés de surface pour schématiser les informations.

2 Une Twin City (ville jumelle)

« Environ 300 000 Mexicains et Sud-Américains réussissent tous les ans à pénétrer clandestinement aux États-Unis. Le système mis en place pour endiguer cet afflux (des clôtures et des patrouilles sur les 3 141 km de la frontière) est un modèle de dysfonctionnement. Chaque jour, 22 800 personnes, 42 800 voitures et camions traversent les ponts entre El Paso et Juarez, sa jumelle mexicaine, de l'autre côté du Rio Grande. Les ponts sont grillagés. Ils ressemblent à des serpents obèses, crachant nuit et jour des humains et des marchandises. L'agglomération est une usine colossale, une ogresse qui emploie 300 000 ouvriers et fabrique à peu près tout ce dont les Américains ont besoin, des ordinateurs Dell aux installations d'air conditionné. Dans un sens, 24 États des États-Unis envoient au Mexique pour 125 milliards de dollars par an de matières premières ou de pièces détachées. Dans l'autre le Mexique renvoie pour 160 milliards de marchandises. Le tiers de ce commerce bilatéral transite à El Paso. »

D'après François Hauter, *Chroniques d'Amérique*, Carnets Nord, 2010.

J'AI RÉUSSI SI…

- *J'ai relevé toutes les informations.*
- *J'ai attribué le figuré qui convient.*
- *J'ai su compléter la légende de mon schéma graphique.*

La frontière États-Unis/Mexique

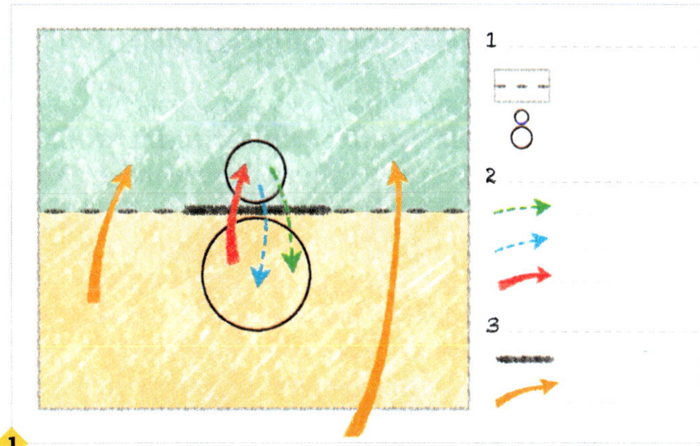

1 Un espace dynamique

[voir aussi carte, p. 259]

1 Prenez deux pages de votre cahier. Sur la page de gauche reproduisez le tableau ci-dessous.

INFORMATION ISSUE DU TEXTE	FIGURÉ	LÉGENDE
		1. Deux États
		État du Nord
		État du Sud
		Frontière
		Villes jumelles (*Twin Cities*)
		2. Des relations nombreuses
		Flux humains légaux
		Flux de matières premières et pièces détachées
		Flux de marchandises
		3. Une immigration contrôlée
		Migrations clandestines
		Frontière surveillée (clôture et patrouilles)

2 Vous devez le compléter :
– lisez le texte et relevez les informations correspondant aux éléments de la légende,
– en vous appuyant sur le modèle réalisé, attribuez un figuré à chaque élément de la légende.

3 Reproduisez le schéma sur l'autre page ; placez la nomenclature (les noms), donnez-lui un titre.

Chapitre 17

Les puissances émergentes

Seront-elles les puissances de demain ?

Présence britannique dans le Sud de l'Inde au début du XXe siècle.
Colonisateurs anglais et leurs « hommes-chevaux ».

■ **Comment qualifieriez-vous la nature des relations entre Indiens et Britanniques à cette époque ?**

« **Puissance émergente** : pays dont le développement s'est accéléré ces trois dernières décennies au point d'occuper une place de plus en plus importante dans l'économie mondiale. »

Sommet des BRIC à Iekaterinbourg (Russie) en 2009. Les présidents brésilien Lula da Silva, russe Dmitri Medvedev, chinois Hu Jintao, et le Premier ministre indien Manmohan Singh forment le groupe informel des pays BRIC (Brésil-Russie-Inde-Chine).

■ **Quel message ces pays, par leur rencontre, adressent-ils au monde ?**

ÉTUDE DE CAS

La Chine

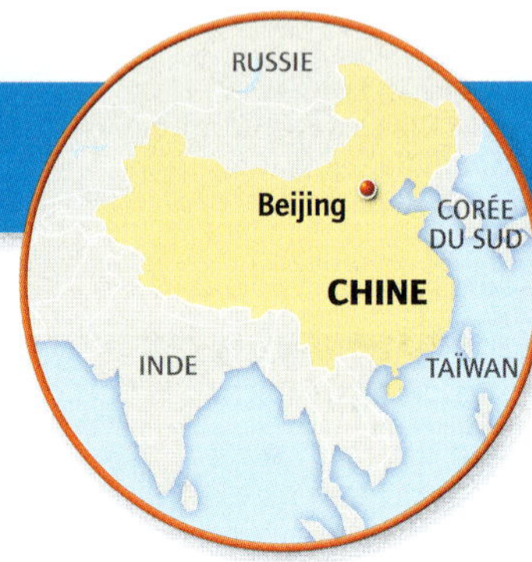

1. La deuxième puissance économique

▶ Comment cette puissance se manifeste-t-elle ?

1 Montage de panneaux solaires dans une usine du Sud de la Chine, 2009

La Chine réalise, en 2010, 16 % de la valeur totale de la production industrielle mondiale, y compris des produits sophistiqués. On la surnomme « l'usine du monde ».

2 LES CHIFFRES de la Chine

- Superficie : **9,6** millions de km²
- Population : **1,3** milliard d'hab.
- PIB : **8 700** milliards de dollars
- PIB/hab. : **7 400** dollars
- **11 %** : taux de croissance annuelle minimal depuis 20 ans
- **2e** puissance économique de la planète
- **1res** réserves de change de la planète, qu'elle peut investir partout dans le monde
- Multiplication par **3** de la production manufacturière entre 2002 et 2010
- Plus de **70 %** des articles proposés dans les supermarchés Wal-Mart aux États-Unis sont fabriqués en Chine
- **1** téléphone portable et **1** téléviseur **sur 3** vendus dans le monde sont chinois
- **1er** marché automobile mondial devant les États-Unis

Sources diverses

3 Évolution comparée du PIB de la Chine et des États-Unis

« Les dirigeants chinois espèrent rattraper les États-Unis vers 2030. L'empire du Milieu retrouverait ainsi la place qui était la sienne au début du XIXe siècle. En 2050, la Chine aurait fortement creusé l'écart puisque son PIB atteindrait théoriquement près du double de celui de l'Amérique et dix fois celui du Japon, avec un revenu par habitant équivalent à celui des États-Unis aujourd'hui. »

D'après CLAUDE MEYER, *Chine ou Japon, Quel leader pour l'Asie ?* Presses de Sciences Po, 2010.

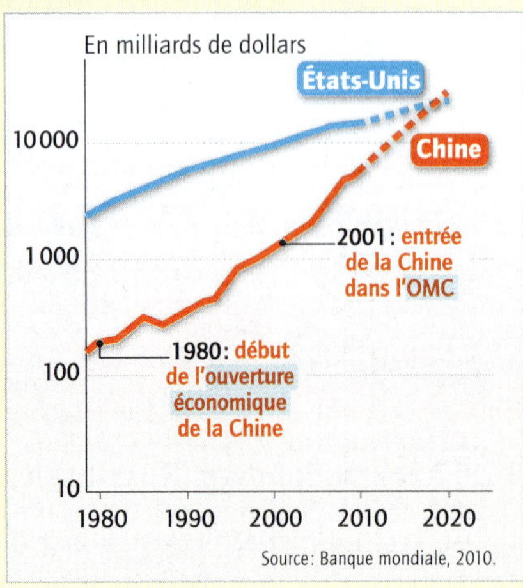

VOCABULAIRE

- **OMC (Organisation Mondiale du Commerce)** : association comprenant l'essentiel des États du monde qui s'occupe de rédiger et de faire respecter les règles organisant le commerce mondial.
- **Ouverture économique** : politique visant à accroître les relations avec le reste du monde pour faciliter le développement.
- **PIB (Produit Intérieur Brut)** : richesse produite par un pays à l'intérieur de ses frontières.
- **Réserves de change** : réserves monétaires dont dispose un pays.
- **Taïkonaute** : c'est ainsi que les Chinois appellent leurs spationautes.
- **Yuan** : monnaie chinoise.

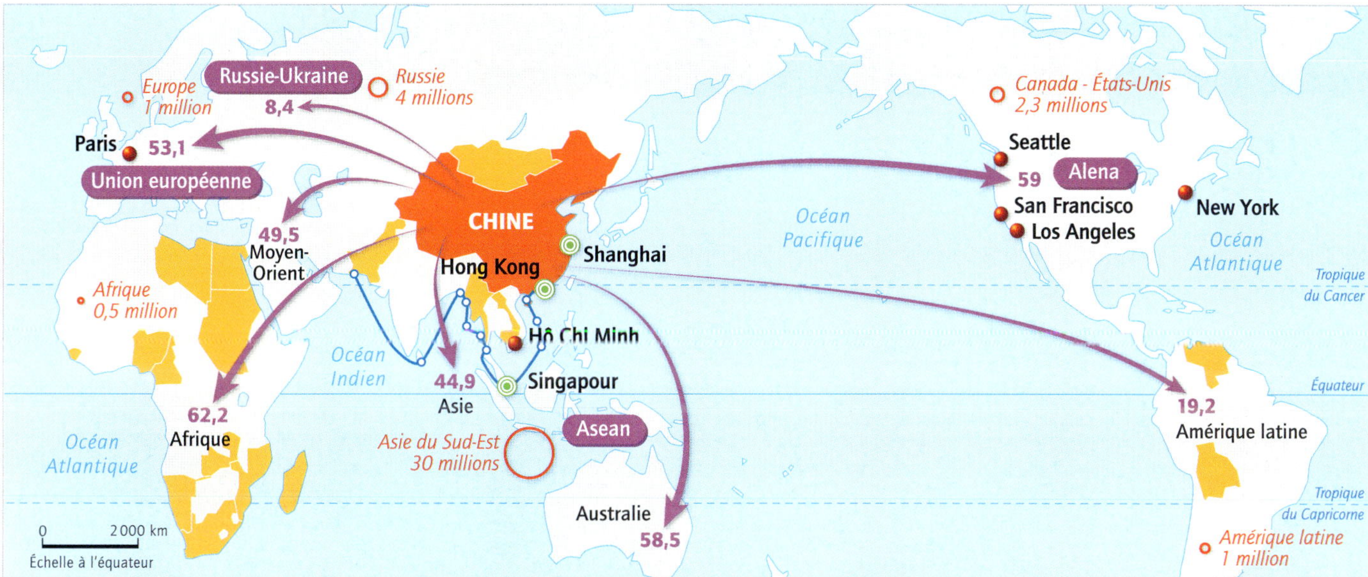

1. La diaspora chinoise

- Chinois d'outre-mer
- Principales Chinatowns
- Plaque tournante des investissements chinois

2. La stratégie commerciale et diplomatique de la Chine

- Principaux flux d'investissement en milliards de dollars (2005-2009)
- Asean : Organisation régionale commerçant avec la Chine
- Le collier de perle : réseau projeté de bases militaires pour sécuriser les routes du pétrole
- Les nouveaux alliés de la « diplomatie du yuan »

Source : *Atlas des Mondialisations*, Le Monde-La Vie, 2010 et Michel Foucher, *La Bataille des cartes*, 2011.

4 La Chine et le monde

L'Afrique en particulier semble être une terre d'avenir : marché de consommation en essor, matières premières nécessaires au développement chinois.
9 000 entreprises chinoises sont installées en Afrique [voir p. 289].

5 Le « tout-à-l'export » en danger

« La Chine est devenue, en 2009, le premier exportateur mondial de marchandises, mais ce modèle est en danger. La pénurie croissante de main-d'œuvre, conséquence d'un vieillissement de la population, n'est pas la seule raison. Cette stratégie se heurte aussi à un début de saturation des marchés étrangers. Le consommateur américain ne peut pas continuer à absorber indéfiniment tous les produits « *made in China* ». Il n'en veut plus et souvent aussi n'en peut plus. Surendetté, il est dans l'incapacité de s'endetter davantage. Si ses marchés se ferment, la Chine est menacée de stagnation (la croissance peut ralentir). La Chine doit donc trouver de nouveaux carburants. Pour le président chinois, Hu Jintao, il faut passer d'un modèle de croissance extravertie à une croissance inclusive. La Chine doit travailler pour tous les consommateurs chinois, ce qui impose des augmentations de salaires. Ainsi, chez Foxconn [voir p. 190], à Longhua près de Shenzen, le salaire est passé de 1000 à 2000 yuans (250 euros) par mois durant l'été 2010. »

D'après Erik Izraelewicz, *L'arrogance chinoise*, Grasset, 2011.

6 Dessin de Chappatte

En 2008, la Chine a envoyé un Taïkonaute dans l'espace.

Activités

1) **Doc. 1, 2, 4, 5 et 6** Relevez tous les éléments de la puissance chinoise (démographique, financière, industrielle).
2) **Doc. 3 et 5** Quels sont les deux moments essentiels de l'essor de la Chine ? Quelles sont les limites et les solutions ?
3) **Doc. 3, 4 et 6** Pourquoi n'est-elle plus un simple pays atelier ?
4) **Doc. 4 et 5** Vers quelles régions se tourne désormais la Chine ? Pour quelle raison ?

◆ Rédiger une synthèse ◆

5) **Expliquez en quelques lignes les domaines dans lesquels se manifeste la puissance chinoise.**

La Chine

2. Un essor inégal

▶ Tous les Chinois partagent-ils le développement ?

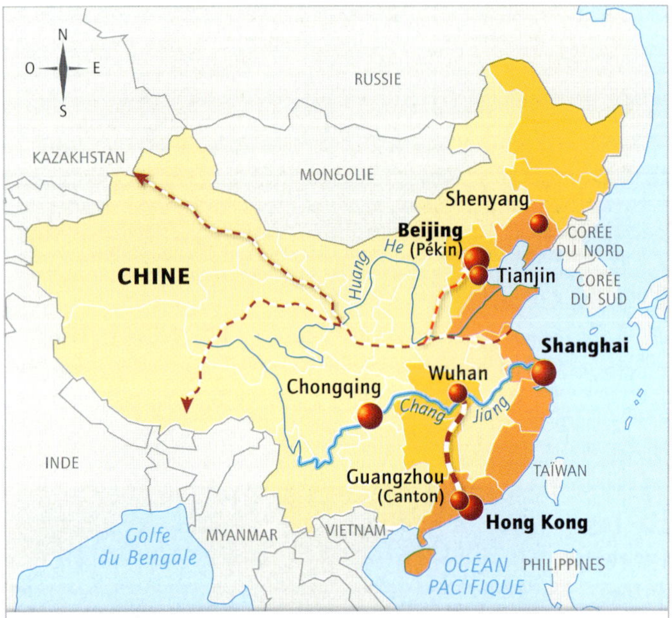

1. Les métropoles

- Agglomérations de plus de 8 millions d'habitants
- Agglomérations de 5 à 8 millions d'habitants

2. Trois Chine

- Régions intégrées à la mondialisation (exportations, investissements étrangers)
- Régions qui s'ouvrent progressivement à la mondialisation
- Périphéries à l'écart de la mondialisation

3. Axes de développement

- Axe fluvial de développement
- Axe ferroviaire
- Ligne TGV la plus longue du monde (plus de 1 000 km)

0 1 000 km

Source : Thierry Sanjuan, *Atlas de la Chine*, © éditions Autrement, 2007.

1 Territoire chinois et ouverture économique

Vocabulaire

- **IDH (Indice de développement humain)** : indicateur qui croise des données économiques, de santé et d'éducation.
- **Métropole** : ville importante qui rayonne sur un vaste espace.
- ***Mingong*** : ouvrier-paysan migrant venant des régions rurales.

A

B

C

2 Des écarts de richesses

Si le pourcentage de populations vivant avec moins de 1,25 dollar est passé en 20 ans de 60 % à 10 %, les écarts entre riches et pauvres sont de plus en plus marqués.

(A) Famille de *mingong* logeant dans des conteneurs devant un projet résidentiel en construction (Fuzhou, Sud de Shanghai).
(B) Hypermarché de Tianjin, pour la nouvelle classe moyenne.
(C) Ouverture d'une boutique Louis Vuitton à Fuzhou en 2010.

3 Des Chinois encore pauvres

« On oublie trop souvent que près de la moitié de la population chinoise vit avec moins de 8 dollars par jour, que son revenu moyen est trente fois inférieur à celui des Français, et que l'IDH classe la Chine au 99e rang mondial.

La Chine reste un pays globalement pauvre, et même plus que pauvre sur la plus grande partie de son territoire : en 2004, seules quatre provinces côtières dépassaient le revenu moyen de 1000 euros par personne et par an. Des poches de misère subsistent en ville parmi les chômeurs et la population âgée, et plus encore dans les campagnes.

En d'autres termes, la croissance enregistrée par ce pays depuis 30 ans n'a pas été suffisante pour le faire sortir tout entier du sous-développement. Seule une minorité a atteint le niveau de vie des Européens. La plupart en sont bien loin, et n'ont donc pas les moyens de se procurer biens culturels et moyens d'informations. Ajoutons que nombre d'entre eux sont encore traités comme des esclaves, en particulier dans les entreprises qui achètent de la main-d'œuvre venue des campagnes. »

D'après J.-L. Domenach, *La Chine m'inquiète*, Perrin, 2009.

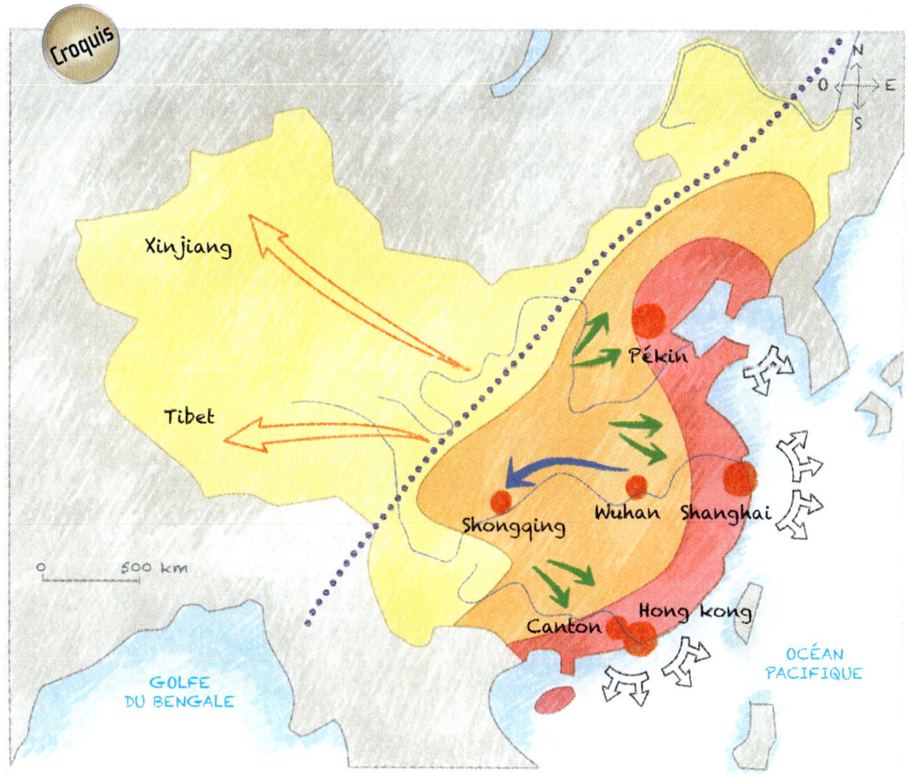

1. Les espaces chinois

Très fortes densités, forte croissance économique

Fortes densités, croissance modérée

Faibles densités, espaces en retard de développement

À l'Est de la ligne, concentration de 90 % de la population

2. Des dynamiques largement favorables à la côte

Grands centres urbains

Axe majeur de développement

Populations attirées par les villes

Migrations intérieures vers les espaces vides

Ouverture sur le monde

4 Croquis de synthèse du territoire chinois

Activités

1) **Doc. 1 et 3** Le territoire chinois est-il également développé ? Quelles sont les régions intégrées à la mondialisation et celles à l'écart ?

2) **Doc. 2 et 3** Décrivez deux exemples montrant que les Chinois sont majoritairement pauvres. Quels sont les progrès accomplis récemment ?

3) **Doc. 1 et 4** Quelle politique le gouvernement met-il en place pour développer les régions périphériques ?

4) **Doc. 1 et 4** À l'aide de la fiche SOCLE COMMUN, repérez quel type de figuré a été utilisé pour représenter les régions intégrées à la mondialisation. Quelles informations nous apportent les figurés linéaires ? Puis, à l'aide de vos réponses, recopiez puis complétez la légende du croquis [doc. 4].

◆ Rédiger une synthèse ◆

5) **Montrez que le développement en Chine est inégalement partagé.**

SOCLE COMMUN — C5. Lire et employer différents langages : le croquis

Pour réaliser un croquis

- Je détermine quelles sont les informations à représenter.
- Je choisis des figurés (de surface, linéaires, ponctuels).
- J'établis une légende que j'organise en deux ou trois parties.

ÉTUDE DE CAS

L'Inde

1. L'Inde qui brille, « *Shining India* »

▶ Qu'est-ce qui fait la force de l'Inde ?

1 L'Inde sur la scène mondiale

« Avec les réformes libérales de 1991, l'économie indienne a fait sa rentrée dans la mondialisation. Ses activités de services informatiques lui assurent notamment une bonne place. Dès l'an 2000, selon le magazine *Fortune*, qui opère un classement mondial des 500 premières entreprises, au moins 160 avaient installé une partie de leurs services informatiques en Inde, devenue l'eldorado de la délocalisation.
Les élites indiennes se représentent leur pays comme la future troisième puissance mondiale derrière la Chine et les États-Unis. L'Inde affiche désormais ses ambitions économiques et politiques sur la scène internationale. Les enjeux comprennent aussi bien l'accès au Conseil de sécurité des Nations unies que celui aux hydrocarbures d'Asie centrale.
Si les grandes multinationales sont présentes en Inde, l'inverse est de plus en plus vrai. Plus de 300 entreprises indiennes sont présentes aux États-Unis et près d'une centaine en Europe. Depuis que les autorités indiennes favorisent le développement de leurs groupes dans le monde, il ne se passe pas un jour sans que soit annoncée l'acquisition totale ou partielle d'une entreprise étrangère par une multinationale d'origine indienne. »

D'après Pauline Garaude, « Inde », *Les Guides de l'état du monde*, La Découverte, 2008.

2 LES CHIFFRES de l'Inde

- Superficie : **3,3** millions de km²
- Population : **1,1** milliard d'habitants
- PIB/hab. : **3 400** euros
- **8 %** : taux de croissance minimal depuis 2000
- **11e** puissance économique mondiale
- **10 %** de la production informatique de la planète
- **1er** exportateur mondial de services informatiques aux entreprises
- **1er** producteur mondial de lait, deuxième de blé, de riz, de thé et de coton
- Depuis 2008, l'Inde fait partie du club restreint des pays lanceurs de satellites commerciaux

Sources diverses

3 « Le bureau du monde »

Gestion des fiches de paie, saisie de texte, télémarketing offrent de nombreux débouchés à la jeunesse indienne. Pour les entreprises occidentales, le faible coût de la main-d'œuvre est attractif.

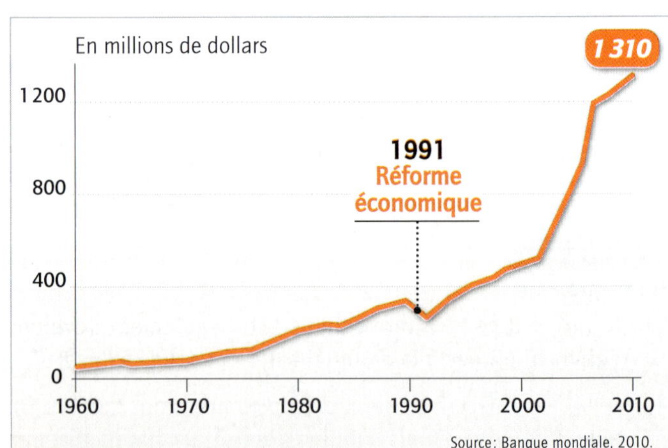

4 L'évolution du PIB indien

VOCABULAIRE

- ***Back-office*** : (« arrière-boutique ») administration, gestion et service après-vente des systèmes informatiques.
- **Bollywood** : studios de cinéma situés à Mumbai (autrefois Bombay).
- **PIB (Produit Intérieur Brut)** : richesse produite par un pays à l'intérieur de ses frontières.

5 **La comédie musicale Bharati**

La grande production musicale de Bollywood, qui cumule plus d'1,5 million de spectateurs depuis son lancement en 2006, s'est installée de nouveau en France début 2010.
Elle reprend dans son spectacle des chansons tirées des films les plus populaires du cinéma indien (« *Bharat* » veut dire « Inde » en hindi).

6 **Le groupe Tata, une histoire mondialisée**

1868	Fondation de la société
1998	Début de la production de la Tata Indica, première voiture totalement indienne, exportée partout en Asie
2000	Tata Tea rachète le groupe britannique Tetley (thés)
2006	Rachat de la division poids lourd de Samsung (Corée)
2007	Rachat de Corus, groupe britannique sidérurgique
2008	Tata Motors achète Land Rover et Jaguar à Ford
2009	Début de la production de la Tata Nano, voiture la moins chère du monde

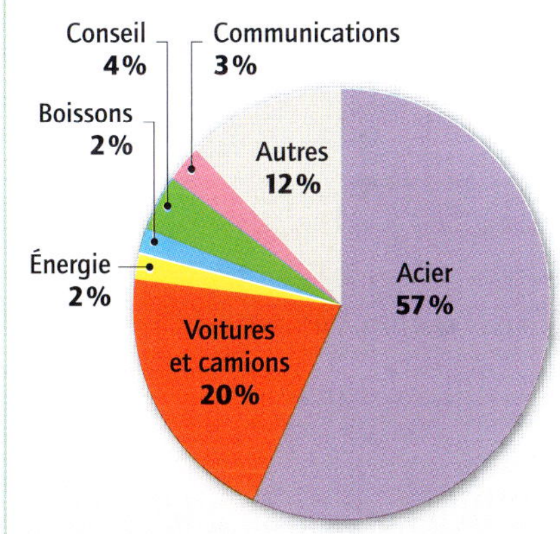

Répartition du chiffre d'affaires de Tata

Le groupe, qui comprend 28 entreprises, emploie 360 000 personnes dans le monde.

7 **L'importance de l'anglais**

« De nos jours, même les travailleurs du bas de l'échelle sociale rognent sur leurs dépenses pour permettre à leur progéniture d'apprendre l'anglais. Dans ce monde globalisé, c'est leur avenir qui est en jeu : ne pas connaître l'anglais revient à se mettre en marge de l'Inde qui avance. Cette connaissance de l'anglais, (qui n'a pas d'équivalent dans les autres pays émergents tels que la Chine) explique dans une large mesure le succès des Indiens dans l'industrie informatique. L'Inde a souvent été surnommée ces dernières années le back-office du monde, avec ses centres d'appel travaillant pour le Royaume-Uni, l'Australie, le Canada ou les États-Unis. Cela explique aussi pourquoi les expatriés s'intègrent facilement dans le monde anglo-saxon. C'est également l'une des raisons de l'attrait de l'Inde pour les investisseurs étrangers, notamment ceux qui viennent s'installer. »

Nina et Olivier Da Lage, *L'Inde de A à Z*, André Versaille Éditeur, 2010.

Activités

1) **Doc. 1 et 4** Quelles sont les ambitions de l'Inde ? Quand a-t-elle amorcé son essor ?

2) **Doc. 1 et 6** Qui joue le premier rôle dans cette présence mondiale de l'Inde ? Comment ? Présentez le groupe Tata et montrez qu'il applique cette stratégie.

3) **Doc. 1, 2, 3, 7** Quel est le secteur considéré comme prioritaire par les Indiens ?

4) **Doc. 2** En agriculture, quels sont les produits exportés, et ceux consommés sur place ? Justifiez votre réponse.

5) **Doc. 1, 3, 7** Quels sont les deux grands atouts de l'Inde ?

6) **Doc. 5** Quel est l'objectif de la comédie musicale Bharati ? Cette vision traditionnelle de l'Inde n'est-elle pas un peu « décalée » ?

◆ **Rédiger une synthèse** ◆

7) **Expliquez en quelques lignes ce qui fait la force de l'Inde.**

L'Inde

2. L'Inde qui change

▶ Toute l'Inde avance-t-elle au même rythme ?

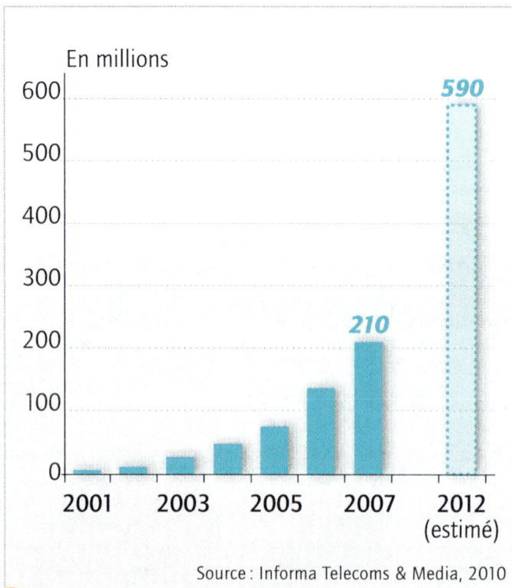

1 Les téléphones portables en Inde

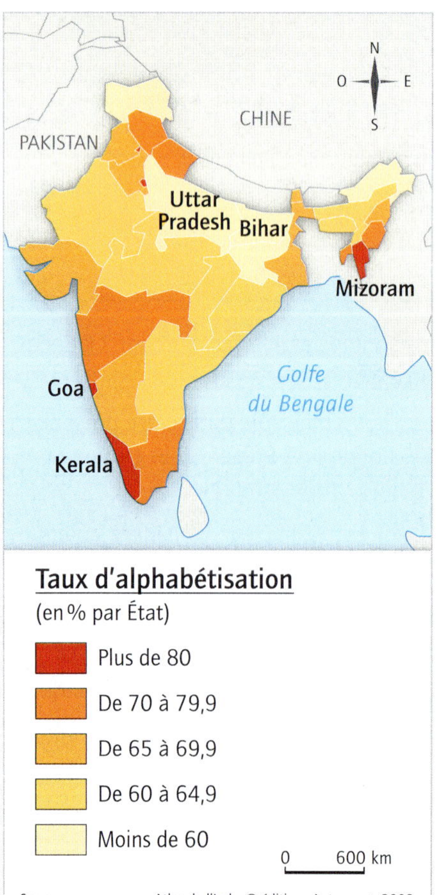

2 Les inégalités régionales

3 Corvée d'eau dans un village du Tamil-Nadu (Sud de l'Inde)

70 % des Indiens sont des ruraux.

VOCABULAIRE

- **Classe moyenne** : tous ceux qui ne sont ni riches, ni pauvres.
- **Pauvreté** : insuffisance des ressources nécessaires pour vivre décemment.
- **Sous-nutrition** : insuffisance de nourriture, affaiblissant à terme l'organisme.

4 Une pauvreté persistante mais en recul

« Dans l'esprit de nombreux étrangers, la notion de pauvreté vient immédiatement à l'esprit lorsqu'il est question de l'Inde. Rien n'y fait : la croissance économique exceptionnelle de ces dernières années, qui a permis l'émergence d'une classe moyenne de près de 400 millions de personnes, une pauvreté équivalente dans de nombreux pays…

Cette association d'idées agace prodigieusement les Indiens, qui soulignent les progrès accomplis dans un pays dont la population dépasse le milliard d'habitants.

Mais si l'on ne meurt plus de faim en Inde, le cinquième de la population souffre encore de sous-nutrition et la pauvreté est tenace : c'est en Inde que l'on trouve le tiers des pauvres de la planète. Aujourd'hui, 456 millions d'Indiens (soit 42 % de la population) vivent au-dessous de la nouvelle ligne de pauvreté, définie à 1,25 dollar par jour. Reste qu'indiscutablement, même si c'est lentement, un nombre croissant d'Indiens quitte l'extrême pauvreté. Quand à la pauvreté rurale, également en régression, elle est passée de 94 % en 1985 à 61 % en 2005 et tomberait à 26 % en 2025 dans l'hypothèse d'un maintien de la croissance. »

D'après Nina et Olivier Da Lage, *L'Inde de A à Z*, André Versaille Éditeur, 2010.

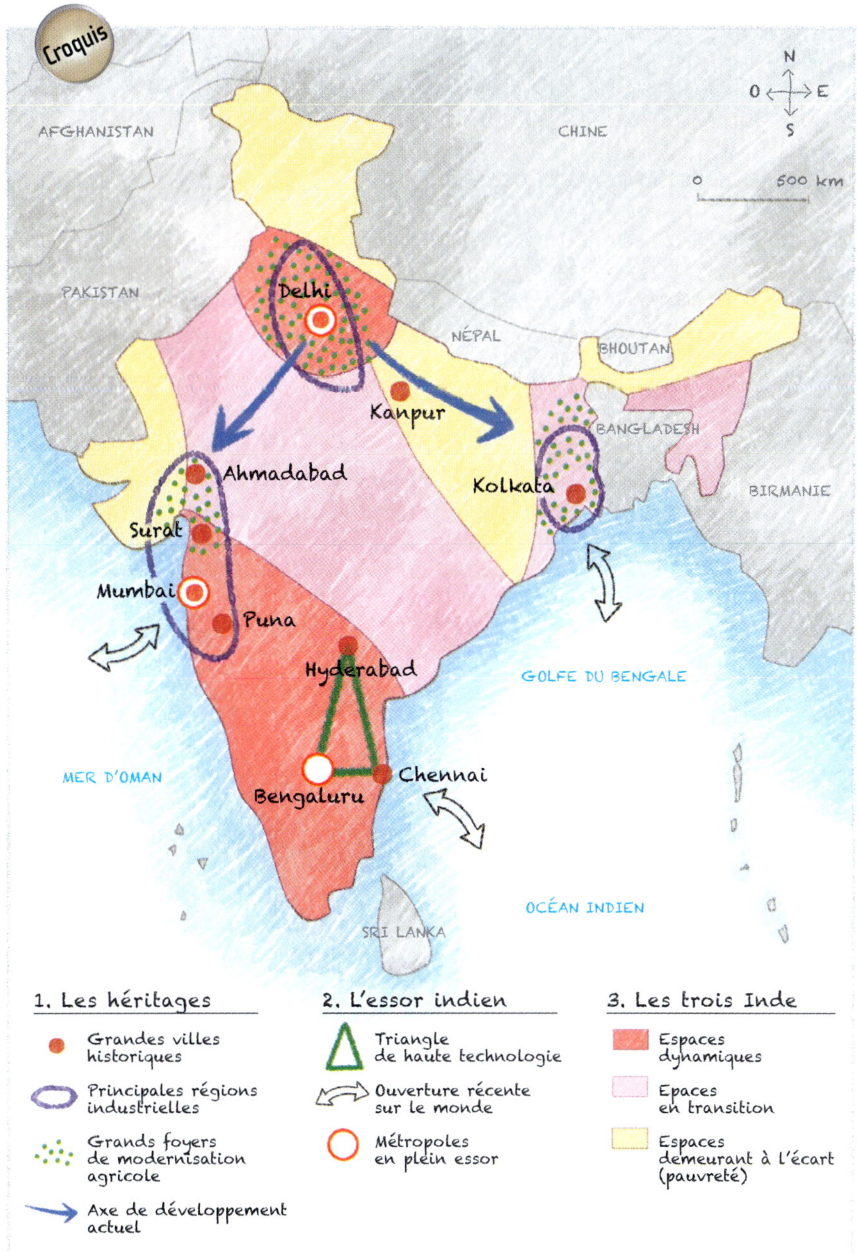

5 Croquis de synthèse du territoire indien

SOCLE COMMUN C5. Lire et employer différents langages : le croquis

Pour réaliser un croquis

- Je détermine quelles sont les informations à représenter.
- Je choisis des figurés (de surface, linéaires, ponctuels)
- J'établis une légende que j'organise en deux ou trois parties.

Activités

1) **Doc. 3** Décrivez la photographie. Quels contrastes met-elle en valeur ?

2) **Doc. 2 et 5** Comparez le croquis et la carte. Expliquez quelles oppositions spatiales sont mises en évidence puis décrivez en quelques lignes l'organisation du territoire de l'Inde. En vous aidant de la fiche **SOCLE COMMUN**, donnez un titre à chaque partie de la légende du croquis, en utilisant les expressions suivantes : les trois Inde, les héritages, l'essor indien.

3) **Doc. 4** L'Inde a-t-elle fait des progrès ? Reste-t-il encore beaucoup à faire ?

4) **Doc. 1** Comment évolue le nombre de téléphones portables ? Pourquoi est-ce un symbole de l'Inde qui change ?

◆ Rédiger une synthèse ◆

5) **En quelques lignes, dites si l'Inde avance partout au même rythme.**

Le Brésil

1. L'émergence d'un nouveau grand

▶ Quelle est sa place dans le monde ?

1 Mine de fer de la société brésilienne Vale do Rio Doce

État du Minas Gerais (à 95 km de Belo Horizonte). La société est le numéro 1 mondial pour la production de fer.

2 LES CHIFFRES du Brésil

- Superficie : **8,5** millions de km²
- Population : **190** millions d'habitants
- PIB : **2 023** milliards de dollars
- PIB/hab. : **10 900** dollars
- **51 %** de la population d'Amérique du Sud et **55 %** de sa richesse
- Grand producteur de ressources minières (**1er** rang pour le fer)
- Grand producteur agricole : **1er** rang pour le café, les agrumes, le sucre, le poulet ; **2e** rang pour le soja et la viande bovine
- **4e** constructeur mondial d'avions
- **9e** pour la production d'acier
- **10e** pour l'automobile
- **8e** puissance économique mondiale

Sources diverses

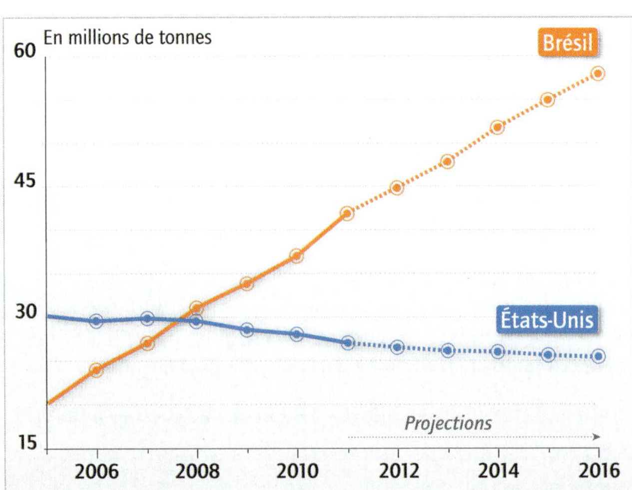

3 Les exportations de soja

L'agriculture représente 36,3 % du total des exportations brésiliennes. Le Brésil est le 3e pays exportateur de produits agricoles (café, soja, oranges, sucre, viande bovine).

4 L'aide aux pays pauvres

« Le Brésil est en train de devenir, plus discrètement, l'un des principaux pourvoyeurs d'aide économique et humanitaire sur la planète. En Haïti, il finance un programme inspiré de la célèbre *Bolsa Familia* ("bourse famille") brésilienne, le versement d'une allocation mensuelle aux familles pauvres qui scolarisent leurs enfants. Dans quatre pays du Sahel, le Brésil parraine des projets de développement de la culture du coton.

Le Brésil agit à la fois dans l'urgence et dans la durée. En 2010, il distribuera, principalement en Afrique et en Amérique centrale, 300 millions de dollars en aide alimentaire puisée dans ses surplus agricoles (maïs, riz, haricots). Soit dix fois plus qu'en 2009.

Cette "diplomatie de la générosité", comme on l'appelle ici, qui s'appuie sur un réseau d'ambassades en rapide expansion, permet au Brésil d'élargir et de consolider son *soft power*, son influence politique, de diffuser ses idées et de promouvoir sa cause, notamment dans sa quête d'un fauteuil permanent au Conseil de sécurité de l'ONU. »

D'après Jean-Pierre Langellier, *Le Monde*, 18 août 2010.

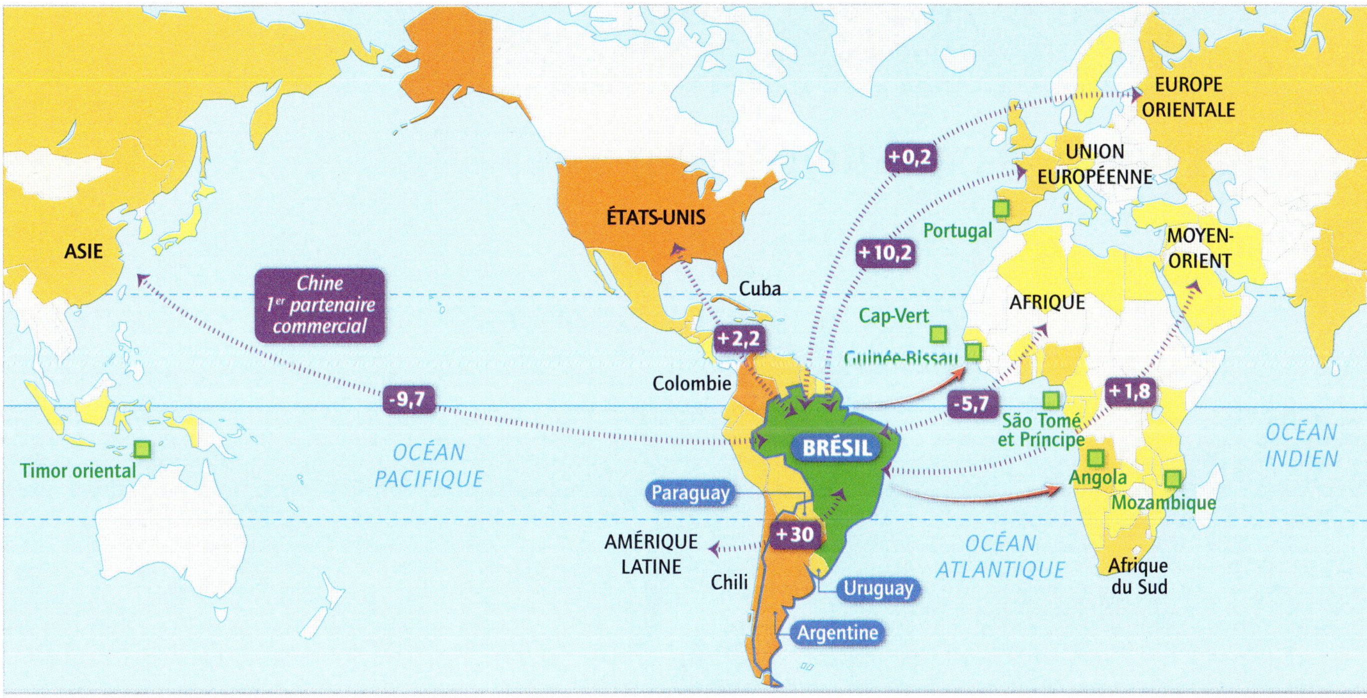

1. La diplomatie
Les voyages du président Lula da Silva (2002-2010)
- De 4 à 6 visites
- 2 à 3
- 1

2. L'influence culturelle
- Réseaux pentecôtistes brésiliens
- Communauté des pays de langue portugaise

3. L'économie
- Uruguay : États membres du Mercosur
- +2,2 : Solde des échanges commerciaux pour 2008

2 000 km à l'équateur

Source: MICHEL FOUCHER, *La bataille des cartes*, FB, 2010.

Le Brésil dans le monde 5

6 Le Brésil, organisateur de la Coupe du monde de football 2014

La prochaine Coupe du monde de football se déroulera au Brésil en 2014. « *Il y a une hyper puissance au football, c'est le Brésil.* » Pascal Boniface, président de l'IRIS. De plus, en 2016, Rio accueillera les Jeux olympiques d'été.

Activités

1) **Doc. 1** Recopiez le tableau ci-dessous, puis faites un relevé systématique des informations contenues dans chaque document, comme vous le suggèrent les deux exemples.

	Capacité d'influence	Économie
Doc. 1		
Doc. 2		
Doc. 3		Producteur de fer
Doc. 4		
Doc. 5	Voyages du président Lula	
Doc. 6		

◆ Rédiger une synthèse ◆

2) **En quelques lignes, expliquez pourquoi on peut considérer le Brésil comme un nouveau Grand.**

VOCABULAIRE

Pentecôtisme : mouvement religieux issu du protestantisme, apparu d'abord aux États-Unis.

Soft power : capacité d'un État à diffuser ses idées auprès d'un autre pays.

Le Brésil

2. Des inégalités qui demeurent

▶ De quelle nature sont-elles ?

1 La favela de Turano à Rio de Janeiro

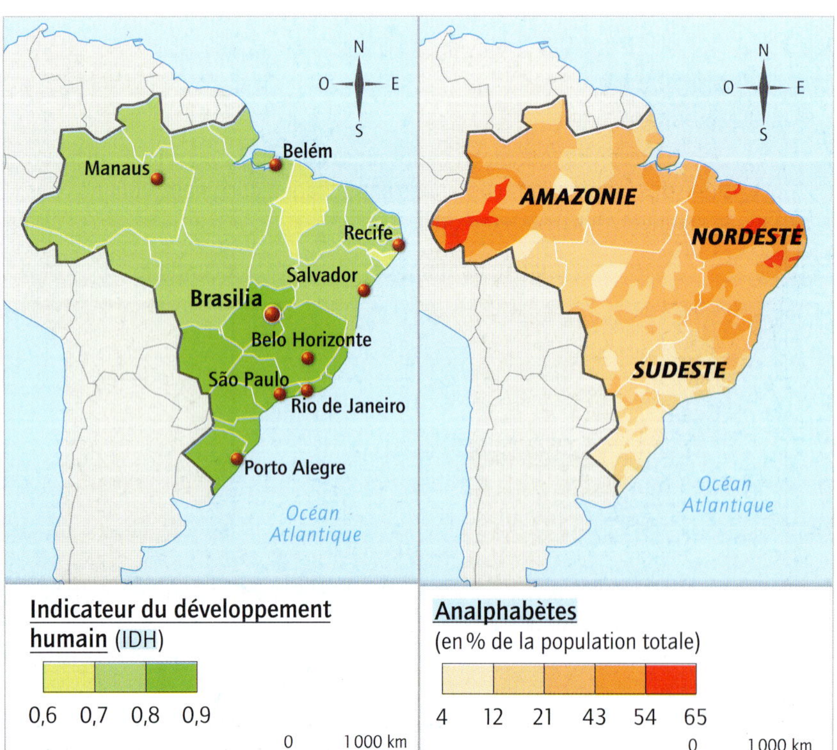

2 Les inégalités spatiales au Brésil

3 Inégalités sociales

« 80 % de la population vit dans les villes alors que la population du Brésil était rurale il y a moins de 50 ans. Ce pays urbain n'a pas un PIB de pays sous-développé, fût-il émergent : son PIB par tête est presque 6 fois celui de l'Inde et quelques-uns de ses grands États fédérés ne font pas mauvaise figure à côté de celui de certains États souverains. Ainsi le PIB de São Paulo n'est pas loin d'atteindre celui de la Pologne. Mais ce pays riche renferme aussi beaucoup de pauvres.

La pauvreté ne provient pas de l'absence de ressources, de pénuries graves ou relatives, mais d'un surprenant niveau d'inégalité qui n'est dépassé que par quelques pays comme la Sierra Leone. Les 10 % les plus riches accaparent près de 50 % du total des revenus et les 50 % les plus pauvres doivent se contenter de 10 %. »

D'après Alain Ruquié, *Le Brésil au XXIe siècle*, © Librairie Arthème Fayard, 2006.

VOCABULAIRE

- **Analphabète** : personne dans l'incapacité complète de lire ou d'écrire.
- **IDH (Indice de développement humain)** : indicateur qui croise des données économiques, de santé et d'éducation.

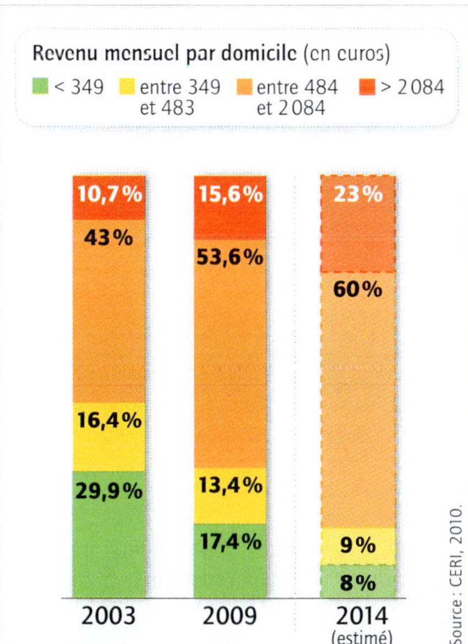

4 L'essor des classes moyennes

SOCLE COMMUN — C5. Lire et employer différents langages : le croquis

Pour réaliser un croquis

- Je détermine quelles sont les informations à représenter.
- Je choisis des figurés (de surface, linéaires, ponctuels).
- J'établis une légende que j'organise en deux ou trois parties.

5 Plusieurs Brésil

A/ Les nouvelles régions pionnières

« Les aspects les plus spectaculaires des efforts entrepris depuis les années 1970 pour "intégrer" l'Amazonie ont certainement été la construction des routes transamazoniennes et la colonisation agricole. Elles avaient les mêmes buts : ouvrir et occuper les régions vides et réduire la pression sur la terre dans les régions du Nordeste devant permettre de donner des terres aux hommes sans terre, des hommes aux terres sans hommes. »

D'après Hervé Théry, *Le Brésil*, © Armand Colin, 2000.

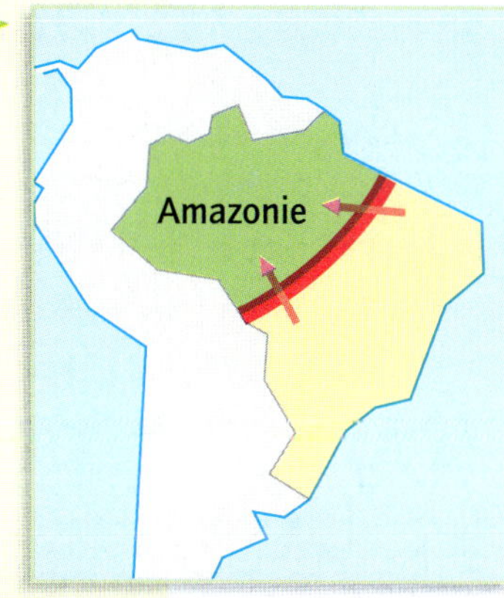

B/ Le triangle utile

« Le Brésil se trouve doté de trois capitales. Entre Rio et São Polo fonctionne une des plus anciennes navettes aériennes du monde. Ce service, indispensable aux hommes d'affaires, complète les échanges assurés par des centaines d'autobus et de camions qui congestionnent la *via Dutra*. Entre Rio et Brasília, les vols sont nombreux et fréquents mais le trafic est moins dense. C'est dans ce triangle Rio de Janeiro – São Paulo – Brasília que se trouve le centre du Brésil. »

D'après Hervé Théry, *ouvr.cit.*

C/ Le Nordeste

« Le Nordeste est la région la plus pauvre du Brésil, et par bien des aspects, il évoque d'autres zones de misère : le *sertão** n'est pas sans parenté avec le Sahel ; la situation des petits paysans évoque la misère des paysans d'Haïti. 30 % des Nordestins gagnent moins d'un salaire minimum par mois et 50 % moins de trois salaires minimum, seuil au-dessous duquel une famille est officiellement considérée comme pauvre. »

D'après Hervé Théry, *ouvr.cit.*

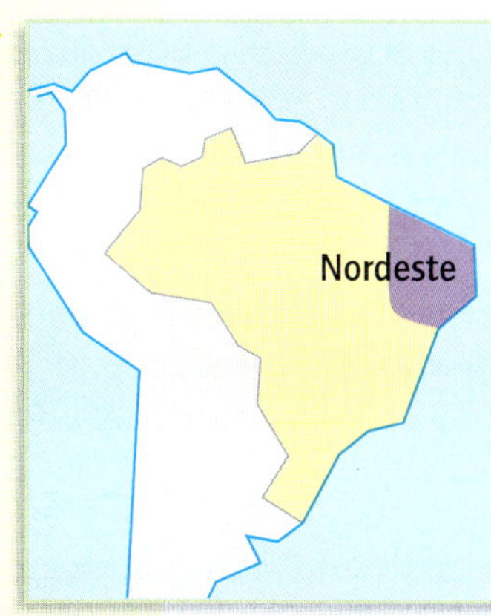

* Savane aride de l'intérieur du Nordeste.

Activités

1) **Doc. 2** Quelles sont les régions les plus et les moins développées ? Comparez avec la répartition de l'analphabétisme.

2) **Doc. 1** Décrivez cette photographie. Quel contraste met-elle en évidence ?

3) **Doc. 3** Comment l'auteur explique-t-il la grande pauvreté d'une partie de la population ?

4) **Doc. 4** Quelle place occupent les populations les plus pauvres en 2003 ? Et en 2014 ? En quoi est-ce encourageant pour l'avenir ?

5) **Doc. 2 et 5** Quelles sont les trois grandes régions du Brésil. Décrivez chacune d'elles.

6) À l'aide de la fiche SOCLE COMMUN, choisissez un type de figuré pour représenter chacune des trois régions caractérisées à la question précédente sur un croquis.

Rédiger une synthèse

7) **Rédigez un paragraphe montrant que les inégalités spatiales se mesurent à l'échelle nationale ; que les inégalités sociales sont aussi visibles à l'échelle locale.**

Cours

1 Géographie des pays émergents

Bilan des études de cas

1 [p.268-271] La Chine

- Elle est devenue, en 30 ans, la deuxième puissance économique mondiale ; **sa croissance économique exceptionnelle repose pour l'essentiel sur les exportations de produits manufacturés** (« atelier du monde »).
- **L'essor ne profite pas à tous les Chinois.** Si certains ont accès à la société de consommation, une grande partie de la population en est exclue.
- Les déséquilibres spatiaux demeurent : opposition entre villes et campagnes, régions littorales et régions de l'intérieur.

2 [p.272-275] L'Inde

- Pour s'insérer progressivement dans le commerce mondial, **elle a choisi de devenir le « bureau du monde »**.
- Si des classes moyennes de consommateurs s'affirment, **le gros de la population, surtout dans les campagnes, demeure misérable.**
- Les grandes villes et les littoraux prospères décrochent des immenses régions de l'intérieur qui stagnent.

3 [p.276-279] Le Brésil

- **Il est la première économie d'Amérique latine et un grand exportateur mondial** : produits agricoles et industriels, ressources du sous-sol. Il dispose d'un vaste territoire qui doit encore pour l'essentiel être mis en valeur.
- Son développement a longtemps profité à une minorité ; aujourd'hui **les progrès accomplis passent par l'essor rapide des classes moyennes.**
- Toutefois, nombreux sont les Brésiliens encore pauvres. Le pays reste l'un des plus inégalitaires de la planète.

Mise en perspective

Qu'est-ce qu'un pays émergent ?

Chine, Inde, Brésil, dont l'histoire économique est assez différente, partagent toutefois quelques caractéristiques communes ; **ils sont tous les trois des États-continents** qui s'affirment chaque jour davantage sur la scène internationale, tant dans l'économie mondiale que sur un plan diplomatique.

Ils apparaissent comme les plus représentatifs d'un groupe d'une vingtaine d'États que l'on appelle les pays émergents. S'ils ne correspondent à aucun groupe clairement défini, ils sont tous d'anciens pays en développement dont l'essor économique est rapide.

Vocabulaire

- **États-continents** : États à la superficie immense.
- **Pays émergents** : pays dont le développement s'est accéléré ces trois dernières décennies au point d'occuper une place de plus en plus importante dans l'économie mondiale. Ces États ne correspondent pas à un groupe clairement labellisé apparaissant dans les statistiques internationales.
- **G 20** : forum économique créé en 1999 après la crise financière asiatique. Il rassemble 19 États plus l'Union européenne. Il cherche à favoriser la concertation internationale au sein des États industrialisés ou émergents ayant un poids économique important.

Du local au mondial

QUESTIONS

- Relevez sur la carte les pays émergents et classez-les par continent.
- Parmi les pays émergents, quels sont ceux qui appartiennent aux BRIC ?

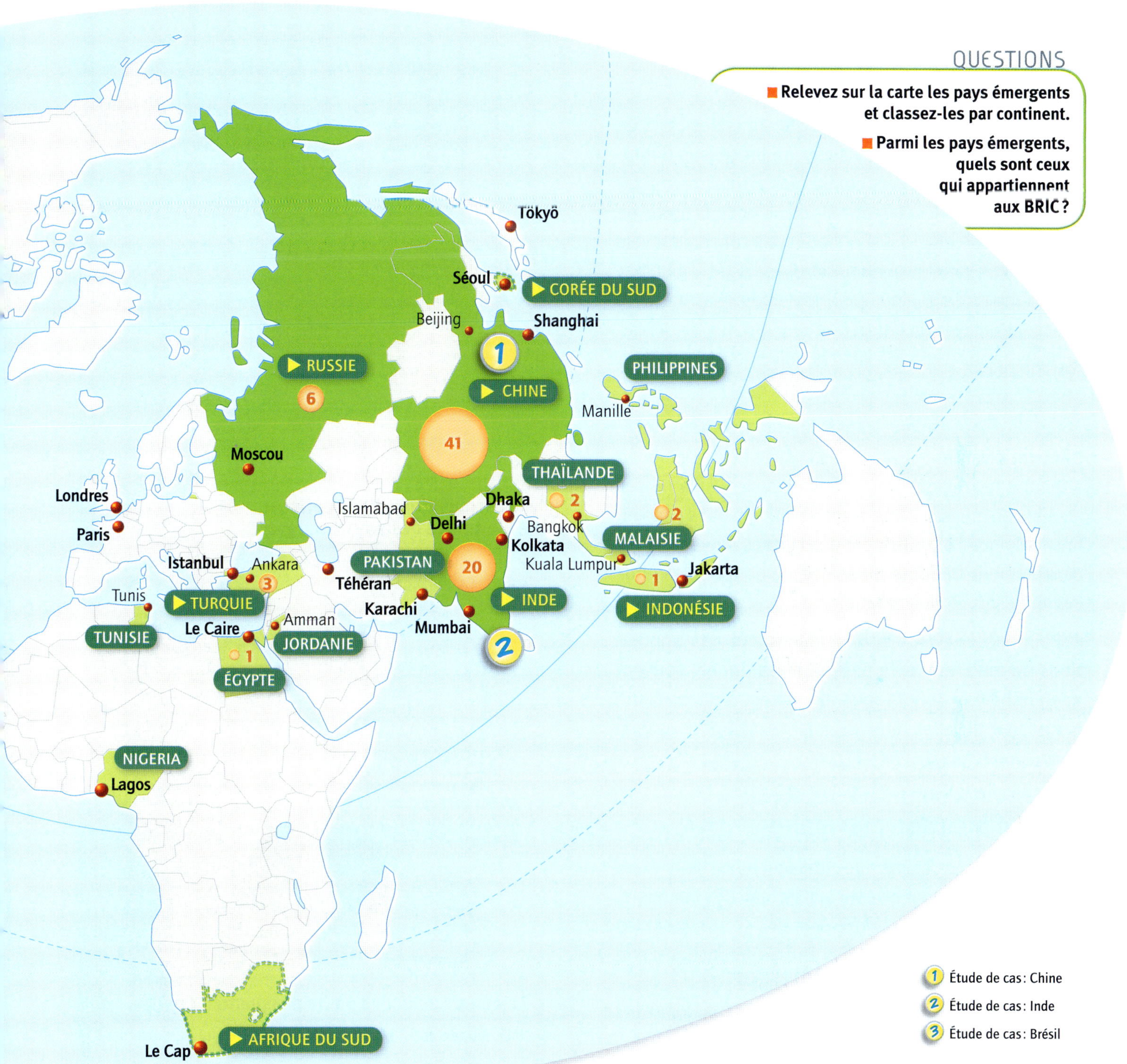

1 Étude de cas : Chine
2 Étude de cas : Inde
3 Étude de cas : Brésil

1. Les États

- Les pays émergents*, la moitié de la richesse mondiale
- dont les BRIC, 25 % de la richesse mondiale
- États susceptibles de rejoindre les BRIC dans un avenir proche

2. Les pays émergents et le monde

- CHINE — Pays émergents membres du G20
- 1 — Origine des 100 premières entreprises issues des pays émergents
- Capitales des pays émergents
- Mégapoles

* La liste de ces pays varie selon les critères retenus et les institutions qui les produisent. Nous nous sommes basés ici sur une synthèse proposée par CHRISTOPHE JAFFRELOT dans le journal *Le Monde*, article du 26 janvier 2010.

0 — 5 000 km
Échelle à l'équateur

Sources : *Atlas des mondialisations*, 2010 et money.cnn.com

Cours

2 L'affirmation des pays émergents

A Un développement rapide

● **Le terme de « pays émergent » désigne des États en forte croissance qui connaissent un processus d'intégration rapide dans l'économie mondiale.** Empruntant la voie tracée par les Dragons, ils comblent une partie de leur retard sur les pays développés ; ils convergent vers eux [doc. 1]. Dans un premier temps appelés « marchés émergents » (débouchés pour les entreprises occidentales), ces pays sont devenus aujourd'hui de remarquables producteurs de marchandises et de services, qu'ils exportent partout dans le monde [doc. 5].

● **Ce développement transforme rapidement territoires et sociétés** [doc. 4]. Si les changements peinent à atteindre les régions intérieures, d'autres, déjà reliées au reste du monde, s'imposent davantage dans l'économie nationale ; **s'y affirment des classes moyennes qui consomment toujours plus** dans de nouveaux centres commerciaux et qui voyagent.

● Pourtant, **une part encore importante des populations de ces États reste pauvre, mal soignée, souvent analphabète et parfois sous-alimentée.** Les pays émergents sont en effet toujours mal classés dans la hiérarchie mondiale de l'IDH.

B Une dimension planétaire

● Les puissances émergentes **utilisent aussi leurs excédents financiers pour investir sur les marchés boursiers, racheter des entreprises occidentales** [doc. 2], **aider les pays pauvres**, et pour s'affirmer dans la production culturelle. Ces puissances sont ainsi en grande partie responsables d'**un basculement de l'économie mondiale : les pays occidentaux ne dominent plus le monde.**

● **Les pays émergents ont d'autre part une réelle ambition politique** qui, pour la Chine et l'Inde, n'est qu'un retour aux temps glorieux des XVIIe-XVIIIe siècles. Pour peser plus efficacement sur l'économie et la politique mondiale, **ils s'efforcent de parler d'une seule voix sur la scène internationale en cherchant à se regrouper (BRIC)** [doc. 6]. En revanche, ils n'ont pas encore réussi à obtenir à l'ONU un siège de membre permanent. Le monde est devenu plus complexe [doc. 3].

1 LES CHIFFRES DE LA MONDIALISATION

En 2020, le PIB cumulé des pays émergents devrait dépasser celui des **7** pays les plus riches du monde.

Les économies émergentes réalisent **53 %** des exportations mondiales de produits de haute technologie.

Entre 1980 et 2008, la Chine a multiplié par **6** sa part dans la richesse mondiale, l'Inde par **2**.

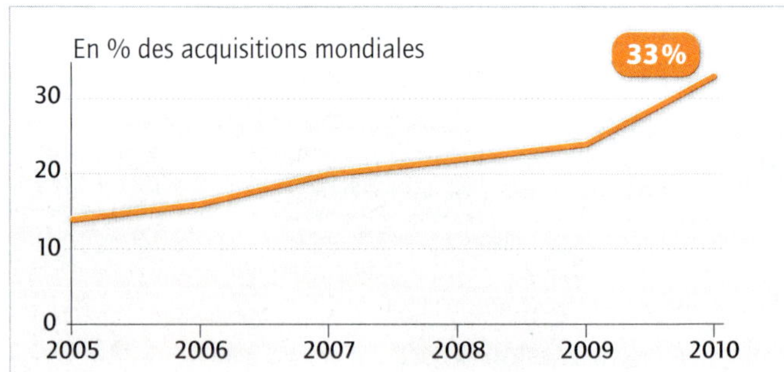

Source : *Dealogic*, Thomson Reuters.

2 Les acquisitions d'entreprises à l'initiative des pays émergents

■ **De quelle manière les pays émergents s'affirment-ils sur le marché mondial ?**

3 Le monde actuel vu par le dessinateur Chalvin, 2008

■ **Le monde est-il plus complexe aujourd'hui qu'autrefois ?**

VOCABULAIRE

- **BRIC** : groupe formé par le Brésil, la Russie, l'Inde et la Chine.
- **Dragons** : pays d'Asie (Corée du Sud, Taïwan, Singapour, et Hong Kong devenue chinoise depuis 1997) qui sont sortis du sous-développement dans la seconde moitié du XXe siècle.
- **Développement** : croissance durable de l'économie et élévation du niveau de vie de la société tout entière.
- **Pays émergents** : voir p. 280.

4 Le centre-ville du Cap, Afrique du Sud

L'Afrique du Sud, qui regarde vers les États-Unis, converge rapidement vers nos modes de vie.

■ **Répertoriez tous les éléments qui montrent que la population de cet État se rapproche de notre mode de vie.**

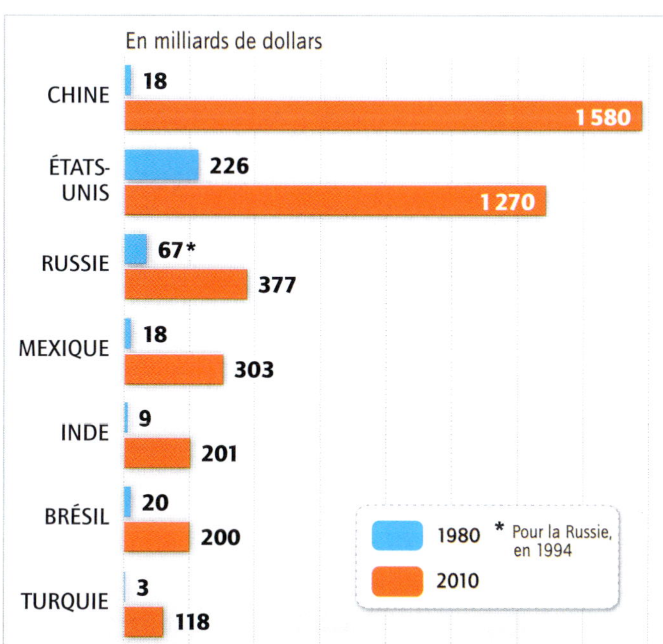

Source : Christophe Jaffrelot *L'Enjeu mondial : les pays émergents*, Presses de Sciences Po, 2008 et CIA Factbook, 2010.

5 Exportations de marchandises entre 1980 et 2010

■ **Quel est l'État qui a connu la plus forte croissance ?**

6 La Russie est-elle un pays émergent ?

« Délivrer un certificat de pays émergent à la Russie s'avère compliqué. *A contrario* des autres pays émergents, majoritairement peuplés de jeunes, la démographie russe est en panne ; alors que la croissance économique des autres pays émergents repose sur une industrialisation rapide ou le tertiaire moderne, la Russie, tel un pays rentier*, tire l'essentiel de sa richesse de ses ressources énergétiques ; enfin et surtout, la Russie était le cœur de l'une des deux superpuissances** de la seconde moitié du XXe siècle quand certains pays émergents doivent au minimum remonter au XVIIe siècle pour accréditer l'idée qu'ils renouent avec leur passé. »

D'après Christophe Jaffrelot, *L'Enjeu mondial : les pays émergents*, Presses de Sciences Po, 2008.

* Se dit d'un État qui ne progresse qu'en vendant ses richesses naturelles.

** Référence directe à la guerre froide, qui a opposé entre 1947 et 1991 les États-Unis et l'URSS (dont la Russie est l'héritière).

■ **Relevez les arguments qui permettent d'affirmer que la Russie n'est pas un pays émergent.**

1 Échelles — Changer d'échelle

[C1. Rédiger un texte bref]

La Turquie, un pays émergent aux portes de l'Union européenne

1 Un territoire attractif

« Le ministre turc des finances, Mehmet Simsek, table sur *"une croissance à deux chiffres"* qui placerait le pays au niveau de la Chine, parmi les puissances émergentes les plus dynamiques. *"Depuis deux ou trois ans, la Turquie concentre plus d'investissements directs étrangers que des pays comme l'Inde, le Brésil ou l'Italie"*, fait remarquer Raphaël Esposito, directeur de la chambre de commerce franco-turque. Avec son marché intérieur de 72 millions d'habitants, *"c'est un pays qui a encore d'immenses réserves de croissance"*, note M. Laoüenan. Leroy Merlin a inauguré son premier magasin, fin mars, à Bursa, et prévoit une expansion rapide. Carrefour, qui possède déjà des centaines de magasins dans le pays, continue d'en ouvrir à un rythme soutenu. Areva est à l'affût pour le troisième réacteur du programme de centrales nucléaires turques. Et Gaz de France s'intéresse à la privatisation de la compagnie de gaz de ville pour l'agglomération d'Istanbul. Plus de 300 entreprises tricolores sont implantées dans le pays et emploient 70 000 personnes, note M. Guillaume. »

D'après Guillaume Perrier, *Le Monde*, 7 avril 2010.

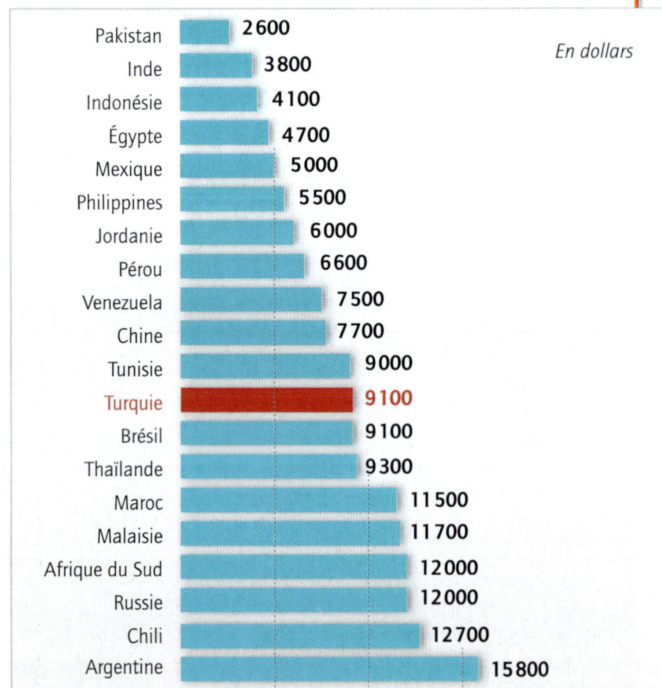

Source : Christophe Jaffrelot, *L'enjeu mondial : les pays émergents*, Presse de Sciences Po, 2008.

2 PIB par habitant des pays émergents (en parité de pouvoir d'achat)

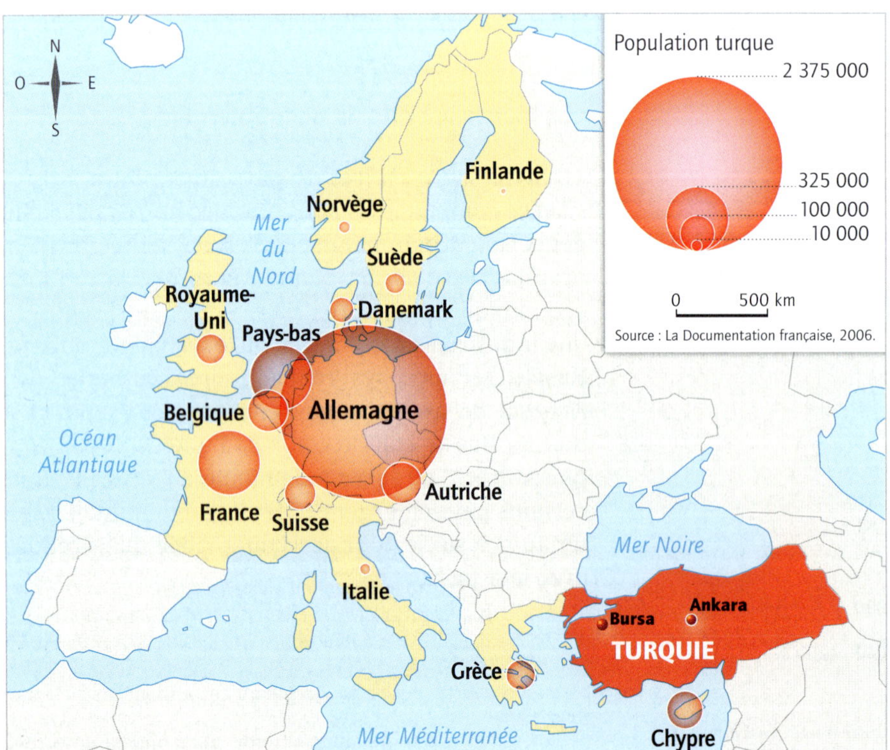

Source : La Documentation française, 2006.

3 Les Turcs en Europe occidentale

1 **Doc. 1** Relevez tous les arguments montrant que la Turquie est un pays émergent attractif.

2 **Doc. 1** Quelles sont les entreprises françaises implantées en Turquie ? Montrez qu'elles jouent un rôle économique important.

3 **Doc. 3** Pourquoi les Turcs ont-ils été nombreux à s'installer en Europe occidentale ? Quels ont été les principaux pays récepteurs ? En quoi la croissance de la Turquie peut-elle réduire les migrations ?

4 **Doc. 2** Où se positionne la Turquie dans l'ensemble des pays émergents ?

2 SOCLE COMMUN Réaliser un croquis

[C5. Lire et employer différents langages : le croquis]

Pour réaliser un croquis

Le croquis permet de visualiser l'organisation d'un espace. La légende en est le mode d'emploi. Elle organise différents types de figurés qui représentent des zones, des lignes ou des points. La réalisation d'un croquis doit être soignée, claire, immédiatement compréhensible.

- Je détermine quelles sont les informations à représenter.
- Je choisis des figurés (de surface, linéaires, ponctuels).
- J'établis une légende que j'organise en deux ou trois parties.

Recopiez le croquis ci-dessous puis complétez-le en suivant les consignes et à l'aide des pages 278-279.

1 Quel type de figuré choisir pour représenter les grandes régions du Brésil ? Complétez la légende et le croquis à l'aide des expressions suivantes : • Le Sud-Est • Le Sud • Le Centre-Ouest • Le Nord-Est, région à problème • L'Amazonie, région pionnière.

2 Quel figuré choisir pour représenter les villes brésiliennes ? Complétez votre légende à l'aide des expressions suivantes : • Ville mondiale • Grands centres urbains et économiques.

3 À l'aide de la p. 279, représentez le « triangle utile » sur votre croquis et complétez votre légende.

4 Quel type d'information représentent les figurés linéaires ? Complétez votre légende à l'aide des expressions suivantes : • Migrations internes • Ouverture au monde.

5 Donnez un titre aux deux grandes parties de votre légende et à votre croquis.

Le Brésil

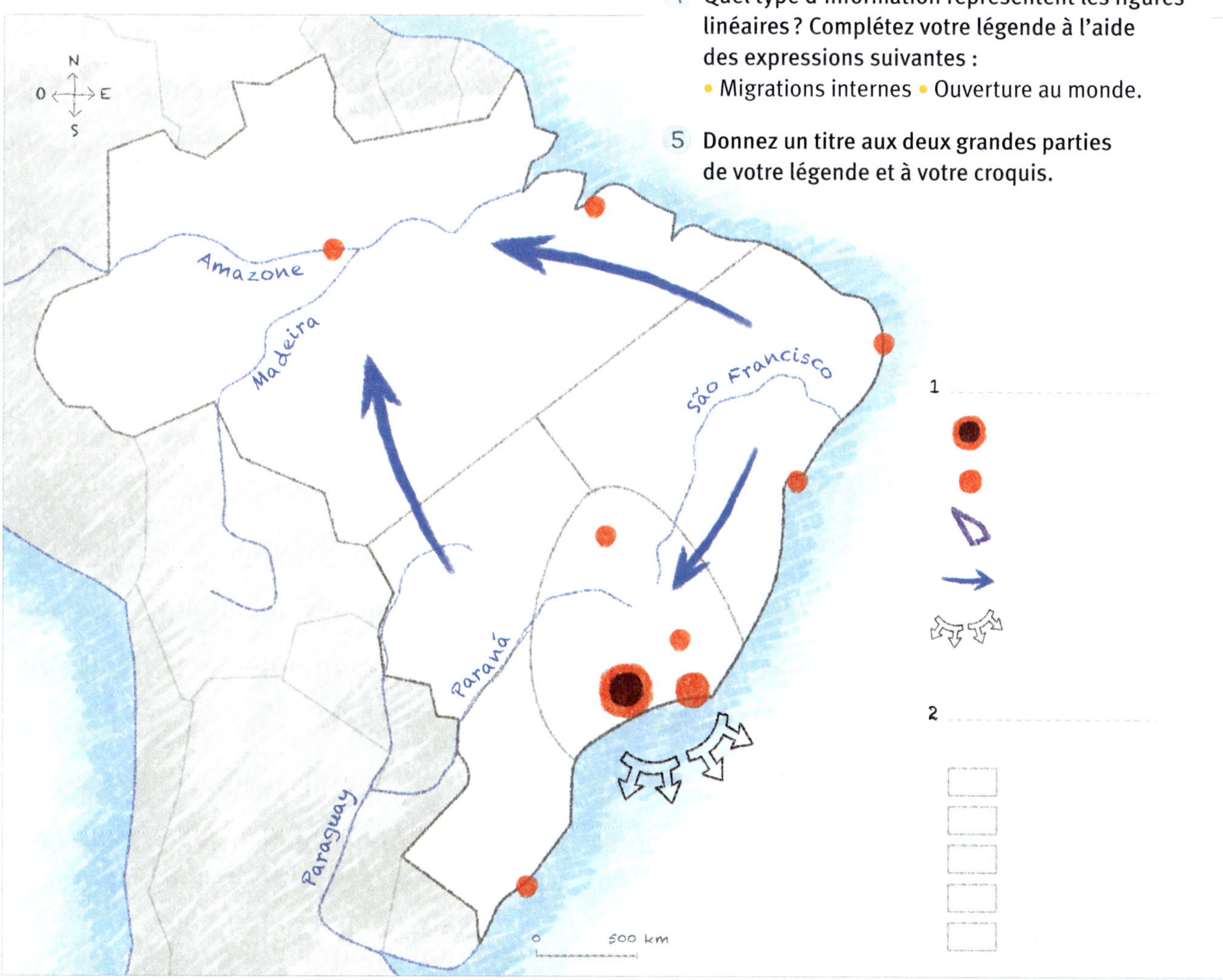

J'AI RÉUSSI SI...

→ *J'ai rédigé une légende ordonnée et organisée en deux ou trois grandes parties.*

→ *J'ai dessiné un croquis qui représente l'organisation du territoire brésilien.*

3 Débat Rédiger un avis argumenté

[C1. Participer à un débat]

Chine/États-Unis : une rivalité ?

1 Washington face au nouveau « péril rouge »

« Les articles qui expliquent que la Chine est en train de nous surpasser dans le domaine de la recherche scientifique ignorent manifestement les graves problèmes de plagiat et de truquage des résultats qu'elle rencontre. Les projections de la croissance économique chinoise ne tiennent pas assez compte de la crise démographique qui menace le pays. La Chine sera le premier pays au monde à vieillir avant d'être riche. D'ici au milieu du siècle, la part de la population âgée de plus de 60 ans sera supérieure à celle des États-Unis et plus de 100 millions de Chinois auront plus de 80 ans. Le pays est également menacé par une pénurie d'eau qui risque de nuire aux entreprises. En 2006, *The New York Times* rapportait que la Chine produisait 600 000 ingénieurs par an. Mais c'est oublier que les statisticiens chinois considèrent les mécaniciens auto et les réparateurs de frigidaires comme des ingénieurs.

Il y a quelques décennies, les Américains étaient obsédés par un autre géant asiatique : le Japon. Or l'économie japonaise n'a pas tenu ses promesses et les années 1990 se sont transformées en une décennie perdue pour le Japon. »

D'après Stephan Mufson et John Pomfret, *The Washington Post*, dans *Courrier international*, avril 2010.

2 Dessin de presse de Paresh, 2009.

1. Relevez dans le texte tous les éléments qui critiquent le développement chinois. Quel point de vue ce texte exprime-t-il ?
2. Décrivez les deux images. Quel domaine de concurrence cette caricature met-elle en lumière entre les États-Unis et la Chine ? Quel pays semble l'emporter ? Pourquoi ?
3. À partir de vos réponses et de l'observation des documents, pouvez-vous dire que les États-Unis et la Chine sont des États rivaux ? Pourquoi ?

4 B2i Utiliser des indicateurs de développement

[C4. Participer à des travaux collaboratifs]

Comparer des pays émergents

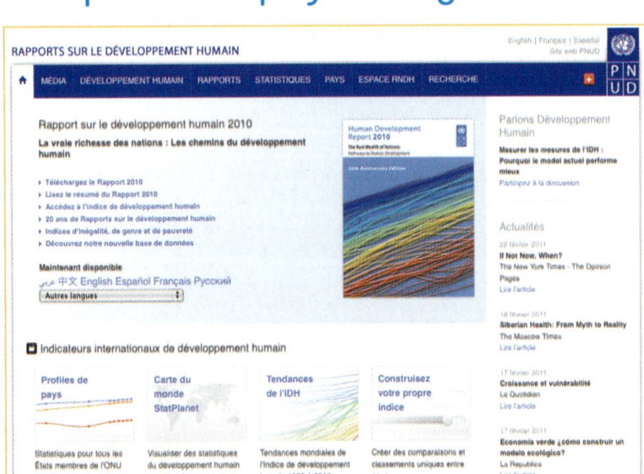

http://hdr.undp.org/fr/ (site du PNUD)

1. Depuis la page d'accueil, cliquez sur « Carte du monde StatPlanet ».
2. Choisissez successivement des données dans la partie « indices » (santé, éducation, revenu) pour les trois pays suivants : Chine, Inde et Brésil (à sélectionner dans la colonne de gauche).

Pays	Espérance de vie	Taux d'alphabétisation des adultes	Dépenses de consommation

Que constatez-vous ?

3. Essayez de repérer sur la carte ou dans la colonne de droite d'autres pays ayant des caractéristiques similaires, puis comparez vos résultats avec ceux de vos camarades. Quelle est la répartition des pays émergents ?

1 Se repérer dans l'espace

[C5. Avoir des repères géographiques]

a 3 pays émergents

▶ Reproduisez à main levée et complétez le croquis du pays étudié en classe, puis construisez sa légende. N'oubliez pas de mettre le nom des villes.

(Si vous éprouvez quelques difficultés, vous pouvez vous appuyer sur les croquis de synthèse des pages 271, 275, 285.)

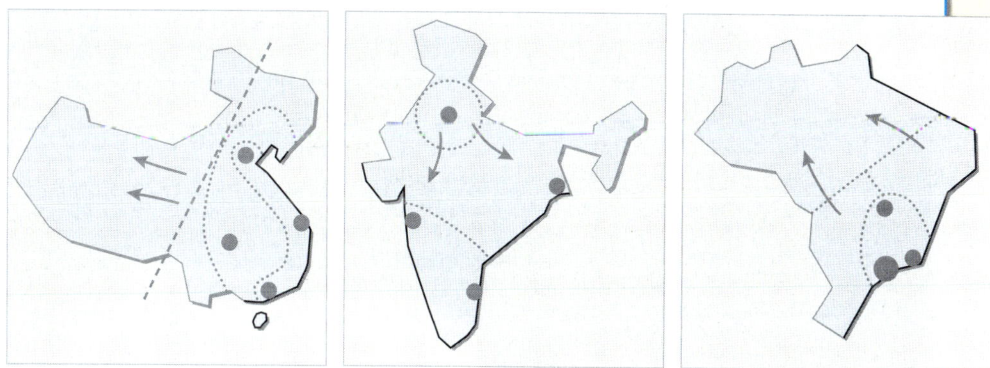

b Les pays émergents sur la planète

1. Donnez le nom des 7 pays émergents coloriés sur le planisphère. Pouvez-vous en citer d'autres ?
2. Mentionnez aussi leur capitale.
3. Parmi ces pays, quels sont ceux qui font partie des BRIC ?

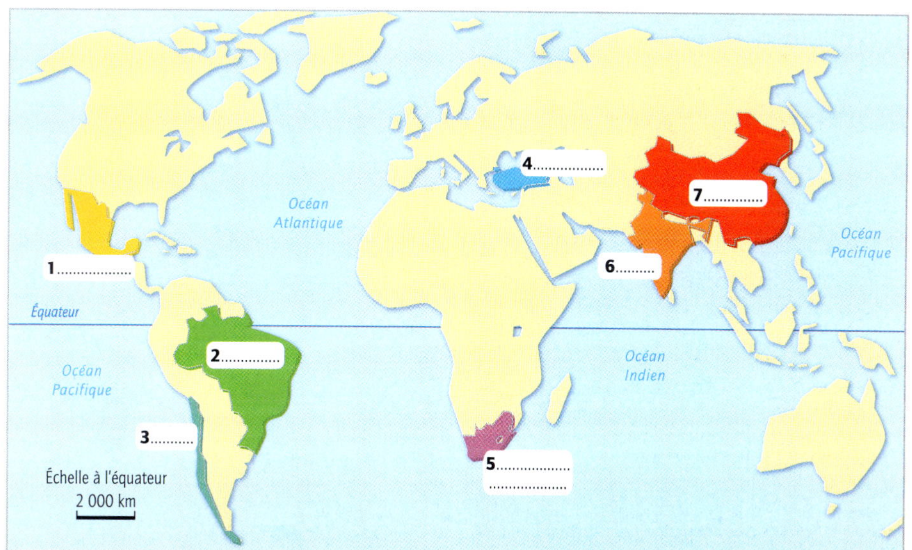

2 Définir une notion

[C1. Maîtriser le langage adéquat]

« Les pays émergents »

▶ Placez chacune des affirmations ci-dessous dans la bonne colonne. Puis rédigez une définition de « pays émergent ».

Ce qu'un pays émergent est	Ce qu'un pays émergent n'est pas

1. Un État industrialisé de longue date.
2. Un État dont la croissance annuelle est faible.
3. Un État qui base une partie de son succès sur les exportations de marchandises.
4. Un pays dont le niveau de vie stagne.
5. Un pays où émerge une classe moyenne.
6. Un pays seulement exportateur de matières premières.

Chapitre 18

Les pays pauvres

Comment s'inscrivent-ils dans la mondialisation ?

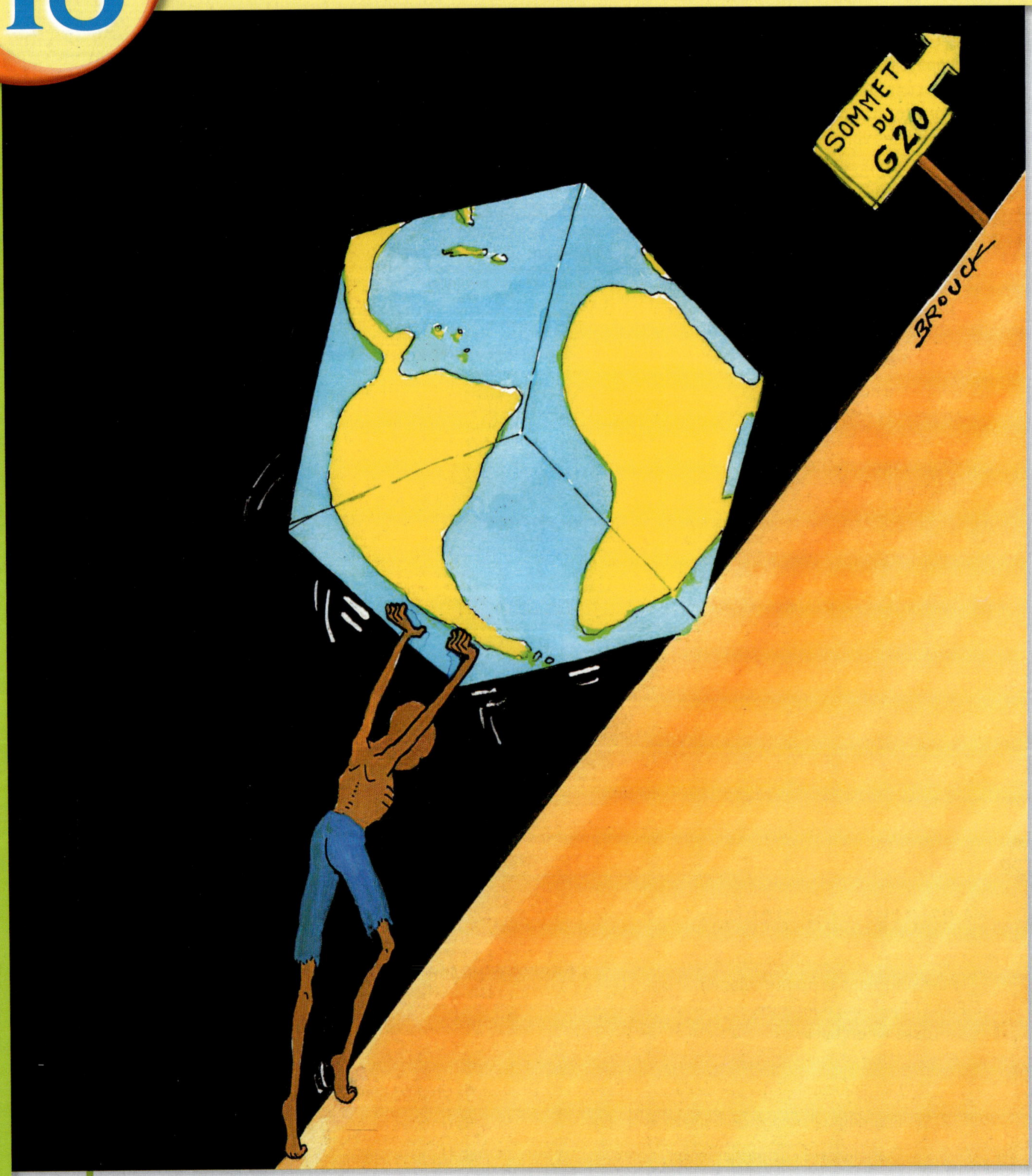

Dessin de presse de Brouck. Le dessin fait référence à Sisyphe, un héro de la mythologie grecque, condamné par Zeus à pousser éternellement un énorme rocher. Le G20 réunit régulièrement les États les plus puissants de la planète.

■ **Quels sont les continents représentés ici ? Que cherche à exprimer le dessin ?**

« **Pays pauvre** : pays ayant un PIB par habitant très bas, un faible niveau de développement et un fort endettement. »

La « Chinafrique ». Sur un chantier du barrage Imboulou, au Nord de Brazzaville (Congo). Les techniciens et contremaîtres chinois portent des casques jaunes pour être repérés de loin parmi les 1 200 ouvriers africains.

■ **Quelles seraient, selon vous, les raisons de la présence d'une main-d'œuvre chinoise ?**

DOSSIER

Le Bhoutan et le Bonheur national brut

Le Bhoutan progresse-t-il ?

1 Monastère de Taktsang

Le calme et la sérénité des monastères attirent toutes les célébrités de la planète, qu'il s'agisse de souverains ou d'acteurs américains.

2 Quelques indicateurs sociaux

	2004	2009
Population sous le seuil de pauvreté (%)	non disponible	23 %
Taux de mortalité infantile (pour mille)	100	47
Espérance de vie (ans)	54	67
Taux d'alphabétisation (%)	42	47
Dépenses médicales par hab. (en $)	40	110
PIB/hab. (en $)	3 000	4 000

Sources : CIA World Factbook et OMS, 2010.

VOCABULAIRE

- **BNB** : bonheur national brut. Il consiste à faire passer le bien-être des habitants avant la croissance économique [voir doc. 3].
- **Censure** : lorsque l'État examine journaux, livres, films, sites Internet avant d'en permettre ou pas la diffusion au public.

3 Les principes du Bonheur national brut

Conçu au début des années 1970, le BNB a été remis au goût du jour récemment. Une commission veille à l'application de ces principes dans tous les domaines d'activité : par exemple l'éducation est gratuite, toutes les dépenses médicales sont prises en charge par l'État.

« Le BNB ne promeut pas la pauvreté ni ne dit que les besoins et les désirs matériels doivent être rejetés. Il suggère que les besoins des hommes ne sont pas uniquement économiques et matériels. Il y a d'autres besoins de type psychologiques, spirituels et affectifs. »

Jigme Thinley, Premier ministre du Bhoutan, d'après http://bloglesoir.be, 16 décembre 2010.

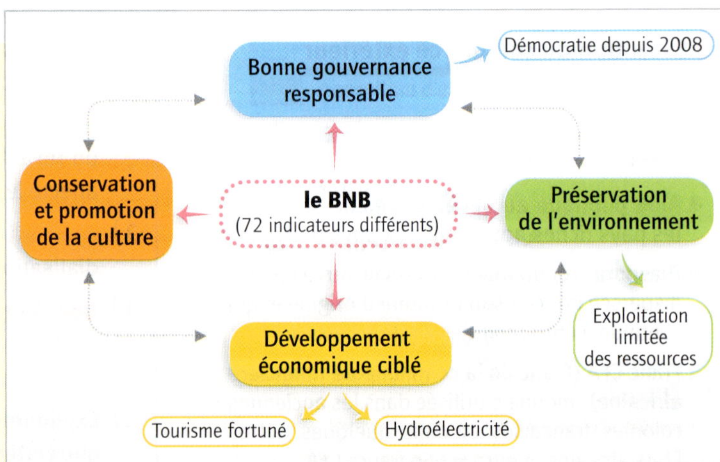

4 La stratégie économique

« Pour qu'il y ait une croissance responsable, notre principal défi est de savoir quelle ressource exploiter. Si on autorisait l'exploitation forestière et minière à grande échelle, la pauvreté serait peut-être éradiquée mais cela ne serait que de court terme. On a donc décidé de développer notre pays en fonction de notre image de marque. Le tourisme par exemple. Si on ouvre le tourisme, on pourrait augmenter les revenus du pays ; mais on a conclu que le Bhoutan n'était pas une destination pour le tourisme de masse. Notre stratégie est la suivante : *"valeur élevée, impact minimum"*. Il ne faut pas que l'on encourage le tourisme de masse. Aujourd'hui, nous avons moins de 30 000 touristes par an*. On peut facilement passer à 200 000 en améliorant les infrastructures. Mais nous pensons que cela serait une erreur. Sinon, on sera comme n'importe quelle autre destination. »

SONAM TSHERING,
secrétaire du ministre des Affaires étrangères,
d'après http://blog.lesoir.be, 16 décembre 2010.

* 287 en 1974, 7 000 en 1999.

A Thimphu : capitale en pleine croissance d'un État de 2 millions d'habitants.

B La compagnie nationale Druk Air a le monopole des liaisons aériennes (Delhi, Kathmandou, Bangkok).

5 Le tourisme au Bhoutan

Les touristes doivent s'acquitter d'une taxe de 250 dollars par jour.

6 L'arrivée de la télévision

« Sur les 85 chaînes diffusées au départ, seules 32 ont en effet résisté à la censure, les autres ayant été jugées *"non nécessaires"* par les autorités. Notamment FashionTV et MTV, *"trop pornographiques"*, et Ten Sports, dont les matchs de catch avaient poussé de nombreux gamins à se castagner dans les cours d'écoles. Neuf ans plus tard, malgré les efforts des autorités pour *"préserver la culture locale face à l'assaut des chaînes étrangères"*, l'irrésistible influence de la mondialisation par l'audiovisuel se fait néanmoins sentir. Ces jours-ci, à Thimphu, la capitale, la mode pour les jeunes filles est ainsi de se teindre les mèches en blond. La faute à Arirang, une chaîne coréenne. Dans les villages, les femmes pleurent toutes les larmes de leur corps devant les séries indiennes à l'eau de rose. La vie familiale, d'ailleurs, en a souvent pris un coup. *"C'est terrible, on ne mange plus ensemble à la maison, les gamins sont scotchés aux mangas tous les soirs"*, témoigne une mère de famille de Thimphu. »

PIERRE PRAKASH, « La télé jusqu'au Bhoutan »,
© Pierre Prakash / *Libération* / 31 mars 2008.

SOCLE COMMUN — C5. Lire et employer différents langages : l'organigramme

Pour comprendre un organigramme

- J'identifie l'idée à transmettre.
- J'identifie les éléments porteurs de cette idée (acteurs, objets, lieux) : ce sont les cases.
- J'identifie ce qui les relie (provoque, achète, vend...) : ce sont les flèches.

Activités

1) **Doc. 1 à 3** Montrez que le Bhoutan est un pays pauvre attaché à ses traditions.
2) **Doc. 2, 4 et 5** Quelles sont les évolutions économiques, sociales et sanitaires du pays ces dernières années ? Sur quelles activités repose le développement ?
3) **Doc. 4 à 6** Comment le Bhoutan cherche-t-il à profiter de la mondialisation tout en limitant les impacts négatifs. Y parvient-il ?
4) **Doc. 3** À l'aide de la fiche SOCLE COMMUN et des exemples apportés par les documents de la page, donnez une définition du BNB.

Rédiger une synthèse

5) **Expliquez en quelques lignes comment le Bhoutan cherche à se développer.**

Cours

1 Géographie des PMA

Bilan des études de cas

1 [p.290-293] Qu'est-ce qui fait du Mali un PMA ?

➥ Le Mali est un pays pauvre d'Afrique subsaharienne qui réunit toutes les **caractéristiques d'un PMA : un PIB par habitant très bas, une situation sanitaire et scolaire préoccupante, une économie vulnérable.**

➥ **Le Mali est cependant inséré dans la mondialisation** : son développement s'appuie sur **l'exploitation des ressources naturelles** (or) ou **des cultures d'exportation** (coton, arachides) très dépendantes des cours mondiaux, sur les **aides internationales et les devises envoyées par les Maliens de l'étranger.**

2 [p.294-295] Le Bhoutan progresse-t-il ?

➥ Le Bhoutan, pays pauvre d'Asie du Sud, cherche son développement dans l'exploitation contrôlée de ses forêts, l'hydroélectricité et le tourisme fortuné. **Ce développement cherche à préserver le bien-être des habitants et leur culture traditionnelle,** en maîtrisant les effets de la mondialisation.

➥ **Les conditions de vie de la majorité des 2 millions d'habitants s'améliorent malgré une persistance de la pauvreté.**

Mise en perspective

Comment caractériser les PMA ?

● **Les PMA sont les pays les plus pauvres** de la planète : la moitié de leur population vit avec moins de 1,25 dollar par jour. Ces États connaissent un retard de développement humain : **l'espérance de vie y est faible (moins de 60 ans) en raison des maladies (paludisme, sida...), de la malnutrition, de systèmes de santé déficients.** Une grande part de leur population est analphabète.

● **Ce sont des pays à l'économie fragile**, celle-ci s'appuyant essentiellement sur l'**agriculture** (72 % de ruraux) et l'**exploitation de matières premières**. Par ailleurs, **des régimes autoritaires les gouvernent, la corruption y est permanente,** sans compter les fréquents conflits qui les affectent. Autant d'éléments qui entravent les efforts de développement.

● **La plupart des PMA sont situés en Afrique subsaharienne :** un seul est américain (Haïti), les autres sont des pays asiatiques ou d'Océanie. Certains sont vastes (Soudan, République Démocratique du Congo), d'autres de petite taille (îles du Pacifique, ou de l'océan Indien).

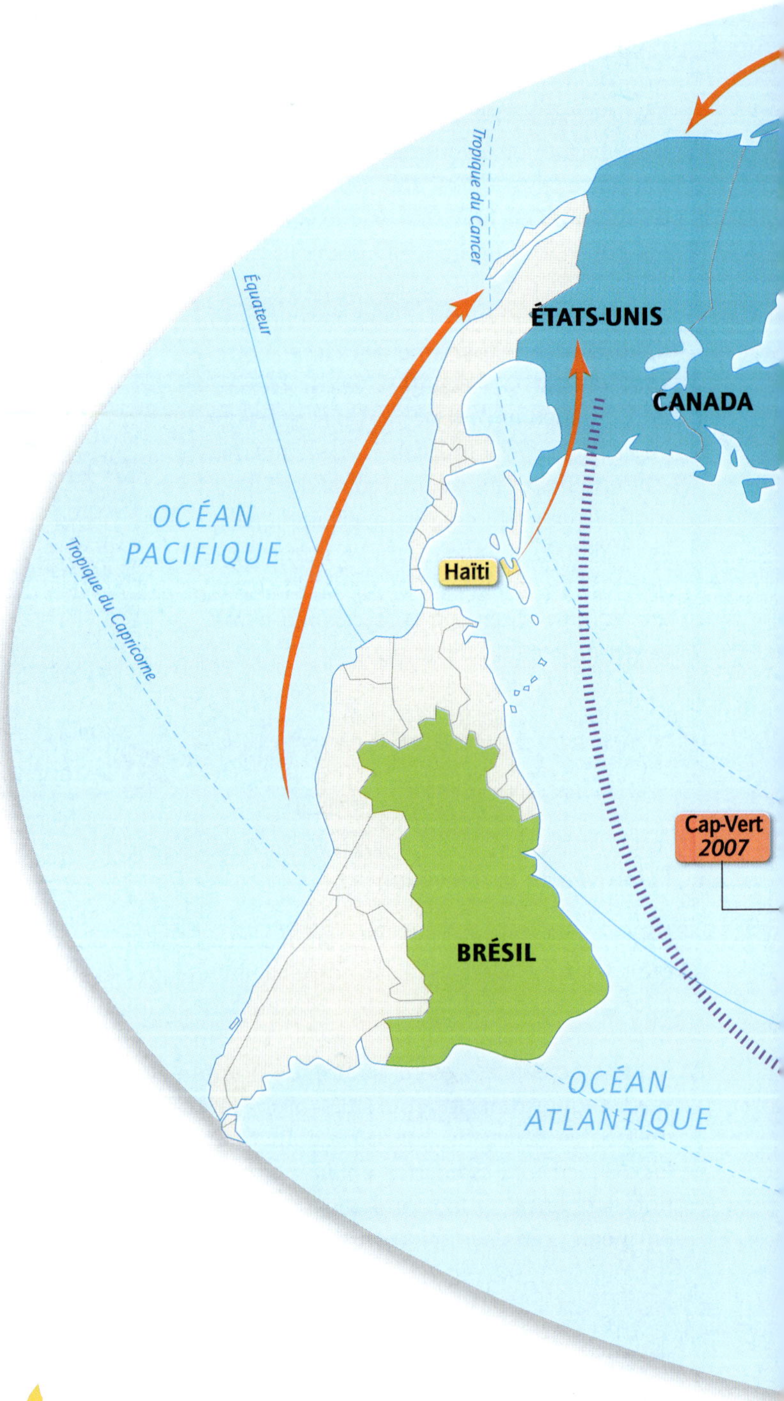

VOCABULAIRE

- **Corruption** : moyen employé pour faire agir quelqu'un malhonnêtement à votre avantage. On offre des cadeaux ou de l'argent.
- **PIB/hab.** : voir p. 290.
- **PMA (pays les moins avancés)** : des revenus très bas ; une mortalité infantile et un analphabétisme forts ; une économie vulnérable.
- **Régime autoritaire** : système politique où l'essentiel du pouvoir est détenu par une seule personne.

Du local au mondial

QUESTIONS

- Où se trouvent la plupart des PMA ?
- Quels sont les deux pays sortis de cette catégorie ?

1. Des États pauvres

- Les PMA
- Les PMA rattrapant leur retard depuis une décennie (croissance économique supérieure à la moyenne mondiale)
- 2 États sortis officiellement du groupe

2. Une mondialisation par les flux

- Flux de migrants
- Flux d'investissements

3. Les principaux partenaires

- Les pays riches
- Les géants émergents

0 — 5 000 km
Échelle à l'équateur

Source : ONU (CNUCED).

Cours

2 Les pays pauvres dans la mondialisation

A Les PMA dans la mondialisation

Les PMA s'inscrivent dans la mondialisation : **ils vendent des matières premières (bois, pétrole, minerais), des produits agricoles (sucre, fruits, café, cacao, coton)** [doc. 5]. Inversement, **les PMA sont aussi des acheteurs de produits manufacturés ou alimentaires, d'où leur endettement** [doc. 1].

Ils accueillent des FTN qui implantent des usines de première transformation pour profiter d'une main-d'œuvre bon marché ou de la faiblesse des normes antipollution. Toutefois **ces investissements restent modérés en raison de risques importants liés à la situation politique ou économique** de ces États (crises économiques, guerres).

Souvent en difficulté financière, **les PMA reçoivent des aides publiques au développement** de la part des pays riches [doc. 3] ; ils font d'autre part l'objet d'une attention particulière de l'ONU à travers les Objectifs du millénaire [doc. 2].

B Des progrès inégaux

Le groupe des PMA a connu **une croissance économique supérieure à celle du reste du monde ces dix dernières années.** Celle-ci a permis à la plupart d'entre eux de **réduire leur endettement, le niveau de pauvreté de leur population et d'améliorer leurs infrastructures** (transports, éducation, santé). Le chômage et l'analphabétisme ont reculé. Certains de ces pays se sont même démocratisés. Toutefois 25 d'entre eux restent dans une extrême pauvreté [doc. 4], alimentant une **émigration importante vers les pays voisins ou européens.**

Par ailleurs cette amélioration est très inégalement répartie sur le territoire. Elle affecte essentiellement la capitale, et dans une moindre mesure les principales villes du pays, tandis qu'elle conduit à une désertification des régions les plus isolées touchées par un fort exode rural. **Elle a permis un enrichissement considérable d'une toute petite partie de la population mais rarement l'émergence d'une classe moyenne** [doc. 6].

1 LES CHIFFRES DE LA MONDIALISATION

1 % : part des PMA dans les exportations mondiales.

2/3 des PMA importent davantage de denrées alimentaires qu'ils n'en exportent.

60 fois plus : richesse d'un Américain par rapport à un Tanzanien en 2010.

2 Dessin de Chappatte

L'objectif est-il le même pour l'ONU et pour le personnage ?

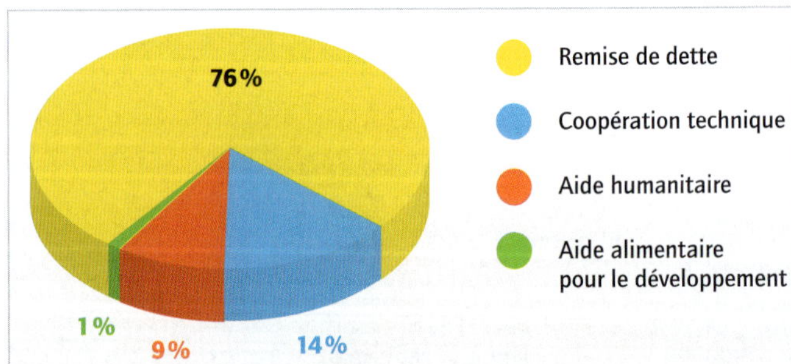

Source : CNUCED, *Les Pays les moins avancés*, Rapport 2009.

3 L'aide aux pays pauvres

En quoi consiste l'essentiel des aides publiques au développement ?

VOCABULAIRE

- **Aides publiques au développement (APD)** : aides que les pays riches apportent aux pays pauvres.
- **FTN** : firmes transnationales.
- **Objectifs du millénaire pour le développement** : objectifs de développement fixés par l'ONU et devant être atteints pour 2015.
- **PMA (pays les moins avancés)** : des revenus très bas ; une mortalité infantile et un analphabétisme forts ; une économie vulnérable.

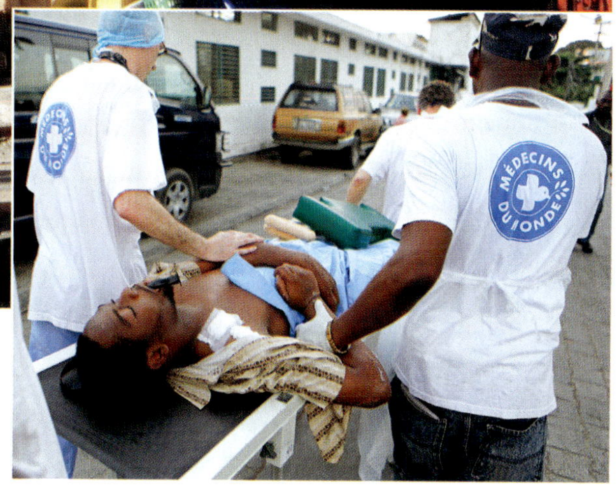

4 **Rue de Port-au-Prince (Haïti) et secours internationaux lors du séisme de janvier 2010**

Haïti est l'exemple même du pays pauvre en faillite qui ne parvient pas à se développer.

■ **Qu'est-ce qui montre la pauvreté, qu'est-ce qui montre la mondialisation ?**

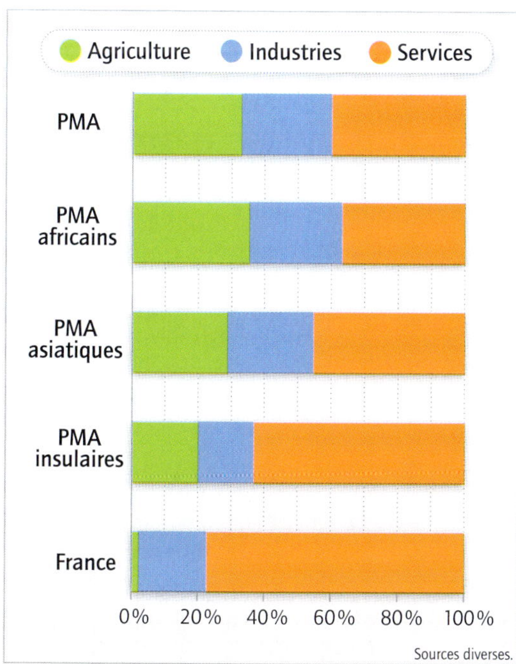

5 **La part des secteurs économiques dans la production de richesses**

■ **Sur quel secteur économique s'appuie principalement le développement des PMA ?**

6 **Le Mozambique, le miracle et ses limites**

« Après les ravages de la guerre civile (1977-1992, un million de morts), les progrès réalisés depuis la paix se sont manifestés par une croissance se situant à 8 % en moyenne. Le Mozambique, qualifié de "petit chéri" de la communauté internationale, a reçu 15 milliards de dollars d'aide au développement depuis la fin de la guerre. Il a bénéficié d'une série d'annulations de dettes. Dans la même période, le Mozambique a redressé ses comptes, procédé à des réformes, privatisé 1200 sociétés publiques et s'est ouvert aux investissements extérieurs.

Dans un premier temps, l'Afrique du Sud s'est taillée la part du lion, relayée à présent par de nouveaux venus de poids, notamment des groupes miniers australiens, brésiliens ou chinois engagés dans une "ruée" vers l'extraction des réserves de charbon du Nord du pays.

Mais s'il y a un "miracle", il demeure peu visible dans la campagne et les *barrios*, les quartiers pauvres de la capitale, Maputo, où la moitié de la population vit au-dessous du seuil de pauvreté.

Les premières émeutes de 2008 contre la vie chère auraient pu constituer une mise en garde. Elles se sont reproduites début septembre. »

D'après Jean-Philippe Rémy, *Le Monde*, 16 septembre 2010.

■ **Le développement récent du pays est-il partagé ? Justifiez votre réponse.**

1 Échelles Changer d'échelle

[C1. Rédiger un texte bref]

PMA d'Asie et production de drogue

1 Le triangle d'or

« Dans la région Wa, au Nord-Est du Myanmar, la production d'opium est principalement le fait de populations tribales montagnardes qui pratiquent une agriculture sur brûlis itinérante ou semi-itinérante dans les hautes terres aux faibles densités humaines. Les basses terres irriguées, elles, sont densément peuplées et principalement consacrées à la riziculture. Pourtant, lorsque les récoltes de riz sont médiocres voire mauvaises, la production d'opium est relancée dans les zones basses au point de contribuer pour plus des deux tiers au revenu des familles de la région. La production d'opium est une activité extrêmement exigeante en travail, en tout cas beaucoup plus que ne le sont celles de blé ou de riz. Elle n'est donc pas une solution de facilité pour les paysans qui y ont recours. Mais elle peut leur permettre de vivre. »

D'après Pierre-Arnaud Chouvy, in *Annales de Géographie*, n° 673, mai-juin 2010.

* L'opium est extrait d'une plante, le pavot, qui sert à produire de l'héroïne, une drogue dure, et de la morphine, aux usages thérapeutiques.

Champ de pavots au Myanmar.

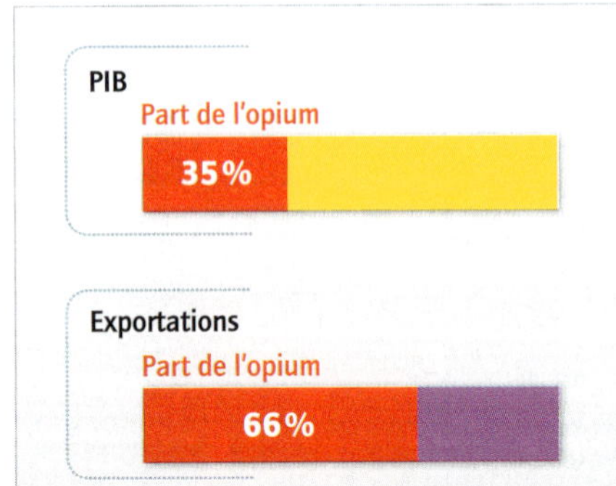

Source : Jean-Bernard Véron, *Afrique contemporaine*, 3/2005 (n° 215).

2 L'opium dans l'économie de l'Afghanistan

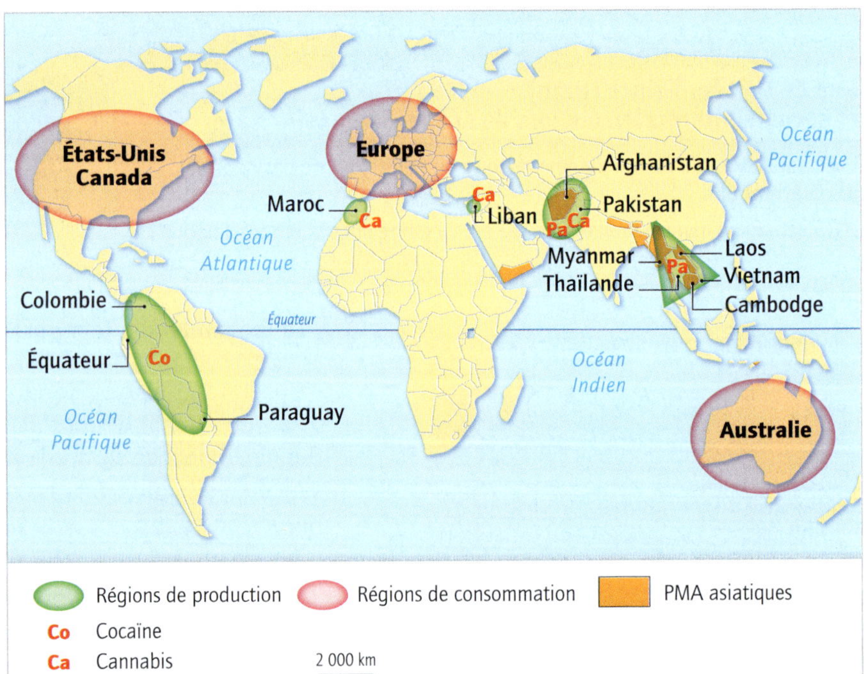

Source : *Atlas des Mondialisations*, La Vie-Le Monde, 2010.

3 La drogue dans le monde

1 **Doc. 1** Quelles sont les deux cultures pratiquées dans le Nord-Est du Myanmar ? Pourquoi les paysans se livrent-ils de plus en plus à la culture du pavot ?

2 **Doc. 2 et 3** Localisez l'Afghanistan. Montrez que la culture du pavot est une source importante de revenu pour ce pays.

3 **Doc. 1, 2, 3** Quels sont les pays producteurs de drogue ? La drogue est-elle seulement produite dans les PMA ? L'affirmation suivante « tous les PMA pour s'en sortir produisent de la drogue » est-elle vraie ? Quelles sont les principales régions de consommation ?

4 Rédigez quelques lignes expliquant que le commerce de l'opium est une illustration de l'intégration des PMA à la mondialisation.

2 SOCLE COMMUN Représenter graphiquement une idée

[C5. Lire et employer différents langages : l'organigramme]

Pour construire un organigramme

Un organigramme est une représentation schématique d'une situation. Il permet de comprendre rapidement de manière visuelle en combinant du texte et de l'expression graphique.

- J'identifie l'idée à transmettre, ce qui l'incarne (acteurs, objets, lieux) et je les place dans des cellules.
- J'identifie ce qui les relie (ex. : provoque, achète, vend, etc.), et je trace les flèches correspondantes.
- Je rédige éventuellement une légende et j'indique le titre.

Le continent africain, puissance de demain ?

1 L'Afrique prête à prendre son envol ?

« L'afro-pessimisme est en train de prendre un coup de vieux et l'Afrique semble être devenue un continent promis, dans les décennies à venir, à un développement rapide. Quelles sont les causes de cet éveil ? Tout d'abord les gouvernements africains ont su reprendre en mains leurs pays pour redresser leur budget, privatiser certaines entreprises et réduire les guerres, c'est *"le retour des États"*. Deuxième raison, l'explosion de la demande pour les matières premières. Le sous-sol africain *"regorge de richesses"* dont ont besoin les pays émergents. En 2008, *"quelque 85 millions de familles y ont gagné au moins 5 000 dollars, seuil au-delà duquel ils commencent à consacrer plus de la moitié de leurs revenus à d'autres dépenses que la nourriture"*. Les investisseurs étrangers ne s'y sont pas trompés. Leurs investissements sont passés de 9 milliards de dollars en 2000 à 62 milliards de dollars en 2008, *"presque aussi élevés qu'en Chine"*. Malgré ses relents de guerre et de corruption, l'Afrique semble donc enfin bien partie. »

D'après Florence Beaugé et Alain Faujas, *Le Monde*, 16 septembre 2010.

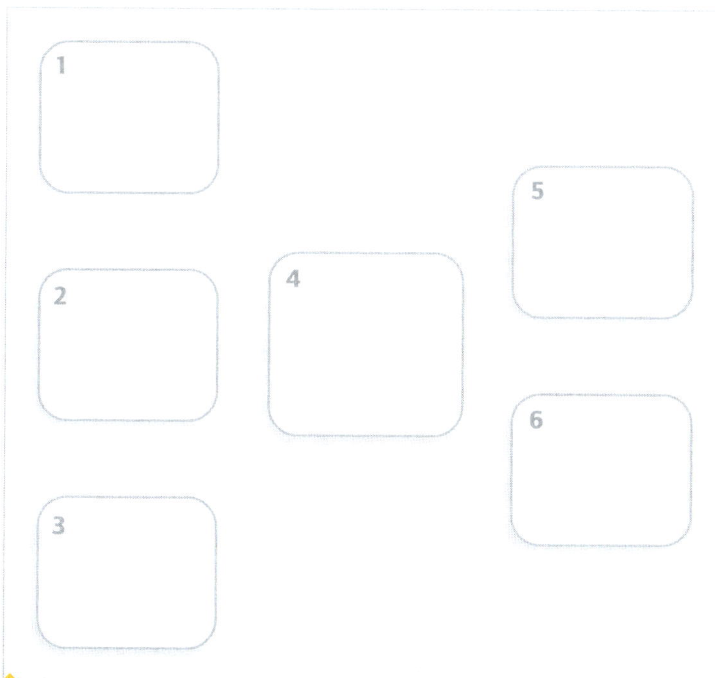

2 L'organigramme

1 Recopiez les cellules ci-dessus. D'après le texte, quel est l'avenir du continent africain ? Écrivez la réponse dans la cellule centrale.

2 Quelles sont les deux raisons évoquées dans le texte qui permettent d'espérer l'éveil économique de ce continent ? Complétez deux nouvelles cellules.

3 Comment ont évolué les investissements étrangers ? Complétez encore une cellule.

4 Quels sont les deux dangers évoqués à la fin du texte qui peuvent mettre en péril ce démarrage économique ? Complétez les deux dernières cellules.

5 Mettez un point vert dans les cellules montrant ce qui permet le démarrage économique et un rouge pour ce qui le freine. Tracez des flèches entre les cellules de façon à montrer les liens entre les divers éléments. Construisez une légende.

6 Si vos flèches se croisent, déplacez les cellules de telle manière qu'elles ne se croisent plus, puis coloriez les bonnes cellules en vert et en rouge.

J'AI RÉUSSI SI...

→ *J'ai réalisé un organigramme à partir du texte.*

→ *J'ai identifié les relations entre les différentes cellules de mon organigramme. Les flèches ne se croisent pas.*

3 Débat Confronter deux textes

[C5. Manifester sa curiosité pour l'actualité]

Haïti peut-il s'en sortir ?

1 Haïti a gagné son indépendance contre la France en 1804.
Sa devise : « Liberté, Égalité, Fraternité ».

2 Le désespoir en poésie

« Bientôt deux cents ans depuis qu'Haïti a vaincu l'esclavage
Il me semble malgré tout qu'on n'a pas encore tourné la page
Colonisés hier, libres, le sommes-nous aujourd'hui !
L'avenir proche pour un jeune Haïtien, c'est quitter le pays quel qu'en soit le coût
Immigrés, humiliés, pour lui c'est du blabla, car de tout cela, il s'en fout
Ne pas pouvoir s'instruire pour travailler plus tard est si désespérant
D'avoir à choisir entre l'espoir et la désespérance y adhèrent même les parents
Désormais, on nous approvisionne de tout, habits, nourriture, à prix d'or
Alors qu'autrefois sur nos marchés, nos surplus partaient pour l'export. »

Texte écrit pour le bicentenaire d'Haïti (1804-2004) par Joseph-André Beauséjour, décembre 2003, www.haitilibre.com

3 Une conversation à la radio entre deux intellectuels haïtiens

« **Raymond Delerme** – Pour que la démocratie s'installe en Haïti, il faudrait qu'il y ait des transformations démographiques, économiques, sociales profondes. Mais les campagnes sont surchargées et le taux de natalité demeure élevé. La main-d'œuvre peut paraître intéressante, mais quand on mesure l'état de misère d'Haïti, la démographie est un véritable fardeau. Les Haïtiens doivent d'urgence relever le défi de l'éducation. Haïti est devenu un pays d'analphabètes où il y a plus de 60 % d'illettrés. Si l'on ne résout pas ce problème, il ne sera pas possible de développer le pays, ni d'établir un régime de type démocratique.
Jean Métellus – Le problème fondamental, c'est l'exode rural qui a pour conséquence l'explosion des bidonvilles où il est très difficile de vivre à cause de la violence et de la misère. Pour développer Haïti, il faut d'abord transformer l'agriculture, puis créer une petite industrie capable de répondre aux besoins des villes. Or depuis 1986, les ONG occupent le terrain à tel point que l'on parle de "République des ONG". Pour s'en sortir, il faut d'abord demander à la Minustah (Mission des Nations unies pour la stabilisation en Haïti) de partir. »

Débat animé par Max Armanet sur France Culture, 26 novembre 2010, à l'occasion des élections présidentielles haïtiennes, publié dans *Libération*. © Max Armanet / *Libération* / 26 novembre 2010.

1 **Doc. 1 et 2** Depuis quand Haïti est-il indépendant ? Quel pays a servi de modèle pour la construction de l'État ?

2 Complétez le tableau suivant en relevant les difficultés du pays et ce qu'il devrait faire pour s'en sortir :

	Le mal	Les remèdes
Doc. 1		
Doc. 2		

3 Et vous quelle est votre opinion ?

4 B2i Caractériser un PMA

[C4. Chercher et sélectionner l'information demandée]

www.unicef.fr

Le Mali

1 Allez sur le site de l'UNICEF. Quel est cet organisme ?

2 Cliquez sur « Notre action », puis retrouvez le Mali.

3 En vous aidant de la définition d'un PMA dans le lexique de votre manuel, relevez les données statistiques qui montrent que le Mali est un PMA.

4 Quelles actions mène l'UNICEF au Mali ? Choisissez-en une : quel en est l'objectif principal ?

1 Différencier les types de pays

[C5. Avoir des repères géographiques]

1. Attribuez à chaque couleur un des qualificatifs suivants : pays riches, principaux pays émergents, PMA (pays les moins avancés).
2. Sur le planisphère, localisez et placez : le Mali, le Soudan, Haïti, le Libéria, le Laos, le Bhoutan.
3. Que représentent les flèches ? Complétez la légende.
4. Entourez sur le planisphère deux PMA qui rattrapent leur retard depuis la dernière décennie.

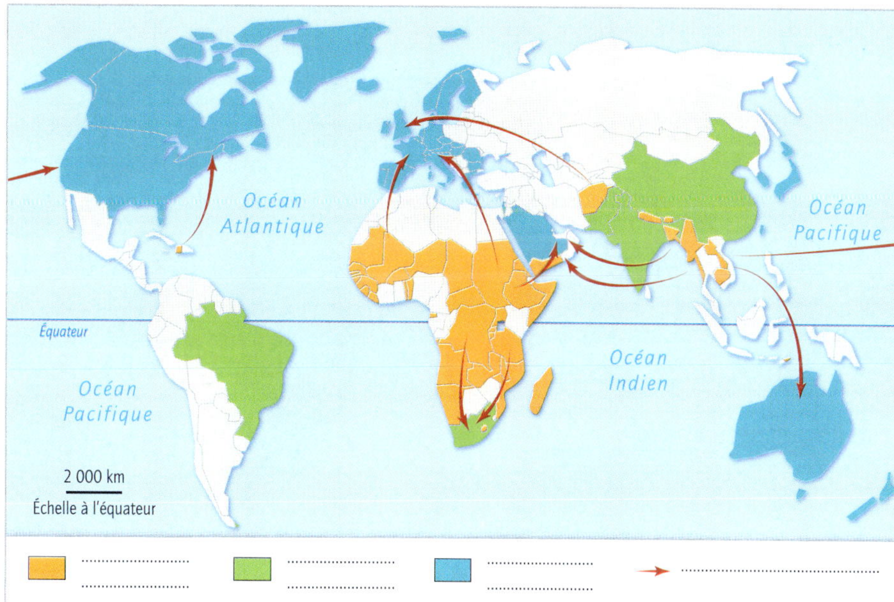

2 Réviser le vocabulaire

[C1. Maîtriser le langage adéquat]

▶ Sans regarder votre manuel ni votre cahier, donnez la définition (ou expliquez à votre voisin) les termes suivants :
• IDH • PIB • endettement • corruption • Objectifs du Millénaire • mondialisation

3 Comprendre la place des PMA dans la mondialisation

[C5. Avoir des repères géographiques]

1 Cybercafé en Tanzanie

2 Publicité pour le Coca Cola en Ouganda

3 Pochette d'un disque du chanteur sénégalais Youssou N'dour

1. Repérez les 3 États sur un planisphère. En vous aidant des documents du chapitre, dites en quoi ce sont des PMA.
2. Relevez les éléments qui démontrent que ces États ne sont pas à l'écart de la mondialisation. Quel thème est traité par chaque photo :
   Photo 1 : ....
   Photo 2 : ....
   Photo 3 : ....
3. Expliquez en quelques lignes la place des PMA dans la mondialisation.

Chapitre 19

La mondialisation et la diversité culturelle

Allons-nous vers une uniformisation des cultures ?

Indiens Surui au cœur de l'Amazonie (État du Rondônia).

■ **Décrivez cette photographie. Qu'est-ce qui est surprenant ?**

« **Diversité culturelle** : variété des manières de vivre et de penser des habitants de la planète. **»**

Rue de Hankou dans le centre de Shanghai, quartier de Puxi, sur la rive gauche du Yuangpu.

■ **Relevez les éléments qui montrent que le monde s'uniformise.**

Cours 1 La mondialisation de la culture

A L'émergence d'une culture universelle

Conséquence de la mondialisation, les modes de vie et de consommation s'uniformisent [doc. 4]. Sur les cinq continents, nombreuses sont les personnes qui suivent les mêmes codes vestimentaires, écoutent la même musique, s'adonnent aux mêmes loisirs (sport, séries ou jeux TV, films hollywoodiens, jeux vidéos, mangas) [doc. 1] et adoptent des habitudes de consommation identiques (hypermarchés, *fast-food*).

L'influence des États-Unis et de l'Europe est essentielle dans le développement de cette culture mondialisée. Le mode de vie américain, les valeurs occidentales (démocratie, affirmation de l'individu, économie de marché) apparaissent, pour beaucoup, comme un modèle à suivre.

B Comment cette culture se diffuse-t-elle ?

Les grands groupes de l'industrie culturelle, les réseaux puissants de communication [doc. 3], **de même que certaines FTN, surtout américaines, contribuent largement à la diffusion de cette culture de masse.** Par souci de profit et de rentabilité, **ils cherchent partout à imposer des goûts et des habitudes de consommation uniformes.** Mais ils savent aussi s'adapter aux particularités des cultures non occidentales.

Les grandes manifestations sportives planétaires (Coupes du monde de football ou de rugby, Jeux olympiques) sont, pour ces firmes, une vitrine idéale leur permettant de faire connaître leurs marques [doc. 2].

C Vers un métissage culturel

Les migrations internationales, l'essor des NTIC [doc. 3], l'existence de diasporas et le développement du tourisme génèrent par ailleurs, en favorisant les contacts entre les cultures, un véritable brassage culturel [doc. 5].

Les grandes métropoles, par nature cosmopolite, sont les lieux privilégiés de ce métissage des cultures. Les villes sont les endroits où des cultures venues du monde entier se découvrent et s'apprécient [doc. 6]. Le monde est devenu un « village planétaire ».

1 LES CHIFFRES DE LA MONDIALISATION

85 % : part d'Hollywood dans le marché mondial du film.

34, c'est le nombre de pays où est présent le groupe Carrefour (près de 16 000 magasins).

700 millions de téléspectateurs ont regardé la finale de la Coupe du Monde de 2010.

2 Les JO de Turin vus par Chappatte

■ **Selon le dessinateur, à quoi servent les JO ?**

3 Le téléphone dans le monde (en millions d'abonnés)

	1995	2008
Abonnés au téléphone fixe	688	1 252
Abonnés au téléphone mobile	91	4 039

Source : ITU.

■ **Quelle évolution remarquable constatez-vous ?**

VOCABULAIRE

- **Culture** : ensemble des valeurs, des traditions, des pratiques artistiques et des croyances d'une société.
- **Culture de masse** : voir p. 306.
- **Diaspora** : communauté nationale ou religieuse dispersée hors de son territoire d'origine et qui continue à entretenir des relations avec lui.
- **FTN (firme transnationale)** : entreprise de grande dimension, implantée dans de nombreux pays.
- **Métissage** : ici mélange de cultures.
- **Métropole cosmopolite** : ville où l'on rencontre de nombreux étrangers.
- **Mondialisation** : ensemble de relations (économiques, culturelles, touristiques…) mettant en contact les différents ensembles géographiques de la planète.
- **NTIC** : nouvelles technologies de l'information et de la communication.

4 Une mère himba et son enfant dans un supermarché en Namibie

Certains himbas (qui sont aujourd'hui moins de 20 000) ont quitté leur désert pour habiter en ville.

■ **Relevez sur cette photographie les éléments qui montrent l'uniformisation du monde et ceux qui témoignent de la persistance de pratiques identitaires fortes.**

5 La mondialisation, un brassage culturel

« Même si la culture mondiale est en train de devenir de plus en plus commercialisée, elle est aussi en train de devenir plus cosmopolite, et, bien sûr, plus variée en ce qui concerne les lieux et les pays où elle est fabriquée. Il n'est pas du tout anormal pour un consommateur moyen à l'heure actuelle d'aller voir des films indiens ou chinois, de regarder des *telenovelas* d'Amérique latine, d'écouter de la musique africaine et caraïbe, de lire des bandes dessinées françaises et japonaises (mangas), de s'habiller d'après les modes de Tôkyô, Beijing, ou Karachi, de boire des vins californiens ou sud-africains, et de déguster des produits gastronomiques coréens ou mexicains. Or, presque tous ces produits prennent naissance dans des agglomérations productives bien définies et distribuées dans l'ensemble des marchés mondiaux. »

D'après Allen Scott et Frédéric Leriche, *L'Espace géographique*, Belin, 2005/3.

■ **En vous aidant des informations fournies par le texte, expliquez son titre.**

6 Le festival africain de Saint-Hilaire-de-la-Côte (38)

Au programme de la journée : grand marché africain, représentation de danse africaine, atelier de cuisine africaine, atelier djembé, contes et lectures, musique mandingue.

■ **Pourquoi peut-on dire que ce festival propose la découverte d'une autre culture ?**

DOSSIER

La diversité culturelle du monde

▶ Sur quoi est-elle fondée ?

A Le 4 janvier 2010, le président d'Afrique du Sud Jacob Zuma a fêté son mariage lors de la fête traditionnelle zouloue de présentation de sa fiancée aux anciens et aux esprits des ancêtres dans son village natal de Nkandla.

B Le président Jacob Zuma et sa femme en visite officielle au Royaume-Uni.

1 Le président d'Afrique du Sud Jacob Zuma

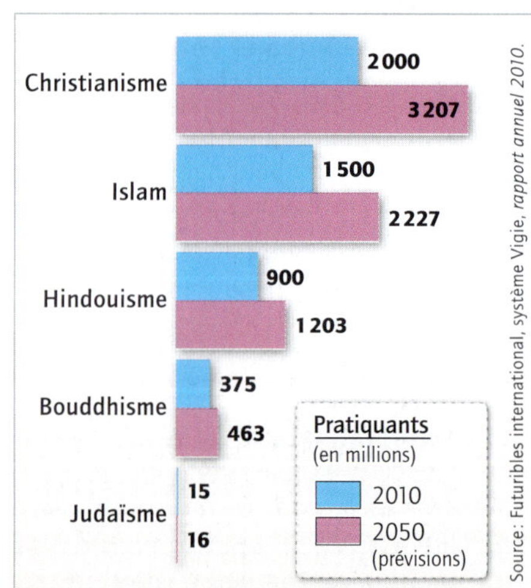

3 Les grandes religions du monde

[voir carte p. 313]

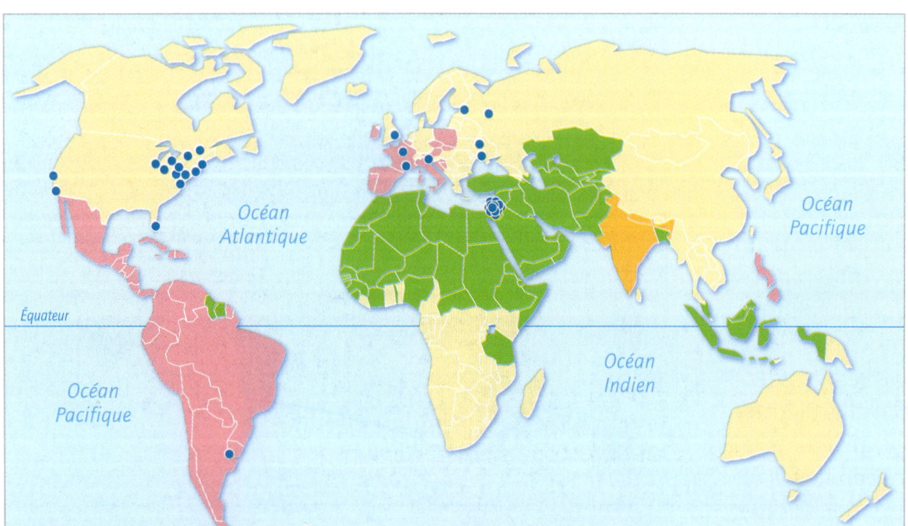

- Catholicisme majoritaire (plus de 75 % de la population): consommation de poisson le vendredi dans de nombreux menus
- Islam majoritaire (plus de 50 % de la population): consommation de mouton et de volailles, produits halal, porc interdit
- Hindouisme majoritaire (plus de 80 % de la population): consommation de bœuf interdite
- Israël et communautés juives (plus de 100 000 personnes): nourriture casher, porc interdit

2 000 km
Échelle à l'équateur

Source: Gilles Fumey, Olivier Etchevarria, *Atlas mondial des cuisines et des gastronomies*, © éditions Autrement, 2009.

2 Religions et interdits alimentaires

Vocabulaire

- **Casher** : se dit d'un aliment permis par la religion juive.
- **Halal** : viande d'un animal qui a été tué selon des rites particuliers et que les musulmans peuvent consommer.
- **Identité** : pour une personne, savoir à quelle culture elle appartient.
- **Interdit alimentaire** : aliments que le fidèle d'une religion ne peut pas consommer.
- **Locuteur** : qui parle une langue.

4 Langues et identité

A/ Dans les pays anglo-saxons

« Aux États-Unis, il n'existe aucune langue officielle au niveau fédéral, mais le gouvernement utilise l'anglais et plusieurs États le reconnaissent comme langue officielle; depuis trente ans, les vagues d'immigration l'ont malmené. Parmi les 39 langues majeures parlées aux États-Unis, l'espagnol connaît la plus forte progression. Le nombre de locuteurs a triplé en trente ans. Les hispanisants représentent aujourd'hui 62 % des 55,4 millions de personnes qui parlent une autre langue que l'anglais à la maison. Au Royaume-Uni, de plus en plus de minorités se réfèrent à leur identité d'origine, parlent leurs propres langues, célèbrent leurs fêtes nationales et religieuses. »

D'après Delphine Papin et Brigitte Perucca, « L'anglais est-il en danger ? », *Le Monde*, 15 juin 2010.

B/ Une langue régionale en France

« Le béarnais, comme un certain nombre de langues régionales, est en plein renouveau. Depuis plusieurs dizaines d'années, un certain nombre d'associations se battent pour mettre en avant la culture et la langue béarnaise. Et ce travail commence à porter ses fruits. Preuve de cette vitalité, début 2010, devrait ouvrir dans la vallée d'Ossau la première crèche bilingue (franco-béarnais) du pays d'Henri IV. »

« Le renouveau de la langue béarnaise », Novopress Aquitaine, 30 juillet 2009.

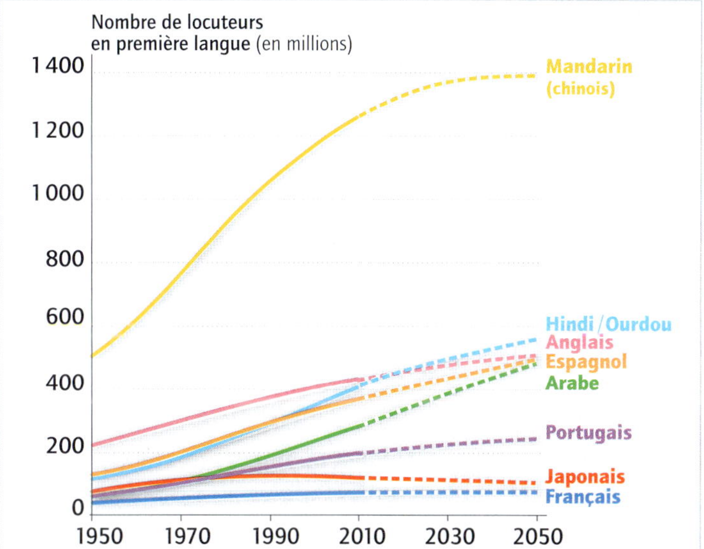

Source : *Atlas des mondialisations*, La Vie-Le Monde, Hors-série, 2010.

5 Les langues les plus parlées dans le monde

Plus de 6 000 langues ont été recensées sur la planète. La moitié, en particulier les langues non écrites, est menacée de disparition. [voir carte p. 313]

SOCLE COMMUN C5. Identifier la diversité des civilisations, des sociétés et des religions

Pour expliquer la diversité des cultures

- Je repère géographiquement la répartition des grandes religions.
- Je constate le nombre de langues parlées dans le monde.
- Je distingue les diversités à différentes échelles : région, pays, continent.

6 Fête hindoue dans les rues de Paris en l'honneur du dieu Ganesh

Activités

1) **Doc. 2 et 3** Relevez les principales religions pratiquées dans le monde. Pour chacune d'elles, indiquez leur répartition géographique et leur évolution générale. Organisez vos réponses en un tableau.

2) **Doc. 4 et 5** Quelles sont les principales langues parlées dans le monde ? Lesquelles connaissent un renouveau ? Que traduit-il selon vous ?

3) **Doc. 1, 4, 6** Montrez que malgré l'uniformisation du monde, des pratiques identitaires fortes se maintiennent. Choisissez un exemple présenté dans l'un des trois documents et expliquez-le.

◆ Rédiger une synthèse ◆

4) **À l'aide de la fiche SOCLE COMMUN, des documents et de vos réponses, rédigez quelques lignes pour montrer la persistance d'une grande diversité linguistique et religieuse. Illustrez à chaque fois votre rédaction d'un exemple précis tiré des documents.**

Cours

2 Cultures et religions

A Les grandes aires de civilisation

Malgré les tendances récentes à l'uniformisation culturelle, les grandes aires de civilisation divisent toujours le monde. Construites au fil des millénaires, elles rassemblent, par-delà les États, des populations aux modes de vie, aux valeurs et aux croyances communes.

La religion cimente fortement la plupart de ces civilisations et fonde leur identité [doc. 2]. Elle marque les paysages (monuments religieux), conditionne la vie quotidienne (calendrier, rites, vêtements, alimentation) et d'une manière générale influence la culture (arts, littérature, traditions).

B La mosaïque des religions

Quatre grandes religions (christianisme, islam, hindouisme et bouddhisme) représentent plus des trois quarts des croyants de l'humanité. La géographie religieuse du monde est cependant beaucoup plus complexe que ne pourrait le laisser supposer la simple observation des grandes aires de civilisation [doc. 4].

Les courants religieux traversant chaque aire (catholicisme, protestantisme et orthodoxie pour la chrétienté par exemple) sont multiples. **Plusieurs communautés religieuses peuvent cohabiter au sein d'un même pays**, comme au Liban, où le morcellement religieux est extrême. Il existe au total une centaine de religions dans le monde.

C La diversité des peuples et des langues

La diversité culturelle s'exprime aussi par la multiplicité des peuples et des langues [doc. 3]. Chaque aire de civilisation et chaque continent sont ainsi composés de nombreuses ethnies, tribus, ou communautés régionales qui possèdent chacune une culture et une langue spécifique (il y en a plus de 6 000) [doc. 1].

Cette diversité culturelle est considérée par l'Unesco comme une richesse que l'humanité doit préserver. Depuis 2001, la déclaration universelle sur la diversité culturelle protège ainsi au nom du multiculturalisme la culture de chaque peuple.

1 LES CHIFFRES DE LA MONDIALISATION

53 %, c'est la part de la population mondiale qui se dit chrétienne ou musulmane.

2000, c'est le nombre de langues parlées en Afrique.

2 Lieux saints

(A) Judaïsme : le mur des Lamentations (Jérusalem)
(B) Hindouisme : prière dans le Gange, fleuve sacré (Varanasi)
(C) Christianisme : le pape sur le balcon de la basilique Saint-Pierre (Rome)
(D) Islam : Grande Mosquée (La Mecque)

Repérez sur la carte ces différents lieux. Dans quel pays se trouve chacun d'entre eux ?

VOCABULAIRE

- **Civilisation** : ensemble des caractères matériels, religieux, linguistiques, artistiques et sociaux commun à une société ou à un groupe de sociétés. Une aire de civilisation regroupe des espaces marqués par une même civilisation.
- **Ethnie** : peuple, groupe humain possédant un héritage culturel commun.
- **Identité** : voir p. 310.
- **Multiculturalisme** : dans une société, cohabitation de minorités qui parviennent à préserver chacune leur culture.
- **Rites** : cérémonies et pratiques religieuses.

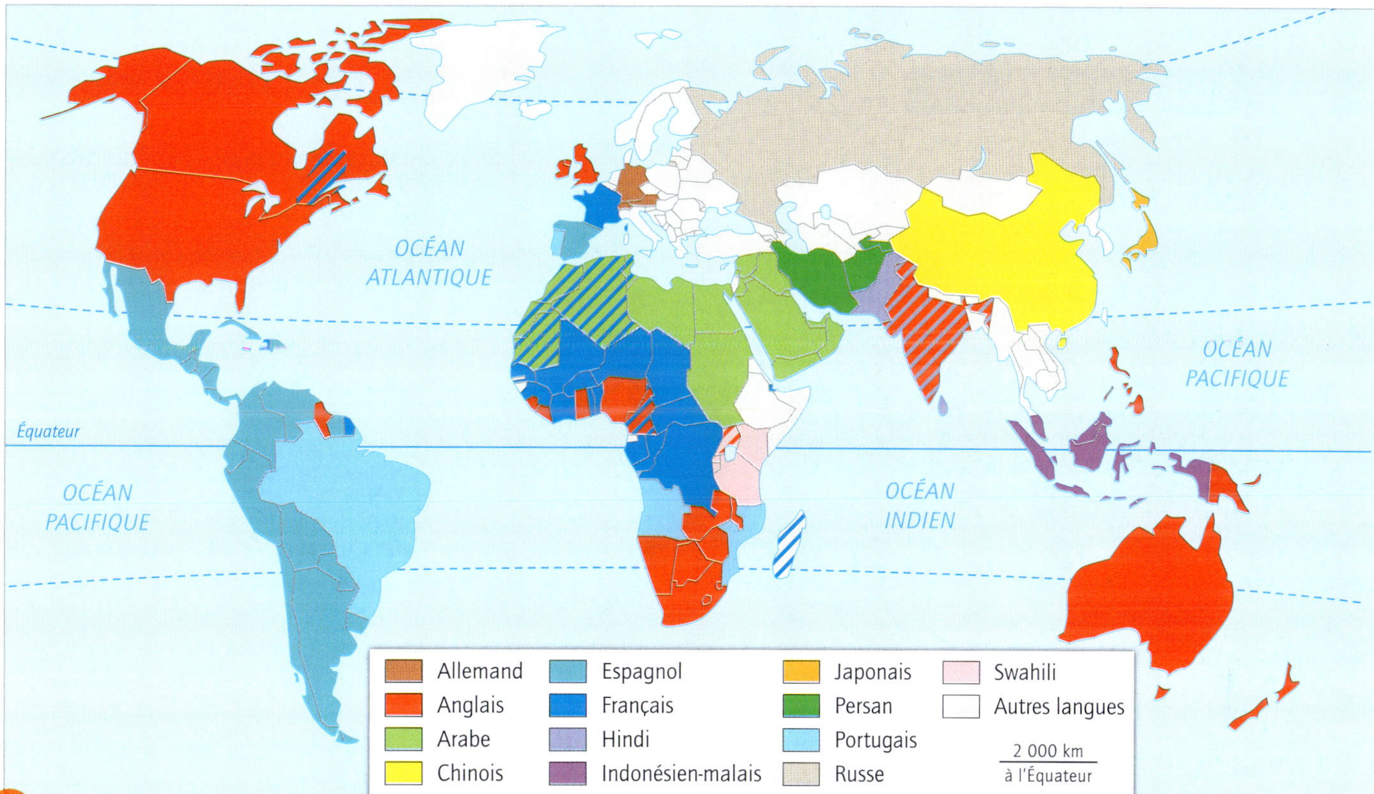

3 Les principales langues dans le monde

Chaque couleur mentionne la langue dominante mais non exclusive.

■ **Le document permet-il à lui seul de connaître la langue la plus parlée dans le monde ? Pourquoi ?**

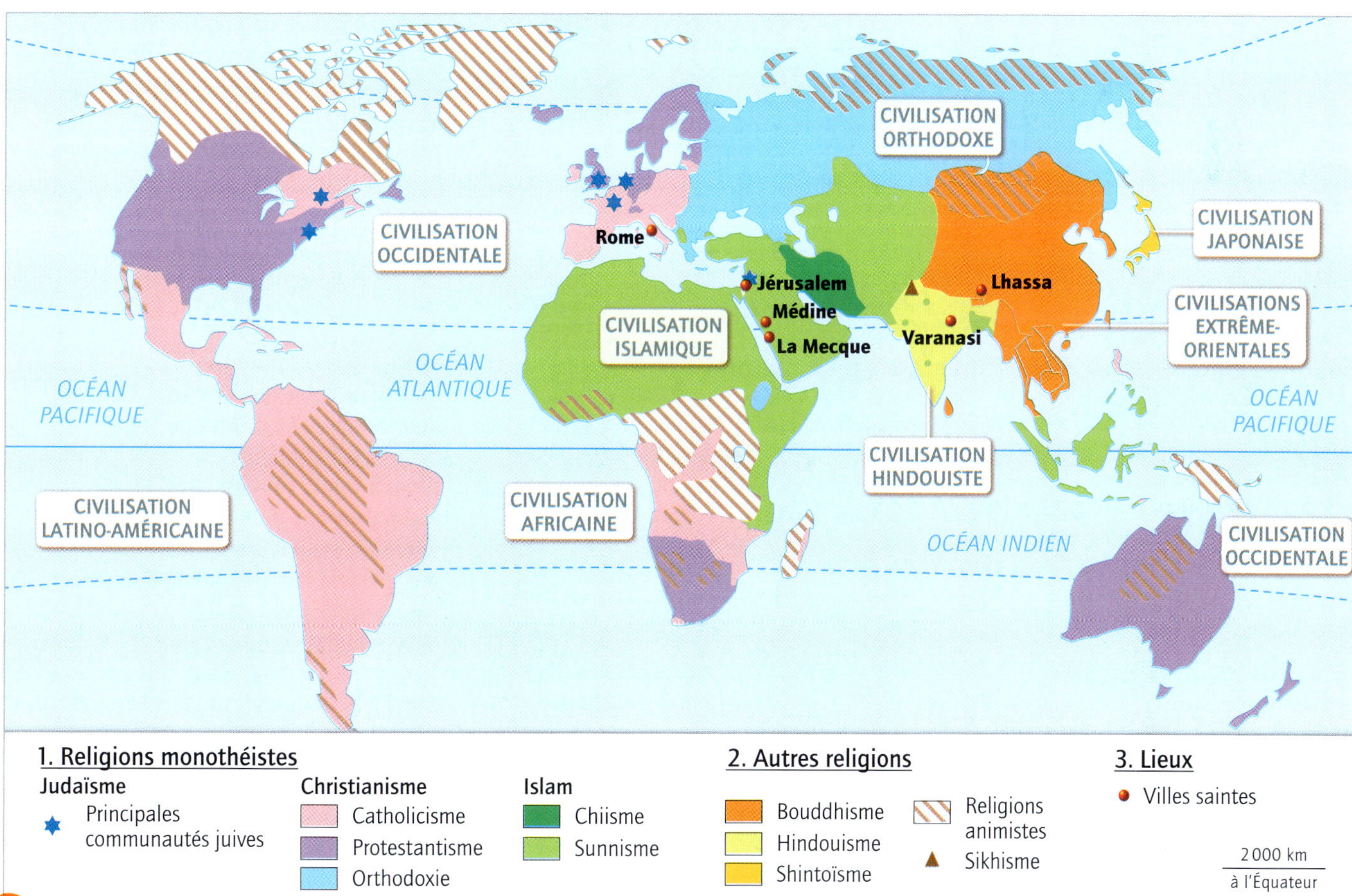

4 Civilisations et religions dans le monde

■ **À partir de quelques exemples, montrez qu'à chaque aire de civilisation correspond une religion dominante.**

1 Échelles Changer d'échelle

[C1. Rédiger un texte bref]

Une alimentation mondialisée ?

1 Le Breizh Cola et l'auvergnat Cola
Deux sodas qui défendent une identité régionale.

2 Le repas gastronomique des Français

« C'est une première. Un comité intergouvernemental de l'Unesco a choisi mardi 16 novembre d'inscrire le repas gastronomique des Français au patrimoine culturel immatériel de l'humanité. Les experts de l'Unesco ont estimé que le repas gastronomique à la française, avec ses rituels et sa présentation, remplissait les conditions pour rejoindre la *"liste du patrimoine culturel immatériel de l'humanité"*. Plus que le contenu des assiettes, le comité note que la gastronomie française relève d'une *"pratique sociale coutumière destinée à célébrer les moments les plus importants de la vie des individus et des groupes"*.
"Les Français aiment se retrouver, bien boire et bien manger et célébrer un bon moment de cette façon. C'est une partie de nos traditions et une tradition bien vivante", a déclaré l'ambassadrice de France auprès de l'Unesco, Catherine Colonna, lors de son intervention en séance. »

« Le repas gastronomique des Français inscrit au patrimoine de l'humanité », www.lemonde.fr, 16 novembre 2010.

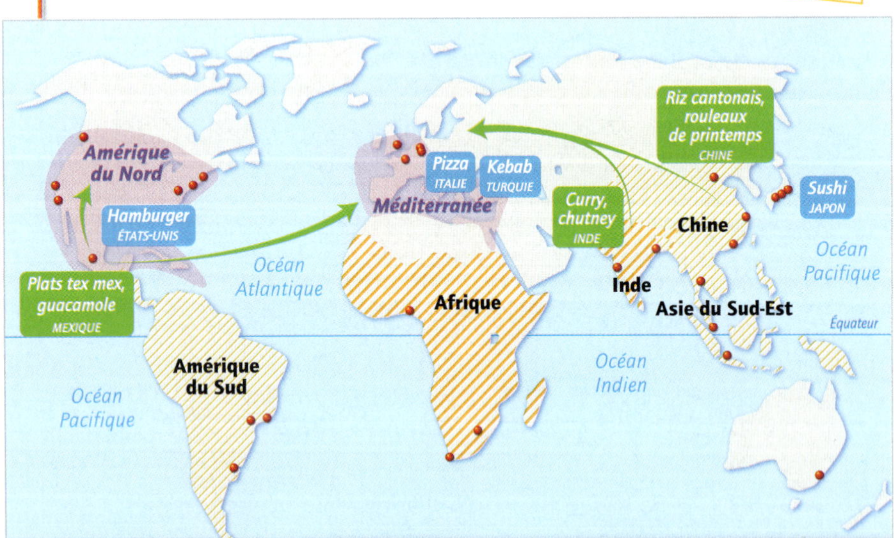

1. Les lieux de métissage des goûts
- Bassin touristique majeur
- Grande métropole

2. La mondialisation en action
- Plats et cuisines
- Pizza ITALIE : Best-sellers de la restauration rapide

3. Résistance à la mondialisation du goût
- Zone de forte résistance (pauvreté, forte culture culinaire)
- Zone de résistance plus faible (contraste économique entre les villes et les campagnes)

2 000 km
Échelle à l'équateur

Source : *Atlas des mondialisations*, La Vie - Le Monde, Hors Série, 2010.

3 La mondialisation du goût

1. **Doc. 1** Relevez pour chacun des deux colas les éléments prouvant leur origine géographique.
2. **Doc. 3** Quels sont les spécialités culinaires des différentes régions du monde ? Quels sont les lieux qui permettent leur diffusion ? Comment se marque la résistance à la mondialisation du goût ?
3. **Doc. 2** Pour quelles raisons le repas gastronomique français a-t-il été inscrit au patrimoine mondial immatériel de l'Unesco ?
4. Rédigez un bref texte répondant à la problématique : « L'alimentation est-elle mondialisée ? »

2 SOCLE COMMUN — Lire et interpréter une couverture

[C5. Lire et employer différents langages]

Pour comprendre la couverture d'un magazine

Un magazine paraît de façon périodique : il peut être hebdomadaire (toutes les semaines), bimensuel (deux fois par mois), bimestriel (tous les deux mois), mensuel (tous les mois), trimestriel (tous les trimestres)… Il se définit par les sujets qu'il aborde : il peut être généraliste ou spécialisé dans un domaine.

- Je relève le titre et la périodicité du magazine (combien de fois il paraît).
- Je cherche le sujet principal, « à la Une », traité dans le numéro.
- J'analyse l'image choisie, le titre du dossier et la problématique qu'il pose.

Un sujet « à la Une »

1. **Quel est le magazine représenté ici ? Quelle est sa périodicité ?**
2. **Quel est le sujet principal traité dans ce numéro ?**
3. **Décrivez l'image. Quels bâtiments religieux reconnaissez-vous ? Associez chacun d'eux à une religion.**
4. **D'après vous, quel message, présenté dans les sous-titres, l'image illustre-t-elle ?**
5. **À l'aide de la fiche Socle commun, présentez la couverture de ce magazine.**

J'AI RÉUSSI SI…

→ *J'ai déterminé la nature du magazine.*

→ *J'ai compris la signification de l'élément central de la couverture.*

3 Débat Élaborer son opinion

[C1. Participer à un débat]

Le français est-il une langue d'avenir ?

1 « Français, pour exister, parlez English ! »

« Si les Français veulent exister dans le monde d'aujourd'hui, ils doivent parler anglais. En Europe, ils ont perdu la bataille de leur langue car il est acquis que l'anglais est devenu, de fait, la langue commune de l'Union européenne. Sur le terrain, la réalité est plus fragile encore : le français est de moins en moins parlé en Europe et la seule culture populaire commune aux jeunes Européens, c'est désormais la culture américaine. La langue commune européenne n'est ni le français ni l'espéranto*, mais l'anglais. C'est vrai dans les domaines déjà fortement américanisés que sont les sciences *hard*, la médecine *soft*, l'écologie *green*, l'alimentation *light*, mais aussi l'*entertainment* avec ses *pitches*, l'information avec ses *lives*. Une francophonie arrogante : on n'en veut plus. La Semaine de la langue française ? On ne sait même plus à quoi ça sert. La Journée mondiale de la francophonie ? C'est devenu un gag, et même au ministère de la Culture on n'en connaît plus la date. La défense de la francophonie ce n'est plus notre combat. Notre but, c'est l'influence de la France dans le monde et le dynamisme de notre économie. Et cela se fera en anglais. »

FRÉDÉRIC MARTEL, *Le Point*, 8 juillet 2010.

* Espéranto : langue imaginée au XIXe siècle pour devenir une langue universelle.

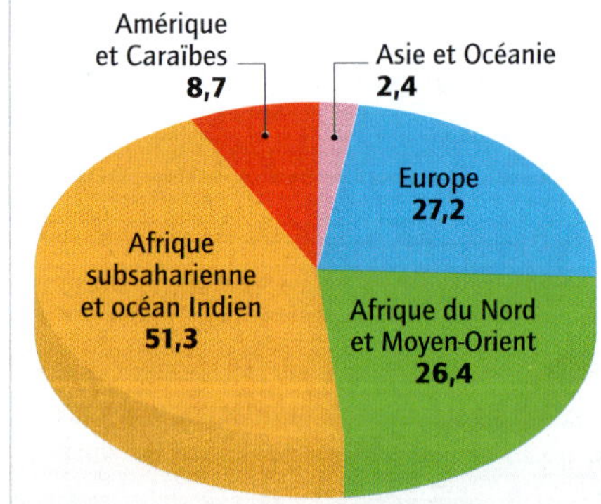

Nombre de personnes qui apprennent le français dans le monde (en millions)

Source : Observatoire de la langue française.

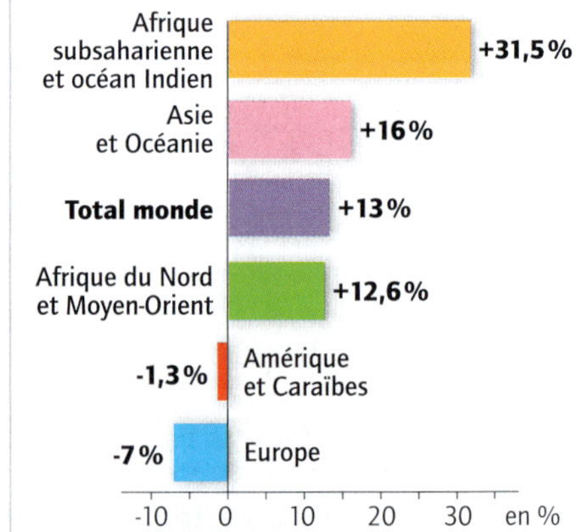

Variation du nombre total de personnes qui apprennent en français (entre 2007 et 2010)

Source : Observatoire de la langue française.

2 Le français qui s'apprend. *Le français est la neuvième langue parlée au monde (220 millions) et la deuxième langue étrangère enseignée (avec 116 millions de personnes qui apprennent cette langue).*

1. **Doc. 1** Relevez dans le texte trois arguments qui montrent la perte d'influence du français en Europe et dans le monde.
2. **Doc. 2** Combien de personnes apprennent le français dans le monde ? Où est-il le plus appris ?
3. **Doc. 2** Le nombre de personnes qui apprennent le français est-il en hausse ou en baisse ? Justifiez votre réponse.
4. **Doc. 1** Êtes-vous d'accord avec l'auteur ? Pour vous, le « français est-il une langue d'avenir ? »

4 B2i Analyser des données

[C.4. Identifier, trier et classer des ressources]

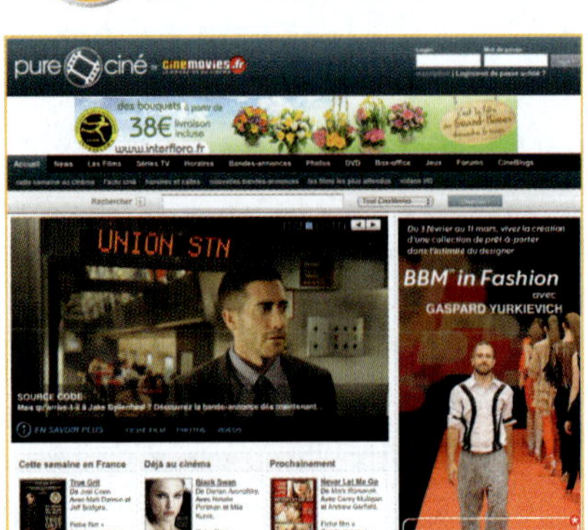

www.cinemovie.fr

Le box-office du cinéma mondial

1. Depuis la page d'accueil du site, cliquez sur « Box-office ». Quelle est la nationalité des films qui ont fait les plus grosses entrées de la semaine en France (cliquez sur le titre du film pour obtenir sa fiche) ? De quel type de films s'agit-il ?
2. Ce résultat est-il étonnant ? Que peut-on en déduire sur le poids culturel du pays concerné ?
3. Ces films sont-ils distribués seulement en France (regardez les « dates de sortie ») ? Où sont situés les plus gros distributeurs de films pour les box-office français et américain (regardez la catégorie « distributeur ») ? Que faut-il en conclure?

1 Localiser et situer les grandes aires religieuses

[C5. Avoir des repères géographiques]

1. Donnez le nom des 4 aires religieuses coloriées sur le planisphère.
2. Écrivez le nom des 3 villes représentées en rouge sur la carte (attribuez à chacune d'elles une religion).
3. Écrivez le nom de la quatrième ville. On la dit « trois fois sainte ». Expliquez cette expression.
4. Établissez la légende.

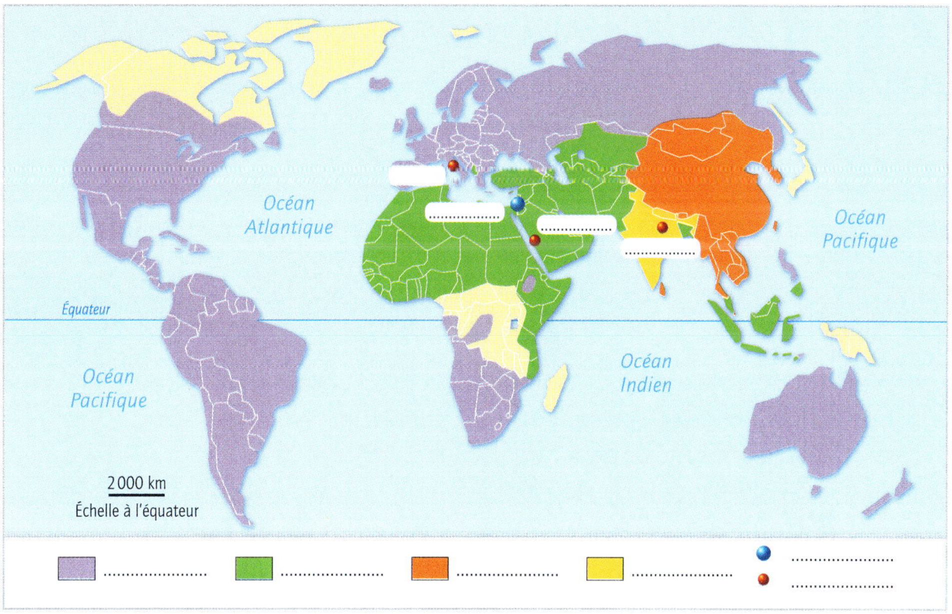

2 Définir deux notions : uniformisation et diversité culturelles

[C1. Rédiger une définition]

1. Complétez le tableau ci-contre en choisissant dans le chapitre 4 documents. Pour chacun d'entre eux, justifiez votre choix dans la case qui convient.
2. En conclusion, rédigez une phrase expliquant le titre des deux colonnes.

Document choisi	L'uniformisation culturelle de la planète se poursuit	La diversité culturelle du monde persiste

3 Employer le terme exact

[C1. Maîtriser le langage adéquat]

▶ Dans le texte ci-contre, remplacez les expressions soulignées par des mots de vocabulaire qui conviennent et que vous avez appris dans la leçon.

- diasporas
- culture de masse
- identité
- culture

L'ensemble des pratiques culturelles diffusées dans un public très large par les industries de la communication et du spectacle (films, séries TV…)(1) s'impose à travers le monde et uniformise les modes de vie. Pourtant, chaque peuple cherche à préserver les caractères qui le différencient des autres(2) et l'ensemble de ses valeurs, de ses traditions, de ses pratiques artistiques et de ses croyances(3). Par ailleurs, l'existence de nombreuses communautés religieuses ou nationales dispersées hors de leur territoire d'origine(4) fait que l'on assiste dans de nombreux pays à un véritable brassage culturel.

Chapitre 20

La mondialisation et ses contestations

Pourquoi et par qui la mondialisation est-elle contestée ?

Forum social de Porto Alegre (Brésil) en 2005.

■ **Traduisez l'expression écrite sur le panneau du manifestant. Quelle est sa signification ? Expliquez pourquoi ces personnes manifestent.**

« **Contestation** : attitude d'opposition à une idée ou à une évolution. »

Mise en scène de Greenpeace lors de la Conférence sur le climat à Cancún, décembre 2010.

■ Identifiez les monuments représentés sur cette photographie et associez-les au nom d'une grande métropole. Par cette mise en scène, que souhaitent dénoncer les membres de l'ONG Greenpeace ?

DOSSIER

Les délocalisations en question

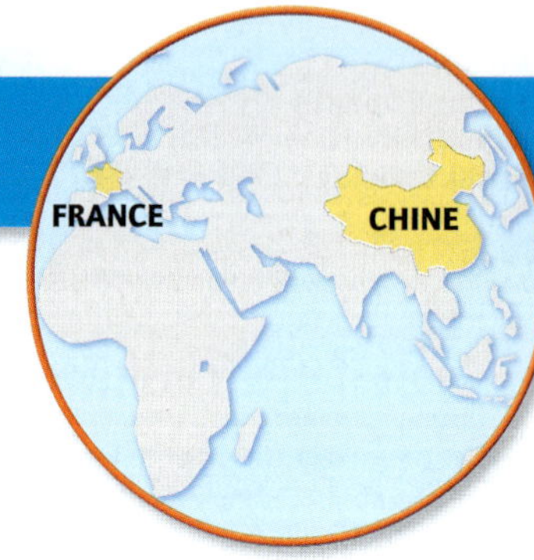

▶ S'agit-il d'un processus irréversible ?

1 Le fabricant de lingerie Lejaby délocalise

« La direction du fabricant de lingerie Lejaby a annoncé, jeudi 1er avril, son intention de fermer trois sites de production en France, dont son berceau historique de Bellegarde (Ain), et de supprimer 197 postes sur 653 en France, dans le but de produire à moindre coût à l'étranger. Lejaby, qui accuse un *"fort ralentissement"* de ses ventes et dont 30 % de la production est encore fabriquée en France contre moins de 5 % pour la concurrence, souhaite abaisser cette proportion à 10 % maximum, explique-t-il dans un communiqué. Il entend ainsi faire face à *"une concurrence de plus en plus exacerbée"* et à *"une modification du comportement des consommatrices attirées par des produits toujours moins chers"*. *"Pour nous, c'est très dur. J'ai 26 ans d'entreprise, certaines en ont 40, beaucoup n'ont qu'un CAP de couture, ont dépassé la cinquantaine, et auront du mal à retrouver un boulot"*, a expliqué Maryse Fleuret, déléguée CGT. *"Nous sommes très solidaires, on s'est déjà mobilisées plusieurs fois pour maintenir des activités, et on se battra encore pour limiter les délocalisations en Tunisie ou en Asie"*, a-t-elle ajouté. »

www.lemonde.fr, 1er avril 2010.

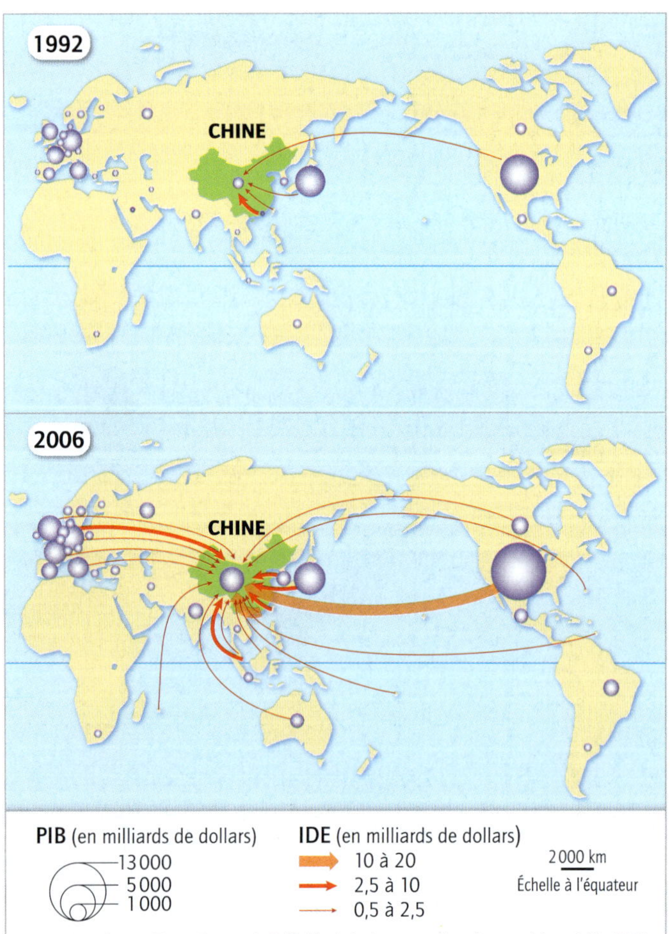

Source : Thierry Sanjuan, *Le Défi chinois*, La documentation photographique, juillet 2008.

2 Les délocalisations en Chine

La Chine est devenue « l'atelier du monde ». La croissance économique chinoise est dopée par l'apport massif des investissements (IDE) effectués par les grands pays industrialisés.

3 Les délocalisations vues par Chappatte

De nombreux mouvements syndicalistes accusent les délocalisations d'être responsables du chômage dans les pays développés et demandent leur interdiction.

VOCABULAIRE

- **Délocalisation** : transfert d'activités, de capitaux et d'emplois vers des régions ou pays du monde bénéficiant d'un avantage compétitif (main-d'œuvre bon marché, fiscalité attrayante...).
- **IDE (Investissement direct à l'étranger)** : lorsqu'une entreprise rachète une société ou crée une filiale dans un pays étranger.
- **Relocalisation** : reprendre la production dans le pays d'origine après l'avoir délocalisée.

4 Les délocalisations responsables des destructions d'emplois ?

« En moyenne, sur la période 2000-2005 étudiée par l'Insee, les délocalisations à l'étranger ont donc généré approximativement 36 000 destructions d'emplois par an en France. Plus surprenant, les délocalisations, qui touchent particulièrement fortement les secteurs du textile et de l'électroménager, auraient également permis de générer 41 000 emplois supplémentaires par an en moyenne, soit plus que les emplois détruits. Le mécanisme à l'origine de ce constat est simple : certaines délocalisations – mais pas toutes, avertit E.M. Mouhoud, professeur à l'université Paris Dauphine – entraînent une baisse de prix permettant à l'entreprise de gagner des parts de marché, et donc de créer des emplois qualifiés. En concourant à augmenter le pouvoir d'achat, ces délocalisations stimulent également la demande… »

D'après © Marie Bartnik, www.lefigaro.fr, 28 mai 2010.

5 Les Chinois à Châteauroux

En vertu d'un accord signé en juin 2009, de 30 à 50 sociétés chinoises d'électronique et d'industrie légère fabriqueront et assembleront leurs produits à Châteauroux, et diffuseront ainsi des produits « *made in France* ». Le projet devrait créer 4 000 emplois.

SOCLE COMMUN — C5. Porter un regard critique sur un document

Pour discuter les arguments d'un texte

- Je repère l'idée principale exposée par l'auteur.
- Je relève les différents arguments qu'il utilise pour exposer son idée.
- Je donne mon avis en m'appuyant sur d'autres documents.

6 Les relocalisations

« À quand le retour du moulin à café ou du presse-purée Moulinex à Alençon ? On en est encore loin, mais depuis quelques mois, les exemples d'entreprises françaises qui quittent l'Asie et l'Europe de l'Est pour reprendre le chemin de la France se multiplient. Le groupe de meubles Parisot et Décathlon ont déjà franchi le pas. Les jouets Smoby y réfléchissent encore. Certes, les relocalisations ne sont pas massives, mais elles attestent pourtant d'un changement profond des règles du jeu de la mondialisation. Une qualité qui laisse parfois à désirer, des produits trop standardisés, l'impossibilité de réapprovisionner les stocks rapidement… Pour les entreprises françaises qui ont fait le choix de produire à l'étranger, le réveil peut être difficile. Dans le même temps, la Chine et les pays à bas coûts ont perdu un peu de leur attrait. La faute à des cours du pétrole qui jouent au yo-yo et aux augmentations de salaires. »

www.leparisien.fr, 11 février 2009.

Activités

1) **Doc. 1 et 2** Expliquez en quoi consiste le processus de délocalisation. Pourquoi peut-on dire que la Chine est devenue « l'atelier du monde » ?

2) **Doc. 1 et 4** À l'aide de la fiche **SOCLE COMMUN**, dégagez les points de vue des auteurs par rapport aux délocalisations. Complétez le tableau ci-dessous.

	Doc. 1 p. 320	Doc. 4 p.321
Idée principale		
Arguments		

3) **Doc. 3** Quel est le point de vue du dessinateur ? Justifiez.

4) **Doc. 5 et 6** Pourquoi la France reste-t-elle attractive pour les investisseurs chinois ? Qu'appelle-t-on relocalisations ? Comment peut-on expliquer ce phénomène ?

◆ Rédiger une synthèse ◆

5) **À l'aide de la fiche SOCLE COMMUN, construisez un texte de quelques lignes pour exposer les avantages et les inconvénients du processus de délocalisation. Qu'en pensez-vous ?**

DOSSIER

L'huile de palme en Indonésie

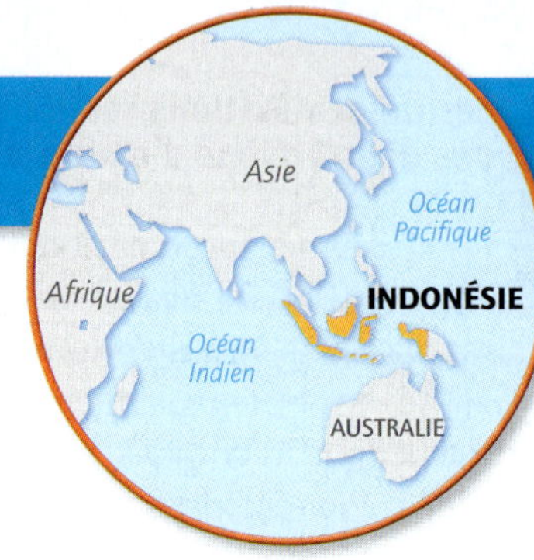

▶ Quels sont les risques d'une culture massive ?

1 À quoi sert l'huile de palme ?

L'arbre, d'origine africaine, pousse vite, en trois ou quatre ans, et la pulpe rouge des noix produit une huile facile à extraire, que l'on peut transformer en une graisse utilisable dans de nombreux produits. L'huile de palme est aujourd'hui l'huile la plus consommée dans le monde. Elle contient des graisses saturées nocives pour la santé.

2 L'essor actuel

« En dix ans, les cultures de soja et d'huile de palme (deux oléagineux) ont été multipliées par quatre, au détriment de forêts tropicales, d'écosystèmes très riches et d'animaux qui y vivent. C'est aussi une catastrophe pour les populations locales qui vivent des ressources de la nature. L'huile de palme est essentiellement destinée à l'industrie agroalimentaire, cosmétique et textile, des secteurs où la demande est très forte. Nestlé* a d'ailleurs été récemment accusé par Greenpeace d'utiliser dans la fabrication de certaines barres chocolatées de l'huile de palme dont la culture est responsable de la destruction de l'habitat des orangs-outans et de leur disparition progressive en Indonésie. C'est d'ailleurs sous la pression des ONG que le gouvernement indonésien a décrété le 26 mai 2010 un moratoire de deux ans sur les permis de déforestation. De plus, la production de biocarburants à partir de l'huile de palme représente un enjeu très sensible. En effet, ces cultures se font soit aux dépens de terres destinées à l'alimentation (alors que 850 millions de personnes souffrent aujourd'hui de malnutrition), soit de forêts. »

D'après *Carto, Le monde en cartes*, n° 2, sept.-nov. 2010.

* Le groupe Nestlé a depuis annoncé qu'il n'utilisera plus d'huile de palme issue des forêts indonésiennes. Il a été suivi par des groupes comme Casino et Auchan.

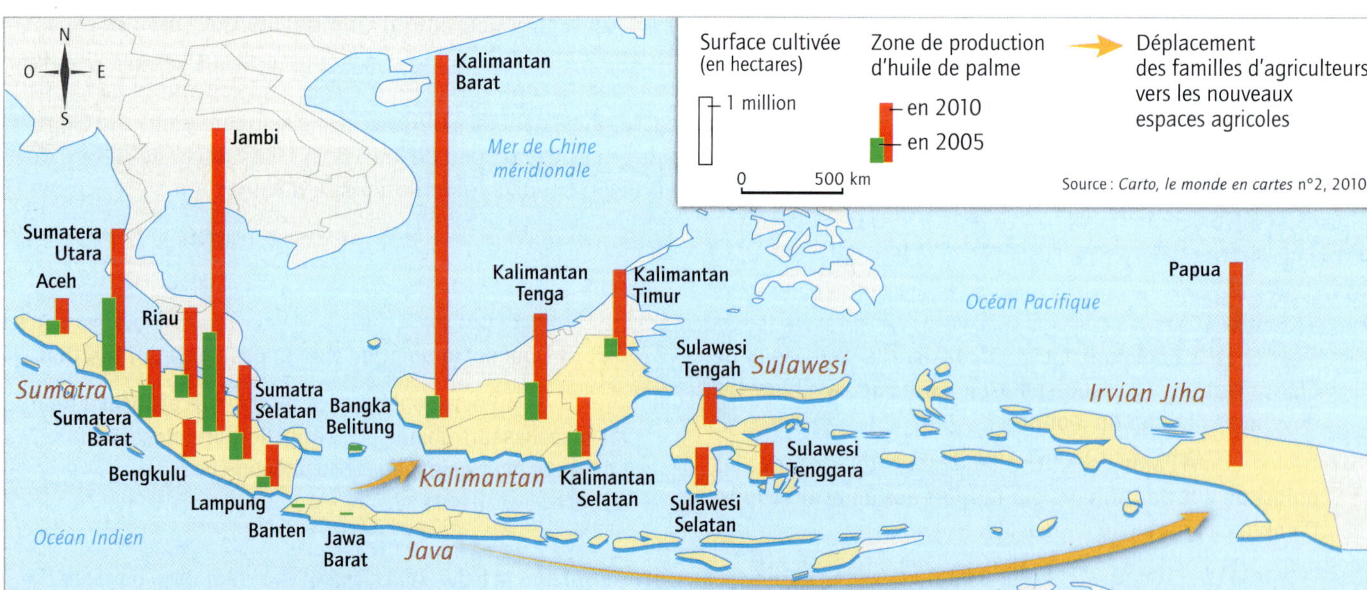

3 L'huile de palme en Indonésie

La production indonésienne a été multipliée par 6 en 30 ans. Avec la Malaisie, elle réalise 85 % de la production mondiale.

A Jeune plantation de la société indonésienne Sinar Mas créée après déforestation.

B Irrigation d'une pépinière.

C Récolte des régimes de fruits.

4 La culture du palmier dans l'île de Kalimantan

L'Indonésie a déjà perdu 72 % de ses forêts. Pour défricher, les agriculteurs utilisent par exemple le Paraquat, un herbicide toxique interdit dans plusieurs pays.

Activités

1) **Doc. 1 à 5** Montrez l'essor de la production d'huile de palme en Indonésie. Comment peut-on l'expliquer? Quels sont les différents usages de cette huile?

2) **Doc. 1 à 4** Relevez les inconvénients de la culture de cette huile pour l'Homme, les familles d'agriculteurs et l'environnement.

3) **Doc. 5** Énumérez tous les avantages de la culture de l'huile de palme.

◆ Rédiger une synthèse ◆

4) **À l'aide de la fiche SOCLE COMMUN, listez les avantages et les inconvénients de la production d'huile de palme, puis rédigez quelques lignes de conclusion pour donner votre avis.**

Vocabulaire

- **Biocarburants** : carburants créés à partir de plantes.
- **Écosystème** : association d'un environnement physique (climat, sol, relief) et d'une communauté d'êtres vivants.
- **Moratoire** : suspension volontaire d'une action.
- **Oléagineux** : qui contient de l'huile.
- **Déforestation** : action de détruire une forêt.

5 Pour une gestion durable des plantations

« L'huile de palme présente de nombreux avantages. Elle est bon marché*, l'huile non raffinée est riche en vitamines A. Afin de favoriser des méthodes de culture plus respectueuses, une *"Table ronde sur la production durable d'huile de palme"* a été mise en place par différents partenaires (ONG comme le WWF, industriels comme Unilever). Elle a élaboré des directives qui interdisent les procédés les plus néfastes comme la déforestation de forêts primaires et devraient contribuer à donner des garanties sociales aux exploitants et petits producteurs locaux. Mais certaines ONG contestent ces directives. Pour Meena Raman, présidente des Amis de la Terre International et Directrice des Amis de la Terre Malaisie : *"Accepter l'huile de palme malaisienne signifie légitimer la déforestation, accroître les violations des droits humains contre les populations indigènes et conforter un modèle de prise de décision qui interdit la participation des citoyens."*

Par contre, elle est saluée par d'autres organisations comme le WWF et Oxfam. Ainsi Adrie Papma, porte-parole d'Oxfam souhaite que *"50 % du commerce mondial de l'huile de palme puisse être certifié durable d'ici 2013"*. »

D'après « L'Arbre vert et l'huile de palme », www.consommerdurable.com.

* 624 euros la tonne contre 1 000 euros pour le tournesol.

SOCLE COMMUN — C5. Porter un regard critique sur un fait

Pour critiquer les effets d'une production

- Je relève dans les documents les points positifs de cette production.
- Puis les points négatifs de cette production.
- Je donne mon avis en appuyant mes arguments sur des exemples pris dans les documents.

Cours

1 Ordre mondial et résistances

A La mondialisation économique en question

La mondialisation actuelle est souvent accusée d'être à l'origine du mal-développement de nombreux pays pauvres et d'accroître chaque jour un peu plus les inégalités entre le Nord et le Sud.

Les grandes firmes transnationales seraient responsables de tous les maux. Favorables au libre-échange et à la recherche de profits, elles provoqueraient tour à tour des pertes d'emplois dans les pays occidentaux, exploiteraient la main-d'œuvre nombreuse du Sud (salaires bas) et ne respecteraient pas l'environnement.

Ces critiques, souvent pertinentes, sont néanmoins à discuter : le niveau de vie général des habitants de la planète progresse, même si les inégalités sociales se creusent ; certains pays sont sortis du sous-développement ou convergent vers le développement ; enfin les questions environnementales sont devenues une préoccupation commune aux États de la planète.

B La mondialisation culturelle en question

Réagissant à l'uniformisation culturelle, que certains considèrent comme une américanisation, **les peuples cherchent de plus en plus à affirmer leurs différences et à retrouver leurs racines. Les cultures locales, les langues régionales connaissent ainsi un important renouveau.** Cette réaction peut parfois être plus énergique ; ainsi le développement de mouvements islamistes traduit le violent rejet que leur inspire la diffusion de la culture occidentale.

En Europe, la crainte de voir les biens culturels devenir des marchandises comme d'autres, la crainte aussi de voir la culture anglo-saxonne dominer les débats, pousse des États comme la France à réclamer à l'ONU le droit à l'exception culturelle. Ainsi, depuis 2005, la convention sur la diversité culturelle adoptée par l'UNESCO défend le droit à l'existence de toutes les cultures. Exemples pour les autres, **certains États conservent d'ailleurs une base culturelle spécifique et solide, et marient comme en Inde ou au Japon tradition et modernité.**

Vocabulaire

- **Altermondialisation** : mouvement politique qui dénonce les injustices provoquées par la mondialisation actuelle, les dégâts environnementaux qu'elle entraînerait et qui affirme « qu'un autre monde est possible ».
- **Développement** : croissance durable de l'économie et élévation du niveau de vie de la population tout entière.
- **Exception culturelle** : principe qui affirme le droit pour chaque culture d'être protégée de l'uniformisation culturelle.
- **G8** : groupe des huit pays les plus industrialisés du monde.
- **G20** : forum économique créé en 1999, il rassemble 19 États plus l'Union européenne. Il cherche à favoriser la concertation internationale au sein des États industrialisés ou émergents ayant un poids économique important.
- **Uniformisation** : action de rendre semblable.

Du local au mondial

QUESTIONS

■ **Citez 3 formes de contestation de l'ordre économique mondial et de la culture occidentale.**

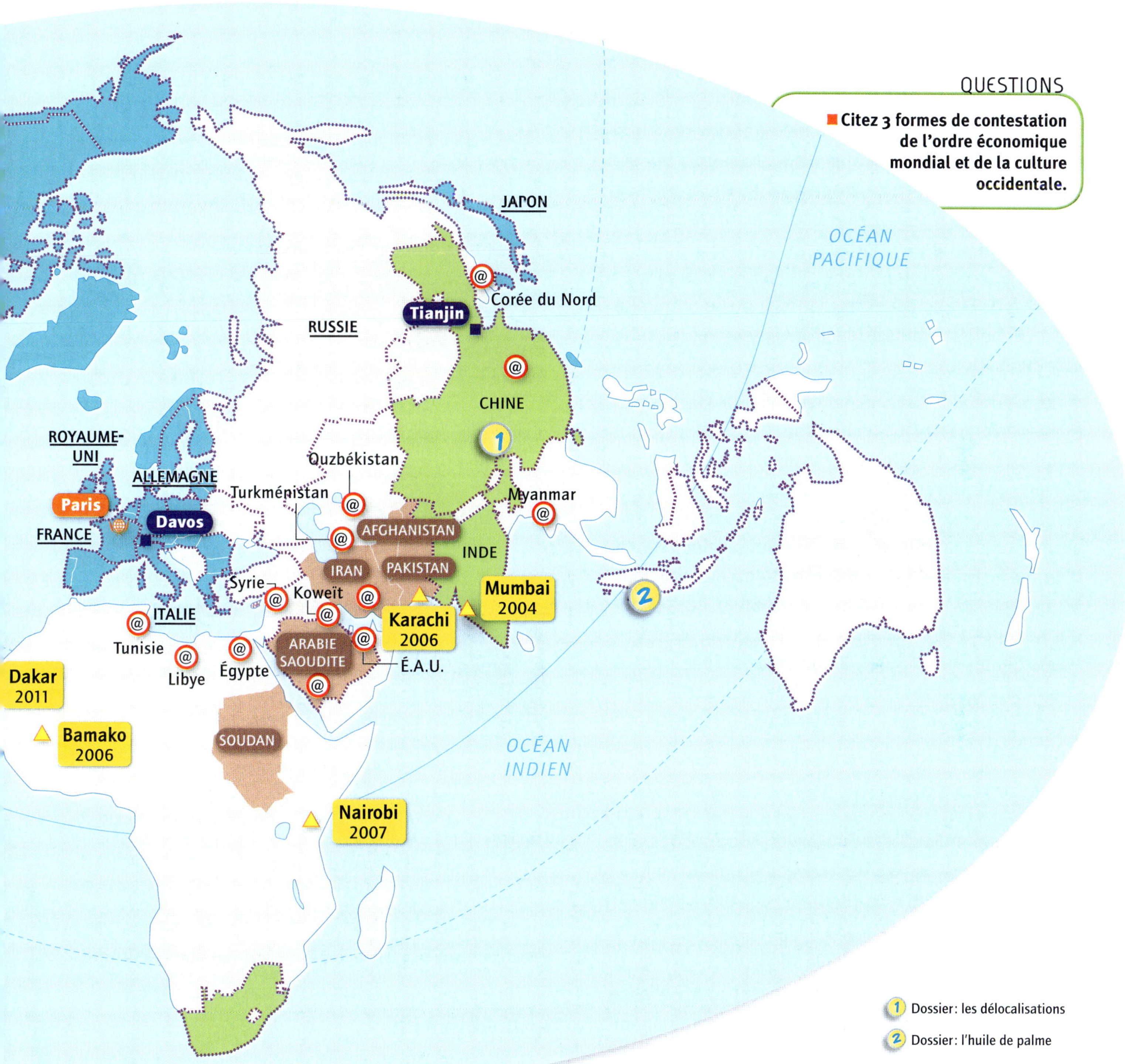

1. L'ordre économique mondial

- Les 3 pôles de la Triade
- ITALIE — Les pays du G8, qui abritent les plus grandes sociétés
- Forum économique annuel : réunion des grands décideurs de la planète
- Les géants émergents
- Les pays membres du G20

2. Les résistances

- Les forums altermondialistes, lieux d'expression de nouvelles solidarités
- Siège de l'Unesco, qui soutient la diversité culturelle
- États limitant l'accès à Internet
- Berceau de mouvements islamistes refusant une partie de la culture occidentale
- Le berceau contesté de la culture mondialisée

0 — 5 000 km
Échelle à l'équateur

Cours 2 Une autre mondialisation ?

A Les altermondialistes

Chaque année, en réponse aux grandes réunions internationales économiques (OMC, Forum de Davos, G 20) **les forums sociaux mondiaux (FSM), organisés dans des pays du Sud, réunissent les partisans du mouvement altermondialiste**. Si celui-ci est d'une grande complexité tant dans ses modes d'organisation que dans ses combats [doc. 2], il puise son unité dans la contestation du fonctionnement actuel de la mondialisation.

Les altermondialistes ne sont en effet pas opposés à toutes les formes de mondialisation ; par exemple ils ont compris les avantages qu'ils pouvaient tirer du développement des moyens de communication pour diffuser leurs idées. **Ils se prononcent seulement pour une autre mondialisation et appellent au développement d'un nouveau mode de consommation**, plus soucieux de préserver, tant les ressources de la nature que le droit des hommes à vivre dans la dignité et dans le respect de leurs cultures [doc. 3]. Bref, ils défendent l'idée « qu'un autre monde est possible », inscrivant leur action dans une démarche conforme au développement durable.

B Leurs engagements

Les altermondialistes s'engagent souvent dans le monde associatif au service des victimes de la mondialisation ; ils appuient des initiatives solidaires comme le commerce équitable, la « taxe Chirac » [doc. 4], en attendant la taxation des transactions financières.

Les altermondialistes prônent aussi une vie plus respectueuse de l'environnement ; ils soutiennent ainsi le développement de l'agriculture biologique [doc. 1], la récupération et la réparation d'objets jugés obsolètes. Certains pensent que, tôt ou tard, l'humanité sera contrainte de mettre fin à la croissance économique, un des moteurs de la mondialisation [doc. 5].

De nombreux obstacles subsistent cependant : les pays du Sud, notamment les pays émergents, ne voient pas pourquoi ils se priveraient de développement. Il n'est d'autre part pas facile de convaincre les populations du Nord de renoncer à leur mode de vie.

1 LES CHIFFRES DE LA MONDIALISATION

17 % de la superficie des continents protégée dans les années à venir.

0,1 % : part du commerce équitable dans le commerce mondial de marchandises.

1 % : part de l'agriculture biologique dans les cultures de la planète.

2 Quelques groupes altermondialistes

Nom	Organisation	Objectifs
Via Campesina	▸ Création en 1993. ▸ Regroupe 150 organisations nationales de plus de 70 pays. www.viacampesina.org	▸ Défendre l'agriculture durable et promouvoir la justice sociale. ▸ S'opposer à l'agriculture industrielle.
GREENPEACE	▸ Création en 1972. ▸ Près de 3 millions d'adhérents dans le monde et 1 200 salariés. www.greenpeace.org	▸ Dénoncer les atteintes à l'environnement.
FAIRTRADE MAX HAVELAAR	▸ Création en 1988. ▸ Présente auprès des consommateurs de 60 pays. ▸ Permet à de petits producteurs de 59 pays de vivre de leur travail. www.maxhavelaarfrance.org	▸ Permettre à de petits producteurs du Sud de vivre du travail de la terre. ▸ Développer de nouvelles formes de consommation.
AMNESTY INTERNATIONAL	▸ Création en 1971 pour défendre la liberté d'expression. ▸ 2,2 millions de membres à travers 150 pays. www.amnesty.fr	▸ Œuvrer pour le respect des droits de l'Homme et la liberté d'expression. ▸ Défendre les victimes des violations des droits humains.

■ **Pourquoi peut-on qualifier ces associations d'altermondialistes ?**

VOCABULAIRE

- **Altermondialiste** : qui dénonce les injustices sociales et les dégâts écologiques qui seraient provoqués par la mondialisation actuelle.
- **Commerce équitable** : forme de commerce qui garantit aux petits producteurs des pays du Sud de meilleurs revenus.
- **Développement durable** : production de richesses en veillant à réduire les inégalités, sans dégrader l'environnement.
- **Forum de Davos** : conférence annuelle qui réunit les principaux dirigeants économiques et politiques du monde.
- **G20** : voir p. 324.
- **OMC** : organisation mondiale du commerce.

3 Un contre-sommet dans le Lot-et-Garonne

En août 2002, à Cancon, dans le Lot-et-Garonne, les altermondialistes ont organisé un contre-sommet, en marge de celui de Cancún.

■ **Expliquez la signification de ce panneau. Quels éléments feraient, selon les altermondialistes, une mondialisation réussie ?**

4 Une taxe sur les billets d'avions

« La *"taxe Chirac"*, beaucoup moquée lors de son lancement par l'ancien président de la République, a rapporté 300 millions de dollars l'an dernier. Ce prélèvement de quelques euros sur les billets d'avion est reversé à Unitaid, une organisation internationale spécialisée dans l'achat de médicaments permettant de lutter contre le Sida, le paludisme ou la tuberculose. Elle est actuellement appliquée par treize pays dans le monde, et une quinzaine d'autres pays sont en train d'y réfléchir activement. Preuve de son succès, près de 100 000 enfants atteints du sida ont pu recevoir des médicaments et dans certains cas, Unitaid a obtenu des laboratoires pharmaceutiques une baisse de 50 % du prix de ces médicaments. La France, à elle seule, a perçu plus de 160 millions d'euros au titre de cette taxe. »

D'après © Cyrille Lachèvre, *Le Figaro*, 28 mai 2009.

■ **En quoi consiste la « taxe Chirac » ?**

5 Pour une autre société de consommation

« Chaque trajectoire, chaque individu met en avant les doutes qui l'ont amené à s'opposer à la société de consommation. Et les symboles sont communs : pas de voiture, pas de téléphone portable, pas de télé. Les calculs le sont tout autant : *"Une voiture, c'est l'équivalent d'une course de taxi à 25 euros par jour, où est l'intérêt d'en posséder une ?"*, *"un yaourt parcourt 3 000 kilomètres avant d'arriver dans votre réfrigérateur"*. Face à cette réalité qu'ils déplorent, les objecteurs de croissance privilégient un éventail de décisions quotidiennes : privilégier les productions locales, acheter des légumes de saison, se déplacer en vélo ou avec les transports en commun, éviter de prendre l'avion, se débarrasser d'un maximum d'appareils électriques, limiter sa consommation d'eau et d'électricité, cultiver un potager. L'idée centrale étant qu'il faut changer soi-même pour changer le monde. »

Christophe Rymarski, *Les Grands Dossiers des sciences humaines*, n° 19, juin-juillet-août 2010

■ **Que revendiquent les partisans de la décroissance ? Quels sont leurs arguments ?**

1 Échelles Construire une définition à partir de documents

[C1. Rédiger un texte bref]

Les principes du commerce équitable

1 Le commerce équitable

2 La coopérative Jambi Kiwa en Équateur.
« En produisant des tisanes à partir de plantes médicinales et aromatiques cultivées par leurs ancêtres et en les commercialisant grâce à Éthiquable, les femmes de la coopérative indienne Jambi Kiwa en Équateur perçoivent un revenu suffisant pour sortir leur famille de la pauvreté, envoyer leurs enfants à l'école, les soigner et contribuer au développement économique de leur village et de leur communauté ».

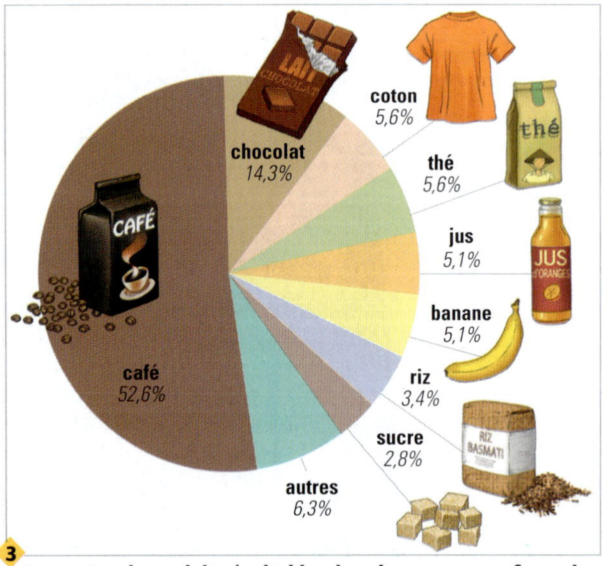

3 Les ventes de produits équitables dans les commerces français

1. **Doc. 1** Quels sont les principaux avantages du commerce équitable ? Organisez votre réponse à l'aide du tableau ci-dessous.

Les avantages du commerce équitable	
D'un point de vue social	
D'un point de vue économique	
D'un point de vue environnemental	

2. **Doc. 1 et 2** Montrez que la coopérative Jambi Kiwa pratique le commerce équitable. Quels avantages en tire-t-elle ?

3. **Doc. 3** Quels sont les principaux produits équitables commercialisés en France ?

4. Proposez une définition du commerce équitable (grands principes de fonctionnement, principaux avantages).

2 SOCLE COMMUN Comprendre un dessin de presse

[C5. Lire et employer différents langages : la caricature]

Pour lire et comprendre un dessin de presse

Les dessins de presse servent d'accroche pour évoquer en quelques coups de crayons une actualité souvent complexe et dramatique. S'ils sont réussis, ils nous font rire ou sourire.

- Je repère le dessinateur, la date de parution, le journal ou le magazine où il a été publié.
- J'explique comment se compose le dessin et qui sont les personnages représentés.
- J'interprète la signification du dessin en le reliant à un événement de l'actualité.

L'actualité en caricature

1 Caricature de Plantu
Dessin paru dans Le Monde *lors de l'ouverture du Forum Social Mondial le 26 janvier 2006.*

2 Les forums sociaux de Porto Alegre

« Les altermondialistes se sont retrouvés pour cinq jours dans la ville brésilienne de Porto Alegre, berceau du grand rassemblement anti-libéral du Forum social mondial, qui fête ses dix ans et est en quête d'un nouveau souffle. *"Un autre monde est possible"* est le slogan de cette réunion d'activistes qui réclament un monde plus équitable, respectueux de l'environnement et pacifique. Le Forum social mondial, né des violentes manifestations organisées contre une réunion de l'Organisation mondiale du commerce en 1999 à Seattle, retourne pour la première fois depuis 2005 dans la ville de Porto Alegre (Sud du Brésil) qui avait accueilli la première édition en 2001. Il se tient en parallèle au Forum économique mondial de Davos*, se voulant le contrepoint de cette réunion du gotha politique et économique dans la station de ski chic des Alpes suisses. Les fondateurs du FSM estiment que, depuis l'époque du néo-libéralisme triomphant de la fin des années 1990, leurs idées ont progressé, en voulant pour preuve l'intervention massive des États pour contrer la crise financière ou la mobilisation pour l'environnement. »

Le Progrès, 25 janvier 2010.

* Davos : ville suisse où se rencontrent, une fois par an, les grands décideurs économiques.

1 **Doc. 1 et 2** Dans quelles villes respectives ont lieu ces deux forums ? Localisez-les précisément. Comment pouvez-vous expliquer ces localisations ?

2 **Doc. 1** À l'aide de la fiche **SOCLE COMMUN**, décrivez les deux personnages : que représentent-ils ? Que fait le personnage en blanc ? À quoi servent les ruines de la statue ? Comment comprenez-vous alors le message de ce dessin de presse ?

3 **Doc. 1 et 2** Expliquez pourquoi ces deux forums s'opposent. Comment l'humoriste a-t-il restitué cette opposition sur son dessin ?

J'AI RÉUSSI SI...

→ *J'ai décrit avec des phrases simples le contenu du dessin.*

→ *J'ai déterminé le thème évoqué et le sens du dessin.*

LEXIQUE

A

Acteur économique : État, ville, entreprise qui participe à l'activité économique.

Aide publique au développement : aide que les pays riches apportent aux pays pauvres.

ALENA : accord de libre-échange nord-américain, signé entre les États-Unis, le Canada et le Mexique.

Altermondialisation : mouvement politique qui dénonce les injustices provoquées par la mondialisation actuelle, les dégâts environnementaux qu'elle entraîne et qui affirme « qu'un autre monde est possible ». ▶

Altermondialiste : personne qui dénonce les injustices sociales et les dégâts écologiques provoqués selon elle par la mondialisation actuelle.

Analphabète : personne dans l'incapacité complète de lire ou d'écrire.

Ancien Régime : expression créée en 1789 pour désigner la société française d'avant la Révolution.

Anticlérical : qui est hostile à l'influence du clergé dans la société. ▶

Antisémitisme : hostilité et rejet à l'égard des Juifs.

Archipel mégalopolitain mondial : réseau des grandes villes qui contribuent à la direction du monde.

Armateur : celui qui équipe et exploite un navire à ses frais.

Arsenaux : chantiers pour les navires de guerre.

Assemblée législative : instituée par la Constitution de 1791, elle est chargée du vote des lois.

Assemblée nationale constituante : assemblée des députés qui représentent la nation et rédigent une Constitution.

Ateliers nationaux : chantiers financés par l'État permettant l'emploi des chômeurs.

Autochtone : habitant originaire du territoire où il vit.

Avion-cargo : avion transportant des marchandises.

B

Back-office : (« arrière-boutique ») administration, gestion et service après-vente des systèmes informatiques.

Barrio : quartier latino d'une ville.

Belle Époque : nom donné à la période qui précède la Première Guerre mondiale.

Bilharziose : maladie parasitaire transmise par l'eau.

Biocarburants : carburants créés à partir de plantes.

Bollywood : studios de cinéma situés à Mumbai (autrefois Bombay).

Bonheur National Brut (BNB) : il consiste à faire passer le bien-être des habitants avant la croissance économique.

Bourgeoisie : au XIXe siècle, classe sociale aisée composée de personnes qui ne sont ni paysans, ni ouvriers, ni nobles. ▼

Bourse : lieu où l'on vend et achète les actions (parts) d'une entreprise.

Brain drain : migration de personnes hautement qualifiées.

BRIC : groupe formé par le Brésil, la Russie, l'Inde et la Chine. ▶

C

Cahiers de doléances : cahiers de plaintes et de vœux rédigés en 1789 en vue des États généraux.

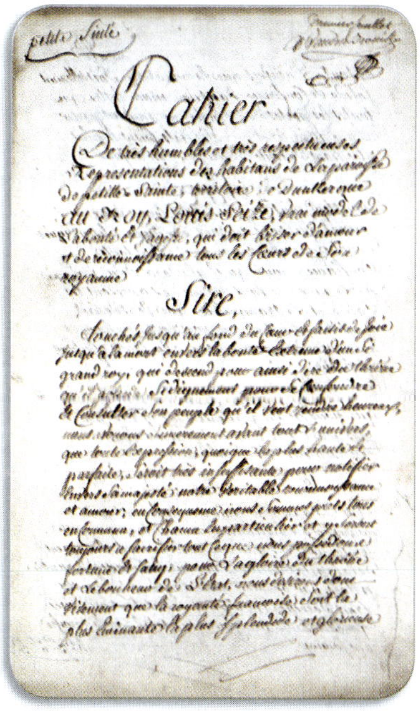

Canal : bras de mer étroit ou voie d'eau artificielle.

Cap : pointe de terre qui s'avance dans la mer.

Capitalisation boursière : valeur totale des actions échangées en bourse.

Capitalisme : organisation de l'économie reposant sur la propriété privée des moyens de production et la recherche du profit.

Capitaux : argent nécessaire à la création et au fonctionnement d'une entreprise.

Caritatif : action qui vise à porter secours aux plus démunis de manière désintéressée.

Casher : se dit d'un aliment permis par la religion juive.

CBD (Central Business District) : quartier des affaires constitué de gratte-ciel, où se trouvent des bureaux mais aussi des centres commerciaux et des espaces de loisirs.

Censure : lorsque l'État examine journaux, livres, films, sites Internet avant d'en permettre ou pas la diffusion au public.

Centralisation : les décisions sont prises par le pouvoir central à Paris puis appliquées dans le reste de la France.

Chancelier : Premier ministre de la Prusse, puis de l'Empire allemand.

Charte : au XIXe siècle, Constitution accordée par le roi.

Cinématographe : l'appareil des Frères Lumière est à la fois une caméra de prises de vues et un projecteur de cinéma.

Civilisation : ensemble des caractères matériels, religieux, linguistiques, artistiques et sociaux communs à une société ou à un groupe de sociétés. Une aire de civilisation regroupe des espaces marqués par une même civilisation.

Clandestin (ou sans-papiers) : personne vivant illégalement dans un pays étranger.

Classe moyenne : tous ceux qui ne sont ni riches, ni pauvres.

Cleantech : « technologies propres », technologies industrielles qui utilisent les énergies renouvelables.

Clergé réfractaire : prêtres et évêques refusant de prêter serment à la Constitution civile du clergé qui réorganise l'Église catholique.

Club politique : association dont les membres débattent de questions politiques.

Coalition : alliance militaire de plusieurs pays contre un ennemi commun.

Code civil : recueil de lois précisant les droits des individus dans la société.

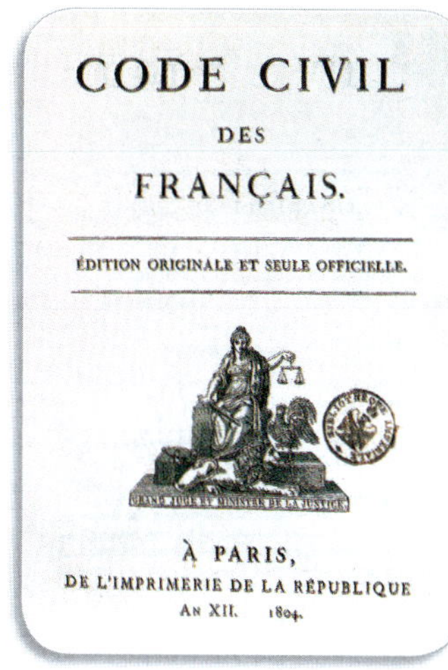
CODE CIVIL
DES
FRANÇAIS.
ÉDITION ORIGINALE ET SEULE OFFICIELLE.
À PARIS,
DE L'IMPRIMERIE DE LA RÉPUBLIQUE
AN XII. 1804.

Colon : habitant d'une colonie originaire de la métropole.

Colonie : territoire d'outre-mer conquis, administré et exploité par un pays étranger (la métropole).

Colonie d'exploitation : territoire exploité par la métropole pour ses richesses naturelles mais recevant peu de colons.

Colonie de peuplement : territoire colonisé sur lequel s'installe durablement une population venue de la métropole.

Colonisation : mise en place d'une domination sur une colonie et son exploitation.

Commerce équitable : forme de commerce qui garantit aux petits producteurs des pays du Sud de meilleurs revenus.

Commerce triangulaire : commerce entre l'Europe, l'Afrique et l'Amérique.

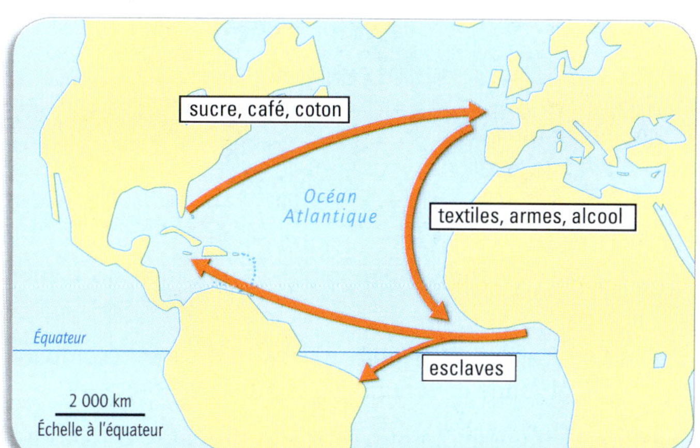

Commune de Paris : révolte parisienne en 1871 pour une République démocratique et favorable aux ouvriers.

Compagnie commerciale : entreprise constituée par des marchands pour développer des activités commerciales.

Comptoir : établissement commercial situé outre-mer.

Concentration (d'entreprises) : achat ou fusion d'entreprises. ▶

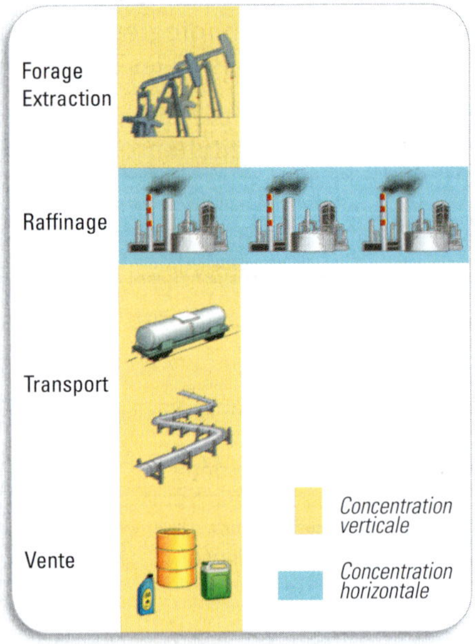

Concordat : traité signé entre un État et le pape.

Conduite : oléoduc ou gazoduc, tube qui transporte du pétrole ou du gaz.

Constitution : texte de loi qui organise les institutions d'un pays.

Consulat : gouvernement de la France républicaine de 1799 à 1804, dirigé par Bonaparte, Premier consul.

Conteneur : caisse métallique standardisée prévue pour le transport de marchandises quel que soit le moyen de transport utilisé (avion, camion, bateau). Il facilite le passage de l'un à l'autre.

Contestation : attitude d'opposition à une idée ou à une évolution.

Convention : assemblée élue qui succède à l'Assemblée législative et fonde la République le 21 septembre 1792.

Corruption : moyen employé pour faire agir quelqu'un malhonnêtement en votre faveur. Par exemple on lui offre des cadeaux ou de l'argent.

Coup d'État : prise du pouvoir par la force.

Croissance urbaine : développement des villes en nombre d'habitants et dans l'espace.

Culture : ensemble des valeurs, des traditions, des pratiques artistiques et des croyances d'une société.

Culture de masse : ensemble des pratiques culturelles diffusées dans un public très large par les industries de la communication et du spectacle (films, séries TV).

D

Déchristianisation : ensemble des mesures prises pour éliminer l'influence du christianisme dans la société.

Déforestation : action de détruire la forêt. ▼

Délocalisation : transfert d'activités, de capitaux et d'emplois vers des régions ou pays du monde bénéficiant d'un avantage compétitif (main-d'œuvre bon marché, fiscalité attrayante...).

Déplacé : personne qui se réfugie dans une autre région de son pays pour des raisons de sécurité.

Désindustrialisation : diminution de l'activité industrielle.

Despote éclairé : monarque absolu qui, conseillé par les philosophes, fait des réformes favorables au progrès et à la liberté.

Détroit : passage maritime naturel et étroit entre deux terres. ▶

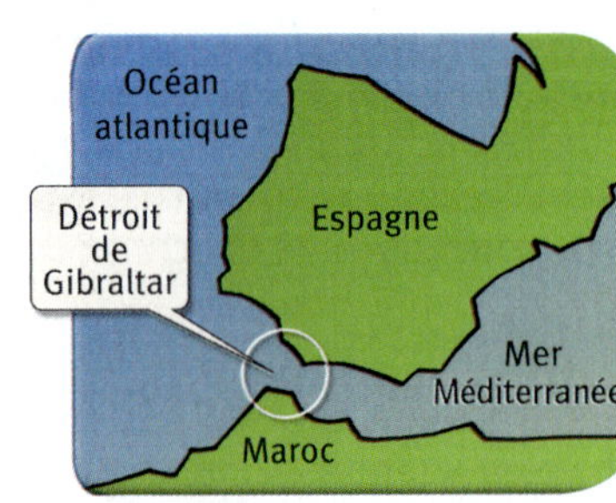

Dette : ce que l'on doit lorsque l'on a emprunté de l'argent.

Développement : croissance durable de l'économie et élévation du niveau de vie de la population tout entière.

Développement durable : production de richesses en veillant à réduire les inégalités sans dégrader l'environnement. ▶

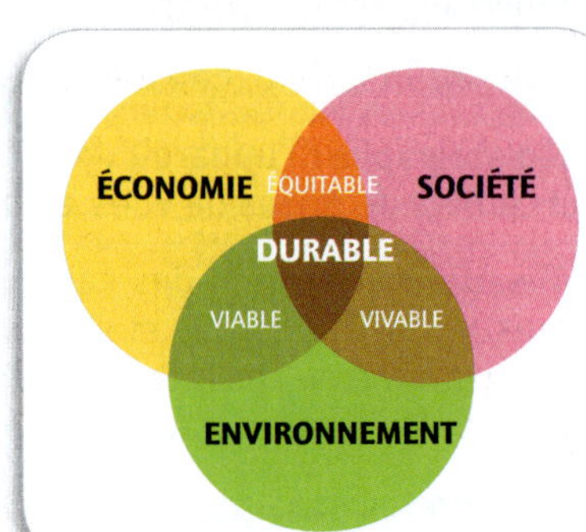

Diaspora : communauté nationale ou religieuse dispersée hors de son territoire d'origine et qui continue à entretenir des relations avec lui.

Diversité culturelle : variété des manières de vivre et de penser des habitants de la planète.

Docks : en anglais, « quais » de chargement et de déchargement de marchandises.

Dragons : pays d'Asie (Corée du Sud, Taïwan, Singapour et Hong Kong, devenue chinoise depuis 1997) qui sont sortis du sous-développement dans la seconde moitié du XXe siècle.

E

Échange : vente d'un bien, d'une marchandise.

Écosystème : association d'un environnement physique (climat, sol, relief) et d'une communauté d'êtres vivants.

Émigré : individu qui quitte son pays pour vivre, travailler ou étudier à l'étranger.

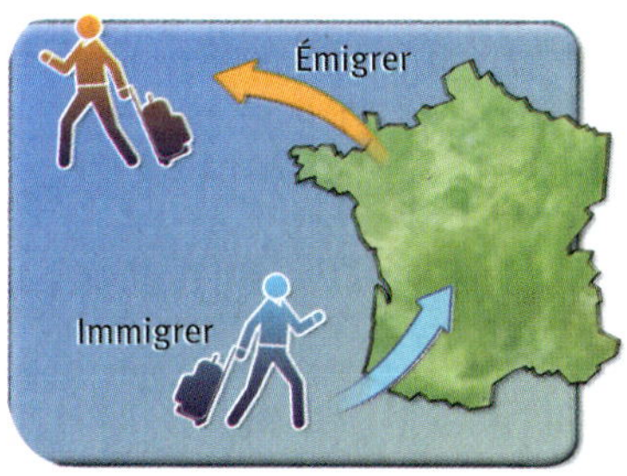

Esclave : personne non-libre, appartenant à un maître et considérée comme un objet.

Espace Schengen : espace de libre circulation entre 22 pays membres de l'Union européenne dont les frontières extérieures sont renforcées.

Étalement urbain : extension des espaces urbains.

État-continent : États à la superficie immense.

État-nation : État regroupant des individus ayant le sentiment d'appartenir à un même peuple et partageant une même identité.

États généraux : assemblée des représentants des trois ordres du royaume réunis par le roi dans des circonstances exceptionnelles.

Ethnie : peuple, groupe humain possédant un héritage culturel commun.

EVP : équivalent vingt pieds. Unité de mesure des conteneurs.

Exception culturelle : principe qui affirme le droit pour chaque culture d'exister et d'être protégée de l'uniformisation culturelle.

Exode rural : départ définitif des habitants des campagnes vers les villes.

F

Fastfashion : collections de prêt-à-porter renouvelées très rapidement afin de s'adapter aux demandes des consommateurs.

Filiale : une entreprise créée et contrôlée par une autre société, dite société mère.

Firme transnationale : entreprise de grande dimension, implantée dans de nombreux pays.

Flagship store : magasin « porte-drapeau », c'est-à-dire très important pour une marque.

Flexibilité : souplesse de l'organisation pour s'adapter le plus rapidement possible à la demande.

Flux : ensemble de biens, produits ou personnes en déplacement d'un lieu à un autre.

Flux migratoire : déplacement de population.

Forum de Davos : conférence annuelle qui réunit les principaux dirigeants économiques et politiques du monde.

Franc CFA (Franc de la communauté financière africaine) : monnaie utilisée dans les anciennes colonies françaises et dans quelques autres États africains : 1 euro = 660 francs CFA.

G

G20 : forum économique créé en 1999 après la crise économique asiatique. Il rassemble 19 États plus l'Union européenne. Il cherche à favoriser la concertation internationale en matière économique.

G8 : groupe des huit pays les plus industrialisés du monde.

Grand gabarit : canal permettant le passage de navires de plus de 3 500 tonnes.

Grande Armée : nom donné à l'armée de Napoléon Ier.

Grève : arrêt volontaire du travail en signe de protestation.

Guérilla : guerre de harcèlement et d'embuscade.

H

Halal : viande d'un animal qui a été tué selon des rites particuliers et que les musulmans peuvent consommer.

Hard power : puissance économique et militaire d'un pays.

Haut-Commissariat aux réfugiés (HCR): agence de l'Organisation des Nations unies chargée de secourir et d'aider déplacés et réfugiés.

Hinterland: terme néerlandais qui signifie l'arrière-pays (aire d'approvisionnement ou de desserte d'un port).

Hub: plaque tournante qui réceptionne puis réachemine des marchandises vers des marchés secondaires. ▼

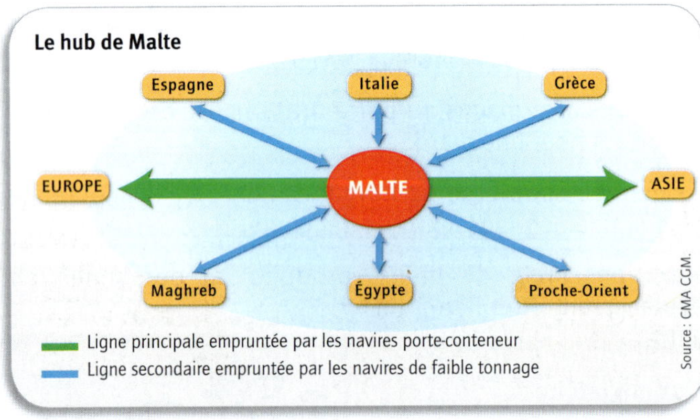

Hyperpuissance: pays puissant dans tous les domaines à la fois (militaire, économique, culturel...).

I

IDE (investissement direct à l'étranger): lorsqu'une entreprise rachète une société ou crée une filiale dans un pays étranger. Le total des IDE mesure l'attractivité d'un État.

Identité: pour une personne, savoir à quelle culture elle appartient.

IDH (indice de développement humain): indicateur qui croise des données économiques, de santé et d'éducation.

Immigré: individu qui réside dans un pays où il n'est pas né.

Impressionnisme: des artistes cherchent à représenter par des touches de couleur l'impression fugitive de la lumière et du mouvement.

Indépendance: un territoire obtient sa souveraineté et devient ainsi un État.

Indigo: plante utilisée pour la teinture (en bleu) des tissus.

Industrialisation: développement de l'industrie dû à la mise au point de nouvelles techniques de production.

Infrastructure: aménagement nécessaire (routes, immeubles) à une activité économique.

Interdit alimentaire: aliments que le fidèle d'une religion ne peut pas consommer.

Interface: ligne de contact entre deux espaces distincts. L'interface entre la terre et la mer est le littoral. ▶

L

Laïcité: indépendance vis-à-vis des religions.

Légion d'honneur: décoration récompensant un service important rendu à l'État. ▶

Levée en masse: en 1793, service militaire obligatoire pour tous les hommes célibataires de 18 à 25 ans.

Libéralisme économique: doctrine justifiant la libre entreprise, la libre concurrence, le libre-échange et opposée à une intervention de l'État dans l'économie.

Lieu de commandement: lieu qui concentre le pouvoir économique, culturel, politique et technologique.

Littoralisation: concentration des hommes et des activités sur les littoraux.

Locuteur: qui parle une langue.

Logistique: méthodes et moyens d'organisation d'une entreprise pour l'approvisionnement et le transport de sa production.

Loi sociale: elle vise à améliorer les conditions de vie et de travail.

Lumières (les): courant de pensée européen du XVIIIe siècle qui considère que la raison, la liberté et l'instruction sont les conditions du progrès et du bonheur de l'humanité. ▶

M

Machine à vapeur: machine permettant d'entraîner d'autres machines grâce à l'utilisation de la vapeur. ▼

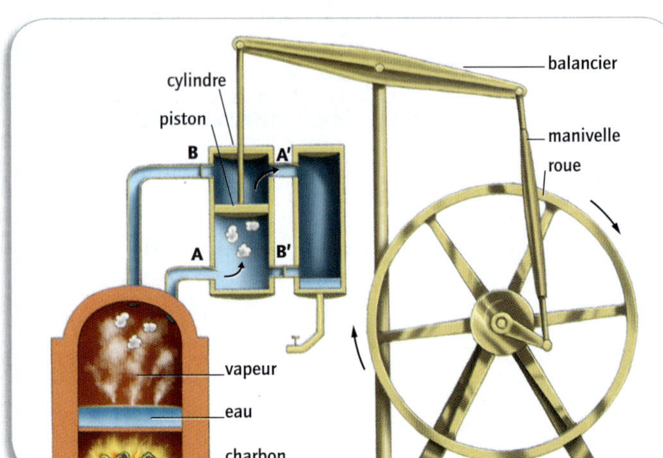

Maghreb : en arabe « pays du soleil couchant », région du Nord-Ouest de l'Afrique du Nord (Maroc, Algérie, Tunisie).

Main-d'œuvre qualifiée : personnel ayant une formation spécifique et une expérience professionnelle importante.

Maquiladora : usine installée au Mexique dans une zone exonérée de droits de douane qui transforme des matières premières, puis exporte vers les États-Unis ou l'Europe.

Marchandise : ce qui peut être vendu ou acheté (produits agricoles, industriels ou du sous-sol).

Marina : station touristique construite autour d'un port de plaisance.

Maritimisation : rôle joué par les littoraux dans les échanges mondiaux.

Marketing : ensemble de méthodes et de moyens dont dispose une entreprise pour s'adapter à ses clients. On peut en identifier quatre (stratégie produit, prix, distribution, communication).

Mascaron : en architecture, c'est un ornement représentant généralement une figure humaine.

Masstige : né de « *mass market* » et « prestige », le mot désigne l'association commerciale entre une enseigne de grande distribution et un nom prestigieux.

Médaille Fields : récompense accordée pour des travaux en mathématiques (l'équivalent du prix Nobel).

Mégalopole : vaste région urbanisée qui regroupe de nombreuses villes reliées entre elles.

Mégalopolis : ensemble essentiellement urbain de la façade atlantique des États-Unis.

Métissage : mélange des cultures.

Métropole [Histoire] : pays auquel est rattachée une colonie.

Métropole [Géographie] : ville importante qui rayonne sur un vaste espace.

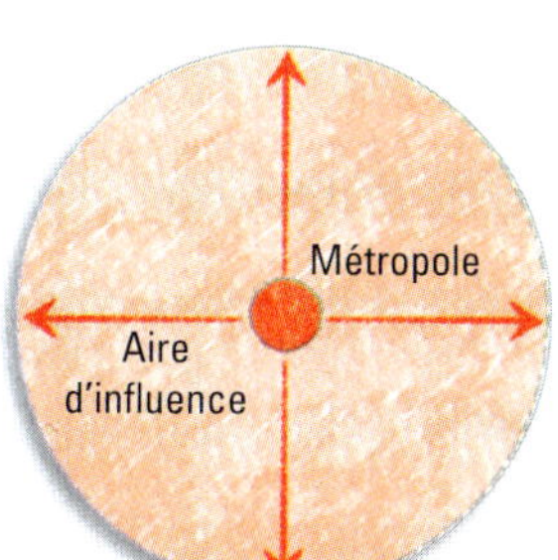

Métropole cosmopolite : ville où l'on rencontre de nombreux étrangers.

Métropolisation : concentration des hommes, des activités et des fonctions de commandement dans des zones urbaines de plus en plus étendues.

Migrant : personne qui s'installe dans un pays étranger.

Mingong : ouvrier-paysan venu des campagnes pour offrir sa force de travail.

Minorités nationales : groupes de personnes partageant une identité commune mais vivant dans un État dans lequel ils sont minoritaires.

Missionnaire : religieux ou religieuse cherchant à convertir au christianisme les populations colonisées.

Mobilité : désigne l'ensemble des déplacements humains, qu'ils soient quotidiens, permanents ou exceptionnels, professionnels ou de loisirs.

Monarchie constitutionnelle : régime politique dans lequel une Constitution organise la répartition des pouvoirs entre le roi et une assemblée.

Mondialisation : ensemble de relations (économiques, culturelles, touristiques) mettant en contact les différents ensembles géographiques de la planète.

Monopole : droit exclusif de produire un bien ou d'en faire le commerce.

Montagnards : groupe de députés qui siège en haut des gradins à la Convention, porte-parole des sans-culottes.

Moratoire : suspension volontaire d'une action.

MRE : Marocains résidant à l'étranger.

Multiculturalisme : dans une société, cohabitation de minorités qui parviennent à préserver chacune leur culture.

N

Nation [Histoire] : en 1789, l'ensemble des Français ayant acquis le droit de se gouverner eux-mêmes.

Nationalisation : appropriation d'un bien par la nation.

Nationalisme : ce mot a deux significations :
1/ doctrine revendiquant l'existence d'un État par un peuple.
2/ exaltation excessive de la nation qui suscite intolérance et agressivité vis-à-vis de l'étranger.

Négrier : personne qui effectue la traite des Noirs. Le mot désigne aussi le bateau utilisé pour ce commerce. ▶

Northern Range : nom donné à la façade portuaire de la mer du Nord et de la Manche.

Nouvelle économie : utilisation des nouvelles technologies dans l'économie.

NTIC : Nouvelles technologies de l'information et de la communication. ▼

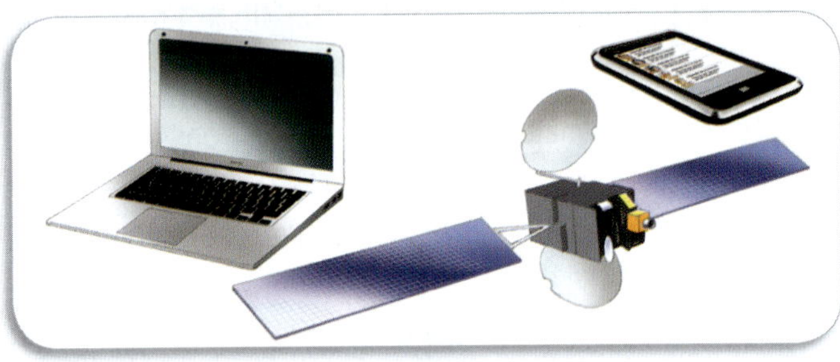

O

Objectifs du millénaire pour le développement : objectifs de développement fixés par l'ONU et devant être atteints pour 2015.

Oléagineux : qui contient de l'huile. Par exemple le palmier à huile.

OMC (Organisation mondiale du commerce) : association comprenant l'essentiel des États du monde qui s'occupe de rédiger et de faire respecter les règles organisant le commerce mondial.

Ordre : catégorie de la société avant la Révolution française. On y appartient soit par naissance (noblesse, tiers état) soit par vocation (clergé). ▶

Orfèvrerie : travail de métaux précieux, essentiellement l'or et l'argent.

Ouverture économique : politique visant à accroître les relations avec le reste du monde pour faciliter le développement.

P

Paludisme : maladie parasitaire transmise par un moustique.

Parlement : sous la IIIe République, il comprend les deux assemblées votant les lois, la Chambre des députés et le Sénat.

Pauvreté : insuffisance des ressources nécessaires pour vivre décemment.

Pays émergent : pays dont le développement s'est accéléré ces trois dernières décennies au point d'occuper une place de plus en plus importante dans l'économie mondiale. Ces États ne correspondent pas à un groupe clairement labellisé apparaissant dans les statistiques internationales.

Pays pauvre : pays ayant un PIB par habitant très bas, un faible niveau de développement et un fort endettement.

Pentecôtisme : mouvement religieux issu du protestantisme, apparu d'abord aux États-Unis.

Pétition : requête adressée par écrit à une autorité.

Pétrodollars : dollars provenant de la vente du pétrole brut.

Peuple : désigne à la fois l'ensemble des citoyens et les couches populaires d'une société.

Philosophe (des Lumières) : penseur qui observe et critique la société et les croyances de son temps au nom du progrès de l'humanité.

PIB (produit intérieur brut) : richesse produite par un pays à l'intérieur de ses frontières.

PIB/hab : richesse produite par un pays divisée par le nombre d'habitants.

Plantation : grande exploitation tropicale spécialisée dans une production agricole. ▼

Plate-forme multimodale : lieu où les marchandises changent de mode de transport.

PMA (pays les moins avancés) : des revenus très bas ; une mortalité infantile et un analphabétisme forts ; une économie vulnérable.

Pôle : région autour de laquelle s'organise en grande partie le commerce mondial.

Poste d'amarrage : emplacement d'un quai recevant un navire.

Préfet : représente l'État dans le département.

Président du Conseil : sous la IIIe République, c'est le chef du gouvernement.

Privilège : avantage accordé à une catégorie de la société.

Production : action de créer des biens de consommation ou des richesses économiques.

Prolétariat : classe sociale composée des ouvriers qui n'ont que leur force de travail pour vivre.

PUB (produit urbain brut) : l'équivalent, à l'échelle des agglomérations urbaines, du produit intérieur brut (PIB) [voir PIB].

Puissance : capacité d'un État à influencer les autres pays du monde.

R

R&D (recherche et développement) : argent que l'on consacre à la recherche pour imaginer des produits nouveaux.

Radicaux : républicains les plus à gauche avant 1914.

Raffinage : transformation du pétrole brut en produits directement utilisables par les industries et les particuliers.

Réfugié : personne qui quitte son pays pour des raisons de sécurité.

Régime autoritaire : système politique où l'essentiel du pouvoir est détenu par une seule personne.

Régime parlementaire : régime dans lequel le pouvoir est partagé entre un gouvernement et un Parlement qui a le droit de contrôler le gouvernement.

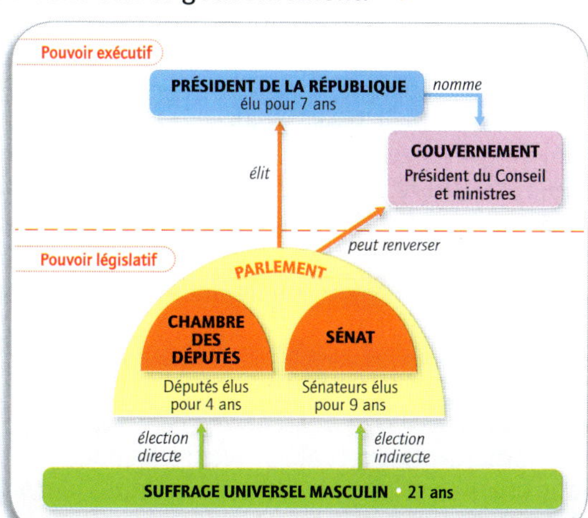

Regroupement familial : possibilité pour un immigré en situation régulière en France d'accueillir sa femme et ses enfants.

Reich : signifie « empire », en allemand. Le nom de « IIe Reich » est donné en référence au Saint-Empire romain germanique du Moyen Âge.

Relocalisation : reprendre la production dans le pays d'origine après l'avoir délocalisée.

Remises : argent envoyé par les migrants dans leurs pays d'origine afin de subvenir aux besoins de ceux qui sont restés au pays.

République : régime politique sans roi.

Républiques sœurs : républiques créées par la France sur ses frontières et sur le modèle français.

Réseau social : site web qui relie des individus entre eux.

Réserves de change : réserves monétaires dont dispose un pays.

Risorgimento : « renaissance » ou « résurrection » en italien. Le terme désigne le mouvement nationaliste luttant pour l'unification de l'Italie.

Rites : cérémonies et pratiques religieuses.

Romantisme : mouvement artistique du XIXe siècle qui privilégie le mouvement et l'imagination pour susciter l'émotion.

S

Sainte Alliance : traité d'alliance antirévolutionnaire signé par l'Autriche, la Prusse et la Russie en 1815.

Sans-culottes : révolutionnaires issus du petit peuple des villes et défenseurs d'une République égalitaire.

Sentiment national : sentiment d'appartenir à un même peuple, à une nation.

Siège social : lieu où se trouve la direction d'une entreprise.

Silicon Valley : premier pôle technologique de la planète, situé au Sud de San Francisco.

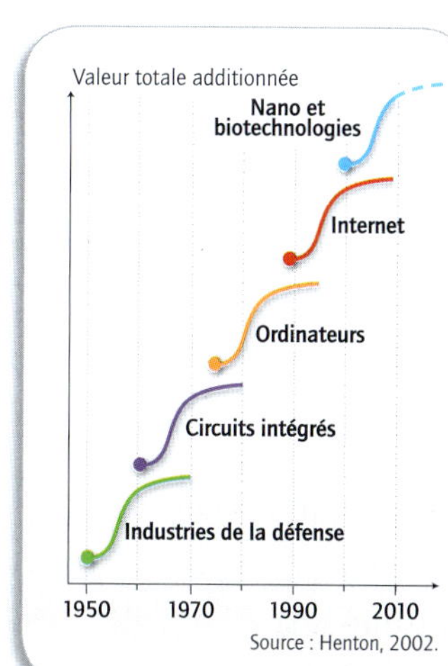

Socialisme : doctrine dénonçant le capitalisme et le libéralisme pour l'exploitation et les inégalités sociales qu'ils engendrent.

Société par actions : plusieurs personnes (les actionnaires) possèdent des part de l'entreprise et se partagent les bénéfices (les dividendes).

Société populaire : club politique de sans-culottes.

Sociétés savantes : elles permettent la rencontre de différents spécialistes, pour échanger des informations, voire publier des résultats.

Soft power : capacité d'un État à diffuser ses idées auprès d'un autre pays.

Sous-nutrition : insuffisance de nourriture, affaiblissant à terme l'organisme.

Sous-traitance : entreprise qui fait accomplir une tâche par une autre entreprise : production, administration, services.

Souveraineté nationale : autorité suprême de la nation.

Spéculation foncière : hausse des prix des terres agricoles convoitées pour la construction.

Station balnéaire : station touristique de bord de mer.

Station touristique : concentration d'équipements (infrastructures) destinées à accueillir des touristes.

Style néoclassique : il est caractérisé par un retour aux formes de l'Antiquité gréco-romaine.

Style rococo : style artistique du XVIIIe siècle caractérisé par des formes douces, des lignes courbes, des ornements naturalistes comme les coquillages, les feuillages et les fleurs. ▶

Suffrage censitaire : seuls les citoyens atteignant un certain niveau d'impôt (le cens) ont le droit de vote.

Suffrage universel masculin : tous les citoyens hommes ont le droit de vote. ▶

Sun Belt : ceinture du soleil.

Syndicat : association qui défend les revendications des travailleurs.

T

Taïkonaute : c'est ainsi que les Chinois appellent leurs spationautes.

Technopôle : zone d'activité qui regroupe laboratoires, universités et entreprises.

Terreur : utilisation de la violence contre les « ennemis de la République ».

Tertiaire supérieur : rassemble des activités de conseil aux entreprises, d'ingénierie, des grands laboratoires, des universités.

Tolérance : fait d'accepter une opinion ou une croyance différente de la sienne.

Tourisme balnéaire : tourisme de bord de mer.

Tourisme de masse : tourisme qui concerne des millions de personnes.

Touriste international : personne qui change de pays pour 24 heures au moins à des fins de loisirs.

Traite atlantique : commerce et transport des esclaves noirs d'Afrique vers l'Amérique. ▶

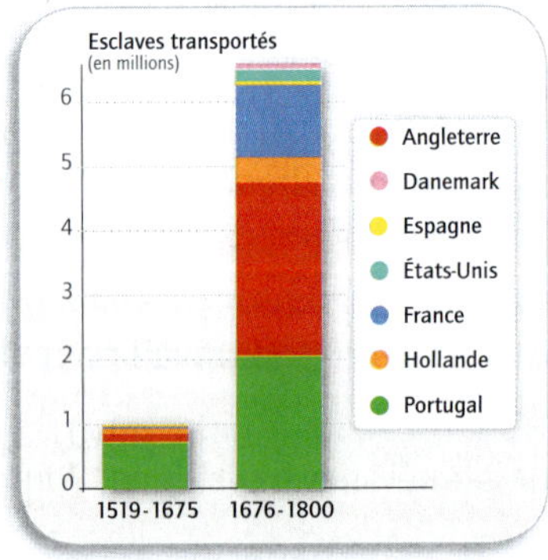

Traite occidentale : commerce des esclaves auquel participent les marchands européens.

Traite orientale : commerce des esclaves auquel participent les marchands musulmans.

Triade : les trois régions qui dominent l'économie mondiale (Amérique du Nord, Union européenne et Japon).

U

Uniformisation : action de rendre semblable.

Usine : établissement industriel employant beaucoup d'ouvriers et de machines.

V

Vice-roi : représentant du souverain britannique aux Indes et exerçant le gouvernement en son nom.

Ville ou métropole mondiale : ville qui dispose d'une capacité d'influence mondiale, en particulier économique et financière.

X Y

Xénophobie : attitude de rejet des étrangers proche du racisme.

Yuan : monnaie chinoise.

Z

ZIP (zone industrialo-portuaire) : vaste espace industriel (industries lourdes principalement, sidérurgie, pétrochimie) développé en liaison avec un port.

Zone franche : zone dans laquelle les entreprises ne paient pas de taxes.

TABLE DES CARTES

HISTOIRE

GÉOGRAPHIE

PROGRAMME OFFICIEL

PROGRAMME HISTOIRE

Thème transversal au programme d'histoire : LES ARTS, TÉMOINS DE L'HISTOIRE DES XVIIIᴱ ET XIXᴱ SIÈCLES

Ce thème ne fait pas l'objet d'un enseignement isolé ; le professeur choisit un itinéraire composé d'au moins une œuvre et/ou un artiste significatif pour chacune des parties du programme. Les dimensions sensible, technique et esthétique, impliquent un travail conjoint avec les professeurs des autres disciplines concernées.	**Exemples d'œuvres ou d'artistes (la liste n'est ni impérative, ni limitative)** Des tableaux de Canaletto, Vernet, Vigée-Lebrun, Goya, David, Delacroix, Ingres, Monet, Meyssonnier (Siège de Paris), des portraits des rois de France... Des sculptures de Puget, Pigalle, Carpeaux, Bartholdi, Rodin, Camille Claudel... Des photos et les premiers films de Nadar, des Frères Lumière... Des œuvres d'architecture et d'urbanisme : Le Petit Trianon à Versailles, la Place de la Concorde de Ange-Jacques Gabriel, l'Opéra Garnier à Paris, le Paris d'Haussmann, le Vittoriano à Rome, le quartier wilhelmien de Strasbourg ou Metz, l'œuvre de Gustave Eiffel... Des extraits d'œuvres littéraires de Beaumarchais, Goethe, Germaine de Staël, Balzac, George Sand, Flaubert, Zola... Des extraits d'œuvres de compositeurs : Vivaldi, Mozart, Beethoven, Schubert, Verdi, Wagner...

Capacités
– **Identifier** la nature de l'œuvre.
– **Situer** l'œuvre dans le temps et dans son contexte et en expliquer l'intérêt historique.
– **Décrire** l'œuvre et en expliquer le sens.
– **Distinguer** les dimensions artistiques et historiques de l'œuvre d'art.

I - L'Europe et le monde au XVIIIᵉ siècle (environ 25 % du temps consacré à l'histoire)

Thème 1. L'EUROPE DANS LE MONDE AU DÉBUT DU XVIIIᴱ SIÈCLE

Connaissances	Démarches
Les grandes puissances européennes et leurs **domaines coloniaux**, les grands **courants d'échanges mondiaux** au début du XVIIIᵉ siècle.	L'étude s'appuie sur **des cartes** et des **tableaux au choix** représentant une ville ou un port.

Capacités
Connaître et utiliser les repères suivants
– les grandes puissances politiques en Europe sur une carte de l'Europe au début du XVIIIᵉ siècle ;
– leurs empires coloniaux sur une carte du monde au début du XVIIIᵉ siècle ;
– quelques grandes routes maritimes.

Thème 2. L'EUROPE DES LUMIÈRES

Connaissances	Démarches
Au XVIIIᵉ siècle, **les philosophes et les savants** mettent en cause les fondements religieux, politiques, économiques et sociaux de la société d'ordres.	La France est au centre de cette étude qui est menée à partir de **la vie et de l'œuvre d'un philosophe des Lumières ou d'un savant au choix**.

Capacités
Connaître et utiliser le repère suivant : – l'Encyclopédie, milieu du XVIIIᵉ siècle.
Raconter quelques épisodes de la vie du philosophe ou du savant étudié, et **expliquer** en quoi ils sont révélateurs du siècle des Lumières.

Thème 3. LES TRAITES NÉGRIÈRES ET L'ESCLAVAGE

Connaissances	Démarches
La traite est un phénomène ancien en Afrique. Au XVIIIᵉ siècle, **la traite atlantique** connaît un grand développement dans le cadre du « commerce triangulaire » et de l'économie de plantation.	La traite atlantique est inscrite dans le contexte général des traites négrières. L'étude s'appuie sur **un exemple de trajet de cette traite**.

Capacités
Raconter la capture, le trajet, et le travail forcé d'un groupe d'esclaves.

Thème 4. LES DIFFICULTÉS DE LA MONARCHIE SOUS LOUIS XVI

Connaissances	Démarches
Trois aspects sont retenus : les aspirations à des réformes politiques et sociales, l'impact politique de l'indépendance américaine, l'impossible réforme financière.	L'étude est conduite à partir d'**images au choix** (tableaux, caricatures), de **quelques extraits de la constitution américaine, d'un exemple de cahier de doléances**.

Capacités
Connaître et utiliser les repères suivants :
– le règne de Louis XVI : 1774-1792 ;
– la Révolution américaine : 1776-1783.
Décrire et expliquer les principales difficultés de la monarchie française à la veille de la Révolution et quelques-unes des aspirations contenues dans les cahiers de doléances.

II - La Révolution et l'Empire (environ 25 % du temps consacré à l'histoire)

Thème 1. LES TEMPS FORTS DE LA RÉVOLUTION

Connaissances	Démarches
L'accent est mis sur **trois moments** : – **1789-1791** : l'affirmation de la souveraineté populaire, de l'égalité juridique et des libertés individuelles ; – **1792-1794** : la République, la guerre et la Terreur ; – **1799-1804** : du Consulat à l'Empire.	On renonce à un récit continu des événements de la Révolution et de l'Empire ; l'étude se concentre sur **un petit nombre d'événements** et de **grandes figures à l'aide d'images au choix** pour mettre en mettre en évidence les ruptures avec l'ordre ancien.

Capacités
Connaître et utiliser les repères suivants
– la Révolution française : 1789-1799. Prise de la Bastille : 14 juillet 1789. Déclaration des droits de l'homme et du citoyen : août 1789. Proclamation de la République : septembre 1792 ;
– le Consulat et l'Empire : 1799-1815. Napoléon Iᵉʳ, empereur des Français : 1804.
Raconter quelques-uns des événements retenus et **expliquer** leur importance.

Thème 2. LES FONDATIONS D'UNE FRANCE NOUVELLE PENDANT LA RÉVOLUTION ET L'EMPIRE	
Connaissances **Les fondations politiques, économiques, sociales et culturelles** d'une France nouvelle.	**Démarches** **Une étude au choix** parmi les suivantes : l'invention de la vie politique ; le peuple dans la Révolution ; la Révolution et les femmes ; la Révolution, l'Empire et les religions ; la Révolution, l'Empire et la guerre.
Capacités **Raconter** des événements, des épisodes de la vie d'acteurs révolutionnaires (hommes et femmes), des prises de décision et **expliquer** leurs enjeux et leur importance historique.	

Thème 3. LA FRANCE ET L'EUROPE EN 1815	
Connaissances **L'Europe, en 1815**, donne l'illusion d'un retour à l'ordre ancien. Mais les guerres révolutionnaires ont répandu les idées de la Révolution française et engendrent en réaction **le sentiment national**.	**Démarches** L'analyse d'une carte de l'Europe en 1815 sert de support à l'étude. Les témoignages sur l'affirmation du sentiment national sont mis en évidence notamment au travers d'œuvres artistiques au choix.
Capacités **Connaître et utiliser le repère suivant** : Congrès de Vienne, 1815. **Décrire** les grandes transformations sociales, politiques et territoriales issues de la période révolutionnaire en Europe.	

III - Le XIXe siècle (environ 50 % du temps consacré à l'histoire)

Thème 1. L'ÂGE INDUSTRIEL	
Connaissances **L'industrialisation** qui se développe au cours du XIXe siècle en Europe et en Amérique du Nord entraîne des **bouleversements économiques, sociaux religieux et idéologiques**.	**Démarches** **Une étude au choix** parmi les suivantes : une ville industrielle au XIXe siècle ; le chemin de fer au XIXe siècle ; un entrepreneur et son entreprise au XIXe siècle ; ouvriers et ouvrières à la Belle Époque. Cette étude est replacée dans le cadre de l'ensemble des bouleversements économiques et sociaux. Elle débouche sur une découverte des grands courants de pensée religieux et idéologiques (libéralisme et socialisme).
Capacités **Connaître et utiliser :** un repère chronologique en liaison avec l'étude choisie ; le manifeste du Parti communiste, 1848 ; l'encyclique *Rerum Novarum*, 1891. **Situer sur un planisphère** les régions industrialisées à la fin du XIXe siècle. **Décrire et expliquer** un exemple de mutations liées à l'industrialisation. **Caractériser** les grandes idéologies (libéralisme et socialisme).	

Thème 2. L'ÉVOLUTION POLITIQUE DE LA FRANCE, 1815-1914	
Connaissances La succession rapide de **régimes politiques jusqu'en 1870** est engendrée par des ruptures : révolutions, coup d'État, guerre. La victoire des républicains vers 1880 enracine solidement **la IIIe République** qui résiste à de graves crises.	**Démarches** **Les régimes politiques** sont simplement caractérisés ; le sens des révolutions de **1830** et de **1848** (établissement du suffrage universel et abolition de l'esclavage) et de **la Commune** est précisé. L'accent est mis sur l'adhésion à la République, son **œuvre législative**, le rôle central du Parlement : **l'exemple de l'action d'un homme politique** peut servir de fil conducteur. On étudie **l'Affaire Dreyfus** et la **séparation des Églises et de l'État** en montrant leurs enjeux.
Capacités **Situer dans le temps :** les régimes politiques successifs de la France de 1815 à 1914 ; l'abolition de l'esclavage et suffrage universel masculin en 1848. **Raconter** des moments significatifs de la IIIe République (Jules Ferry et l'école gratuite, laïque et obligatoire : 1882 ; Affaire Dreyfus : 1894-1906 ; loi de séparation des Églises et de l'État : 1905) et expliquer leur importance historique.	

Thème 3. L'AFFIRMATION DES NATIONALISMES	
Connaissances Au cours du XIXe siècle, les revendications nationales font surgir de nouvelles puissances, bouleversent la carte de l'Europe et font naître des tensions.	**Démarches** **Une étude au choix parmi les suivantes :** l'unité allemande ; l'unité italienne ; la question des Balkans. L'étude s'appuie sur des œuvres artistiques ou sur la biographie d'un personnage emblématique (Bismarck, Cavour) et débouche sur la comparaison des cartes de l'Europe en 1848 et en 1914.
Capacités **Connaître et utiliser** un repère chronologique en liaison avec l'étude choisie. **Situer sur une carte** les principales puissances européennes à la fin du XIXe siècle. **Décrire et expliquer** les conséquences des revendications nationales au cours du XIXe siècle.	

Thème 4. LES COLONIES	
Connaissances **Les conquêtes coloniales** assoient la domination européenne. **Les colonies** constituent, dès lors, un monde dominé confronté à la modernité européenne.	**Démarches** **Étude :** d'un exemple **au choix** de conquête coloniale, et d'un exemple **au choix** de société coloniale.
Capacités **Connaître et utiliser les repères suivants :** les principales colonies britanniques et françaises en 1914. **Décrire et expliquer** quelques-unes des modifications introduites par l'arrivée des Européens dans un territoire colonisé.	

Thème 5. LA CARTE DE L'EUROPE EN 1914	
Connaissances **Les alliances militaires** de la fin du XIXe siècle entre les principaux pays européens contribuent à exacerber les tensions.	**Démarches** On observe **la carte** des alliances militaires au début du XXe siècle. **L'évocation de quelques crises au choix** permet de montrer les tensions.
Capacités **Connaître et utiliser le repère suivant :** les deux alliances et leurs protagonistes en 1914.	

PROGRAMME GÉOGRAPHIE

I – Des échanges à la dimension du monde

(environ 40 % du temps consacré à la géographie)

Thème 1. LES ESPACES MAJEURS DE PRODUCTION ET D'ÉCHANGES

Connaissances	Démarches
Les ports et les littoraux sont des lieux privilégiés de la production et des échanges mondiaux de marchandises.	**Étude de cas : une zone industrialo-portuaire (ZIP) au choix** – en Europe (par exemple Rotterdam) ; – en Asie (par exemple Singapour ou Shanghaï). On s'interroge sur la situation du port choisi à différentes échelles, sur les aménagements, les produits fabriqués, importés et exportés et les acteurs de la production et des échanges. La zone industrialo-portuaire est replacée sur un planisphère des grands ports mondiaux et des principales façades maritimes.

Capacités

Décrire les principaux aménagements de l'ensemble portuaire choisi.
Localiser et situer l'ensemble choisi sur un planisphère des grandes voies maritimes mondiales.
Expliquer pourquoi les littoraux et les grands ports sont les lieux privilégiés de la mondialisation des échanges.
Nommer et localiser sur un planisphère les principales façades maritimes.

Thème 2. LES ÉCHANGES DE MARCHANDISES

Connaissances	Démarches
Les transports maritimes Les échanges mondiaux et régionaux de marchandises se déroulent majoritairement par voie maritime, entre les espaces de production et d'échange précédemment étudiés. Canaux et détroits sont des points de passage stratégiques.	**Une étude de cas au choix :** – les différentes étapes du transport d'un produit de consommation (agroalimentaire ou industriel) de son lieu de production à son lieu de consommation ; – les activités et le réseau d'une grande compagnie de transport maritime. Le développement des échanges et la rationalisation du transport maritime sont mis en évidence. Une attention particulière est portée aux acteurs de ces échanges. L'étude de cas est mise en perspective dans la croissance des échanges mondiaux et sur un planisphère des pôles et des flux majeurs du commerce mondial.

Capacités

Décrire le trajet :
– du produit étudié, de sa zone de production à sa zone de consommation ;
– d'un navire appartenant à une grande compagnie de transport maritime.
Réaliser un croquis à l'échelle mondiale des pôles et des flux majeurs des échanges mondiaux.
Localiser et situer quelques grands points de passage stratégiques (canaux et détroits).

Thème 3. LES MOBILITÉS HUMAINES

Connaissances	Démarches
Migrations et tourisme dans le monde Les mobilités humaines qui se développent à l'échelle régionale et mondiale n'affectent qu'une part limitée de la population mondiale. Quelle que soit leur nature (économique, politique ou touristique), elles exploitent les discontinuités entre les espaces et elles affectent de manière différenciée pays de départ et pays d'arrivée.	**Une étude de cas au choix :** – un flux migratoire du Maghreb vers l'Europe ; – un espace touristique au Maghreb. Ces études de cas sont replacées sur un planisphère dans le contexte des migrations et du tourisme dans le monde.

Capacités

Décrire :
– les effets de ces déplacements de population sur les pays de départ et sur les pays d'arrivée ;
– l'impact du tourisme sur l'espace étudié.
Localiser et situer :
– les principales zones de départ et d'arrivée des migrants sur un planisphère ;
– les espaces touristiques majeurs et les grands flux du tourisme mondial sur des cartes à différentes échelles.

Thème 4. On traitera seulement un thème parmi les deux suivants :

A. LES LIEUX DE COMMANDEMENT

Connaissances	Démarches
Les grandes métropoles Centres décisionnels majeurs, elles concentrent le pouvoir économique, financier, culturel, politique et technologique.	**Une étude de cas :** Tôkyô dans la mégalopole japonaise. Cette étude cas débouche sur la présentation de planisphères : grandes métropoles, places boursières, réseau mondial de l'Internet

Capacités

Décrire et expliquer ce qu'est une métropole mondiale à partir de l'exemple choisi.
Localiser les grandes métropoles mondiales et **les pays où elles se situent.**

B. LES ENTREPRISES TRANSNATIONALES

Connaissances	Démarches
Les firmes transnationales Ce sont des acteurs importants dans le processus de mondialisation : pays d'origine, stratégies d'investissement et d'implantation, effets sociospatiaux.	**Une étude de cas :** une firme transnationale et son implantation mondiale. La firme étudiée est mise en contexte en particulier à partir de planisphères des investissements directs à l'étranger (IDE), de l'implantation des sièges sociaux des principales firmes transnationales.

Capacités

Décrire la stratégie de la firme transnationale choisie pour l'étude de cas.
Localiser et situer les principales zones recevant les investissements des firmes transnationales.

II – Les territoires dans la mondialisation
(environ 50 % du temps consacré à la géographie)

Thème 1. LES ÉTATS-UNIS

Connaissances	Démarches
Les États-Unis dans la mondialisation **Les conséquences de la mondialisation sur l'organisation du territoire** L'étude met en évidence les espaces majeurs de la puissance et les différenciations spatiales qui découlent de la métropolisation et de la littoralisation des activités.	**L'étude s'appuie sur des exemples** de la puissance des États-Unis dans le monde. L'étude conduit à la réalisation d'**un croquis** de l'organisation du territoire des États-Unis.

Capacités
Localiser et situer sur une carte au moins cinq métropoles des États-Unis et la Mégalopole du Nord-Est.
Décrire et expliquer quelques paysages représentatifs du territoire des États-Unis.
Réaliser un croquis rendant compte des grands traits de l'organisation du territoire des États-Unis.
Localiser et situer sur un planisphère les principaux pôles de puissance mondiaux.

Thème 2. LES PUISSANCES ÉMERGENTES

Connaissances	Démarches
La montée en puissance des pays émergents Elle a des **conséquences sur l'organisation de leur territoire** et génère à la fois du développement et de nouvelles inégalités sociospatiales.	**Une étude de cas au choix :** – la Chine ; – l'Inde ; – le Brésil. L'étude conduit à la réalisation d'**un croquis** de l'organisation du territoire choisi.

Capacités
Localiser et situer :
– au moins trois métropoles chinoises ou indiennes ou brésiliennes ;
– les grands pays émergents sur un planisphère.
Réaliser un croquis rendant compte des grands traits de l'organisation du territoire du pays choisi.
Décrire et expliquer les caractéristiques essentielles d'un pays émergent.

Thème 3. LES PAYS PAUVRES

Connaissances	Démarches
Les États les plus pauvres présentent des caractéristiques communes : déficit de développement et pauvreté, marginalisation économique, problèmes politiques, inégalités sociospatiales à toutes les échelles, mais aussi perspectives de développement.	**Étude de cas au choix :** un « pays moins avancé » (PMA)

Capacités
Localiser et situer :
– l'État étudié et sa capitale ;
– quelques PMA.
Décrire et expliquer les caractéristiques essentielles d'un PMA à partir de l'exemple de l'État étudié.

III – Questions sur la mondialisation
(environ 10 % du temps consacré à la géographie)

Thème 1. LA MONDIALISATION ET LA DIVERSITÉ CULTURELLE

Connaissances	Démarches
La mondialisation est porteuse d'uniformisation mais la diversité des cultures, des langues et des religions demeure.	On s'appuie sur **l'exemple** de la diversité linguistique et religieuse dans le monde actuel.

Capacités
Localiser et situer les grandes aires linguistiques et religieuses.

Thème 2. LA MONDIALISATION ET SES CONTESTATIONS

Connaissances	Démarches
Les effets économiques, sociaux, environnementaux, culturels de la mondialisation font l'objet de débats contradictoires.	**Un débat à enjeu spatial fort, au choix.**

CRÉDITS PHOTOGRAPHIQUES

COUVERTURE g Akg-images/Eric Lessing; **d** Picturetank/Patrick Gaillardin
CHAPITRE 1 10 The British Library/Heritage Images/Leemage; **11** Collection Dagli Orti/Bibliothèque des Arts décoratifs Paris/Gianni Dagli Orti; **12** MP/Leemage; **13** The Wallace Collection, Londres, dist. RMN/The Trustees of the Wallace; **16** Luis Castaneda/Tips/Photononstop; **17** Costa/Leemage; **19h** Daniel Arnaudet/RMN; **19b** Daniel Arnaudet/RMN; **CHAPITRE 2 20** Photo Josse/Leemage; **21** The Voltaire Foundation, Oxford; **22g** Coll. part.; **22d** Collection Dagli Orti/collection privée/Gianni Dagli Orti; **23g** Stéphane Maréchalle/RMN; **23d** Photo Josse/Leemage; **24hg** Leemage; **24hd** Gérard Blot/RMN; **24b** SPL/Akg-images; **25** The Metropolitan Museum of Art, dist. RMN/Image of the MMA; **26h** Selva/Leemage; **26b** Musée Carnavalet/Roger Viollet; **27h** Collection Dagli Orti; **27m** Gérard Blot/RMN; **27bg** RMN; **27bd** Gérard Blot/RMN; **28g** Michèle Bellot/RMN; **28d** Coll. part.; **29** Musée Antoine Lecuyer, Saint-Quentin/Bridgeman Giraudon ; **30hg** Stéphane Maréchalle/RMN; **30hm** RMN; **30hd** Gérard Blot/RMN; **30bg** Gérard Blot/RMN; **30bm** Gérard Blot/RMN; **30bd** Michèle Bellot/RMN; **31g** Comédie française/Archives Charmet/Bridgeman Giraudon; **31d** Collection Dagli Orti/Bibliothèque des Arts décoratifs Paris/Gianni Dagli Orti; **CHAPITRE 3 32** Musée d'Histoire de Nantes; **33** WilberforeHouse, Hull city Museums and Art Gallery/Bridgeman Giraudon, Paris; **34h** Royal Albert Memorial Museum, Exeter (Devon)/ Bridgeman Giraudon; **34m** Archives Charmet/Bridgeman Giraudon; **34b** Archives Belin; **35h** Peter Newark American Pictures/Bridgeman Giraudon; **35b** Archives Belin; **37** The Stapleton collection/Bridgeman Giraudon; **39** Heritage Images/Leemage; **41hg** Musée d'Histoire de Nantes/André Bocquel; Alain Le Bot, Nantes; **41d** Wikimedia commons/Jibi44; **CHAPITRE 4 42** Bibliothèque nationale de France, Paris; **43** Photo Josse/Leemage; **45** Collection Dagli Orti/Superstock; **46** Archives Belin; **47** Cheuva/Kharbine Tapabor; **49h** Photo Josse/Leemage; **49b** Photo Josse/Leemage; **50** Musée Carnavalet/Roger Viollet; **51** Bibliothèque nationale de France; **53h** The National Gallery, Londres, distr. Rmn, photographic department; **53b** RMN; **CHAPITRE 5 54** Collection Dagli Orti; **55** BPK, Berlin, dist. RMN/Jörg P. Anders; **56h** Aisa/Leemage; **56b** Bridgeman Giraudon; **57** Bridgeman Giraudon; **58h** RMN, Bellot; **58b** Collection Dagli Orti; **59** Collection Dagli Orti; **60h** RMN; **60b** Collection Dagli Orti; **62** Selva/Leemage; **63hg** RMN (Sèvres, Cité de la céramique)/Martine Beck-Coppola; **63hd** Agence Bulloz/RMN; **63b** RMN (Château de Versailles)/Hervé Lewandowski; **64** Roger Viollet; **65h** Agence Bulloz/RMN; **65mg** Bridgeman Giraudon; **65md** Collection Dagli Orti/musée Carnavalet Paris/Gianni Dagli Orti; **65bg** Photo Josse/Leemage; **65bm** RMN (Château de Versailles); **65bd** RMN/Yann Martin; **66h** RMN (Château de Versailles)/Gérard Blot; **66mg** Collection Dagli Orti; **66md** Collection Dagli Orti/musée des Beaux Art Lille/Gianni Dagli Orti; **66bg** Musée Carnavalet/Roger Viollet; **66bd** Photo Josse/Leemage; **67h** Roger Viollet; **67b** Photo Josse/Leemage; **CHAPITRE 6 68** Coll. Ko-Grob/Kharbine Tapabor; **69** Musée Carnavalet/Roger Viollet; **70h** Bnf, Paris; **70b** Bnf, Paris; **71** Photo Josse/Leemage; **72h** Musée Carnavalet/Roger Viollet; **72b** Bridgeman Giraudon; **73h** Musée Carnavalet/Roger Viollet; **73b** Photo Josse/Leemage; **74h** Photo Josse/Leemage; **74b** Collection Dagli Orti; **75g** Archives Belin; **75d** Musée Carnavalet/Roger Viollet; **76h** Photo Josse/Leemage; **76b** Musée Carnavalet/Roger Viollet; **77** Archives Charmet/Bridgeman Giraudon; **78h** MP/Leemage; **78b** Musée Carnavalet/Roger Viollet; **79** RMN (Château de Versailles); **81h** Photo Josse/Leemage; **81b** Bnf, Paris; **83h** Edimedia; **83mg** Roger Viollet; **83md** Musée de la Légion d'honneur; **83bg** Selva/Leemage; **83bm** Bridgeman Giraudon; **84** Photo Josse/Leemage; **85** Musée Carnavalet/Roger Viollet; **87h** Archives Belin; Photo Josse/Leemage; **CHAPITRE 7 88** Ullstein/Roger Viollet; **89** Akg-Images, Paris; **90-91** Collection Dagli Orti/Museo del Prado/Gianni Dagli Orti; **91h** Aisa/Leemage; **94** Tallandier; **95h** Bibliothèque nationale de France; **95b** Akg-images; **96** Musée de la Révolution française, Vizille; **97h** René-Gabriel Ojeda/RMN; **97b** Photo Josse/Leemage; **99h** Akg-images; **99b** Akg-images; **CHAPITRE 8 100** Statens Museum for Kunst, Copenhague/Bridgeman Giraudon; **101** Musée d'Art et d'Industrie, Roubaix/Giraudon/Bridgeman Giraudon; **102** Mary Evans/Rue des Archives; **103h** Manchester Local Studies; **103b** Manchester Local Studies; **104h** Bridgeman Giraudon; **104b** Selva/Leemage; **105** Fogg Art Museum Haravard University Art Musems/Bequest frome the Collection of Maurice Wertheim, Class 1906/Bridgeman Giraudon; **106g** Hulton-Deutsch Collection/Corbis; **106d** Interfoto/Coll. Rauch/La Collection 106d; **107h** Corbis; **107b** Collection Dagli Orti/Culver Pictures; **108** Akg-images; **109** Agence Bulloz/RMN; **111** Bibliothèque Forney, Paris; **113h** Akg-images; **113b** Photo Josse/Leemage; **114** Bibliothèque Forney, Paris; **115** Kharbine Tapabor/Coll. Dixmien; **116hg** Rue des Archives; **116hd** Rue des Archives; **116b** Ecomusée de la Communauté urbaine du Creusot; **117h** ND/Roger Viollet ; **117g, 117m, 117d** Musée Carnavalet/Roger Viollet; **CHAPITRE 9 118** Akg-images; **119** Musée Carnavalet/Roger Viollet; **120** Hervé Lewandowski/RMN; **121** Hervé Lewandowski/RMN; **122g** Archives Charmet/Bridgeman Giraudon; **122d** Roger Viollet; **123** Erich Lessing/Akg-images; **124** Rue des Archives, Paris/Tal; **125g** Bibliothèque Marguerite Durand/Roger Viollet; **125d** Museum Folkwang, Essen/Bridgeman Giraudon; **126g** Château de Breteuil/Leemage; **126m** Musée Bonnat, Bayonne/Bridgeman Giraudon; **126d** Photo Josse/Leemage; **127g** Photo Josse/Leemage; **127m** Gérard Blot/RMN; **127d** Photo Josse/Leemage; **128hg** Bridgeman Giraudon; **128b** Archives Charmet/Bridgeman Giraudon; **129** Albert Harlingue/Roger Viollet; **130h** Collection Kharbine Tapabor; **130b** Collection Dixmier/Kharbine Tapabor; **131h** Collection Kharbine Tapabor; **131m** BHVP, Paris/Archives Charmet/Bridgeman Giraudon; **131b** Collection Kharbine Tapabor; **132** Collection Dixmier/Kharbine Tapabor; **133h** Goldner/Sipa; **133b** Rue des Archives/Tal; **135h** Musée Carnavalet/Bridgeman Giraudon; **135b** Photo Josse/Leemage; **136** Archives Belin; **137** Maurice Branger/Roger Viollet; **138g** Château de Breteuil/Leemage; **138mg** Gérard Blot/RMN; **138m** Albert Harlingue/Roger Viollet; 138md Photo Josse/Leemage; 138d Bridgeman Giraudon; 139h Bridgeman Giraudon; 139b Bridgeman Giradon; **CHAPITRE 10** 140 Photo Josse/Leemage; **141** AKG-Images; **142h** Art Archive; **142b** Luisa Ricciarini/Leemage; **143** Archives Alinari, Florence, distr. RMN/Georges Tatge; **145g** Akg-images; **145d** Akg-images; **146** Leemage; **148** Akg-images; **150** Bridgeman Giraudon; **151** Collection Kharbine Tapabor; **153h** Costa/Leemage; **153b** Costa/Leemage; **CHAPITRE 11 154** Heritage Images/Leemage; **155** Archives Belin; **156b** Musée de l'Armée, Paris, distr; RMN/Photo musée de l'Armée; **156-157** Hervé Lewandowski/RMN; **157h** Musée de l'Armée, Paris, distr; RMN/Photo musée de l'Armée; **158h** RDA/Rue des Archives; **158b** Jacques Boyer/Roger Viollet; **159** Archives Charmet/Bridgeman Giraudon; **160** Collection IM/Kharbine Tapabor; **161g** Akg-images; **161d** Musée de la Publicité, Paris; **162** Archives départementales des Bouches-du-Rhône, Marseille; **163** Archives Charmet/Bridgeman Giraudon; **165h** Selva/Leemage; **165b** Association Frères Lumière, Paris; **L'EUROPE EN 1914 166h** Collection Kharbine Tapabor/IM; **166bg** Collection Kharbine Tapabor; **166bd** Bianchetti/Leemage. **GÉOHISTOIRE 168hg; 168hd** The Granger Collection/Rue des Archives; **168md** Corbis; **168bg** Maersk Line; **168bd** David McNew/Getty Images/AFP; **CHAPITRE 12 170** RMN ; **171** Sabine Vielmo/Gruppe28-Réa; **172g** Havenbedrijf Rotterdam N.V., Projectorganisatie Maasvlakte 2; **172mh** Hans Molenkamp/ANP Photos/Age Fotostock; **172mb** ebsbulk.com ; **172d** Emile Luider/Rapho; **174** Thomas Frey/Imagebroker/Age Fotostock; **175** Aeroview.nl; **176g** Imaginechina/AFP; **176m** Imaginechina; **176d** Stéphane Compoint; **177h** GeoEye Satellite Image; **178g** Imagesource/Réa; **178d** Tao Images/hemis.fr; **183** Kyodo/Maxppp; **184** Guido Alberto Rossi/Tips Images/Photononstop; **185** Planet Observer/Hoa Qui; **CHAPITRE 13 188** Jane Sweeney/Corbis; **189** Kansas City Smartport; **190g** Paul Sakuma/AP Photos/Sipa Press; **190d** Hon Siu Kung/EPN/Newscom/Sipa; **191h** ifixit; **191b** Ed Kashi/Corbis; **192** Imaginechina/Zuma/Réa **192**; **194h** CMA CGM; **194b** CMA CGM; **195** GeoEye Satellite Image; **196** CMA CGM; **201** Fedex; **202** Anne van der Stegen/Photothèque Groupe Casino; **204** Université François-Rabelais Tours, facverte.org; **CHAPITRE 14 206** Reuters/Giampiero Sposito; **207** Reuters/Ho New; **209h** Denis Doyle/Getty Images/AFP; **209b** Javier Amado/AP/Sipa; **210h** Corbis/EPA/A. Carrasco Ragel; **210b** Hamilton./Réa; **211h** Patrick Roncen/Corbis Sygma; **211b**; **212** Spot Image/Hoa Qui; **213** Schmid Reinhard/SIME/Photononstop; **214hg** David Roark/AP/Sipa; **214hd** MCM Tunisie; **214b** Benoit Decout/Réa; **219** Jacques Graf/Fedephoto; **220** Boris Heger/Report Digital-Réa; **222** AFP; **CHAPITRE 15 224** Guido Alberto Rossi/Tips Images/Photononstop; **225** M. Troncy/Hoa Qui; **227h** Chad Ehlers/Age Fotostock; **227bg** Editions Hachette; **227bm** Lonely Planet ; **227** Gallimard Loisirs; **229** Alamy; **232** Gaston Bergeret/Nouvel/TCS hecoverstory/Maxppp; **233** Axiom/Hemis.fr; **234** Hon Siu keung/EyePress News/AFP; **237h** Urman Lionel/Sipa; **237b** Palash Khan/Redux/The New York Times-Redux-Réa; **241** Greenpeace/Ingrid Frankhauser; **243** Reuters/Tyrone Siu; **CHAPITRE 16 246** Guido Alberto Rossi/Tips Images/Photononstop; **247** Reuters/Issei Kato; **249** Reuters/Ho New; **250** Andy Singer; **251h** China Out/AFP; **251b** Darren McCollester/Getty Images/AFP; **255** Alamy; **257h** Marvin Newman/Tips/Photononstop; **257mg** Doug Mills/New York Times-Réa; **257md** Kord.com/Age Fotostock; **257b** Kord.com/Age Fotostock; **259** Alex S. MacLean/Landslides aerial photography; **262** Jim Gipe/Age Fotostock; **264** Matt Wuerker/The Cartoonist Group; **CHAPITRE 17 266** The Stapleton Collection/Bridgeman Giraudon; **267** Sipa/AP Photo/Ria Novosti; **268** Reuters/Lang Lang; **269** © Chappatte, dans «International Herald Tribune»- www.globecartoon.com; **270h** AP/Sipa; **270m** Réa; **270b** Xinhua/Zuma/Réa; **272** Zack Canepari/The New York Times-Redux-Réa; **273** www.bharatitheshow.com; **274** Alamy; **276** AFP/CVRD/HO; **277** Getty Images/AFP; **278** Marta Nascimento/Réa; **282** Chalvin/Iconovox; **283** Patrick Frilet/hemis.fr; **286** Paresh © CartoonArts International Distributed by The New York Times Syndicate; **CHAPITRE 18 288** Brouck/Iconovox; **289** Paolo Woods; **290** Philippe Roy/Hoa Qui; **291d** Alamy; **291g** Solidarité à travers les frontières; **292** Xavier Rossi/Gamma; **294** Andreas Hub/Laif-Réa; **295h** Adeel Halim/Bloomberg/Getty; **295b** AFP/Deshkalyan Chowdhury; **298** © Chappatte, dans «International Herald Tribune»- www.globecartoon.com; **299g** Savino/Sipa; **299d** Lahcène Abib/Signatures; **300** Reuters/Ho New; **303g** Issouf Sango/AFP ; **303m** Enrico Bossan/Contrasto-Réa; **303d** Strategic Marketing; **CHAPITRE 19 304** Phil Spencer/Mirrorpix; **305** Krzysztof Dydynski/Lonely Planet Images/Age Fotostock; **306g** Prod DB ©Summit Ent/DR; **306m** Prod DB ©Temple Hill Entertainment/DR; **306d** Prod DB ©Summit Ent/DR; **307h** Flickr.com/alisamir17 ; **307b** Cleva Media/Cameleon/Abacapress.com; **308** © Chappatte-www.globecartoon.com; **309h** Tony Pupkewitz/Rapho; **309b** papaillecreation.com; **310g** AFP/Rajesh Jantilal; **310d** Getty Images/AFP; **311** Sichov/Sipa; **312hg** Alvaro Leiva/Age Fotostock; **312hd** Christophe Boisvieux/Age Fotostock; **312bg** Osservatore/Sipa; **312bd** Reuters/Fahad Shadeed; **314g** Breizh Cola; **314d** Auvergnat Cola; **315** Sciences Humaines; **CHAPITRE 20 318** Reuters/Mariana Baso; **319** Reuters/Stringer Mexico; **320** © Chappatte- www.globecartoon.com; **321** Maxppp/Photopqr/La Nouvelle République/Pierre Belsoeur; **323h** AFP/Romeo Gacad; **323bg** Reuters/Stringer Indonesia; **323bd** Reuters/Yusuf Ahmad; **327h** Réa; **327b** ©Boris Séméniako, éditions Mille et une nuits; **328** www.ethiquable.coop; **329** ©Plantu; **330g**; **330d** Reuters/Jorge Silva.

CARTOGRAPHIE ET SCHÉMAS : Allix Piot, Légendes Cartographie. **ILLUSTRATIONS : Amélie Veaux. ICONOGRAPHIE : Any-Claude Médioni, Claire Balladur.**

Imprimé en France par Pollina S.A. – 85400 Luçon
N° d'édition : 005882-02 - N° d'imprimeur : L10645
Dépôt légal : juillet 2011

cercle polaire arctique
Détroit de Béring
Alaska (É.-U.)
Groenland (Danemark)
ISLANDE
NORVÈGE
Baie d'Hudson
CANADA
Mer du Labrador
Mer du Nord
ROYAUME-UNI
DANEMARK
IRLANDE
PAYS-BAS
ALLEMAGNE
BELGIQUE
LUX.
R. TCHÈQ
FRANCE
AUTRICHE
SUISSE
St-Pierre-et-Miquelon (Fr.)
ITALIE
ÉTATS-UNIS
Açores (Port.)
PORTUGAL
ESPAGNE
Mer
Détroit de Gibraltar
Bermudes (R.-U.)
TUNISIE
Madère (Port.)
MAROC
Golfe du Mexique
Tropique du Cancer
ALGÉRIE
Canaries (Esp.)
BAHAMAS
CUBA
RÉPUBLIQUE DOMINICAINE
MEXIQUE
JAMAÏQUE
Porto Rico (É-U.)
MAURITANIE
BELIZE
HAÏTI
Guadeloupe (Fr.)
MALI
NIGER
CAP-VERT
HONDURAS
Mer des Antilles
Martinique (Fr.)
GUATEMALA
SÉNÉGAL
NICARAGUA
GAMBIE
SALVADOR
BURKINA FASO
TRINIDAD-ET-TOBAGO
GUINÉE BISSAU
GUINÉE
BÉNIN
COSTA RICA
VENEZUELA
GUYANA
NIGERIA
SIERRA LEONE
CÔTE D'IVOIRE
TOGO
PANAMA
SURINAM
Guyane (Fr.)
LIBERIA
GHANA
GUINÉE ÉQUAT.
CAMEROU
COLOMBIE
Équateur
Galápagos (Équ.)
ÉQUATEUR
GABON
SÃO TOMÉ ET PRÍNCIPE
Golfe de Guinée
OCÉAN PACIFIQUE
BRÉSIL
PÉROU
OCÉAN ATLANTIQUE
BOLIVIE
PARAGUAY
Tropique du Capricorne
URUGUAY
Cap de Bonn
Espéranc
CHILI
ARGENTINE
Détroit de Magellan
Falkland (R-U.)
Cap Horn
cercle polaire antarctique
2 000 km
à l'Équateur